中国创新的挑战

跨越中等收入陷阱

〔美〕乐文睿（Arie Y. Lewin）
马丁·肯尼（Martin Kenney） 主编
约翰·彼得·穆尔曼（Johann Peter Murmann）

张志学 审校

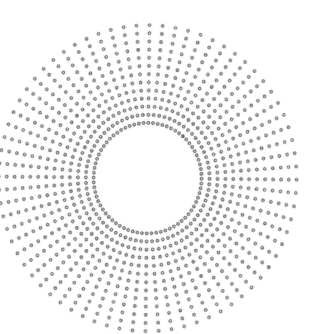

China's Innovation Challenge
Overcoming the Middle-Income Trap

北京大学出版社
PEKING UNIVERSITY PRESS

著作权合同登记号　图字:01-2016-4540
图书在版编目(CIP)数据

中国创新的挑战:跨越中等收入陷阱/(美)乐文睿(Arie Y. Lewin),(美)肯尼(Kenney, M.),(美)穆尔曼(Murmann, J. P.)主编. —北京:北京大学出版社,2016.7
(IACMR 组织与管理书系)
ISBN 978-7-301-27114-8

Ⅰ.①中… Ⅱ.①乐… ②肯… ③穆… Ⅲ.①国家创新系统—研究—中国 Ⅳ.①F204②G322.0

中国版本图书馆 CIP 数据核字(2016)第 099554 号

China's Innovation Challenge: Overcoming the Middle Income Trap (ISBN-13 978-1107566293) by Arie Y. Lewin, Martin Kenney, Johann Peter Murmann first published by Cambridge University Press 2016
All rights reserved.
This simplified Chinese edition for the People's Republic of China is published by arrangement with the Press Syndicate of the University of Cambridge, Cambridge, United Kingdom.
© Cambridge University Press & Peking University Press 2016
This book is in copyright. No reproduction of any part may take place without the written permission of Cambridge University Pressand Peking University Press.
This edition is for sale in the People's Republic of China (excluding Hong Kong SAR, Macau SAR and Taiwan Province) only.
此版本仅限在中华人民共和国(不包括香港、澳门特别行政区及台湾地区)销售。

书　　名	中国创新的挑战:跨越中等收入陷阱 ZHONGGUO CHUANGXIN DE TIAOZHAN	
著作责任者	〔美〕乐文睿(Arie Y. Lewin)　　马丁·肯尼(Martin Kenney) 约翰·彼得·穆尔曼(Johann Peter Murmann)　主编 张志学　审校	
责任编辑	贾米娜	
标准书号	ISBN 978-7-301-27114-8	
出版发行	北京大学出版社	
地　　址	北京市海淀区成府路 205 号　100871	
网　　址	http://www.pup.cn　　新浪微博:@北京大学出版社	
电子信箱	em@pup.cn	
电　　话	邮购部 62752015　发行部 62750672　编辑部 62752926	
印　刷　者	北京中科印刷有限公司	
经　销　者	新华书店 730 毫米×1020 毫米　16 开本　24 印张　351 千字 2016 年 7 月第 1 版　2016 年 7 月第 1 次印刷	
定　　价	78.00 元	

未经许可,不得以任何方式复制或抄袭本书之部分或全部内容。
版权所有,侵权必究
举报电话:010-62752024　电子信箱:fd@pup.pku.edu.cn
图书如有印装质量问题,请与出版部联系,电话:010-62756370

审校者序 PREFACE

在当前中国经济发展速度变轨、社会和企业急需通过创新确保经济继续发展的时候，本书的出版可谓及时。本书起源于2014年12月初在香港科技大学召开的首届《组织管理研究》（Management and Organization Review，MOR）前沿研讨会。《组织管理研究》是中国管理研究国际学会（International Association for Chinese Management Research，IACMR）的正式刊物。该期刊由北京大学光华管理学院特聘教授徐淑英于2005年正式创刊，致力于促进全球组织与管理知识的发展。该期刊是华人学者社群联合国际学者创办英文期刊的成功典范，目前已经成为国际学术界认可的高水平学术期刊。新任主编乐文睿（Arie Y. Lewin）教授延续他以前担任其他国际顶级期刊主编的经验，定期就管理中的重要问题举办前沿研讨会，邀请在该问题上有研究的学者进行研讨，既刺激学术界同行对于重要问题的思考和深入研究，也可以为杂志吸引高水平的稿件。

那次会议的主题是"新兴经济环境下的知识创造和创新的全球化"，来自世界多个国家和地区的三十多位学者发表了演讲或参与了会议讨论。会后若干学者在自己演讲的基础上写成本书的各个篇章，从不同的角度阐述了中国创新所面临的机遇和挑战、具有的优势和存在的不足。对于中国是否能够通过有效的创新克服中等收入陷阱，本书不同章节的作者持有很不相同的观点。乐观的学者认为，中国完全能够发展强大的创新能力并在人均国内生产总值上追赶上发达的经济体，他们还通过国家比较的分析论证自己的观点。但悲观的学者则指出蕴含在中国现有制度环境中的不同因素会阻碍中国的创新,并列举了大量的事实。我在阅读和审校每章时,深深地为作者的观点和论证所吸引。这些学者的见解都是基于逻辑推理和事实依据的,具有一定的说服力。对于政策制定者、企业的经营者以及学者来说,吸纳两派学者的论证依据,尤其是分析他们所依据的事实,有助于全方位地理解中国创造和创新面临的问题,也能够做到有针对性地发挥优势、克服障碍。特别重要的是,在了解那些不看好中国创新前景的观点之后,若能够在自己的工作中解决作者们所阐述的阻碍创造和创新的问题,也是阅读本书的重大收获。

尽管本书力图吸收宏观和微观的研究,但大部分章节的内容仍然属于宏观层面,对于中国企业层次的创新的论述和探讨尚有欠缺。企业是创新的重要单元,国家创新战略的实施需要企业以及相关机构去落实,希望今后有更多的学者深入到企业现场,寻找促进或阻碍企业创新的因素。当不同学者从宏观、中观和微观角度开展研究,疏通从国家政策到行业或生态特性再到企业行为之间的联系时,便可以为中国创造和创新提供更加有价值的理论支持及实践指导。

本书各章的译者众多,按照所翻译章节的先后顺序,译者包括北京大学光华管理学院组织与战略系的博士生刘圣明、陈力凡、郑玮、张宏和沈睿,硕士生雷玮、张烨、郭理、杨时羽,以及对外经济贸易大学国际商学院的青年教师何文龙博士,此外,北京大学经济学院的硕士生李明曦和南京大学商学院的博士生涂海银也各自承担了一章的翻译工作。他们在学业和研究任务极为繁重的情况下,慷慨地承担了本书的翻译工作。之后,北京大学经济学院的苏剑教授审校了第2章,北京大学光华管理学院组织与战略系教师仲为国博士帮助审校了第12章和第13章。我本人对于除第2章以外的各章进行了审校,并负责翻译了前言和作者简介。在此对于所有的译者和两位参与审校的学者表示感谢。

由于原来作者的文风各异,译者的风格也有差别,读者能够体会出各章在行文上的差异。由于本书各章的专业分布非常广,翻译和校对的难度较大,如果发现不当之处,请读者原谅。英文篇章中有些涉及中国社会和政治的表述不太妥当,本人经过与英文版主编沟通后,获得了授权,由我和责任编辑贾米娜全权处理相关问题。米娜与我合作多年，为我们出版的每一本书都显示了她对于专业的精通。在审校本书的编辑稿时，我才意识到米娜为本书付出的巨大心力，她做了很多翻译者没有完成的工作，发现了我作为校对者没有发现的问题。她不仅准确地发现并校正了各章中翻译不当的细微之处，将原书中众多图表里的英文翻译出来，而且将原来英文中引用的中文文献一一找出并译为中文，同时还发现并纠正了英文原书中的个别差错。所有这些工作都需要相当的耐心和很高的专业水平，也使得我对于本书中文版的质量颇有信心。这里对贾米娜编辑的专业工作表示感谢。北京大学出版社经济与管理图书事业部的负责人林君秀女士长期以来给予我们极大的支持，她领导的部门为中国管理学界贡献了很多优秀的原创著作，在此对她表示感谢。

这本书的英文版由剑桥大学出版社出版，中文版由北京大学出版社出版。一本书的英文版和中文版分别由两所著名大学的出版社几乎同步出版的情况还是非常少见的。这也说明中国的创新在中国和世界同样备受关注。审校这本书很不容易，我与英文版主编乐文睿沟通频繁，也不断指出英文版中存在的细微差错，他都很快一一改正。他 2016 年 3 月 20 日在给我的邮件中说，"我越是跟踪中国的发展，越是惊叹这本书出版的时机，特别是这本书所采取的视角。中国的发展不是一个简单的旅程，但我真的相信中国将会找到一条道路"。我在审校过程中与乐文睿深有同感，希望这本书能够启迪读者思考并推动中国的创造和创新。

2016 年 4 月于北京大学光华管理学院

作者简介
BIOGRAPHY

Keren Caspin-Wagner,杜克大学副研究员以及离岸研究网络(Offshoring Research Network)主任。研究兴趣包括开放创新与众筹、创造力和创新、行为策略以及创业。目前的研究集中于科学、技术、工程和数学人才的网络市场对于个人、组织及社会的影响。

John Child,伯明翰大学商学院商学教授,也是中山大学岭南学院和普利茅斯大学商学院的教授。是《组织研究》(*Organization Studies*)杂志的主编,以及《管理与组织研究》(*Management and Organization Studies*)杂志的资深编审。研究领域为组织研究和国际商务。目前正在研究中小企业的国际化和层级结构的消极社会影响。

Eliza Chilimoniuk-Przezdziecka,波兰华沙经济学院国际经济研究所助理教授。研究集中于外商直接投资与离岸外包及其对母国和东道国经济的影响。在波兰华沙经济学院教授国际经济,也在德国的 Trier 大学教授从商务角度看离岸外包。

赵志裕,香港中文大学 Choh-Ming Li 心理学教授,社会科学学院院长。研究兴趣集中于作为知识传统的文化、社会认知过程以及社会共识的进化。还感兴趣于文化认同和文化知识传统的动态互动，以及这些互动对于文化能力和不同文化关系的意义。

Simon C. Collinson，伯明翰大学国际商务和创新教授、伯明翰商学院院长。英国 ESRC 的内阁成员，也是商学院特许协会执行董事。研究领域包括创新的地域体系、中国、组织复杂性以及跨国公司的国际比较。直到最近他还是浙江大学的访问教授。

Yves Doz，欧洲工商管理学院 Solvay 战略管理讲座教授。他研究跨国公司的战略与组织，并有广泛的学术发表。著作包括与 C. K. Prahalad 合著的 *The Multinational Mission*，与 Jose Santos 和 Peter Williamson 合著的 *From Global to Metanational*，与 Mikko Kosonen 合著的 *Fast Strategy*，以及最近与 Keeley Wilson 合著的 *ManagingGlobal Innovation*。是美国管理学会、国际商务学会和战略管理学会的会士。

Douglas B. Fuller，浙江省千人计划教授，浙江大学管理学院工商管理学教授。研究兴趣包括技术政策、技术战略、比较政治经济、东亚政治与国际商务。其著作 *Paper Tigers，Hidden Dragons* 即将由剑桥大学出版社出版，讨论中国不均衡的制度对于企业和国家技术轨迹的影响。

黄灿，浙江大学管理学院教授和知识产权管理研究所的联合主任。研究兴趣包括创新管理、知识产权和科技政策。是荷兰联合国大学-MERIT 的高级研究员。在葡萄牙 Aveiro 大学获得工业管理博士学位，在中国人民大学获得经济学学士和工程硕士学位。

Martin Kenney，加利福尼亚戴维斯大学的社区与地区发展教授，也是伯克利国际经济圆桌的高级项目主任。研究兴趣包括创业学、风险资本、创新、大学-产业关系以及硅谷的进化。著作包括 *Biotechnology：The University-Industrial Complex*（Yale，1986），*Breakthrough Illusion*（Basic，1990），*Beyond Mass Production*（Oxford，1993），*Understanding Silicon Valley*（Stanford，2000），*Locating Global Advantage*（Stanford，2004），*Public Universities and Regional Growth*（Stanford，2014）。曾担任剑桥大学、一桥大学、大阪城市大学、斯坦福大学、京都大学以及哥本哈根商学院的访

问教授。

关欣仪，香港中文大学心理学系研究助理教授。研究领域集中于个人如何知觉自己和其他的文化以及这种知觉的心理意义。她的研究阐明文化的社会功能，特别关注信任关系和创造性过程。

Keun Lee，首尔国立大学经济学教授。在伯克利加州大学获得博士学位。因对经济赶超的熊彼特分析的论文而获得2014年国际熊彼特学会颁发的熊彼特奖。也是该学会的当选主席。

Arie Y. Lewin，杜克大学战略和国际商务荣休教授。曾在一桥大学、鹿特丹管理学院、乌普萨拉商学院、圣加仑大学以及曼彻斯特大学商学院担任访问学者。是国际商务学会的会士，并获得过管理学会首个开拓者奖和杰出服务奖。是 *Organization Science* 杂志的创始主编、*Journal of International Business Studies* 杂志的主编，以及 *Management Organization Review* 杂志的主编。其研究集中于组织适应和重建、创新的共同进化和全球化。

李英侠，北京联合大学副教授。研究兴趣是外包情境下的项目管理。是中国人力资源与社会保障部的专家委员成员。

林毅夫，北京大学国家发展研究院教授和荣誉院长。是世界银行2008—2012年的首席经济学家，也是北京大学中国经济研究中心的创始主任。是英国科学院院士以及发展国家科学院院士。

刘世南，台湾成功大学创意产业设计研究所副教授。研究兴趣包括创新、创业和组织行为。

刘美娜，浙江大学管理学院中国知识产权管理研究所博士后研究员。研究兴趣包括国际技术和创新政策及其对企业战略的影响。在普渡大学获得学士学位，在北京大学获得商业战略博士学位。被中国政府认定为杰出国际学者，并在中国攻读博士学位期间获得全额奖学金。

Silvia Massini，曼彻斯特大学联盟商学院经济与创新管理教授，曼彻斯特创新研究所主任。研究聚焦于技术、组织和管理创新的采纳、适应和扩散，创新者和模仿者的动态，吸收能力的路径和能力，知识产权策略，以及创新的全球来源。在 Research Policy, Organization Science, Journal of International Business Studies, Organization Studies, Regional Studies, Academy of Management Perspectives, Industry and Innovation and Small Business Economics 等杂志上发表过文章。是 Management and Organization Review 的资深编审。

Johann Peter Murmann，新南威尔士大学商学院战略管理教授。此前是美国西北大学凯洛格管理学院的教员，并在宾夕法尼亚大学沃顿商学院、哈佛商学院、复旦大学等众多大学担任访问学者。是 Management and Organization Review 的资深编审。研究的重点之一是创新在产业发展中的作用。其著作 Knowledge and Competitive Advantage: The Coevolution of Firms, Technology and National Institutions 获得2004年的熊彼特奖。

Gordon Redding，目前在伦敦大学学院担任访问教授，曾担任香港大学商学院院长、欧洲工商管理学院的欧洲-亚洲中心主任、新加坡HEAD基金会主任。研究主要关注资本主义制度的比较，特别是华人社会中的资本主义。目前正在发展一个关于教育在社会进步中的作用的普遍理论。其研究领域为社会经济，并在其中纳入文化的影响。

Rosalie L. Tung，Simon Fraser 大学 Beedie 商学院 Ming and Stella Wong 国际商务教授。还是威斯康辛大学威斯康辛杰出教授，并曾任教于沃顿商学院。担任2003—2004年管理学会的主席和2015—2016年国际商务学会的主席。在国际管理和组织力量方面发表了大量的作品，并撰写或编著了11本著作。

Mary Ann Von Glinow，佛罗里达国际大学国际管理 Knight Ridder 杰出讲座学者。曾担任管理学会和国际商务学会主席。其研究从 Prentice Hall 出版的 U.S.-China Technology Transfer (1990) 到她目前正在研究的中国外包软件发展产业，再到跨文化情境或者多元情境性。是管理学会、国际商务学会和泛太平洋商务协会的会士。还在几个动物福利委员会中提供服务，并且担任沃尔沃-吉利的顾问委员会委员。

Keeley Wilson，在枫丹白露的欧洲工商管理学院担任战略领域的顾问和高级研究员。专长为创新，她关于全球创新的研究集中于优化创新印迹、管理合作创新、利用分散的知识、建立并整合中国和印度以及创新制度的改变。

Michael A. Witt，欧洲工商管理学院亚洲商业和比较管理教授。研究专长为国际管理，特别是比较制度分析（国际商业体现、资本主义的多样性）以及制度差异对于企业行为和后果的影响。领衔主编了 *Oxford Handbook of Asian Business Systems*（2014），并担任 *Asian Business & Management* 杂志的主编。

夏卫东，佛罗里达国际大学工商管理学院 Knight Ridder 研究员，医疗管理和信息系统博士项目主任。在此之前，是明尼苏达大学卡尔森商学院的教员。研究兴趣之一涉及组织变革和国际化。

张志学，北京大学光华管理学院组织与战略教授、行为科学研究中心主任。在香港大学获得社会心理学博士学位。研究兴趣包括中国企业领导力、团队过程、谈判和冲突管理。研究成果发表在顶尖中英文期刊上，比如：*Administrative Science Quarterly*，*Journal of Applied Psychology*，*Journal of International Business Studies*。2009 年荣获中国国家杰出青年科学基金。论文曾获中国管理研究国际学会（IACMR）2012 年会最佳论文奖。目前担任 *Management and Organization Review* 的资深编审以及 IACMR 当选副主席和 2018 年 IACMR 会议主席。

仲为国，北京大学光华管理学院助理教授。在香港城市大学获得战略市场营销博士学位。研究兴趣包括产业政策与企业创新战略、企业间合作与治理、CEO 及高管团队的战略过程以及发展中国家企业国际化等。论文发表在 *Industrial Marketing Management*，*Journal of Business Research*，*Journal of International Business Studies*，*Journal of Management* 等学术期刊上。论文曾获得美国管理学会 2013 年会议商业政策与战略（BPS）方向最佳论文奖。

前言
FOREWORD

> 技术创新在驱动中国经济转型中起决定性作用。
>
> 李克强总理在中国科学院学部成立60周年座谈会上的讲话，2015年7月27日

本书中的篇章起源于2014年12月在香港科技大学召开的首届 *Management and Organization Review*（MOR）前沿研讨会。编写这本书的指导原则来自世界银行和中国国务院发展研究中心2013年联合发布的报告《2030年的中国》（*China 2030*）中雄辩地表达出的忧虑。本书和作者们所探讨的问题是，中国是否需要大规模的社会和政治结构改革，一些作者认为这是必需的；或者中国是否能够避开发达国家的模式而采用本土的解决方法，实现经济继续增长，成为一个富裕的国家。虽然关于是否真正存在"中等收入陷阱"仍有争论（Bulman, Eden, and Nguyen, 2014），但我们接受一个基本的主张，那就是中国采用的非常高效的政策组合，创造了农村的富余劳动力，使得中国成为世界的制造中心，创造了用于基础设施建设（道路、铁路、港口、机场、电力、通信等）、新城市以及巨量民居项目的资源；随着这些政策的效果差不多走到尽头，中国经济继续高速增长面临着可怕的挑战。

当中国考虑各种政策选项的结合和改革计划时，很清楚在每个层面都面临政策的挑战，从宏观经济到激活创新和增长的新源泉、引发现有产业和服务业技术

升级的活力、利用并进入新的产业和服务业、刺激新的创业和创业企业的文化、改革高等教育、减少日益虚弱的制度互赖性并显著降低经济交易成本,同时还有改善生活质量、增加社会福利以及提高医疗环境的可持续性。

中国内地的政策制定者和经济学家一直在分析及评估日本、中国台湾、以色列和韩国,以及新加坡、中国香港以往经济发展的经验。尽管这些经验可以学会,但却不能轻易地在中国复制。建立条件、历史、经济范围和政府体系的差异,都对于这些经验能否应用于中国提出了严肃的问题。本书的各章正是探讨中国为什么能够、为什么不能以及如何形成经济发展的产业和社会政治政策组合,以便继续和持续其发展轨迹,从而避开世界银行对中国不能逃脱中等收入陷阱的担忧。本书的独特之处在于其及时地探讨了中国未来经济发展困境的多个方面的要素。本书吸收了微观的组织行为、宏观的组织与战略、知识创造与创新、产业政策以及建立条件和历史的印刻作用。

本书描述了辩证的、两种对立的场景。第一个乐观的场景认为,中国能够建立更为强大的创新能力并在人均国内生产总值上追赶上最发达的经济体。第二个悲观的场景认为,没有巨大的改革,中国现有的政治和经济体制将使得其不可阻挡地落入中等收入陷阱。两种场景构成了本书的分析和贡献。试图预测哪种场景在中国未来20年将会展开是愚蠢的。但是,本书阐明了中国面临的障碍以及克服这些障碍需要做的工作。我们确信政策制定者很清楚地意识到经济发展降速的"新常态"呈现了复杂且困难的挑战,这要求变革的新思想和新方向,使得中国企业和社会在质量及效率上有大的飞跃。

参考文献

Bulman, David, Eden, Maya, and Nguyen, Ha 2014. Transitioning from Low-Income Growth to High-income Growth: Is there a Middle-income Trap? Policy Research Working Paper 7104. Washington, DC: World Bank.

World Bank 2013. *China 2030: Building a Modern, Harmonious, and Creative Society*. Washington, D.C.: World Bank.

目录
CONTENTS

第1章 中国创新的挑战：克服中等收入陷阱

  Arie Y. Lewin Martin Kenney Johann Peter Murmann / 001

为什么要写一本关于中国创新面临挑战的书？/ 001

学者对于中国前景的不同观点 / 005

各章内容概览 / 014

最后的一些思考 / 022

参考文献 / 023

第2章 新结构经济学——第三波经济发展思潮及中国经济的未来

  林毅夫 / 027

为什么我们需要重新思考发展经济学？/ 027

什么是新结构经济学？/ 030

增长甄别与因势利导：新结构经济学的一个应用 / 035

新结构经济学为其他经济问题提供的启示 / 039

中国的增长奇迹还能持续多久？/ 042

结　论 / 043

参考文献 / 044

第 3 章　中国空洞的中心及不可见的社会力量对其繁荣发展计划的影响
Gorden Redding / 048

引　言 / 048

合作性的作用 / 061

中国创新的挑战 / 065

结　论 / 071

参考文献 / 072

第 4 章　中国未来之路：韩国经验的启示
Michael A. Witt / 075

引　言 / 075

国家商业体系 / 078

当今中国和 1980 年韩国的商业体系 / 080

1980 年以来的韩国轨迹 / 084

对中国和未来研究的启发 / 089

参考文献 / 091

第 5 章　中国产业的创新和技术专业化与中等收入陷阱
Keun Lee / 095

引　言 / 095

为什么创新是衡量中国落入中等收入陷阱的指标？/ 097

中国的创新能力 / 098

中国的技术专业化 / 100

结　语 / 104

参考文献 / 104

第 6 章　中国的政治经济和基于技术创新增长的前景展望

Douglas Fuller ／ 107

引　言 ／ 107

中国过去成功地成为中等收入国家的关键 ／ 108

转折：在中国好政策是如何成为阻碍的 ／ 110

有助于进一步发展政策的制度和结构性障碍 ／ 117

对中国未来技术发展持乐观态度的理由 ／ 124

研究议程：研究中国新方法的一些新启发 ／ 125

结　论 ／ 130

参考文献 ／ 131

第 7 章　改革中国知识产权制度以促进创新

刘美娜　黄　灿 ／ 136

引　言 ／ 136

以专利质量为代价的政策 ／ 137

中国高校的专利活动与技术转让现状 ／ 142

实用新型专利保护制度的有效性 ／ 149

结　论 ／ 155

参考文献 ／ 157

第 8 章　建设中国中小企业的创新能力

John Child ／ 166

引　言 ／ 166

中国的中小企业是创新之源 ／ 168

影响中小企业创新的因素及其与中国的关联 ／ 169

政策建议 ／ 181

未来的研究问题 ／ 183

参考文献 / 186

第 9 章　跨国合作伙伴关系是中国的创新之源

Simon Collinson / 192

引　言 / 192

国家创新体系和中等收入陷阱 / 193

中国情境 / 196

重组优势作为创新能力的来源 / 198

中国国际合作伙伴关系的研究 / 201

中国航空航天业的跨国合作伙伴关系 / 203

讨　论 / 207

参考文献 / 214

第 10 章　全球创新：中国企业的优势与挑战

Yves Doz　Keeley Wilson / 218

中国企业和全球化创新：挑战传统智慧 / 219

优化创新足迹 / 223

加强交流和吸收能力 / 225

优化合作 / 227

研究方向 / 228

结　论 / 231

参考文献 / 232

第 11 章　创新的全球来源及分拆：新兴国家的机遇和挑战

Silvia Massini　Keren Caspin-Wagner

Eliza Chilimoniuk-Przezdziecka / 235

引　言 / 235

创新的全球来源 / 237

在全球化创新来源背景下,中国正赶超印度? / 243

对 STEM 人才需求的在线市场的兴起:

　　解决创新问题和分布性创新人才的平台 / 252

结　语 / 256

参考文献 / 258

第 12 章　超越印度:中国商业服务外包产业面临的制度障碍

　　夏卫东　Mary Ann Von Glinow　李英侠 / 261

全球外包业的发展历程 / 261

中国和印度:外包产业的发展道路和市场定位 / 264

中国商业服务外包发展的制度障碍 / 267

政策发展建议和未来的研究方向 / 281

结　语 / 286

参考文献 / 287

第 13 章　中国企业组织创造力的障碍

　　张志学　仲为国 / 289

引　言 / 289

中国企业的增长模式 / 290

企业领导者的理念 / 292

组织创造力的阻碍 / 295

中国企业提高组织创造力的实践 / 301

培养企业家精神和提高管理水平 / 306

参考文献 / 308

第 14 章　中国创造力和创新的制度与文化背景

　　　　赵志裕　刘世南　关欣仪 / 313

引　言 / 313

创新的类型 / 315

人力资本与制度支持的作用 / 318

创新的制度约束 / 319

创新的文化约束 / 322

结　论 / 329

参考文献 / 331

第 15 章　重构跨文化管理的研究

　　　　Rosalie L. Tung / 336

引　言 / 336

跨文化研究的发展历程 / 337

为何需要重构跨文化管理的研究？/ 340

跨文化管理的未来研究方向 / 346

参考文献 / 353

第 16 章　中国创新的挑战：总结与反思

　　　Arie Y. Lewin　Martin Kenney　Johann Peter Murmann / 358

参考文献 / 364

第 1 章

中国创新的挑战：克服中等收入陷阱

Arie Y. Lewin   Martin Kenney   Johann Peter Murmann

翻译：刘圣明

摘要：中国的发展模式即将接近极限。世界银行发出警告，认为中国可能落入中等收入陷阱。中国也意识到必须通过大幅度提高创新能力来避免落入中等收入陷阱。本章将介绍在转变多种可用资源、创造创新型经济的过程中，中国面临的复杂局面和巨大挑战。本章也将介绍在过去40年中，中国是如何从经济上孤立无援的境地一跃成为世界第二大经济体的。同时，本章还列出了中国经济未来发展过程中可能面临的两种截然相反的场景。第一种较为乐观的场景认为，中国能够建立更强大的创新机制并且步入高收入国家之列。第二种比较悲观的场景则认为，在没有巨大变革的情况下，现有的政策和经济制度将会把中国拖入中等收入陷阱。本章也将介绍国际前沿学者的14篇文章，以此集中地、坦率地讨论中国社会各个方面将面临的挑战与机遇。这些文章将描绘在个人、企业和整个行业的态度及能力变得更具创新性的过程中，制度、历史、政策、文化和竞争扮演的角色。

为什么要写一本关于中国创新面临挑战的书？

在过去的40年中，中国从被世界经济孤立到发展成为世界第二大经济体，并且在未来有希望成为世界最大的经济体。[①] 在这一过程中，中国经济从以农

[①] 2014年10月，国际货币基金组织（IMF，2014）认为，从购买力平价上看，中国已经成为世界上最大的经济体。

业为主发展成为以工业为主，农业人口也由80%以上减少到30%以下。众所周知，1978年的改革开放解放了农村剩余劳动力并且使之能够流动到自由贸易地区，并因此形成了从事出口的低成本的劳动力密集型制造业。在这方面，中国大陆借鉴了第二次世界大战后的日本、朴正熙总统时代的韩国以及国民党统治下的中国台湾的策略。出口是国家收入的主要来源，并且为基础设施建设、新城市发展、住房以及供应商的投资提供资金支持。中国也吸引了外商直接投资（FDI）并且有一系列要求分享和转移所需要的技术的政策。正如出口不断增加一样，社会对各种新型便利设施的需求也不断增加，一个新型的消费型社会由此诞生了。其结果是在诸如建筑、高速铁路、重型机械、船舶制造、炼钢等行业生成了一批有世界竞争力的企业，这也为成熟工业中的高精尖产业能力奠定了基础。

尽管消耗不断增加，但是中国也持续地受益于国内的高储蓄率。储蓄率在1981年（改革开放后的第三年）大概是国内生产总值（GDP）的20%。这一比例在1988年达到了30%，并且在1988年之后平均达到40%。这种高储蓄率是由多种原因造成的，例如，中国家庭感受到改革开放带来的社会、政治和经济的不确定性，国有企业减少所带来的政府对医疗、养老金等社会福利参与的降低，以及计划生育政策。中国百姓已经不能再只是指望政府提供社会福利，特别是退休后的福利。计划生育政策增加了独生子女照顾年迈父母的负担，也使得他们需要准备退休金。中国的父母也有储蓄的动力，以便使子女在国内或者出国接受更高质量的教育。此外，产权制度不完善、金融制度的不健全以及财富投资选择的单一性也使得中国人把钱存在银行中。

不管造成高储蓄率的原因是什么，它都为中国政府在基础设施、住房、新城市建设、国有企业发展、太空项目、国家防御等中的投资提供了保障。然而，最近居高不下的储蓄率也促使很多经济学家认为它减缓了消费型经济的发展，而消费型经济是有可能将中国经济发展的基础从过度依赖出口和基础设施建设转变成终端消费的。

这种危险的快速增长也给人们带来了很大的成本，包括：大量流动人口的产生，留守儿童问题，难以获得社会福利、医疗保障和教育的家庭的产生①，极为严重的空气污染、水污染、大气污染。经济变革的过程也导致了资源分配的浪费、突出的过度建设（盲目的道路建设、没有旅客的新机场、空闲的工厂、城市中无人居住的楼房，等等），以及地方政府和中央政府对居民的随意安置——这些既是财政收入的快速来源，也形成了大面积的腐败。总之，这些因素可能会给将来的经济增长和发展带来不确定性。

自1978年以来，中国对教育包括高等教育进行了巨大的投资。1991年，中国的研发费用为150.8亿元人民币（28.3亿美元），约占GDP的0.7%；到2013年，研发费用增长到1.185万亿元人民币（1 914.4亿美元），约占GDP的2.01%。这种快速增长不仅得益于对研究事业的资源投入，同时也得益于每年8%的增长率（World Bank，2015）。因此，从购买力平价上看，中国在研发上的投入已经排名世界第二并且有可能超过美国（OECD，2014）。从这里也能明显看出中国政府对增加经济创新能力的承诺（国务院，2006；World Bank，2013）。这些大量的研发投入中74%来自公共经济部门，但是，这些投入能否转化为提高中国经济附加值和生产力的创新值得质疑。

尽管中国的很多研究还没有达到真正的世界级水平，但是毫无疑问，目前中国研究领域的快速发展无论在深度上还是广度上都是空前的（Fu，2015）。例如，从技术成就上来看，中国是第一个掌握人造卫星技术（BBC，2003）以及超级计算机的设计和建造技术的发展中国家，并且产生了世界级的通信企业。

自从Robert Solow（1957）发表了开创性的文章后，创新对于经济增长的作用已经被广泛接受（Aghion，David，and Foray，2009；Kim and Nelson，2000；Landau and Rosenberg，1986；Nelson and Romer，1996）。② 意识到模仿对于国

---

① 许多流动人口从农村流入城市或者新的经济特区，他们被登记为城市居民却并没有在法律上享有当地居民的社会福利、医疗保障和教育福利。合法的流动人口在新的城市注册，理应有权享有这些社会收益。

② 毫无疑问，卡尔·马克思在研究"生产力"的过程中就已经多次提到技术的重要性，因此中国共产党鼓励研发并不意外。然而，同样清楚的是在1978年改革开放之前，中国的创新体制并不是有效的。

家早期建立先进的经济体系的重要性（Westney，1987），Ashby（1956）的必要差异定律（Law of Requisite Variety）强调了创新的重要性，并且指出创新可以通过新技术的获得或者它在新生态系统中的本地转化进行。在早期，大多数创新依靠"模仿"来作为创造新能力的基础（对于企业层面的探讨，参见 Ansari，Fiss，and Zajac，2010）。中国非常善于通过多种方法采纳和模仿技术，比如通过 FDI、技术准入以及海外技术的获得等。能否成功地获得和吸收更先进的技术或者进入高附加值的科技领域取决于提供必要转化能力的社会技术条件（Cohen and Levinthal，1990；Lewin，Massini，and Peeters，2009）。在现实环境中，存在很多尝试将技术或者更简单的如机器等物资转移到未准备区域的例子。然而，由于没有做好充分的准备，大部分都彻底失败了，其原因在于缺乏吸收的能力或者技术的鸿沟差距太大（Lee，本书第 5 章）。因此，任何想通过知识创造和创新来推动增长的经济变革都依赖于先前对人力、组织以及基础设施的投资，只有如此才能够激发和利用创新作为经济增长及发展的引擎。

当人们认可中国经济高速增长的经济政策达到极限这一观点的时候，习近平当选为国家主席。支持经济发展奇迹的两个支柱所发挥的效用正在不断减少，并且已经疲软。第一，农村剩余劳动力向城市和工业地区的转移已经结束。尽管 30% 的人口仍然居住在农村，但是这些人口中的大部分是因为年龄、健康和缺乏教育而未能转移的人群（参见 Du，Park，and Wang，2005）。第二，一直以来对基础设施建设的高投资率已经不能长久地持续下去了，因为绝大多数的建设项目已经完成，导致这一方式的收益在不断降低（甚至可以说没有收益了）。为了保障和维持中国共产党的领导地位，中国在持续进行高压反腐（尽量减少公众的参与）以及急切地希望保持发展和避免落入中等收入陷阱。

中国政策制定者们面临的困境非常令人烦恼。中国过去为了避免落入中等收入陷阱采取了一些措施，但是这些措施向民主化制度转变的必要性可能威胁到共产党的权力：在官方看来，中国大陆不适合去效仿韩国和中国台湾这样民主化转化的案例。① 因此，虽然 1978 年后对采取市场机制来调节经济活动特别是混合了政府驱动的经济和社会力量的方式已经被广泛接受，但是政府制度的改革一直备受争议。事实上，林毅夫（本书第 2 章）提倡的政策强调了技术的重要性，这样做是为了提高中国产业的附加值。相似地，阿里巴巴、百度、网易、新浪、搜狐、腾讯和小米这些企业的崛起也标志着信息服务经济是经济发展的新动力。② 北京、杭州、上海和深圳有着充满活力的创业生态，预示着中国可能成功具备创新和创业能力，而这将成为经济增长的新动力。

很明显，中国渴望——事实上也坚信——自己能够形成创新型经济。自 2005 年以来，中国在国内研发上的投入激增，以每年约 20% 的速度增长（从 2005 年的 550 亿美元增长到 2013 年的 2 578 亿美元）。但是，正如许多政府官员意识到的那样，中国必须消除很多现存的限制创新和创新发展的政策，同时转变目前以大学为主的科学、技术、工程、数学（STEM）教学和研究的现状（World Bank，2013）。

学者对于中国前景的不同观点

学者对于中国在一党执政的体系中实现知识型和创新型经济发展模式的难度有不同的看法。

乐观的观点

乐观的观点可以参见林毅夫撰写的本书第 2 章的内容。中国有着悠久的创新发明历史，毫无疑问中国人民也具有创新性。在西方崛起之前，中国是世界

---

① 面对资本主义民主化改革的倡议，中国过去 3 000 年的历史和中国共产党 67 年的执政表明，中国人民知道在中央集权的政府下生存的必要性。猛然向资本主义改革可能会重蹈 1991 年戈尔巴乔夫改革下苏维埃政权崩溃的覆辙。

② 中国拥有除美国之外最成功的互联网生态系统。然而，在很多互联网相关的行业，中国政府都不对国际市场开放。

科技的领导者,在璀璨的众多发明中,造纸术、印刷术、指南针和火药的发明要领先西方一个多世纪(Needham,1954)。13、14、15 世纪仰慕中国科学技术的像马可波罗这样的西方旅行者们的记载就是很好的证据。然而,Gordon Redding(本书第 3 章)指出,这种几个世纪的领先也伴随着之后几个世纪的停滞不前。但是,林毅夫认为,自从 1978 年邓小平(虽然没有正式头衔但是事实上的领导者)主导的改革开放以来,这种情况发生了历史性的转变。毋庸置疑的是,中国具备创新的能力(参见 Breznitz and Murphree,2011)。与过去讨论中国能否变得具有创新性相比,现在的问题是中国究竟能够变得多么具有创新性。更直白地说,中国能走多远?

很多方法能够衡量创新。最常用的方法之一就是专利数量(详细的讨论参见本书第 7 章)。如图 1.1 所示,中国大陆在美国专利和商标局(USPTO)注册的专利数大幅增加,这与 20 世纪 60 年代的日本以及 80 年代的中国台湾和韩国开始时的增长模式非常相似。对于中国来说,这种专利增长能否继续保持尚不确定,但是中国专利数量的大幅增加为乐观的观点提供了支持。

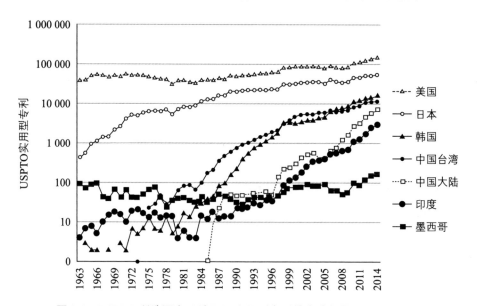

图 1.1　USPTO 所选国家(地区)实用型专利的申请数量,1963—2014

资料来源:USPTO,各年。

中国已经意识到发展和建立以创新为中心的增长模式的重要性。最近，李克强总理重申了这一国家层面的优先考虑，他呼吁付出更多的努力去鼓励科学技术的创新，并且认为创新是中国发展的"金钥匙"。他强调了重点科技领域突破的必要性，以及鼓励更多的人从事科学技术类的商业活动并且把聪明才智转化为生产力的必要性，同时他也强调中国必须通过扫除"阻碍创新创业的障碍"来为这些企业创造公平、公正的环境。

大学的升级。第一所现代西方大学建立于19世纪90年代。在1911年大清王朝被推翻之后，国民党统治的新政府将学习科学知识作为优先考虑，并且把中国学生送到美国和日本（Hayhoe，1989）。

在掌握更大的权力之后，中国共产党采取了苏联的经济发展模式，即中国科学院主攻基础研究，很多研究机构承担应用类研究项目，而大学主要负责教学和培养人才（Liu and White，2001）。1966—1976年的"文化大革命"打乱了整个教育格局，特别是对于中国的大学和研究院而言。如本书中很多章节所指出的，在1978年，即"文化大革命"结束两年后，中国开始由邓小平领导的时候，中国的科学技术不仅仅落后于美国、欧洲和日本，也落后于周围的"亚洲四小龙"。之后，一系列鼓励建设"中国特色社会主义"（例如，社会主义市场经济）和推动中国全面科学技术进步的政策开始颁布。

1978年，中国共产党十一届三中全会总结认为科学研究和产业需求之间的连接薄弱，并采取了新的政策去鼓励中国科研机构致力于社会经济的发展（Chen and Kenney，2007）。20世纪80年代早期，一系列的国家财政危机使得大学预算大幅减少。但是，90年代，在大学和科研院所扩建的大环境下，国家对重点大学的科研基金大幅增加，特别是通过1998年开始的"985"项目，主要围绕实现建设世界一流大学的目标对入选的学校进行重点研究资助（增长趋势见图1.2）。① 这也反映在2006年国务院认定的16个国家科学工程项目

---

① 关于"985"项目对高校研究发表影响的探讨，参见Zhang、Patton和Kenney（2013）。

中。每一个项目都解决了重大的技术问题，对中国经济、国防和综合实力的提高有着重要的战略意义。2004—2013 年，大学和科研院所的研究花费总体上平均每年增长 18.9%—20.55%——分开看的话，9 年中研发经费翻了将近 5 倍。

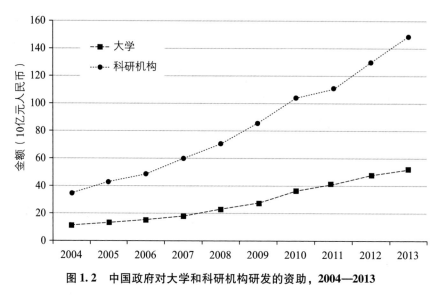

图 1.2　中国政府对大学和科研机构研发的资助，2004—2013

资料来源：Chen, Patton, and Kenney, 2015；中华人民共和国科技部，2005—2014。

研究基金的增长可以从中国学术成果的发表中反映出来。学术成果发表的增长如图 1.3 所示。国内学术成果发表大幅增加持续到 2009 年，但是之后开始变得水平化了，因为中国政府改变了政策，转为鼓励在国际一流期刊上发表。这可以从科学引文索引（SCI）和工程技术文献索引（EI）中发表的文章看出。由于国际期刊有着更为严格的审查标准，因此被引频次的增加是反映中国科研能力在质量和科学相关性上有所提高的一个有效指标。

如刘美娜和黄灿在本书第 7 章中所展示的，大学专利数量已经大幅增加。然而，这其中大部分的专利价值很低或者说毫无价值。增加的专利大部分是迫于政府结果导向的压力以及为了获得奖励而进行的，并不具有特别大的科学或者技术意义。大学的技术转让也有很多缺点，例如知识产权保护不健全、缺乏高质量的和商业相关的研究，以及中国企业自身缺乏吸收能力（Chen et al., 2015）。当然，专利和许可只是研究型大学为创造创新型经济所做的全部贡献

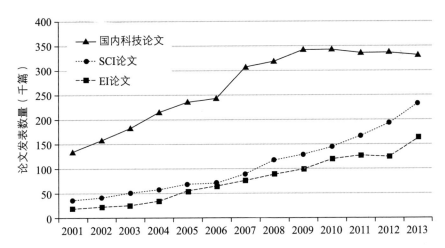

图 1.3 国内高校发表的科技论文数量,以及中国在 SCI 和 EI 索引中的国际期刊科技论文发表数量,2001—2013

资料来源:Chen, Patton, and Kenney, 2015;中华人民共和国科技部, 2001—2013。

中的一小部分。但由此可以看出,尽管中国大学的研发在数量和总量上都有了很大的提高,但是在这些研究能够提高中国经济的创新能力之前还有很多困难需要克服。同样值得注意的是,这些世界级科研项目也培养了一批具有科研能力的骨干人才,这也间接地有助于增强企业的创新能力。

风投资金的增加。自 2008 年之后,中国已经有世界第二大的风险投资(VC)市场,并且在 2000 年之后,中国风险投资企业在美国注册的数量要远多于其他国家(参见 Jin, Patton and Kenney, 2015)。Douglas Fuller(本书第 6 章)指出,相比于在中国的外资风险投资企业,中国本土的风险投资企业很大程度上更不愿意投资初创期的企业,它们更希望进行较为安全的晚期投资(参见本书第 7 章)。Fuller 指出,即使还存在很多阻碍,中国已经成为世界上吸引国内外投资最活跃的风险投资市场之一。

国内风险投资金融生态的活跃也得益于中国政府采取的保护本国电信和互联网产业、免于与外部竞争的措施。中国大部分的电子和互联网市场都严格限制外国企业的进入,这也为本国企业创造了巨大的市场。这种保护措施积极的一面是有利于建立一个强大的创业生态体系。但是,除了少数的视频游戏制造商之外，中国互联网企业很少有成功国际化的。因此，中国的风险投资产业尽管非常庞大，也是非常独立的；尽管在国内市场非常成功，但是却缺乏国外影响力。我们不确定这种关注内部的方式在未来能否形成有世界竞争力的风险投资金融技术或者新的商业模式，但是从最近混乱的股票市场来看，未来的风险投资市场前景堪忧。

与处于相同发展阶段的国家相比，中国有很多机会和优势，我们此处列出最重要的几点。

市场规模。对于之前全球创新的领导者而言，国内市场的大小非常重要。19世纪末的殖民活动很大程度上也是为了开辟新市场（Hobson，1902；Lenin，1916）。① 海外市场固然非常重要，但是中国国内消费和生产市场同样引人注目。对中国来说，出口总量从只占GDP的8.9%增长到2006年惊人的35%，在此之后于2014年回落到22.6%。这并不是说出口在总量上下降了，而是因为国内市场增长得更快。

如Yves Doz和Keeley Wilson（本书第10章）所说，中国国内市场规模令人难以置信。从2010年开始，中国汽车销量全球第一，尽管这一数字从2015年开始下滑。2013年，中国卖出了2 300万辆汽车，这比其他任何国家都要多（Hirsch，2015）。手机销售也是如此：即使销售量缓慢下降，2014年中国消费者购买的手机占到了全球销售总量的近1/3（Kharpal，2015）。在几乎所有的生活消费品和服务行业都重复着汽车及手机的销售情况，例如互联网、电脑、太阳能电池、家用电器以及一些制造产品如机床和建筑设备。中国对很多行业来说也是支柱性市场，例如因为有着庞大的老龄化群体，中国市场对于医药行业也尤为重要。

即使国内市场在不断扩大，它本身也在发生着变化，过去消费者接受低质量的、廉价的商品，但是现在消费者对产品质量和设计的要求也在不断提高

---

① 当然，中国是殖民活动的受害者，这也是对之前的殖民者抱有敌意的一个根源。

（Doz and Wilson，本书第10章）。例如，苹果企业目前在美国之外最大的市场就是中国（Popper，2015）。中国人对产品质量的需求也扩展到电子产品、化妆品、食品等一系列产品上。这种对高质量产品和满足更多消费者选择的需求为中国制造商提供了宝贵的升级与获得市场的机会。因此，中国制造在未来的发展也将走上康庄大道。

科学技术人员。中国巨大的经济总量和教育系统以及对科学技术人力资本投资的强调（增加大学培养科学家和工程师的能力），意味着中国建立了庞大的STEM人员队伍。如图1.4和图1.5所示，STEM毕业生数量非常多，并且增长速度也远快于其他发达国家。如本书第11章所述，虽然对STEM本科和博士毕业生的质量一直有争议，但是，从美国大学愿意接受大量的中国学生进行深造这一点来看，毕业生中的一部分无疑有着非常高的质量。这表明，中国很可能为各行各业提供科技人才。然而，对工程师聪明才智的干扰政策让我们无法得知这些工程师的创新性到底如何、未来又会变成什么样子。

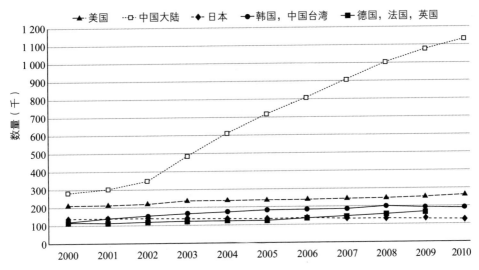

图1.4 美国与其他国家（地区）在自然科学和工程学科上授予学士学位的数量，2000—2010

资料来源：改编自 National Science Foundation，2014。

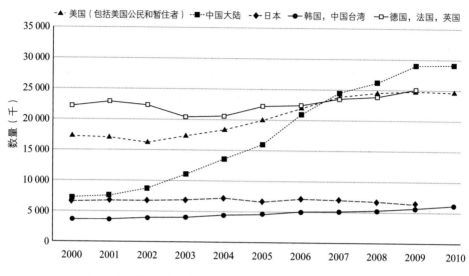

图1.5　美国与其他国家（地区）在自然科学和工程学科上授予博士学位的数量，2000—2010

资料来源：改编自 National Science Foundation，2014。

对技术人才过度强调的代价可能是缺乏能够制造客户喜爱产品的设计师和工程师。在当今充满竞争、注重设计的世界中，为低端消费者生产渐近性创新的以及无差异的产品不太可能带来高附加值的产品和相应的先进经济。随着中国经济的不断前进，变革型创新和有创造力的设计比不断增加的传统工程师更为重要（参见本书第14章的探讨）。将教育系统转变为能够培养具备创造力、颠覆性创新能力和设计敏锐度的STEM人员应当是国家最优先考虑的目标。然而，正如第14章所讨论的，在现在的中国高等教育系统中，进行变革和将这种变革制度化远比单纯地训练更多的工程师要更为复杂也更具挑战性。

悲观的观点

尽管中国在过去40年中技术能力得到了显著提高，但是从中等收入国家过渡到高收入国家和从低收入国家过渡到中等收入国家，是完全不同的两个阶段,而且前者更加困难。如 Gordon Redding(本书第 3 章)充分说明的,高收入国家中各种因素交互的复杂程度要远高于中等收入国家。

规模带来的治理挑战。中国的人口和国土面积以及众多的种族及文化差异性使得管理尤为艰难,特别是对于中央集权的体系,更具挑战性。然而,自从公元前 221 年秦始皇建立了秦朝,中国只经历过集权式管理。中央政府做出决定,然后通过官僚体系进行传达,最后在不同的地方政府那里转换成实际措施。如 Douglas Fuller(本书第 6 章)提到的,政府的中层机构会进行这种传达,传达的结果可以从北京、上海、广州在创新体系上的差异中看出来(Breznitz and Murphree,2011;Crescenzi, Rodríguez-Pose, and Storper,2012)。

中国的大小、多样性和规模给建立有效管理的经济体系带来了众多阻碍和困难,特别是可能威胁到资源控制权和政策制定权以及地方基层官员的经济管理权的时候。相同的制度结构允许进行很多的政策实验——林毅夫(本书第 2 章)提到了这种灵活性,本书第 12 章就中国想在商业服务外包上超过印度方面对此也有详细的探讨。与此同时,中国通过对基础设施和科学技术前所未有的投资,使得其庞大的规模有利于吸引外资建立汽车等行业,也有利于发展高铁、重工业和建筑业方面的能力。但是这也使得中国在反应速度和建立共享的经验体系方面存在不足。

知识产权制度。许多研究中国的学者指出,中国不完善的知识产权制度虽然促进了对国外知识技术的模仿和中国产业的快速发展,但是也成为发挥知识创造和创新优势的一大障碍。如本书的很多章节谈到的,对知识产权保护的不足使得企业能够轻易模仿和抄袭其他企业的创新,这可能已经阻碍了国内企业对研发的投入。赵志裕等(本书第 14 章)进一步指出,这种模仿的潮流已经深深地植入到群体文化之中,使得提出与群体不一致的想法和建议更为困难。这种文化因素也因为研发资源分配过程中制度信任的缺失和自上而下的官僚体系的控制而进一步加强。

腐败。中国和其他许多发展中国家一样,经受着腐败之害。除了对西方价值观中衡量透明和腐败的标准有所怀疑之外,中国政府也意识到腐败已经成为阻碍未来中国经济发展和政党执政合法性的重要因素。这也带来了一系列的惩罚违法乱纪行为的反腐斗争。这种斗争的一个副作用是使得少数中层官员和负责商业的官员因为害怕在反腐斗争中被抓而不再进行创新性活动。

环境的破坏。本书中的章节并没有论述中国经济增长对环境影响的问题，但是不管从中国还是从全球来看，这种影响都是巨大的和灾难性的，特别是考虑到全球气候的变化。① 海平面的上升可能淹没上海和香港这样的沿海城市，并且对全球和中国的农业产生破坏性的影响。更重要的是，污染已经给人们带了传染性疾病，大肆破坏了土地和水资源，这对中国的现在和未来都将产生灾难性的影响。中国政府非常重视这一威胁，防止国内经济因为它而分崩离析。例如在 2015 年，中国是生产和引进绿色科技的带头者（Mathews，2014）。这一举措是否能解决经济发展带来的环境问题尚不清楚。但可以确认的是，中国正面对着空气、土壤和水污染带来的严重的环境危机，这种剧烈的环境变化也可能威胁到执政党的统治。解决这些问题无疑会让中国经济更加复杂，但也正是这些问题为创新提供了充分的机会（例如 Economy，2011）。

不断增加的全球紧张局势。全球经济和政治力量的巨大变化总是伴随着冲突的产生。例如，19 世纪末和 20 世纪前半叶，德国、美国和日本在太平洋地区力量的增加带来了两次世界性的冲突。尽管当今世界已经远离了那种冲突，但是中国的崛起也带来了地区形势的紧张，这也是影响未来中国发展进程的一个不确定的因素。虽然本书并不探讨地缘政治的变化，但是在经济不景气的时候它确实可能影响中国的反应。

各章内容概览

本书通过不同的研究视角探讨了中国在建立创新型经济时可能面临的机遇

---

① 只是指责中国明显是不公平的，因为按人均计算，发达国家的消费者比中国的消费者更应当承担气候变化的责任。

和障碍。每章的作者也展示了在他们各自分析水平上就某个特定政策或研究议题的观点。

社会经济和政治的分析

第 2 章由林毅夫撰写，探讨了我们上面提到的乐观的观点，他认为中国有能力继续发展并跳出中等收入陷阱。林毅夫对于中国和美国经济的研究都有卓越的学术成就，此外他还在 2008 年到 2012 年担任世界银行首席经济学家，并且深入了解过很多像中国这样的发展中国家存在的问题。林毅夫认为，如果每个经济落后的国家都采取与其发展阶段相同的产业政策，那么就能够实现每年 8% 的经济增长速度。

在第 2 章中，他为发展中国家如何形成有效的经济增长政策提供了六步发展策略。他将这种理论称为"新结构主义"，因为在发展理论盛行的 1950 年到 20 世纪 60 年代，他看到国家在选择某一发展行业和建设公共基础设施来允许企业家创办企业从而拉动这些行业增长方面扮演着重要角色。他的理论与之前的"旧"结构主义不同的地方是，强调了国家必须选择有比较优势的行业——这意味着与国家现有能力相差不远并且在这些行业中能够开发像廉价劳动力这样的要素优势。新结构主义反对新自由主义的"华盛顿共识"理论，因为这一理论在智利和俄罗斯这样的国家实施时没能带来持续的经济增长。

回顾过去 300 年世界经济的发展历史，林毅夫认为所有成功追赶上了更加先进的工业化国家的国家都采取了与他的"新结构主义"理论相一致的政策。考虑到中国经济总量目前只有美国的 1/4，并且其他的东亚国家处于中国目前的发展阶段时仍然以 8% 的增长率在减速前发展了 20 年（例如，日本从 1951 年到 1971 年，韩国从 1977 年到 1997 年），林毅夫相信中国能够保持这种增长速度从而超越中等收入水平。林毅夫认为，为了实现这一目标，中国需要继续保持经济逐步升级的政策，选择稍微超过现在能力但是具有比较优势的行业，然后让市场在经济运行中发挥更大的作用。因为在某些经济行业中，中国已经成为技术领先者，林毅夫强调在这些行业中成为一个创新者而不是依靠外来技术者将会变得日益重要。从更广的视角来看，林毅夫的研究认为，中国完全有能力建立一个与美国倡导的"华盛顿共识"相反的发展模式。

并不是所有的学者都像林毅夫一样乐观地认为中国有能力跳出中等收入陷阱。Gordon Redding 所撰写的第 3 章提出了与林毅夫截然相反的观点。Redding 怀疑帮助中国从低收入国家发展到中等收入国家的政治体制是否能够帮助中国继续保持增长，并且达到韩国和日本这样高收入国家的人均 GDP 水平。尽管 Redding 认同林毅夫关于对特定经济发展实施有针对性的政策的呼吁，但是他认为学者应当用从历史、社会和政治科学中总结出的规律去分析未来中国发展面临的挑战。他主张即使两个国家在相同的发展阶段也可能在社会组织上存在本质的不同，因此需要采取不同的方式去获得经济的增长。日本有着与中国完全不同的社会结构和历史。因此，虽然日本在 1951 年之后以 8% 的经济增长速度持续发展了 20 年，但是相同的情况并不一定会出现在中国。

Redding 认为经济低水平的增长与高水平的增长是完全不同的。在他看来，经济从中等收入发展到高收入也伴随着内部复杂程度的指数式的增长。他怀疑中国现在的等级治理制度可能无法应对这种复杂性。通过对经济历史的回顾，所有发展到高人均 GDP 水平的国家都分散了决策制定权并且将权力下放到"中等层次"，以此来发展出不受中央权力制约的新的稳定秩序。Redding 认为除了这种权力的下放，创新的能力和对陌生人的信任也是实现财富创造所必备的两个社会特征。Redding 指出中国如果不实现这些转变就很难形成一个发达的经济体制。

这两章阐述了完全对立的两种观点，其他各章的观点基本上都介于二者之间，都是在林毅夫的乐观主义和 Redding 的怀疑主义之间，思考中国经济为了实现高收入所应具备的能力。

尽管林毅夫部分地从韩国经验中总结了对中国未来经济发展的乐观看法，但 Michael Witt 在第 4 章中基于对韩国的详细分析，也质疑中国是否能够重复韩国的经历逃脱中等收入陷阱。Witt 发现中国历史上从来不缺少创新技术，但是他也发现中国缺乏能够利用这些创新来实现经济升级的制度和社会结构。他认为中国根本的问题并不是缺乏创新的能力，而是缺乏正确地形成高收入经济的制度。通过总结国家商业体系方面的理论，他发现高收入国家（例如美国和德国）能够形成不同的经济系统。他提到，随着时间的推移，不同的国家系统难以最终采取一个相同的最佳模式，相反，它们会保持各自的差异性，这说明根据商业体系发展的不同，也存在很多不同的发展路径。据此来看，当今中国和20世纪80年代韩国的商业体系比较相似。然而，随着从中等收入经济向高收入经济的转变，韩国变得更加民主化。

Keun Lee 投入了大量的精力去研究为什么一些国家成功地实现了经济上的飞跃，但是一些国家却没有。在第5章，他提到至少有30个国家落入了中等收入陷阱，他还描述了这种情况发生的不同机制。Lee 的核心观点是，中等收入国家的发展需要依靠对技术循环周期短的行业进行投入。技术循环周期在这里指的是技术转变或者技术淘汰的速度以及新技术产生的速度和频率。在循环周期长的产业，现有的企业相比于新的进入者掌握着核心优势。因此对于中等收入国家来说，聚焦于短周期的行业有着更大的优势。他的追赶推动理论（catch-up bears striking）与林毅夫的理论相似，但是他的理论与中等收入水平及以上的国家更为相关。Lee 的第一个结论是中国已经升级了教育体系来培养创新所需要的人力资源。他的第二个也是更重要的结论是，中国已经聚焦于技术循环周期短的行业。因此，他相信中国不会因为缺乏创新能力而落入中等收入陷阱。

许多观察者和本书中的多个章节都分别探讨了中国的知识产权保护体系是未来经济发展的一大阻碍。在第7章中，刘美娜和黄灿简要地列出了这一体系的演化过程、存在的问题和解决这一问题的政策。中国的知识产权保护体系从西方引入，但是之后演变为一种政府管理的中国特有的体系。对于西方的观察者来说，执行知识系统的保护非常重要，作者认为这一问题正在被逐渐解决。中国申请专利的总量非常惊人，目前中国国家知识产权局拥有的专利数占世界总量的32%，这一数据在2012—2013年间又迈出了一大步，增加了26%。作者认为这是政府政策驱动的。首先，中国有一个中间级别的专利类别，对专利的认定标准比较低，而且特别鼓励了无足轻重的专利。其次，政府为申请专利费用提供了优惠，使得申请专利的成本非常低，甚至通过税费减免能利用专利盈利。政府的强大压力和实用型专利体系造成的结果就是产生了大量毫无价值的"垃圾专利"。最后，他们单独把大学的科技转让系统列了出来，认为是需要进行改革的。这一章让读者更加深刻地理解了目前中国的知识产权保护现状和未来的发展方向。

企业层面的分析

在第 8 章中，John Child 对中小企业的环境进行了探讨，这些中小企业已经成为中国国家创新体系的重要组成部分。他相信避免中国落入中等收入陷阱的方式是增强中小企业的创新能力，这已经成为经济中重要的一部分。过去中国中小企业的竞争优势建立在低成本地生产已经相对成熟的产品之上。然而，未来它们的成功与否取决于产品创新的能力。Child 从四个常用的管理理论出发探讨了中小企业的处境：资源基础视角，制度视角，网络视角，以及企业家视角。与其他几章的观点相同，Child 也认为从竞争、资本获取和吸引高质量人才的角度来看国有企业对于中小企业也是一个大问题。进一步地，与 Redding 的观点相同，Child 也认为信任的缺失和对非正式网络的过度依赖阻碍了中小企业的创新。即使中国中小企业具有创新性，它也仅仅是一种渐进的方式，而这阻碍了它们生产创新产品和服务的能力。考虑到中小企业对于中国以及全球的重要性，有很多的机会去进行实证研究从而推动该领域理论的检验和发展。在本章的末尾我们会再次探讨这一点。

在过去的 20 年中，中国是除了美国外受益于外资投入最大的国家（UNCTAD，2014）。更进一步，这些投资涉及从销售和市场领域到生产和研发领域的方方面面。从国家创新体系的角度来看，Simon Collinson 在第 9 章中检验了中国本地企业和它们的跨国公司的伙伴关系以及所导致的双向学习。技术转变、学习和溢出效应长久以来被认为是增强企业、产业部门和经济创新及竞争能力的重要渠道。基于调研数据和个人访谈，Collinson 探索了跨国公司和其中国伙伴间的复杂关系。他发现中国企业获得了资本、技术、资源和能力，而跨国公司收获了本地知识和关系。这种关系的成功和从中学到的东西因不同行业而不同。通过对民用航天行业的深入案例研究，他发现这种能力并没有得到转化，而是为了适应当地环境进行了改变。他也发现中国政府有意进行技术转化和推动本地创新，这种方式通常能够成功但是却不利于维持双方关系。这一章从本地企业与跨国公司之间的交流和知识转移的数量及深度进行分析，提供了独特的和精细的洞见。Collinson 提供了一个重要的视角，讨论了如何将这种形式的知识获得转化为能够帮助中国跳出中等收入陷阱的创新能力。

中国的跨国公司不仅仅进行出口海外市场的业务，同时也在近海地区发展业务。在第 10 章，Yves Doz 和 Keeley Wilson 研究了这一现象。他们指出与发达国家的跨国公司相比，中国的跨国公司并没有采取先利用本国的优势再以此撬动合作国的优势的方式进入全球经济。取而代之的是，中国的跨国公司建立了新的模式来撬动本国巨大却受保护的国内市场、落后的基于本地的资源（lagging home-based resources）、快速的国际化以及获得资本从而购买发达国家中拥有一流技术能力的企业。中国进行这种努力也是为了追求海外财富，例如先进的技术、升级现有活动和获得全球价值链中高附加值的部分。

Doz 和 Wilson 认为中国的跨国公司经常在成熟的技术领域获得收益，并用于学习、探索和弥补自身的劣势。通过努力获取的收益使得中国企业能够学习发达国家先进企业的各种知识（技术、市场营销以及组织管理）。对中国企业而言，这样做也带来了另一种好处，即增加了产品包含的知识成分并且有助于跳出中等收入陷阱。Doz 和 Wilson 也强调了中国企业在整合它们获得的收益来建造全球创新网络时所面临的障碍。他们在总结时，呼吁应当对中国领先的企业建立的全球创新网络进行更多的研究。

行业水平的分析

第 11 章由 Silvia Massini、Keren Caspin-Wagner 和 Eliza Chilimoniuk-Przezdziecka 撰写，主要探讨中国发展出基于知识创造和创新的新的增长模式的机会。这一

章通过对比中国和印度的创新体系及政策，深入了解中国是否超过印度成为全球创新的源泉。这一章也描绘了发达国家长期演进的趋势，即企业不断寻找外部服务和创新活动资源并且推广到全球，这也补充和扩展了刘美娜和黄灿（第7章）以及Fullerton（第6章）的研究成果。发达国家的企业通过注册、合并、联合、吞并和多种形式的外包活动等市场渠道来增加创新的来源。

这一章对新的趋势进行了探讨，即企业正在不断地对高附加值的活动进行分类，例如创新项目、给创新提供者的特定外包项目以及根据需求雇用全球各地的STEM的自由从业者的新趋势。在背后推动这种趋势的是信息和通信技术的领先、提高产品及科研生产率的压力以及对世界范围内知识汇聚地的利用。这种动态性也为中国这样的经济体提供了机会，使得中国能够参与到全球知识创造中并且能够发展本国的创新能力使其成为经济发展的新动力。

文章总结道，中国的STEM工作者也在不断寻求新的机会，并根据雇佣需求成为自由职业者，其中最优秀的、最杰出的在西方求学的（经常是通过国家资助的研究项目的支持）一部分人也在寻找机会留在国外。这两种趋势都有利于发达国家的企业，却造成中国高素质人才的不断流失。

第12章由夏卫东、Mary Ann Von Glinow和李英侠撰写，详细论述了中国根据林毅夫的框架（第2章）采取与行业结构一致的具体措施时面临的复杂局面和挑战。文中选取的具体案例是为了参与全球竞争而升级本地商业服务外包产业。中国政府把这种主动描述为"超越印度的IT外包产业"。这也是第一个旨在升级本地商业服务外包产业的举动，作为从出口制造业转移的战略之一。

这一章描述了中国服务外包产业快速超越印度的国家战略的发展历史。2013年，印度的商业服务外包产业占据了860亿美元（占比55%）的全球海外市场，相比之下中国占据了450亿美元（占比28%）的市场。大连被看作进入全球商务服务外包产业的模范城市，因为大连发展出为日本和韩国企业提供商业服务外包的特色并且占据了中国总份额的13%。

该章也提醒人们注意中国在实施重点行业的相关政策时可能遇到的制度和

环境障碍，以及过去模范城市在吸引和发展出口制造业基地的过程中，因产生竞争而出现的不足。服务和创新产业有着完全不同的制度需求，如其他章节中探讨的，为了建立基于知识创造和创新的竞争能力，城市之间需要的不只是试验的和错误的竞争。

个人、组织和文化的分析

第 13 章由张志学和仲为国撰写，提出了绝大多数的中国企业创新能力不足的观点。作者认为中国的企业——无论是国有企业还是民营企业——都不具备成为创新型企业的心态或者组织和管理能力。文中指出，商业活动缺乏透明的指导规则，以及企业所有者及管理者对政府官员和其他各种阶层私人关系的依赖是创新的阻碍。对于国有企业的管理者而言，职业晋升与是否满足政府制定的政治和经济政策相挂钩。民营企业所有者依赖于和地方政府保持"良好的关系"以及展现出与地方政府发展目标相一致的绩效。商业管理缺乏透明性使得企业更加依靠政策和监管环境来回避风险。

要了解目前面临的难题，需要理解1978年改革开放之后企业家精神飞速发展的历史，因为那时各个行业的企业仅仅通过满足一直以来被压抑的需求就能获得成功。企业只需要生产足够数量的产品就能获得利润，无须升级产品质量、进行创新性设计或者发展新产品——更不用说通过开发颠覆性产品、技术和市场策略来超越竞争对手了。那时的环境并不鼓励创新。然而，最近几年成立的一些新企业能够成为创新型企业的代表。作者描写了像腾讯和华为这样的民营的世界级技术创业企业，尽管它们的成功部分受益于中央政府排除直接的国际竞争者的政策。这一章也提到在中国的一些特定地区，如广东省、浙江省和江苏省，历史上就更加具有创业精神并且能够在中国努力实现创新型经济的过程中一马当先。

第 14 章由赵志裕、刘世南和关欣仪撰写，主要认为中国为了升级 STEM 人力资本进行的巨大投资（例如，在大学教育和吸引海外人才方面的投资）并不能创造出新的变革型的创新经济。作者详细地分析了 Redding（第 3 章）

提到的制度挑战,并为 Fuller(第 6 章)以及张志学和仲为国(第 13 章)的分析提供了补充。他们列出了阻碍国家形成创新机制的制度和文化上的限制。Redding(第 3 章)探讨了"个人主义"和制度信任的缺乏对形成创新机制的影响,与之相对地,这一章论证了控制机制的动态性和内群体认同是不利于采纳创新理念的两个因素。即使中国政府采取"文化宽容"的特别措施来引导中国研究人员重返国内,但是这种措施本质上还是奖励忠诚和群体一致性的。关于中国的海归 STEM 人才的研究和关于科学技术的研究也强调不透明的制度会阻碍创造力的发挥。为了带来更多的变革性创新,作者呼吁建立相应的制度环境和文化环境来保护个人权利、反对团队温和主义以及鼓励跨文化的学习。

Rosalie L. Tung 在第 15 章中探究了跨文化管理领域的学者们在多大程度上认识到中国和中国企业在全球贸易中的重要性。自从 1978 年经济改革之后,中国获得了大量的 FDI,同时,正如 Doz 和 Wilson 在第 10 章提到的,中国已经开始进行自己庞大的 FDI。通过分析跨文化研究的演变及其在东亚经济崛起上的应用,Rosalie L. Tung 发现已有的跨文化理论有明显的不足,因为它们:(1)把中国视为单一民族和文化的国家,而没有意识到同一国家内部的差异性;(2)假设任何两个代理人间的文化距离都会带来不好的结果;(3)假定两个实施者之间的文化距离不会受到他们所嵌入的企业的影响;(4)将代理者之间个体文化距离的测量加总成集体的。她总结道,为了帮助跨国公司在中国的运行和中国的跨国公司在其他国家开展业务,应当重新构建跨文化研究的框架并且聚焦于建立更加综合性的比较管理模型,这种模型能够更好地处理管理者面对的复杂环境。

最后的一些思考

中国在新兴的寻求获得高收入经济的国家中是极为特殊的。大多数经历过这个过程的国家和地区的经验,如日本、中国台湾、新加坡、中国香港,特别是韩国,都对中国内地的发展具有借鉴意义。很多人尝试过明确地指出中国如何做才能成功地利用创新作为发展的"金钥匙",但是这些尝试都因为中国庞大的规模、悠久的中央集权历史、文化、复杂性和大量的矛盾而没能实现。显而易见的是,无论中国未来发展得如何以及无论是否有能力成为创新型经济,中国已经是世界经济政治中不可忽视的力量。即使中国停止了前进的步伐,整个世界还是需要继续适应中国已经发生的变化。

我们希望这些介绍已经激发了您阅读本书大部分章节的兴趣。我们预计一些读者会按顺序进行阅读,另一些读者可能希望从后面开始阅读然后再回顾前面的章节。在本书最后的章节中,我们基于之前所有的章节总结了所学到的东西。

参考文献

Adas, M. 1989. *Machines as the Measure of Men: Science, Technology, and Ideologies of Western Dominance*. Ithaca: Cornell University Press.

Aghion, P., David, P. A., and Foray, D. 2009. Science, Technology and Innovation for Economic Growth: Linking Policy Research and Practice in "STIG Systems". *Research Policy* 38 (4): 681-693.

Ansari, S. M., Fiss, P. C., and Zajac, E. J. 2010. Made to Fit: How Practices Vary as They Diffuse. *Academy of Management Review* 35(1): 67-92.

Ashby, W. R. 1956. *An Introduction to Cybernetics*. London: Chapman & Hall.

BBC. 2003. China Puts its First Man in Space. October 15. http://news.bbc.co.uk/2/hi/asia-pacific/3192330.stm, accessed July 10, 2015.

Breznitz, D., and Murphree, M. 2011. *Run of the Red Queen: Government, Innovation, Globalization, and Economic Growth in China*. New Haven: Yale University Press.

Chen, A., Patton, D., and Kenney, M. 2015. Chinese University Technology Transfer: A Literature Review and Taxonomy. Working Paper. University of California, Davis.

Chen, K., and Kenney, M. 2007. Universities/Research Institutes and Regional Innovation Systems: The Cases of Beijing and Shenzhen. *World Development* 35(6): 1056-1074.

Cohen, W. M., and Levinthal, D. A. 1990. Absorptive Capacity: A New Perspective on Learning and Innovation. *Administrative Science Quarterly* 35: 128-152.

Crescenzi, R., Rodríguez-Pose, A., and Storper, M. 2012. The Territorial Dynamics of Innovation in China and India. *Journal of Economic Geography* 12(5): 1055-1085.

Du, Y., Park, A., and Wang, S. 2005. Migration and Rural Poverty in China. *Journal of Comparative Economics* 33(4): 688-709.

Economy, E. C. 2011. *The River Runs Black: The Environmental Challenge to China's Future*. Ithaca: Cornell University Press.

Fu, X. 2015. *China's Path to Innovation*. Cambridge University Press.

Hayhoe, R. 1989. China's Universities and Western Academic Models. In *From Dependence to Autonomy: The Development of Asian Universities*, G. Philip & V. Selvaratnam (eds.) pp. 25-61. Dordrecht, Netherlands: Springer.

Hirsch, J. 2015. Carmakers Fret over China's Slowing Auto Market. *Los Angeles Times*, September 2, www.latimes.com/business/autos/la-fi-0902-automakers-china-20150903-story.html (accessed September 14, 2015).

Hobson, J. A. 1902. *Imperialism: A Study*. New York: James Pott.

International Monetary Fund (IMF). 2014. *World Economic Outlook: Legacies, Clouds, Uncertainties*. www.imf.org/external/pubs/ft/weo/2014/02/.

Jin, X., Patton, D., and Kenney, K. 2015. Signaling Legitimacy to Foreign Investors: Evidence from Chinese IPOs on U.S. Markets. Berkeley Roundtable on the International Economy Working Paper 2015-4. www.brie.berkeley.edu/wp-content/uploads/2015/02/Signalling-Legitimacy-in-Chinese-IPOs-on-the-US-Market1.pdf.

Kharpal, A. 2015. Smartphone Market is Slowing Massively…Blame China. CNBC, August 26, www.cnbc.com/2015/08/26/smartphone-market-is-slowing-massivelyblame-china.html (accessed September 14, 2015).

Kim, L., and Nelson, R. R. 2000. *Technology, Learning, and Innovation: Experiences of Newly Industrializing Economies*. Cambridge University Press.

Landau, R., and Rosenberg, N. 1986. *The Positive Sum Strategy: Harnessing Technology for Economic Growth*. Washington D. C.: National Academies Press.

Lenin, V. A. 1916. *Imperialism: The Highest Stage of Capitalism*. Moscow: Progress.

Lewin, A. Y., Massini, S., and Peeters, C. 2009. Why are Companies Offshoring Innovation?

The Emerging Global Race for Talent. *Journal of International Business Studies* 40（6）：901-925.

Li, K. Q. 2015. Symposium on Science and Technology Strategy. Xinhua News Service Beijing, China, July 27. http://news.xinhuanet.com/english/2015-07/28/c_134455919.htm（accessed September 14, 2015）.

Liu, X., and White, S. 2001. Comparing Innovation Systems: A Framework and Application to China's Transitional Context. *Research Policy* 30（7）：1091-1114.

Mathews, J. 2014. *Greening of Capitalism: How Asia Is Driving the Next Great Transformation.* Standford, CA: Stanford University Press.

Ministry of Science and Technology, People's Republic of China. Various Years. *China Science and Technology Statistics Data Book.* www.sts.org.cn.

National Science Foundation. 2014. *Science and Engineering Indicators 2014 Digest.* www.nsf.gov/statistics/seind14/index.cfm/digest/stem.htm.

Needham, J. 1954. *Science and Civilization in China.* Vol. 7. Cambridge University Press.

Nelson, R. R., and Romer, P. M. 1996. Science, Economic Growth, and Public Policy. *Challenge* 39（2）：9-21.

OECD. 2014. OECD Science, Technology and Industry Outlook 2014. www.keepeek.com/Digital-Asset-Management/oecd/science-and-technology/oecd-science-technology-and-industry-outlook-2014_sti_outlook-2014-en#page1/.

Popper, B. 2015. Apple's Second Biggest Market is now China, not Europe. *The Verge*, April 27, www.theverge.com/2015/4/27/8505063/china-is-now-apples-second-biggest-market/（accessed September 13, 2015）.

Solow, R. M. 1957. Technical Change and the Aggregate Production Function. *Review of Economics and Statistics* 39：312-320.

State Council, People's Republic of China. 2006. The National Medium-and Long-term Program for Science and Technology Development: An Outline. Available at University of Sydney: http://jpm.li/46/.

UNCTAD（United Nations Conference on Trade and Development）. 2014. *World Investment Report 2014.* http://unctad.org/en/PublicationsLibrary/wir2014_en.pdf（accessed August 30, 2015）.

United States Patent and Trademark Office (USPTO). Various years. *Calendar Year Patent Statistics.* http://www.uspto.gov/web/offices/ac/ido/oeip/taf/reports.htm.

Westney, D. E. 1987. *Imitation and Innovation: The Transfer of Western Organizational Patterns in Meiji Japan.* Cambridge: Harvard University Press.

World Bank. 2013. *China 2030: Building a Modern, Harmonious, and Creative Society.* Washington, D.C.: World Bank.

World Bank. 2015. GDP growth (Annual Percent). http://data.worldbank.org/indicator/NY.GDP.MKTP.KD.ZG/ (accessed September 15, 2015).

Zhang, H., Patton, D., and Kenney, M. 2013. Building Global-class Universities: Assessing the Impact of the 985 Project. *Research Policy* 42(3): 765-775.

第 2 章

新结构经济学——第三波经济发展思潮及中国经济的未来

林毅夫

翻译：李明曦；审定：苏剑

摘要：本章涵盖五个主要话题。第一，回答"既然此前已有许多著名经济学家在发展经济学领域贡献卓著，为何我们还要对发展经济学进行重新思考"。第二，基于中国和其他亚洲国家的情况，我为发展经济学提出一个新的理论框架——新结构经济学，并以此来指导发展中国家的政策选择和经济增长。第三，为此我引入一个"增长甄别与因势利导"模型，作为规划产业政策的新方法。第四，阐明新结构经济学如何作为一个新的理论框架，为许多存有争议的经济学问题带来启发。第五，我运用这一框架预言中国未来的经济增长。在此我也欢迎其他研究者将这些问题形式化，并实证地检验它们。

为什么我们需要重新思考发展经济学？

经济理论帮助我们理解所观察到的经济现象背后的因果关系，它不仅仅是逻辑推演，还具有实际意义：经济主体们——政府、企业、家庭和个人——运用理论来指导自己的决策，以实现他们的合意目标。假使现有的理论无法帮助我们理解所观察到的经济现象中的潜在因果关系，或者假使基于这些理论做出的决策不能实现他们的预期目标，我们就必须对这些理论予以重新思考。当下，发展经济学正需要这样的重新思考。

发展经济学是现代经济学中的一个年轻的领域。它发轫于第二次世界大战以后，旨在指导遭受战争蹂躏的国家的战后重建以及新独立的前殖民地国家的建设。至今，发展经济学领域已经出现过三波思潮。

结构主义——第一波经济发展思潮——收效甚微

发展经济学的第一波思潮是结构主义。它指出，如果一个发展中国家想要在收入和国力方面赶上发达国家，就需要建立如发达国家一般的现代化的、资本和技术密集型的产业。然而，历史上发展中国家从未完成这样的转化。原因何在？经济学家将其归咎于市场失灵，认为由结构僵化导致的市场失灵阻碍了这些产业的自然发展和繁荣（Rosenstein-Rodan，1943）。结构主义由此建议政府通过进口替代战略来动员和分配资源，直接建立大规模现代工业，以克服市场失灵（Prebisch，1959）。

结构主义的理想是远大的，其内在理论也是自洽的。但是采用了进口替代战略的国家往往陷入了依靠大规模投资拉动增长的模式，并且随之而来的是经济危机和长时间的增长停滞。一个例子是中国20世纪50年代的口号"10年超英，15年赶美"。发展中国家里的资本主义国家和社会主义国家都曾遵循结构主义倡导的战略（Chenery，1961），结果却是普遍的失败（Krueger and Tuncer，1982；Lal，1994；Pack and Saggi，2006）。

新自由主义——第二波经济发展思潮——亦无建树

结构主义在缩小发展中国家和发达国家收入差距方面的失败，催生了20世纪80年代的第二波经济发展思潮——新自由主义。那时，政府干预在发展中国家极为普遍，引发寻租、受贿、贪污，带来多重经济扭曲，导致无效的资源配置，造成整体经济表现不佳。发达国家则情形迥异，同发达国家运行良好的市场和不干预的政府相比，发展中国家着实令人失望。经济学家们将发展中国家疲弱的经济表现归结于政府失灵。为了改善经济表现、缩小同发达国家之间的差距，发展中国家被建议遵循"华盛顿共识"（Washington Consensus），即实行私有化、市场化、自由化，以期建立一个运行良好的市场经济（Williamson，1990）。

同样，新自由主义的逻辑听起来不错，但采用这种"休克疗法"的国家通常历经了经济崩溃、停滞，以及经常性的危机，并且和发达国家之间的差距扩大了（Cardoso and Helwege，1995）。同结构主义政策盛行的20世纪60年代和70年代相比，在遵循"华盛顿共识"的80年代和90年代，经济增长率反而更低，经济危机也更加频繁。一些经济学家将这段时期称作发展中国家"失去的数十年"（Easterly，Loayza，and Montiel，1997；Easterly，2001）。

第三波经济发展思潮应运而生：新结构经济学

在此期间，一些东亚经济采取了全然不同的经济模式。20世纪50年代和60年代，日本和"亚洲四小龙"——韩国、中国台湾、新加坡和中国香港——悄悄赶上了发达国家。从20世纪50年代至70年代，这些新兴工业化经济体迅猛增长，它们采取了出口导向型发展战略，先是基于劳动密集型、小规模产业，随后顺着产业阶梯拾级而上，逐渐过渡到更大、更加资本密集型的产业（Amsden，1989；Chang，2003；Wade，1990）。然而，当时流行的倡导通过进口替代来建立大型重工业的结构主义经济理论，却不认可这些政策。

20世纪80年代和90年代，在"华盛顿共识"的影响之下，国家主导型经济被认为不如市场经济有效，经济学家们普遍呼吁采取"休克疗法"将国家主导型经济转化为市场经济：通过终止政府干预、从国家主导型经济一步跳到市场经济来革除一切经济扭曲。他们的理论断言若将转化分为两至三步进行，譬如中国所为，只能迎来失败。**中国的双轨制改革在继续保护并补贴曾被优先发展却无自生能力的资本密集型国有企业的同时，针对曾被抑制的劳动密集型产业放开市场。**许多经济学家预言，随之而来的将是猖獗的寻租和恶化的资源配置。然而事实是，所有稳定且高速发展的经济体，例如柬埔寨、中国和越南，都遵循了双轨制改革的路径。它们的政府鼓励市场经济或向市场经济的转化——正如新自由主义强调的那样，但同时也积极地干预经济——正如结构主义强调的那样。

这些成功表明了对发展经济学进行第三波思考的必要性。基于结构主义和新自由主义的政策都没能实现它们的目标，也无法解释那些为数不多但的确取得了成功的几个经济体。我所提出的新结构经济学，作为第三波经济发展思潮，可以解释为何成功的经济体都是出口导向型的，也可以解释为什么它们的成功需要政府和市场同时发挥关键作用。

什么是新结构经济学？

当我于 2009 年首次将新结构经济学作为第三波经济发展思潮提出的时候，曾呼吁人们回归亚当·斯密，但并非回归《国富论》这一对斯密著作的简短提法，而是回归到强调斯密方法论的这部著作的全名——《国民财富的**性质和原因的研究**》。我提倡在分析经济发展的性质和原因时跟从斯密，思考什么是经济发展的本质、什么是其原因。

技术革新和产业升级

快速且持续的经济增长是近代以来的现象，到 18 世纪方才出现。在那之前，西欧人均收入的年均增速只有 0.05%；在这一速率下，一个经济体想要让其人均收入翻倍需要 1 400 年（Maddison, 2006）。从 18 世纪到 19 世纪中期，西欧国家人均收入的年均增速上升到 1%，使得人均收入仅在 70 年内便翻了一番。从 19 世纪中叶至今，人均收入每年增长 2%，进一步将翻一番所用的时间压缩至 35 年。增长加速的动力是 19 世纪中期的工业革命：持续不断的技术创新和产业升级让劳动生产率与收入增长的加速成为可能，而这两者又促进了人均收入的提高。①

换句话说，现代经济增长是一个持续的技术创新的过程，在这一过程中劳动生产率不断提高、产业不断升级，使得一个经济体从低附加值产业过渡到高附加值产业。但要充分发挥技术和新兴产业的潜力，还要求运转良好的硬件基础设施，以保证产品进入广阔的国内外市场。随着贸易规模的扩大，市场交换愈加便捷，也就需要契约及维护契约的法律制度。另外，由于投资的规模和风险随着技术与产业升级而扩大，金融体系也必须完善。因此，全部软件基础设施——各项制度，也相应地需要完善（Kuznets，1996；Lin and Nugent，1995；Harrison and Rodriguez-Clare，2010）。

所以，尽管现代经济增长看上去像是劳动生产率提升的过程，它实际上却是技术、产业和软硬件基础设施方面持续的结构变迁的过程。新结构经济学利用新古典主义的方法来研究为什么不同的国家在技术、产业、软硬件基础设施方面有不同的结构，以及是什么原因导致了一国结构的变化（Lin，2011）。

为何使用"新结构经济学"这一术语？**依据惯例，我们将运用新古典主义的方法对经济结构进行的研究称作"结构经济学"。**而在此称"新"结构经济学，是为了将其同第一波经济发展思潮——结构主义——区分开来。现代经济学实践中已有这种先例。比如说，道格拉斯·诺斯在20世纪60年代运用新古典主义方法研究制度的时候，曾将其称为"新制度经济学"，以区别于"制度学派"，后者兴盛于20世纪早期的美国。

研究的第一步： 要素禀赋

什么是新结构经济学的核心假设？

简单来说，一国经济结构在任何时点上对其要素禀赋——资本、劳动、自

---

① 在亚当·斯密撰写《国民财富的性质和原因的研究》之时，工业革命仍处于初期。因此，斯密没能对技术革新和产业升级予以应有的重视，而是在现有技术和产业的基础上着重关注了贸易及专业化，例如劳动分工。

然资源——在该时刻的存量,都是内生的。不同发展阶段的国家,其要素禀赋的相对富裕程度也存在差异。在发达国家,资本相对充足,而劳动相对稀缺。**在发展中国家,资本相对稀缺,而劳动和自然资源往往相对丰富**。尽管一个经济体的要素禀赋在任何时点都是既定的,但它们可以随时间而变化。新结构经济学将一个经济体的要素禀赋作为发展分析的出发点,因为它们是该经济体当时的总预算约束。进一步地,禀赋的结构决定了要素的相对价格:相对充裕的要素的价格低,而相对稀缺的要素的价格高,这意味着资本、劳动、自然资源的相对价格在不同发展阶段的国家并不相同。

一个经济在任一时刻的禀赋及禀赋结构决定了它的总预算约束和要素的相对价格,认识到这一点是很重要的,为什么呢?因为要素的相对价格决定了一个国家的比较优势。获得竞争优势的一个首要条件便是根据比较优势来发展自己的产业(Porter,1990)。比如,一个劳动相对充足而资本相对稀缺的国家可能在劳动密集型产业上有比较优势,因为其产品的成本将低于那些劳动相对稀缺且昂贵的国家。

在发达国家,收入和劳动生产率高是因为其国内相对充裕的资本量决定了它们的产业与技术是资本密集型的。如果一个发展中国家想要在收入和产业结构方面赶上发达国家,它首先要做的是将其要素禀赋结构中资本的相对数量提升至发达国家的水平。经济发展的最终目标是提高一国的收入水平,阶段性目标是发展资本密集型产业,而眼前目标则应是快速积累资本,这样一个国家的比较优势就将转为资本密集型产业。也就是说,提高一国的收入水平需要产业升级,而产业升级则需要改变一国的禀赋结构(Ju,Lin and Wang,2015)。

一个国家如何快速实现资本积累?资本来自储蓄经济剩余。一个国家的禀赋结构决定了其比较优势。如果一国的产业同其比较优势相符,那么该国将在国内外市场上都具有竞争力,并能产生最大的可能剩余。如果产业内的所有投资都与其比较优势相符,那么投资的回报将最大化,储蓄倾向也会达到最高。有了最大的可能剩余和最强的储蓄倾向,资本将以可能的最快的方式积累。禀赋结构和比较优势方面的变化,也将为产业结构及相应的软硬件基础设施的转变铺平道路。

但比较优势是一个经济学概念，如何将其转化为企业家的技术和产业决策呢？企业家关心的是利润。如果相应的要素价格反映出该要素在其国家禀赋中的相对稀缺性，企业家将投资到这一具有比较优势的产业上（Lin，2009；Lin and Chang，2009）。如果资本相对稀缺，资本价格将相对较高；如果劳动相对稀缺，劳动价格（工资）将相对较高。在一个没有干预的价格体系下，追逐利润最大化的企业家们在选择生产技术时，会使用相对便宜的要素去交换相对昂贵的要素，亦即投资到那些需要更多相对便宜的要素和需要更少相对昂贵的要素的产业上。拥有这些特征的价格体系只能存在于竞争性市场中。这也就是为什么成功的经济总是市场经济或者正在转向市场经济。

经济结构的内生性、市场失灵的来源以及政府干预

既然市场如此重要，那么政府在经济发展中又扮演什么角色呢？经济发展是一个伴随着持续的技术创新、产业升级、基础设施和制度完善的结构转型的过程。当要素禀赋结构发生变化时，经济中需要一些先行者，他们愿意进入符合新的比较优势的新产业，并且热衷于使用新技术。先行者们要经受很大的风险——假如失败，他们得承担全部损失；假如成功，其他企业会迅速跟进，竞争的结果将消除所有的垄断利润（Aghion，2009；Romer，1990）。对于先行者来说，失败的损失和成功的获益并不对等。

无论先行者们成功还是失败，他们毕竟给社会提供了有用的信息。政府应当鼓励先行者们，并补偿他们所带来的信息外部性。否则，对于企业来说，成为技术创新和产业升级的先行者的激励就太弱（Rodrik，2004；Lin，2009b；Lin and Monga，2011；Harrison and Rodriguez-Clare，2010）。另外，先行者们成功与否也取决于新的软硬件基础设施能否匹配新产业的需求。而改善基础设施及制度又超出了单个企业的能力。因此，政府要么需要整合多家企业的力量去改善它们，要么就应该自行提供更好的基础设施和制度。如果没有政府的扶助，而单靠自发的市场力量来实现转型，这种结构转型将根本不会出现或出现得极为

迟缓。

新结构经济学能帮助我们理解为何结构主义没能认识到经济结构的内生性和市场失灵的来源。进口替代的赶超策略要求政府给予资本和技术密集型产业优先发展的特权，而罔顾发展中国家的比较优势。这些产业里的企业并不能在开放的竞争性市场上生存。企业家们也不会自愿投资这些若无政府保护和支持便注定会在竞争性市场上失败的产业。结构主义错误地将市场失灵视为发展中国家无力发展先进的、资本密集型产业的原因，并呼吁政府保护和支持那些不符合比较优势的产业中无自生能力的企业。

新结构经济学还能帮助我们理解为何新自由主义没能认识到政府干预的内生性和政府促进结构转型的必要性。在发展中国家，市场扭曲是内生的，它的出现，是由于政府需要保护和补贴那些因进口替代战略而催生起来但实际上并无自生能力的企业。去除保护和补贴等于将那些无自生能力的企业置于绝境，导致大规模失业，以及社会和政治动荡，也将使经济增长迟缓。为了避免上述后果，也为了继续支撑那些被视作现代化基石却无自生能力的资本密集型产业，政府在放弃"华盛顿共识"指出的那些保护和支持之后，通常也会继续通过新的不那么明显的途径来保护它们。

新的保护和支持往往不及之前有效，在前苏联和东欧的转轨经济中更是如此（World Bank，2002）。而且，新自由主义把孩子和洗澡水一起倒掉，激烈地反对政府在促进结构转型中的任何作用。智利是一个典型的例子。作为用"华盛顿共识"指导改革的模范生，智利在20世纪80年代一丝不苟地践行了"华盛顿共识"的精神，放弃了一切政府保护和支持。依据衡量经商和投资便利性的各项指标，智利在世界银行公布的营商环境指数（Doing Business Index）排行上遥遥领先。然而，30多年过去了，智利仍未迎来动态的结构转型，结果是失业率居高不下、收入差距进一步扩大、国家深陷中等收入陷阱。

新结构经济学也为渐进的双轨制改革这一曾被传统经济学视作错误道路的改革方法正名。双轨制倡导在转型过程中维持稳定，并在消除进入门槛、促进曾被抑制的有比较优势的企业发展的同时，继续对优先部门中缺乏自生能力的企业施以暂时性的保护，以此激发动态且可持续的经济增长。这种与比较优势相符的动态增长使经济得以迅速积累资本，也改变了要素禀赋结构。这就帮助资本密集型产业中一些曾经无法存活的企业重获新生，也为那些因为无自生能力的工厂倒闭而失业的工人创造了工作岗位。一旦新部门中的企业能够自力更生，暂时性的保护和支持便可撤销，最后顺利转型为市场经济（Naughton，1995；Lau，Qian and Roland，2000；Subramanian and Roy，2003；Lin，2009b and 2012）。

增长甄别与因势利导：新结构经济学的一个应用

经济理论试图帮助人们理解并改变世界。发展中国家的政府可以如何应用新结构经济学去实现动态的结构转型和经济增长呢？为了利用政府有限的资源换取结构转型和经济增长方面的最大收益，政府需要明确哪些新兴产业与该国变化中的禀赋结构相符、哪些基础设施和制度需要改进以确保那些新兴产业的繁荣。

此前产业政策的尝试缘何失败

换句话说，新结构经济学提倡运用产业政策来确保结构转型。政府首先需要甄别优势产业，然后改善基础设施和制度去促进它们的发展。理论上讲，产业政策应该是政府发挥因势利导作用的一个有效的工具；但在实践中，产业政策却在发展中国家遭遇了普遍的失败，其在主流经济学中的声望也因此受损。然而，就像智利告诉人们的那样，如果政府不帮助与本国比较优势相符的产业的发展，新兴产业不太可能自发产生。没有新兴产业，国家便无法获得稳健的经济增长、解决就业问题，并逃出低收入或中等收入陷阱。

如果因为曾经的失败而拒绝所有的产业政策，就无法理解为何绝大多数产业政策会失败，以及将来应如何改进它们。它们之所以失败，是因为在许多情况下，政府怀着良好的意图，在经济拥有特定的禀赋结构之前就花大力气去支持那些过于先进的产业。由于没能明白一国的产业结构内生于其禀赋结构,政府通常将注意力放在那些与本国比较优势相悖的产业上。这意味着优先部门中的企业在开放的竞争性市场上无法生存,所以政府必须保护和支持它们,给予它们垄断特权,或者为其提供低价的资本、原材料和土地。这种扭曲的干预创造了经济租,也引发了寻租、贪污和腐败(Krueger,1974;Krugman,1993)。可谓欲速则不达。

一项产业政策的成功需要哪些条件?

一项合意的产业政策应该帮助那些有潜在比较优势的产业,确保它们能够快速成为一国在市场上的竞争优势。具有潜在竞争优势的产业在世界上的同种产业中,有着最低的产品要素成本。这种成本竞争力来自由要素禀赋决定的比较优势。除此之外,市场竞争力也要求低廉的交易成本,而这取决于基础设施和制度。假使基础设施和制度不适于该产业,高昂的交易成本将抬高总成本。即使产品的要素成本低廉,比较优势也只是潜在的。要想通过产业政策促进经济发展,政府必须帮助那些具有潜在比较优势的产业克服基础设施方面的瓶颈、改善金融环境、简化行政上的繁文缛节、加强法律体系建设,以此来降低交易成本。

政府如何甄别具有潜在比较优势的产业?历史提供了很多经验来告诉人们什么该做、什么该避免。

从16、17世纪开始,成功的经济都表现出相同的特点:它们的产业政策帮助企业进入那些正繁盛于比自己稍微先进一些的国家中的产业。这些经济得以利用后发优势。比如,在16、17世纪,荷兰是世界上最先进的国家,有着高度发达的毛纺织业。相对而言,英国的毛纺织业尚不成熟。英国政府便实施政策鼓励从荷兰进口机器和熟练工人。这些政策卓有成效。当时英国的人均收入是荷兰的70%,这说明两国的禀赋和比较优势差别不大。

通过工业革命,英国成为世界上最发达的经济体。19世纪晚期,法国、德国和美国都用相似的政策来赶超英国。当时它们的人均收入已经达到英国大约 60%—75% 的水平（Gerschenkron，1962）。在日本，明治维新在其产业政策方面也取得了成功。日本的产业政策效仿的是普鲁士而非英国。当时日本的人均收入是普鲁士的 40%，但只有英国的 20%。在 20 世纪 50、60 年代，日本的人均收入超过了美国的 40%，此时它又开始模仿美国的产业政策。随后，"亚洲四小龙"（韩国、中国台湾、新加坡、中国香港）又以模仿日本的路径而成功。那时它们的人均收入大约为日本的 30%—40%（Akamatsu，1962；Chang，2003；Kim，1988；Ito，1980）。

第二次世界大战之后，也有其他国家试图模仿美国的产业，但均以失败告终。一个原因在于它们的收入水平都不及美国的 20%。比如，20 世纪 50 年代中国以美国为目标并试图模仿其产业，即便那时它的人均收入只有美国的 5%。政府集中精力建立发达工业，在这种背景下，中国得以在 20 世纪 60 年代进行原子弹和氢弹试验，并在 70 年代发射卫星。但这些成就的背后也有着高昂的代价。到 1979 年，当中国开始向市场经济转型的时候，它的人均收入尚不足撒哈拉以南非洲国家平均水平的 1/3。

产业政策的新框架——双轨制、六步走

借鉴成功经济的经验及比较优势理论，我为产业政策提出了一个新的增长甄别与因势利导框架，这一框架包含两个轨道和六个步骤（Lin and Monga，2011）。

第一步，甄别可贸易商品的产业。当一个发展中国家的政府寻求在非资源制造业中促进产业升级之时，它应该甄别出目标国的可贸易商品。所谓目标国，是已经持续增长了 20—30 年，并且其人均收入比本国人均收入高 100% 最多 200% 的国家。尽管经验表明 100% 是一个可行的参照点，但鉴于当今技术和产业升级较之以往快了许多，也可以考虑将其调整至更高。

目标国里生产的可贸易商品和服务很有可能是追赶国具有潜在比较优势的商品和服务。如果一国在过去的 20—30 年里发展迅速，其可贸易部门内的产业一定与其比较优势相符。但由于资本的迅速积累和工资的提高，曾与目标国

内之前的要素禀赋结构所决定的比较优势相符的产业，很快就会失去其比较优势。而目标国与追赶国在收入水平上较小的差距意味着禀赋结构和比较优势在两国之间差异不大。目标国内即将失去比较优势的夕阳产业，将因为潜在的比较优势而成为追赶国的朝阳产业。一国的比较优势在同该国过去或其他国家的比较中愈见明晰。

第二步，甄别障碍。在第一步识别出来的产业中，政府可以给予一些已经自发进入的国内企业优先权，同时找出阻碍这些企业提高产品质量的障碍，以及限制其他民营企业进入的障碍。常见的障碍都与高额交易成本有关，可能的障碍主要包括：低效的基础设施，落后的物流服务，不足的金融支持，稀缺的熟练工人。利用价值链分析或 Hausmann、Rodrik 和 Velasco（2008）提出的增长诊断框架（growth diagnostic framework），可以甄别这些障碍。政府随后便可采取措施消除这一系列紧约束，并于把相关政策推广到全国之前通过随机控制实验来检测这些方法的效果（Duflo，2004）。

第三步，鼓励企业从其他更发达的经济中转移到本国。一些通过这种方法被识别出的产业可能对追赶国来说还是新事物。政府可以采取措施，以更低的预期劳动成本吸引企业从收入水平较高的目标国转移。政府也可以实施孵化项目来鼓励国内民营企业进入这些产业。

第四步，关注新产业中的成功案例。技术变革十分迅速，这意味着今天的某些产业在 20 年前很可能不存在。一些国内的企业家也许会发现未能在第一步被甄别出的新的利润机会。以 20 世纪 80 年代印度的信息产业为例，最开始，印度面向美国进行外包服务的企业使用的是卫星通信，但卫星通信异常昂贵。后来，印度政府建造了光纤传输系统，大大降低了通信成本，也帮助印度的信息服务企业获得了超越世界同行的竞争优势。当新技术带来新机会并被国内民营企业感知到以后，政府应该密切关注它们的成功并提供支持来扩大这些产业的规模。

第五步，利用经济特区吸引国内外企业。在基础设施落后、营商环境不友好的发展中国家，预算和生产力方面的约束限制政府在短时间内做出有益于所有产业的改进。但是，政府可以利用产业园区、出口加工区或经济特区来吸引本国民营企业和外国企业向目标产业投资。这些特别区域内基础设施和营商环境的改善能降低交易成本并促进具有潜在比较优势的产业的发展。这些特殊经济区域也能促进产业集聚，而产业集聚可以有效降低物流成本。

第六步，补偿先驱企业所带来的外部性。政府可以向那些投资于在第一和第四步中被甄别出的产业的本国先行者或外国企业提供有限的激励，以补偿它们通过投资而产生的公共知识。这种激励必须有时间和预算配置上的约束，因为目标产业应当有潜在比较优势，一旦交易成本降低，潜在比较优势就能确保它们在国内外市场上富有竞争力。激励的形式可以是几年内企业所得税的减免、获得信贷的优先权（在有金融抑制的国家），或者是动用外汇储备购买关键设备的优先权（在有资本管制的国家）。为了最小化寻租和政治攫取（political capture）的风险，激励不应当采取垄断租金、高额关税或其他扭曲的形式。政府可以对第四步中自行发现新的成功商机的企业予以奖励，对它们为经济发展做出的贡献给予特殊肯定。

这种针对外部性的补偿不同于传统的进口替代策略中的保护和补贴，后者致力于帮助优先部门中缺乏自生能力的企业继续生存。新框架下被鼓励的企业则有着低廉的产品要素成本，也能在市场上存活，因此一旦软硬件基础设施得到改善、交易成本得以降低，它们的利润就能通过改进管理而大幅提升。

新结构经济学为其他经济问题提供的启示

新结构经济学用全新的视角研究了发展问题，并为那些除了"市场和政府在发展中应扮演何种角色"之外的许多重要问题提供了洞见。最关键的认识是，实体经济在不同发展阶段其结构也不同，因而经济主体面临的经济约束和可行的选择也是不同的，政府、企业、家庭的最优决策亦是如此。同样的选择在不同的发展阶段可能会给一国带来不同的结果。

下面，我将着重描述几个例子，来说明新结构经济学的视角如何解释一些重要的经济问题。

起飞在即的发展中国家需要不同的金融结构

新结构经济学认为不同发展阶段的国家应有不同的金融结构。金融学教科书和金融学文献呼吁发展中国家建立像发达国家那样的现代金融体系——大银行、股权市场和风险投资。在美国及其他发达国家,这些现代金融机构是为满足同其比较优势相符的产业中企业的金融需求而自然发展起来的。那些经济体都有充足的资本禀赋,且它们的技术和产业是全世界最先进、最资本密集型的。技术进步和产业升级要依靠昂贵且极具风险的独立研发。这些国家需要能够促进大规模的资金流动并分散风险的金融机构。大银行、股权市场和风险投资恰好可以满足这些要求。

然而,这些金融机构并不适于发展中国家的企业的金融需求,在那里商品和服务由小型家庭企业及劳动密集型中小型企业生产。投资和运营对资本的需求相当小,所应用的技术已臻成熟,市场已经稳定,风险也较小。因此,金融体系应当以中小型、地区化的金融机构为主流,那样才能更好地服务于家庭企业和小企业的金融需求(Lin,Su and Jiang, 2013)。

政府在经济危机中的正确作用

2008年全球金融和经济危机重挫了发达国家及发展中国家的生产,也让企业削减了工作岗位。凯恩斯经济学建议在此情况下运用积极的财政政策,来刺激需求并创造就业。但是,许多经济学家反对这些做法,担心预算赤字会直线上升。为了应对迅速上涨的赤字,政府需要或明显或隐晦地提高税收,企业和家庭也会预期到将来税收的增长。为了平滑消费,纳税人将在此时储蓄以应对未来的税收负担,这就通过降低个人支出抵消了上升的政府支出和债务,导致总需求几乎不变。结果,减产和失业并无改变,但政府债务累积、营商环境恶化。这种情况被称为"李嘉图等价陷阱"(Ricardian equivalence trap)(Barro, 1974)。目前,两派之间的观点论辩犹未止尽。

新结构经济学将反周期政策视为加速结构转型的途径。物质基础是增长的紧约束，特别是在发展中国家，于是政府需要为促进经济发展而消除基础设施方面的瓶颈。在这种意义上，衰退正是投资基础设施建设的好时机。主要原因有三：第一，投资成本更低；第二，基础设施投资刺激短期需求也促进长期增长；第三，李嘉图等价陷阱能被避免，因为未来增长率和财政收入的增加可以补偿当前的投资成本。

所有的宏观经济理论，包括凯恩斯主义、新古典综合派、新凯恩斯学派以及理性预期学派，都将目光聚焦于发达国家。由于发达国家的经济增长缓慢、经济结构相当稳定，宏观经济理论在商业周期中将结构转型抽象化。然而，发展中国家的经历为同时研究结构转型和商业周期提供了机会。关于这一分析，我提出了"超越凯恩斯主义"理论（Lin, 2009a, 2013b）。

农业国和自然资源丰富的国家所需要的结构转型

到目前为止，关于产业升级的讨论都集中在制造业上。但是农业同样需要结构转型。在大多数发展中国家，70%或更多的劳动力在农业中就业。像工业一样，农业的结构转型也涉及技术创新和产业升级，以便提升劳动生产率。在一个农业经济中，农业家庭主要为自身消费而生产谷物。随着农业和经济的发展，农民逐渐开始既种植谷物，又生产附加值更高的经济作物。经济作物所需要的技术、基础设施及市场，同谷物所需要的并不相同。而且农业的发展会为外部性所阻碍，协调问题又超出了单个农民的能力，因此政府的帮助不可或缺。

另外，拥有充裕的资源禀赋的国家，比如许多撒哈拉以南的非洲国家，通常既有丰富的自然资源也有充足的劳动力。这些国家应该将自然资源的收入中的一部分转移到资本上，以支持劳动密集型制造业的发展，创造工作岗位，并开始工业化之路。如果利用得当，丰富的自然资源将是经济发展的优势。美国作为一个自然资源丰富的国家，不仅将自己的经济成功归结为农业上的优势，也归结为制造业的发展——美国GDP中制造业的份额远远大于农业的份额。

在自然资源丰富的国家,新结构经济学建议将自然资源所得收益中的一部分投资于人力资本、基础设施、社会资本,以及对新的非资源产业内的先行者进行补偿,以加速结构转型。为了效率最大化,这些资源应该支持那些能消除制约产业多样化及产业升级的紧约束的投资机会,尤其是在基础设施和人力资本方面。有了能够抑制腐败的透明且严谨的资源管理,以及致力于为有潜在比较优势的非资源型产业消除既定约束的产业政策,一国丰富的自然资源将会成为发展的祝福而非诅咒。

中国的增长奇迹还能持续多久?

自1979年从计划经济向市场经济转型开始,中国已高速增长了三十多年,这在人类历史上还没有哪个国家可堪比拟。在1979—2014年共36年间,中国的平均年增长率高达9.7%。以新结构经济学的视角展望未来,我预言,基于后发优势,中国仍然有潜力在下一个20年里以大约每年8%的速度增长。这是因为:

第一,2008年,中国以购买力平价计算的人均收入是美国人均收入的21%(Maddison, 2010)。中美之间的收入差距说明在中国和发达工业化国家之间仍有着巨大的技术差距。在消除这个差距之前,中国可以一直享有后发优势。

第二,麦迪逊(Maddison)的估计也表明,中国大陆现在相对美国的位置类似于1951年的日本、1967年的新加坡、1977年的韩国和1975年的中国台湾。1951—1971年,日本的GDP年均增长率达到9.2%;1967—1987年,新加坡的GDP年均增长率为8.6%;1977—1997年,韩国的GDP年均增长率为7.6%;1975—1995年,中国台湾的GDP年均增长率为8.3%。中国大陆在1979年改革后的发展战略类似于日本、韩国、新加坡和中国台湾,因此有潜力取得下一个20年里8%的增长。经过20年的蓬勃发展之后,日本以购买力平价计算的人均收入是1971年美国的65.6%,新加坡是1987年美国的

53.9%，韩国是1997年美国的50.2%，中国台湾是1995年美国的54.2%。假如中国在未来20年内保持8%的增长，到2030年中国以购买力平价计算的人均收入可能达到美国的50%。以购买力平价计算，中国的经济规模将会是美国的两倍；以当前市场汇率计算，中国的经济规模可能与美国持平。

上述潜力能实现多少取决于外部条件，例如发达国家要多久才能从2008年全球金融危机造成的大萧条中恢复过来；也取决于内部条件，例如能否消除双轨制中现有的扭曲以建立一个运转良好的经济（Lin, 2012）。假如能够实现，中国将能完成中国共产党第十八次全国代表大会所提出的目标——到2020年，人均GDP和居民人均收入在2010年的基础上翻一番。

这同样意味着，中国也得迅速凭借自身力量成为创新型国家。作为一个中等收入国家，中国在许多部门上有着比较优势，而其他更高收入国家已经或即将失去这些部门的比较优势——比如，消费性电子产品。如果希望保持在这些部门的领军地位，中国需要在到达科技前沿时自主进行技术或产品创新。有了这种远见，中国将能逐渐从吸收外来技术转化为自主研发新技术来支持自己的发展。

结 论

今日我所讨论的显然只是些基础性内容。接受新结构经济学作为新一波经济发展思潮还需要更进一步的理论和实证研究工作。新结构经济学提供了丰富的研究机会，我也诚挚地邀请各位加入。希望此次演讲能鼓励听众运用我今天所阐述的方法去研究经济发展，并将新结构经济学带入发展经济学的主流。

新结构经济学给发展中国家带来了有关美好未来的切实希望。它说明贫困并不是注定的。每一个发展中国家都有潜力持续增长几十年并在一两代人的时间内成为中等甚至高收入国家。但只有实施正确的产业政策，去促进与该国比较优势相符的私人部门的发展，并利用潜在的后发优势，这一愿景才能实现。就像增长与发展委员会（Commission on Growth and Development）（2008）通过研究 13 个表现优异的发展中国家所发现的那样，也像中国自 1979 年开始经济转型后证明的那样（Lin，2012），一国确实能够以 7%、8% 或 9% 的速度增长几十年。

要想取得这样的结果必须改变理念。在前两波经济发展思潮中，经济学家们将高收入国家作为范本。他们研究了这些国家拥有什么、如何能做得更好（资本密集型产业、运行良好的市场），并建议发展中国家效仿。

新结构经济学推翻了这样的模型。它建议发展中国家基于它们现有的资源思考此时能做好什么，然后创造良好的环境去扩展那些能做好的事情。它们所拥有的是丰富的劳动和自然资源。它们能做好的是发展那些与本国比较优势相符的产业，政府应该创造良好的环境去帮助这些产业发展出竞争优势，以便它们能动态增长。动态增长能为持续的发展、收入的增加和贫困的消除建立基础，并逐步缩小与高收入国家之间的差距。发展中国家可以通过在技术创新、产业升级及其他维度上的结构转型来发掘后发优势的潜力，以实现上述目标。通过比高收入国家更快速地增长，它们能在一两代人的时间内消除贫困、赶上发达国家。

参考文献

Aghion, P. 2009. Some Thoughts on Industrial Policy and Growth. Document de Travail 2009-09. Observatoire Français des conjonctures économiques, Sciences Po, Paris.

Akamatsu, K. 1962. A Historical Pattern of Economic Growth in Developing Countries. *Journal of Developing Economies* 1 (1): 3-25.

Amsden, A. H. 1989. *Asia's Next Giant*. New York and Oxford: Oxford University Press.

Barro, R. J. 1974. Are Government Bonds Net Wealth? *Journal of Political Economy* 82 (6): 1095-1117.

Caprio, G. and P. Honohan 2001. *Finance for Growth: Policy Choices in a Volatile World*. New York: World Bank and Oxford University Press.

Cardoso, E. and A. Helwege 1995. *Latin America's Economy*. Cambridge, MA: MIT Press.

Chang, H.-J. 2003. *Kicking Away the Ladder: Development Strategy in Historical Perspective*. London: Anthem Press.

Chenery, H. B. 1961. Comparative Advantage and Development Policy. *American Economic Review* 51 (1): 18-51.

Commission on Growth and Development 2008. *The Growth Report: Strategies for Sustained Growth and Inclusive Development*, Washington, D. C.

Duflo, E. 2004. Scaling Up and Evaluation. In *Annual World Bank Conference on Development Economics 2004*, (ed.) F. Bourguignon and B. Pleskovic. Washington, D. C.: World Bank.

Easterly, W. 2001. *The Elusive Quest for Growth: Economists' Adventures and Misadventures in the Tropics*. Cambridge, MA: MIT Press.

Easterly, W., N. Loayza, and P. J. Montiel 1997. Has Latin America's Post-Reform Growth Been Disappointing? World Bank Policy Research Paper 1708, Washington, D. C.: World Bank.

Gerschenkron, A. 1962. *Economic Backwardness in Historical Perspective: A Book of Essays*. Cambridge, MA: Belknap Press of Harvard University Press.

Harrison, A., and A. Rodríguez-Clare 2010. Trade, Foreign Investment, and Industrial Policy for Developing Countries. In *Handbook of Economic Growth*, Vol. 5, (ed.) D. Rodrik. Amsterdam: North-Holland.

Hausmann, R., and D. Rodrik 2003. Economic Development as Self-Discovery. *Journal of Development Economics*, 72 (December).

Hausmann, R., D. Rodrik, and A. Velasco 2005. Growth Diagnostics. In *The Washington Consensus Reconsidered: Towards a New Global Governance*, (ed.) J. Stiglitz and N. Serra. Oxford, UK: Oxford University Press.

Ito, T. 1980. Disequilibrium Growth Theory. *Journal of Economic Theory* 23 (3): 380-409.

Ju, J., J. Y. Lin, and Y. Wang 2015. Endowment Structures, Industrial Dynamics, and Economic Growth. *Journal of Monetary Economics* (forthcoming).

Kim, Y. H. 1988. *Higashi AjiaKogyoka to SekaiShihonshugi (Industrialisation of East Asia and the World Capitalism)*, Tokyo: Toyo KeizaiShimpo-sha.

Krueger, A. 1974. The Political Economy of Rent-Seeking Society. *American Economic Review* 64 (3): 291-303.

Krueger, A. and B. Tuncer 1982. An Empirical Test of the Infant Industry Argument. *American Economic Review* 72 (5): 1142-1152.

Krugman, P. 1979. A Model of Innovation, Technology Transfer, and the World Distribution of Income. *Journal of Political Economy* 87(2): 253-266.

Krugman, P. 1993. Protection in Developing Countries. In *Policymaking in the Open Economy: Concepts and Case Studies in Economic Performance*, (ed.) R. Dornbusch. New York: Oxford University Press.

Kuznets, S. 1966. *Modern Economic Growth: Rate, Structure and Spread*. New Haven, CT: Yale University Press.

Lal, D. 1994. *Against Dirigisme: The Case for Unshackling Economic Markets*. San Francisco: International Center for Economic Growth, ICS Press.

Lau, L., J. Y. Qian, and G. Roland 2000. Reform without Losers: An Interpretation of China's Dual-track Approach to Transition. *Journal of Political Economy* 108 (1): 120-143.

Lin, J. Y. 2012. *Demystifying the Chinese Economy*. Cambridge, UK: Cambridge University Press.

Lin, J. Y. 2013a. New Structural Economics: The Third Wave of Development Thinking. *Asia Pacific Economic Literature* 27(2): 1-13.

Lin, J. Y. 2013b. *Against the Consensus: Reflections on the Great Recession*. Cambridge, UK: Cambridge University Press.

Lin, J. Y. 2011. New Structural Economics: A Framework for Rethinking Economic Development. *World Bank Research Observer* 26(2): 193-221.

Lin, J. Y. 2009a. Beyond Keynesianism. *Harvard International Review* 31(2): 14-17.

Lin, J. Y. 2009b. *Economic Development and Transition: Thought, Strategy, and Viability*. Cambridge, UK: Cambridge University Press.

Lin, J. Y., and J. Nugent 1995. Institutions and Economic Development. In *Handbook of Development Economics*, Vol. 3, (ed.) T. N. Srinivasan and J. Behrman. Amsterdam: North Holland.

Lin, J. Y., and H. Chang 2009. DPR Debate: Should Industrial Policy in Developing Countries Conform to Comparative Advantage or Defy It? *Development Policy Review* 27(5): 483-502.

Lin, J. Y., and F. Li 2009. Development Strategy, Viability, and Economic Distortions in Developing Countries. Policy Research Working Paper 4906, Washington, D. C.: World Bank.

Lin, J. Y., and C. Monga 2010. The Growth Report and New Structural Economics. Policy Research Working Papers 5336, Washington, D. C.: World Bank.

Lin, J. Y., and C. Monga 2011. DPR Debate: Growth Identification and Facilitation: The Role of the State in the Dynamics of Structural Change. *Development Policy Review* 29(3): 259-310.

Lin, J. Y., X. Sun, and Y. Jiang 2013. Endowment, Industrial Structure, and Appropriate Financial Structure: A New Structural Economics Perspective. *Journal of Economic Policy Reform* 16(2): 109-122.

Maddison, Angus 2010. *Historical Statistics of the World Economy: 1-2008 AD* (www. ggdc. net/maddison/Historical_Statistics/horizontal-file_02-2010. xls).

Naughton, B. 1995. *Growing Out of Plan: Chinese Economic Reform 1978-1993*. Cambridge, UK: Cambridge University Press.

Pack, H., and K. Saggi 2006. Is There a Case for Industrial Policy? A Critical Survey. *World Bank Research Observer* 21(2): 267-297.

Porter, M. E. 1990. *The Competitive Advantage of Nations*. New York: Free Press.

Prebisch, R. 1950. *The Economic Development of Latin America and Its Principal Problems*, New York, United Nations. Reprinted in *Economic Bulletin for Latin America* 7,1:1−22, February 1962.

Rodrik, D. 2004. Industrial Policy for the Twenty-First Century. Harvard University, Cambridge, MA.

Romer, P. M. 1990. Endogenous Technological Change. *Journal of Political Economy* 98 (5): S71-S102.

Rosenstein-Rodan, P. 1943. Problems of Industrialization of Eastern and Southeastern Europe. *Economic Journal* 111(210-211): 202-211.

Subramanian, A., and D. Roy 2003. Who Can Explain the Mauritian Miracle? Mede, Romer, Sachs, or Rodrik? In *In Search of Prosperity: Analytic Narratives on Economic Growth*, (ed.) D. Rodrik. Princeton, NJ: Princeton University Press.

Wade, R. 1990. *Governing the Market*. Princeton, NJ: Princeton University Press.

Williamson, J. 1990. What Washington Means by Policy Reform. In *Latin American Adjustment: How Much Has Happened*? (ed.) J. Williamson, Washington, D. C.: Institute for International Economics.

World Bank 2002. *Transition, the First Ten Years: Analysis and Lessons for Eastern Europe and Former Soviet Union*. Washington, D. C.

World Bank 2010. Research for Development: A World Bank Perspective on Future Directions for Research. Policy Research Working Paper 5437, Washington, D. C.

| 第 3 章 |

中国空洞的中心及不可见的社会力量对其繁荣发展计划的影响*

Gorden Redding

翻译：刘圣明

摘要： 从历史上看，没有一个经济体不是通过采取以资本主义为基础或更广泛的自由经济的政治和经济体系来实现经济发展的。通过和日本的详细对比，本章研究了中国能否在保持现有制度、历史和文化的前提下，发展出一个将新结构经济学制度化的社会政治框架。本章将重点探讨中国转向高收入国家必要的并且日趋复杂的三个条件：权力下放、合作性和创新性。由于缺乏拥有足够自主权的社会中间层次，如地区和地方政府、企业和非政府组织，这会对中国成为发达国家的进程产生不利影响。虽然本章并不排除中国能够在"百花齐放"的前提下开创出一种新的现代化模式的可能性，但是从历史上看以目前的条件很难成功地逃脱中等收入陷阱。

引 言

本章的论点概括如下：社会以其独特的方式发展并且产生了自身的"商

---

* 作者非常感谢 Arie Lewin、Michael Witt、Christian Welzel、Martin Kenney 以及 Peter Murmann 对于本章的讨论和付出，也特别鸣谢众多提供了想法和帮助的匿名的中国企业人士。

第 3 章
中国空洞的中心及不可见的社会力量对其繁荣发展计划的影响

业体系"。这些不同的发展方式主要源自社会遗产,因为它塑造了制度和规范。这种遗产可以追溯到史前时期。社会可以通过变化来发展,尽管可能面临不同的内在阻碍。这种复杂的适应体系可以看成是三个主要成分之间自始至终的相互作用:政治权力、经济行为和文化意义的结构,这三种成分都是通过技术来进行渗透的。

随着经济体朝着更加富裕的方向发展,其内在复杂性也成倍增加。在处理这种复杂性的时候需要足够的精细,而这只有在权力已经大量下放和激励了社会参与者直接处理这些复杂性并自动更新稳定秩序的形式的时候才能实现。这也被称为一种积极的、响应的、负责的和自制的社会的"中层"。在发达的经济体中,产生这种"中层结构"能够让社会拥有超过中央政府的能力,从而有效地应对复杂性。

为了实现经济的协调和具备符合世界标准的竞争效率,一个社会除了稳定的秩序外,还需要另外两种能力:创新性——表现为知识创造和创新,以及合作性——表现为能够信任陌生人。社会特征的构造促进和支持了这两种能力。每个社会都有着与众不同的社会构造,但是这些构造发挥作用的时候会表现出相同的特征。大多数社会因为不具备这两种能力而无法处理现代经济中的复杂性和强度。也有些社会能够充分地学习和发展这两种能力。中国目前还不具备这两种能力,也尚不确定是否能够学习和发展这两种能力。这些能力的缺乏通常不是政策制定上的问题,因为它们在很大程度上来自思想和价值观的不同,并且它们影响的是过程而不是有形的实物。但这并不意味着它们可以被忽略。

中国面临的挑战可以归纳为三个问题:(1)在等级制度和创新相融合的情况下,大规模的工业和商业组织能否在本国达到世界效率标准?(2)社会资本能够在陌生人被信任的地方建立吗?(3)能否在不诉诸恐惧的情况下实现服从和秩序,进而是否可以发展一种更仁慈的统治形式?大多数对中国的分析都是采取局部的观点,但是融合一些社会学、经济学和政治学的观点可能更有帮助,即使这样做不可避免地少了些专业性。

中国政府的立场是通过试点的方式建立一系列承接权力转移的强大区域枢

纽，并且通过中央控制核心资源以及调动掌管核心职位的党员来加强区域之间的竞争。在这些枢纽中，公共和私人以及外部部门之间的结盟正在不断扩展。私营部门仍然是生产力的来源和动力。有人认为这种配置实现了在处理高复杂性和大规模问题时所必需的自发的具有松紧特性的控制。但也有人认为有些社会已经超过了这种设计，发展成为一种有更广泛的自我组织的秩序，并且必然会向这方面发展。

关于中国的研究目前非常广泛，包括：乐观的立场；关于下一步需要做什么（通常是外部）的建议；对未来前景的悲观立场。虽然我们知道商业体系包含着每个社会所独特的部分，但是很多评论看起来是在介绍具有普遍适用性的标准。朝着强调本地环境重要性的新结构经济学发展是很好的，但是借鉴交叉学科的知识能够让我们更加受益。

最关键的问题是，在大部分一党执政的国家，政府是否能够充分地放松控制来释放自治的资产阶级或者说"中层"的潜在能量？或者它能发展出另外一种具有同样效果的治理方式吗？这两个问题都是在交易复杂性大幅增加的前提下，探讨如何应对这种巨大冲击给维持社会秩序带来的挑战（如果在众多困难中，可以克服和陌生人做生意的障碍）。对这种能力的测试也被更广泛地看成是否能够跨越中等收入陷阱，而且大部分的国家都没能跨越它。中国在未来十年左右会落入中等收入陷阱（World Bank/China State Council, 2013）。那么中国又该如何跨越这一陷阱呢？

很少有研究在检验社会层面问题的同时，也考虑到更深层次的对组织层面的影响。我能想到一些力量对于通过人均生产力的关键门槛有着直接但不清晰的影响。这种评论必须是多学科的、历史的和系统的。本章尝试着进行这样的分析，并不是因为它允许笼统的说法，而是因为分析主体的复杂程度要求我们从复杂的角度思考问题。这样的分析需要提出比那些聚焦于一个学科或一个领域的研究问题更加困难的问题。① 它的目标是对隐蔽的和很少被拿上台面讨论的深层次问题进行分析。它依赖于一些研究文献和 40 年来中国及其内部组织紧密的相互作用。

社会进步的基本问题

任何一个对社会进步形式的分析都需要考虑至少三类主要影响：**政治领域**是权威的结构和性质建立的地方；**经济领域**是组织的结构和性质建立的地方，这里是制度塑造了社会选择的形式或者秩序的地方，这里也是投入社会资源并且发挥作用的地方；**文化领域**是人们的精神状态将政治和经济间的连接合法化的地方。这三个环境的视角之间是持续不断相互作用的，并且总的趋势是随着周围世界施加的改变力量（如技术）而不断发展的。

从历史的角度看，从农业社会到工业社会再到现在信息革命的转变说明，投资资本、人力资本和社会资本的密度在不断提高、使用在不断增加。一个社会能够处理这些转变的是它们不断积累的变革能力。其中，创新带来的相对"毁灭"的力量和高水平的合作带来的稳定的力量之间存在着紧张的关系。例如，商业体系能否在早期技术改变带来的岗位缺乏的混乱中生存下来？一个系统能否为了更广泛的交易而发明一个新的结构？政治领导者平衡这些力量就好像走在钢丝之上，各种力量之间是牵一发而动全身的，要想变革成功也并非易事。要想在一个向上倾斜的钢丝上向前移动，往往需要政治上的天赋至少是勇气来平衡各方力量。而地面上的人可能只是得过且过以及绕过障碍物而已。

在这些转变的过程中，有一些国家比其他国家更快地获得财富。这与社会经济运行的复杂程度以指数式增长相关，特别是在工业和信息化革命的转化中。一些社会发展出了相应的结构和制度来处理这些问题，但是另一些社会还

---

① 读者要想进一步地了解更简要的处理方法可以参考 Redding 和 Witt（2007）以及 Witt 和 Redding（eds.）（2014）的文章。

是止步不前,还有一些仍然挣扎在获得平稳的政治、经济和文化的必要联系中。这场游戏的分数通常是生产力:一个衡量资源投资利用效率的指标。这反过来又依靠两个过程:一个是理性和响应性采购(responsive sourcing)以及追逐效率最大化时金融资本的分配;另一个是个体在组织中工作时的动机、承诺、创造力、自信和知识。这种高强度的贡献只有当在社会中使用权力和使用资源的关系是合法的时候才会发生,或者说政治、经济和文化领域是充分和谐的时候。对很多社会来说,基本的困难是中央的控制工作都集中在一个点上。在那之后,只有当新的受过教育的人口发展到能够处理新的复杂性同时又能保持稳定的时候,复杂水平更高的问题才能被解决。这是中国面对的最根本的困境。

从一个指标上我们能够看出这是一个非常困难的游戏,那就是测量那些尝试处理复杂性的现代经济国家的发展轨迹。这些国家大部分都失败了,或者停留在一个有心无力的水平(从绩效质量上来看,而不是从规模上看)上。简单来说,这种现象可以被称为中等收入陷阱(Eichengreen,Park and Shin,2011)。显而易见,很多中等收入国家打算脱离"发展中"的水平而达到人均 GDP 15 000 美元的水平,但是很少有国家克服了这一看不见的障碍。发达经济体几十年前克服了这一限制,并且在历史上发展到了人均 GDP 40 000 多美元的水平。中国目前在 11 000 美元的水平并且大约 10 年内会发展到 15 000 美元的水平。① 中国的挑战和本章探讨的核心问题是,进入现代化——与前现代化相反——的环境之后,中国面临着经济合作、控制和个体激励的合法性方面的新问题,此时现有的系统是否足够解决由此带来的大幅提高的决策复杂性。

社会进步的基本法则

历史上任何一次工业革命都可以看成受到两种来源的影响。第一种是一系

---

① 这种全球比较中的数字由于在涉及的国家缺乏统一的标准而存在一定的问题(也需要对标准化进行新的尝试!)。

列的行为倾向被锚钉在一个特定的社会传统秩序、关系和活动中。在英国 18 和 19 世纪第一次工业革命的时候，社会是根据个人自由主义的想法而构造的，这种想法已经集聚了几个世纪并且深深地嵌入社会中。在欧洲大陆，人们已经完全理解"新教伦理"，并且它作为思想启蒙的遗产一直持续影响着北部的国家。在同时期即 19 世纪末的日本，商业组织成为传统的集体工作单位的一种替代和重新解释。根据 Schmuel Eisenstadt① 的研究，可以把日本看成这样一种文明，其主要特征是：强烈的血缘关系、强烈的集体目标、实用的等级制度以及组织单位的高自主性。随后对同样的社会心理的放大产生了"日本式管理"的现象，全球商业界从中学到很多，特别是精细化管理成为现在的世界标准。

这种社会形态的影响有助于解释资本主义和国家社会经济结构的不同形式是如何产生的。从中国的例子中也可以看出，比如，家族一贯的重要性、熟人间而不是陌生人间的信任以及世袭政府的统治。②

第二种对社会发展进步法则的影响来自外部，表现为模仿实例、获得新技术和思考新的思想。日本在 19 世纪末虽然以自身的方式进行现代化，但也不断刻意地寻找和广泛吸取别国的发展经验。西方欧洲国家经济体早期的发展也是得益于在记账中使用阿拉伯的数学和编码方式，这也是由地中海文明的遗产发展而来的。新加坡有意在 20 世纪晚期吸引跨国公司来发展本国的工业化。中国的商业体系也随着世界贸易组织商业体系的标准化而不断发展。在促进与中国香港卓有成效的连接中，中国内地即使知道打开的窗户会招来苍蝇，也改变了原来的一些做法，开始面向窗外新的方法和思想。

任何一个蓬勃发展的经济体在向着高人均 GDP 发展的过程中，都会面临复杂程度根本性的提高，而现代化就是对这种提高了的复杂程度的一种反应。这种复杂程度有几个坎儿。首先，在整个经济中的以及跨国界的交易数量潜在

---

① Eisenstadt 引用了 Murakami（1984）中关于此问题的论述。

② 世袭：一个传统的社会结构，其中一个（男性）统治者掌控着政府和军队等部门的权力，并且所有人都需要向他个人效忠。——《牛津英文词典》

地增加了。在高度发达的经济中，任何人都可以和其他人进行交易（在经济体内，因为受到服从规则的限制），因此可能的交易总量、大小和规模都变得非常大。但是，这只会发生在社会已经建立了可靠有效的制度来消除与陌生人做生意的风险的情况下。这种制度包括能够广泛地获得可信赖的信息、有效的商业保护法规、透明的规则和权力，以及中介机构，如值得信赖的银行家、对特定行为的职业担保人，等等。

这些制度能够授权给个人并且减少他们对人品的依赖，以保证人际间互动的进行。在现代的例子中，人际间的信任通常会因为社会进步带来的"系统信任"而增强。人际间的信任（和中国的"关系"一样）能够很好地帮助国家达到人均 GDP 15 000 美元的水平，但是不太可能达到 40 000 美元以上的水平。对它的依赖（相应地扩展了较弱的制度支持）是中国最显著的长期缺陷。它被称为"社会资本"并且是为社会提供所需变革能力的众多看不见的要求中的一部分。当然，中国完全可以保留这种人格主义作为经济中社会能力的主要形式，并且以此形成自己独特的发展模式。但是正如后面将要探讨的，这要付出可以预测的代价。

教育的成果也与即将到来的复杂程度相关：对多元化的宽容，对责任的自主性和专业化的鼓励，辩论的盛行，以及鼓励创新和冒险精神。所有这些都反映了最近几十年来授权潮流已经在全球不断扩大，而这是由全球化和信息革命推动的，再加上与民主相关的经济和精神利益，使得这种趋势在中国台湾和韩国都显而易见。

如果想寻求社会转型成功的关键，可以关注目前已经取得成功并且其发展轨迹能够从本地深层次的影响因素中得到解释的国家，并在这些国家的发展经历中汲取经验。在西欧、北美、日本、韩国、中国台湾，这些成功转型是如何发生的呢？关于这些复杂多样的案例的研究表明，存在两个主要特征——当可以获得的时候——能够帮助社会过渡到复杂的现代化经济。第一是政治、经济和文化之间必须达到平衡，这种平衡要足够保持社会经济的稳定性。第二是必须利用这种平衡的优势来提高活力，从而创造财富并促进其分配。当然，这之后可能威胁到平衡的稳定性。那么在这样的平衡实现之后,接下来该如何提供活力来创造财富和促进其分配呢?

就有活力的行为而言,成功的案例中都有一个显著的制度,那就是存在一个庞大的、有影响力和自主权的中产阶级或者资产阶级。这个阶级通常由资本主义的参与者组成,如企业主、管理者、专家、白领、公务员。这个阶级在历史上成功地采取了很多措施来提供良好运作的秩序并创造了财富。这通常是通过政府的鼓励实现的。因此,允许甚至鼓励公民社会来形成确保社会秩序稳定的机构。股票交易由一个委员会来监管,出版委员会约束出版业以保持文明和开放,且不受审查机构的束缚。这种做法确保了处理新兴复杂问题的人是直接和它们打交道的人,只要给这些有才干的人合法的地位,他们才能拥有丰富的经验且人数不断增加,而且具有社会责任。

除了关键的行动者和他们行动的自由之外,是什么过程与社会成功相关呢?答案在于作为催化剂的两个特征:创新性和合作性。Joel Mokyr(2009)关于第一次工业革命细致的研究已经清晰地辨别出了这两点,并且把它们称作改造自然的游戏(技术)以及与人交往的游戏(制度)。这两个重要的力量可以说关系到生物存亡的根深蒂固的本能,我将就此进行简短的介绍。作为催化剂,它们需要体现出很高的强度,而且需要与决定自己的周围环境相互适应。它们的存在使得一切都变得不同。但是它们前行的路受到非常悠久的科学进化史的影响。在详细的探讨之前,我们需要简短地涉猎关于进化学的新的且富于冒险精神的研究,因为——如果果真如此的话——它们的主要内容对任何社会的进化都非常重要。中国已经准备好改变了吗?

社会结构的演进形态

从这几十年的研究中,我们知道社会倾向于被归纳成两类主要的文化集群。一类是强调等级秩序、服从和对诸如家庭或部落等的某一特定群体强烈的心理依赖。在这里权力非常重要并且被很好地分割,对这种形式的接受产生了稳定性。另一类是强调个人的自主权和平等原则。这种形式的结构并不僵化,成员对整个群体有很强的个人责任感。这种形式下只有在需要和应当有的时候才会接受权威。Geert Hofsted（1980）把这两种类型分别称为高权力距离/集体主义和低权力距离/个人主义。

最近由 Ronald Inglehart 和来自全球的学者组成的一个团队进行了世界价值观的调查，并对这两种文化分类提出了新的看法，这次调查是在更广泛的社会理想形态的定义下进行的测量（如图3.1所示）。主要归纳的维度包括：（1）价值观的范围从"生存"到"自我表达"；（2）价值观的范围从"传统"到"世俗理性"。这些大规模和持续的世界价值观调查也显示，最近几十年价值观也从生存/传统的模式向自我表达/世俗理性的模式转变，因为社会在全球大趋势下调整着自身的文化，这被 Christian Welzel（2013）称为经过授权的"自由崛起"。

图3.1说明了价值观的文化聚类。它们看起来与包括宗教在内的长期遗产相吻合。值得注意的是，在教义独立的群体中，Inglehart 和 Alexander（2014）用令人信服的证据说明了种族本身并不是价值观分割的特征。这种分割也与人均财富相匹配，这表明相对贫困的国家与生存/传统价值观更为相关，而较为富裕的国家与世俗/理性/自我表达的想法相关。这个数据是社会深层力量的初步证据，并且在评估社会从中等收入发展到高收入水平时必须被纳入考虑因素之中。

所有现代社会都会以某种方式在保持稳定的情况下通过拆除中央专制而释放个人的力量。这一过程通常需要几个世纪的时间，如印度的情况，用玛格丽特·撒切尔的话说就是"他们已经完成了困难的第一步"。关于中国发展最为重要的问题是该如何把权力重新分配到社会之中。或许有人说这一步已经完成了，那么接下来的问题就是：它是如何实现的呢？它又该如何持续呢？为了解决这些问题，考虑到世界价值观调查揭示的全球授权化的趋势，我们有必要了解一下中国的传统文化遗产对中国未来发展的持续影响。

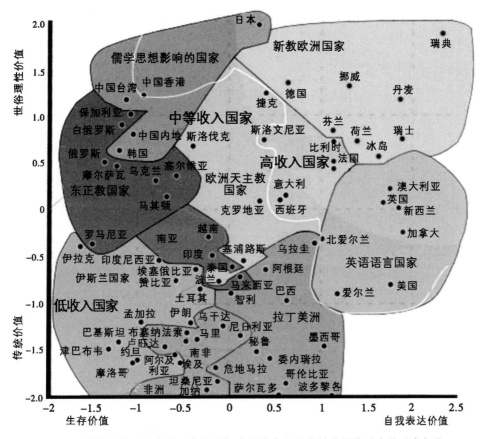

图 3.1　世界价值观调查的研究发现与发展的意义和宗教或其他遗产的重合部分

现在被广为接受的观点是，人类社会千百年来的发展反映了其所处的生态环境。简单来说，人们发现寻找食物、水源、住所是保证安全生存的方法，而这很大程度上是由他们周围的植被、动物、地形和气候所决定的。他们的反应决定了其社会的结构和组织形式。从进化的观点来看有很多发展模式，这对中国也有着特殊意义。

人类社会的第一种形态是狩猎-采集的群体，之后在 10 000—15 000 年前通过饲养动物和种植作物开始产生了固定的居民。这些新兴的大型社会单元获得稳定的方法已经在由此演化而来的社会中刻下烙印。这种印刻发生在早期的制度与相关秩序被"锁定"的时候，而且社会的文化将这些演变形式都合法化了，同时又在不断地复制和强化。这漫长的发展时间一直可以追溯到现在。

一个新的想法认为，这种迷人但悬而未决的发展就是 Christian Welzel（2013）提出的"冷水假说"。在这个理论中，周围的环境决定了社会发展的选择，因而社会的发展有所不同。这个论点本质上是简单的。当一个社会所处的环境全年的降雨能够提供充沛的水源并且土地并非有限的时候，人们无须担心共享核心的要素，因此选择定居。他们很可能选择合作防御的形式，但是他们与人相处时并不会过多地关注他人。他们进化出的个体主义会支持他们对于平等的选择，并强调对社区中其他人的正直的信任，而非反对那些与自己没有竞争关系的人。互利主义——所有人类社会的基石——在这里表现为遵从公共义务的形式。这种发展形式往往发生在温带多雨地区，这些地方有干净的水源和大量的土地。这种类型的分布和世界价值观图（图 3.1）中的右上象限重合，包括欧洲西北部、日本和英语语言国家（包括很多受其影响的殖民地）。这些冷水（cool-water）起源的国家与其目前的人均 GDP 的相关性是正的 0.79 以上（Welzel，Inglehart and Alexander，2014），当然这个理论也存在一些争议，在未来仍需要更多的研究。

另外一种社会形式也演变成了不同的生态系统。这里的水资源相对短缺或者面临洪水的威胁，需要共同努力如进行灌溉和水稻栽培才能有所收获；气候比其他地区更加温暖，也因此更容易发生疾病；土地更加稀缺和需要控制分配；资源更加丰富但是却聚集在一起；每个人都知道其他人在干什么；互利主义通过明确的互惠交换法则体现出来。人口密度可能很大，对稀缺资源的竞争可能会威胁到社区。

在这种情况下，群体的生存是基于对中央权威人物统治的接受，这种人物是人类学中所称的"大人物"。服从秩序成为本能并且阶级也随之产生：对于理想的道德上的理解包括家长制以及制度上的世袭制。Carl Wittfogel（1957）对于中国政治经济的早期研究表明，中国集权的政府源自古代国家需要为了大部分人民的生存而控制水源的需求。政府也意识到，最大的产粮区同样也是洪水来临时最容易遭受损失的地区。因此，政府使用徭役在这里修建巨大的水利工程和运输渠道。自隋朝的统治者修建了 800 英里的大运河起，中国最终在其广阔的土地上修建了200 000英里的水路工程。中国成为一个"水力文明"（hydraulic civilization）的国家。一旦建成，就会形成对体系的路径依赖，并且此后也不会改变它的基本设计。政府对资源的宏观调控非常重要，并且根据管辖的人口需要而被赋予权力。水仍然是国家面对的挑战，并且只有政府能够处理如此巨大的水利项目。对于运输来说同样如此，提醒当代政府在基础设施上的责任当然也是显而易见的，比如最近在建设铁路、公路、城市交通系统和飞机场上的巨大投资。

Lucian Pye（1990：58）对这一问题提出了另一种见解，他认为"中国不仅仅是民族大家庭中的一个国家，看起来还像是一个国家那样的文明……从另一个角度看，中国的奇迹在于它惊人的一体化"。这很大程度上归于统治者强烈的保持统一的责任感，以及由此产生的在文化上对权力和权威毫不妥协的态度。他认为由此产生了两个后果：内向的群体性和社会的细胞结构"只存在于地方层面"（1990：59）；社会缺乏国家制度，这也使得存在一个"利益关系的禁忌"（1990：65）。

一个简单的推断是，中国本质上仍然是这样的社会，它的特征都是围绕着中央集权建立的。如果真是如此，那么北欧、北美和日本可能本质上也是在不同的早期生态阶段围绕着个人自由建立的社会。

如前面所提到的，对比中国和日本是合适的，这能够揭示出社会是如何发展的，对比邻居的发展轨迹能够反映出古代遗产那些隐隐约约的但非常重要的差别是如何发展到现在截然不同的绩效水平的。

最后一个关于人类遗产的研究来自人类从智人开始就与生俱来的前进动力。人类在早期进化阶段的祖先主要依靠两个驱动器来生存：防御和获取。随着社会变得日益复杂，在之前来自祖先的两个驱动器之外又增加了两个新的驱动器：结合（to bond）和学习（to learn）（Lawrence and Nohria，2002）。这些驱动器能够帮助我们应对复杂性不断提高的环境，因此也深深地植根于我们的种族中。我们很自然地发现它们能够作为目前处理复杂性的转化能力：我提到的合作能力（结合）和创新能力（学习）。

中国和日本的对比

日本人均国民总收入是中国的 7 倍。日本仍然是世界经济中的工业巨头，并且在技术和组织方面具有全球竞争力。中日两国的政治经济环境差别很大。中国能够追赶上日本吗？如果中国不能吸取西方的经验，那么能否学习日本的发展经验呢？毕竟两国的文化看上去比较相似。

Shemuel Eisenstadt（1996）对中日文明进行了深入对比分析，他阐述了两个社会在深层次的社会心理上的差异。日本人的基本身份单元是自己所在的社区，日本社会学家 Nakane（1971）把这称为个人的"框架"（frame）：这样的社会单元往往是根据雇佣关系定义的，并且超过了核心家庭的概念。将身份定义在这种社会单元中有重要意义，就像在中国个人是被定义为家庭的一分子。从这一点出发，两国采用不同的结构来组织经济活动，并且在身份认同和动机方面都有不同的心理基础。

日本的这一社会特征可以追溯到早期两个文明的分叉口。尽管双方有着大量相同的文化遗产，尤其是佛教和儒家文化，但日本从来没有被中国的政治和意识形态控制过。在数百年的历史进程中，日本不断地吸取外来的影响，并且把这些思想吸收整合到本国的神道教中。简单来说，神道教的世界观崇尚人与人之间的社会性以及自然的社会团体。虽然神道教可能只有象征性的影响，并且往往是例行的仪式而非直接发挥作用，但它仍然符合当今日本社会 80% 人口的精神需求。它也作为日本人对国家身份认同的一部分并且支持天皇的合法性。

Eisenstadt 进一步指出国家和社区在概念上的差异。从中国传来的思想支持了德川幕府早期的儒家式的层级结构改革，在 1600 年之后这些思想被重新解读，进行解读的不仅仅是德川幕府本身，还有一系列具有影响力的政治哲学家，如荻生徂徕（Najita, 1998）。这一过程中在儒家思想中处于核心地位的"礼"（秩序的规则）被重新定义了。这一原则在中国的哲学思想中占据着核心地位，它通过强调超然性与世俗性的融合要求人们顺从。现实生活应当受到理想设计的指导，因此这一原则最终是形而上的。这一理念受到日本思想家的质疑，这种强加的对完美设计的服从为更加贴近现实的思想所取代。而后者是建立在对现实环境中周围人的拯救之上的。这种透明的法则不再是高高在上的。关于秩序的想法变得更加客观、更加贴近实际并且更加真实。原来静止的关于人类的社会性和社区重要性的思想开始重新萌发，一个被重新定义的日本社会哲学产生了。

这种哲学导致了日本社会权力的分散，并且使得日本能够应对19世纪末期社会复杂性带来的新的挑战。这种变化的例子是：一个自治的资产阶级的产生；大多数的政府权力被下放到360个地区；产生了不同的社会自治领域，如艺术和诗歌，以及对多元化的鼓励；社会层级结构的软化和对一致性的追求；专业化的行政管理和教育水平的普遍提高。其中，将日本和中国分开的最重要的因素是顶层权力的分离。代表日本的天皇并没有管理国家的权力。这一职责落到其他人身上，这些人也受到在位天皇的限制。相比之下，中国似乎必须依靠一个人，如皇帝或者同等作用的人。

总结一下：这两个社会在发展经济时具有完全不同的社会基础，这些社会基础可以从培养创新性和合作性的质量以及实现秩序的合法性等方面理解。这些差异存在于个人平均授权水平上：在日本，这种授权是在严格的法律规则内进行的；在中国，则不是在法律规则内进行的。人类的传统文化能够给予每个社会中的人相同的对于防御、获取、结合和学习的先天驱动力。这些驱动力的表达是由不同的设置及其所包含的意义决定的。

合作性的作用

Eric Beinhocker（2007）关于财富起源的研究指出，商业活动中社会经济的复杂性正在不断增加，并得出结论：企业间的争斗本质上就是合作的竞争。他指的是，比如一个企业可能有很好的市场渗透战略，但是在实际运用中能否发挥作用依靠于一系列社会技术和关系。这包括满足金融投资者的期望，满足顾客的要求，满足分包商的特殊需求，服从政府的管理，激发员工最高的工作效率，如此种种都是需要不断协调的。因此，合作的形式决定了企业的效率和成败。竞争环境决定了什么样的"合适功能"能够最好地生存和发展，这就是企业反应所发生的作用。商业策略就是发现一种别人难以复制的模式，然后在其他人加入之前不断地复制成功的模式。这也是为什么人力资源管理能够被企业用来作为建立合作的文化的方式之一，而其他企业很难复制这种文化。

社会分工中的合作性可以通过两种方法获得，并且由主导的信任形式决定。一种方法是用人际互助义务的关系网络，通过经济不断进行扩展并且也在组织中上上下下地发展，最后再发展到整个商业体系中。在中国，最有力的一种制度形式就是关系，这是强烈的相互支持、互帮互助的社会规范形成的纽带。垂直方向发展出的相似的互助关系体现在家长制中。不管是哪种形式，中国的合作性都是建立在个人和个人的连接之上的。这样的结果是连接关系非常强，但是合作性很难扩展。整体的环境就是人们会相信和自己有关系的人，但不会相信陌生人。这种偏好起源于两个相关的条件：由于从古代就体验过被剥夺感，因此感觉他人会和自己竞争有限的资源；人们对于家庭之外的群体并不负有责任。家和国家之间是真空地带，我认为这是一种空洞的中心。世界价值观调查（2009）发现89%的中国人不信任陌生人。

Lynne Zucker（1986）在她关于信任的研究中，把在紧密的社会中填补这一空缺的制度称为保险的方式，它们降低了与陌生人交易的风险。这种制度包括可以信赖和具有保护性的法律、公开的信息、能够规范和控制成员行为的专门岗位、公平的规定，等等。但是仅仅列出这些制度是不完整的。这种系统真正有价值的地方在于它们的"所有权"——通常是它们的起源——存在于它们领域中与其关系最密切的社会成员之中。需要说服一般人这个制度是为公共收益而不是私人收益服务的，才能够保护有责任感的公民的利益。这也是把这个过程变成道德上合法的方法；倡导这种方式的人也被认为是正派的并受到人们的尊重。商会的成员通常是没有报酬的，他们一般是当地商业团体的志愿者，为了大家的利益而去帮助运行这个为了服务大家而产生的组织。

中国合作性的挑战

对于一个集权国家来说，将核心影响力转移到社会中去是一个极大的挑战。控制仍然是根本性的。在中国，共产党的作用是进行这样的控制并且把经济决策权下放到区域枢纽和主要城市（Xu，2011）。党的整体控制能够让中央感觉秩序不会受到威胁，同时也保证了拥有自主权的部门不会发展出能够对抗的力量。实际上，政府用自己的管理体制填补了这个中空。在某种意义上说这也是一种理性的选择，但问题是这能否符合解决不断增长的复杂性的要求。政府通常无法了解基层发生的细微事情。同样，创业者通常也不需要从国家那里得到关于他们商业策略的建议。不断增加的行政管理也难以激励具有自主意识的公民。

主要的问题在于是否促进了具有世界竞争力的合作水平。答案很可能是否定的。证据展现在 Christian Welzel（2013）提出的"蔓延主题"（contagion thesis）中，他认为解放的思想会蔓延到全球。一旦尝到了自由的甜头，就会越来越渴望这种自由。一旦获得它，就想更好地利用这些机会。一旦利用了这些机会，经济就能更快地增长。这就是一个"实用阶梯"，而这个阶梯就代表着授权。

如果一个人考虑两个选择：拥有一个自治的资产阶级；由政府控制决策制定和资产分配。接下来，中国的证据支持了不断发展的"中产阶级"（德国中小企业的遗风）是大势所趋。如最近 Nicholas Lardy 所详细分析的，尽管私营部门本质上仍然是混合所有的，但它却依然是"经济增长的主要源泉、创造就业的重要来源以及中国不断发展成为全球贸易商的主要贡献者"（Lardy，2014：2-3）。目前大部分市场都是有竞争力的。民营企业提供了约三分之二的产出。很明显，确实存在某种形式的资产阶级，他们创造了现在的经济奇迹，但从对社会的控制结构和制度上看他们仍然是薄弱的形式，仍然是被衍射的（diffracted）。它的不足归因于以下几个特征：没有安全的长期产权；传统文明中以理想家庭为道德秩序核心的弱化；公共精神中受到家庭约束的义务的弱化；中国传统公民社会中的"自然"而非"博爱"的思想；体制信任的薄弱；中央对信息的控制；对多元化讨论的限制。与人均收入高的国家相比，这种中产阶级是中空的。它的权力被分成了无数小碎片，如一盘散沙。盘旋在上的是国家权力的控制力量。

这些限制条件产生的结果是在经济中无法进行深入的合作。民间社会研究显示，在合作性上中国和俄罗斯处于相同水平，并且远远低于发达国家。关系之外充斥着不信任，由此产生了一系列的问题。尽管之前的体制在数据上看非常成功，但是这种成功多大程度上依赖以下正在消失的优势呢，比如：大量的廉价劳动力、深层地保留着习惯以家族为基础的创业，以及后天获得的技术？尽管整个体制在应对目前的复杂程度上表现出色，但是随着进入中等收入陷阱，它还能处理不断增加的复杂性吗？总的系统维持的影响能否超过国家直接控制的范围，如果能的话要怎么实现呢？

创新的作用

创新性是使人类社会适应生存发展的两个本能（还有合作性）之一。尽管创新性体现在个人身上，但是它也有两个更高层面的体现指数。组织需要适应变化，社会本身也是如此。变化本身似乎是不可避免的并且只能进行部分的预测，而后面的这一特征也意味着社会需要具备一定的能力来应对变化。

现在世界上出现了一些以创新为重点的产业集中地区，如美国的硅谷，但是各处的大小不一。除了它们在本地的嵌入性，从结构上还有很多可以学习的创新之处。比如说已经是老生常谈但是却仍然非常重要的商业领袖身上的冒险精神，他们不断探索新的可能并且创造着新的市场机会。

通过对创新的研究，我们有可能萃取出成功所需要的关键因素（比如，Hwang and Horowitt，2012；Redding and Drew，2015）。无论是什么所有制的企业都需要学习更好地利用这些机遇；具有创造性的个人需要和组织不断合作并且保持心理上的自主性和流动性；后者需要对于创造力进行公平的激励；信息和交易需要能够自由流动来保证学习与合作；与之配套的管理系统也应当是公平的和具有保护性的；在分配资本时的风险评估应该是理性并且有依据的。这些原则的实际应用很可能在不同社会中有不同的形式，即使如此也应当坚持这些原则。

中国创新的挑战

最近几十年，中国因成为世界工厂而出名。这种工业本质上是低级到中级技术含量的，并且设计经常通过产品规格和进口机床的方式从外部获得。"车间"的成功是基于对机会的完全理性反应，并且在创新方面取得了重大成就，这主要是通过整合企业能量和低成本的技术劳动力、依托合作机构进入世界市场以及通过联盟的形式获得技术的方式实现的。官方通过大力鼓励以技术转让为条件的 FDI 来获得更多的技术，填补了国内缺口。但是随着对私营部门的依赖以及私营部门不断发展成"本地企业"，中国组织自身科技创新能力的提高有可能受到阻碍。

本书致力于探讨在中国建立创新能力的问题，部分章节对这一发展过程进行了细致探讨。本章将不会对这一过程进行细致分析，因为实际的效果仍然有争议并且需要进一步的观察。相反，我建议从社会能力而不是一系列具体行为关注创新的两个方面。这种能力并不是一成不变的成就，因为环境能够促进或者抑制这一成就。因此创新能力的质量决定了创新性。本章论证的核心是，授权行为是推动创新的催化剂，中国的授权水平虽然在提升，但是还没有在全球标准上达到足够巩固本国创新成就的水平。在这种情况下，与外部创新资源的合作变得尤为重要，这也符合世界经济历史的发展规律。我主要在两个水平上讨论这个问题：组织水平和社会环境水平。

麦肯锡最近进行了一个的关于创新所需要的组织素质的研究，他们对 300 家国际企业的 2 500 位管理者进行了访谈（de Jong, Marston and Roth, 2015）。这可能从世界竞争的角度给出了一个创新国家的定义。该研究认定了八种行为：追求、选择、发现、发展、加速、规模、扩展和调动。我认为这些行为都是社会嵌入性的，因为它们不管在何处都是最经济的行为。**追求**是一种在社会意义上受到尊重的态度；**选择**是确定选择的标准和定义服务优先权的行为；**发现**与社会智慧的本质和实践的好奇心相关，以及与它的行使和引导方式相关；**发展**关系到"可以正当保护和可扩展的利益来源"，这反过来也与社会处理不断扩大的规模的能力相似。如果你想把每单位的投入都转变为企业效率，那么你就需要在可预见的控制下发展一种合作和承诺的精神；**加速**反映了人们对紧急事件和周围制度鼓励的本能感知；**规模**在激励和组织复杂程度保持同步的情况下取决于授权的增加；**扩展**代表了外部的网络，在中国，扩展有着独特的文化规范；**调动**人们的能量需要考虑动机和激励，而这些都是嵌入到文化之中的。

如果在社会水平的观点考虑创新性的问题，那么最重要的方面可能是科学如何与经济建立丰富的连接。以上谈到的关于创新性的研究向我们展示了一个无数的组织和个人在复杂的社会网络中不断合作的世界，在这里每个人都有能力施加影响。在其他高创新性的国家，科学研究和商业应用之间有着广泛的交换。这通常是由中间组织、委员会、资金财团和联络机构构成的优秀网络来引导的，它们都有着自由搜索的优势。如 Arnoldi 和 Zhang（2012）描述的那样，在中国，研究和实际应用之间是脱节的。知识的生成和知识的应用是分开的"双重现实"。技术官僚通过对资助资金的控制有着过强的影响，并且缺乏外部的专业技术判断。国家规定的项目是优先进行的，因此也不利于其他交叉领域的发展。

现在创新性面临着三个挑战：能否从现在的"技术购买"转移到本土的技术创新？这足以让中国加入新的更加激烈的世界竞争中去吗？能否将与外部企业结盟的方式作为市场转变的方法？这些答案将在实践中适时出现。

中国工业现实中很少被讨论的一点是，当产生文化冲突时如何与其他企业接轨，而这往往阻碍了创新的发展。关于这一现象，Zimmerman 和 Marc Bollbach（2015）提供了一个详细的案例，他们研究了一家德国汽车零部件制造商在中国的生产线试图引进精益化生产的过程。他们分析了两个工厂，每个工厂都有约一千名员工,研究发现特定的认知倾向和行为阻碍了企业引入精细化管理的计划。这种阻碍可以被看成制度和文化环境的结果,包括问题解决能力的不足、受到限制的思维、因为"面子"而压抑建议、关注和谐而阻碍了对问题根源的讨论、强烈的阶层感阻断了向上沟通。他们的结论是,引入这套生产体系的失败以及他们关于员工授权能力的假设,说明中国在与世界高技术标准和高生产制造标准相匹配的过程中面临一系列的挑战。文献中普遍存在着相似的观点,认为较强的等级制度阻碍了组织的适应性。

在等级制度中创新的问题

正如 Thomas Diefenbach (2013) 在新书中观测到"等级制度和它的负面结果是我们这个时代最紧迫的社会问题",John Child (2014:1727) 从中观察到,在中国现代化的进程中遇到的诸多问题里,这个挑战是最大或最困难的,因为它存在于中华文明的基本定义中。这是一种世袭的状态,它拥有强力的顶层和中空的中层,后者拥有充满活力的人但是却缺乏相应的影响力。

这一由来已久的传统已经限制了中国组织到目前为止的社会经济选择。我认为使用"主动性"的概念是可取的。它意味着人们能够尝试新的东西,可以表达自己的创造性而不是为他们因教育或者环境而养成的习惯所控制。它是有利于创新行为的第一步。简单来看中国的组织分成两个阵营:

(a) 大规模和(大部分情况下)效率低下;在全球竞争标准中缺乏商业的主动性。

(b) 中小规模和充满主动性,但是无法在全球竞争标准和耐久性上达到大规模。

在中国文化中,除了一些特例,很少有组织能够兼顾主动性和大规模的效率。如 Fan (2012) 证明的,即使在中国南方令人鼓舞的环境中企业也难以保持完整,相反,在产权继承的关键时刻平均也会失去60%的价值。

创新性和阶级结构的结合是所有发达经济的必要条件。如果中国无法找到实现这种结合的方法,那么它就难以增长。这个问题的核心是让等级制度变得更为仁慈，换句话说就是让组织给予员工动机和授权，并因此为了组织的利益激发他们的承诺和创造力。Robert Heilbroner（1985）指出，在资本主义的历史中，这种更仁慈的统治形式的发明是资本主义成功的秘密。这一点适用于任何主要的资本主义国家：盎格鲁、欧洲、日本和现在的韩国。马克斯·韦伯（1930）指出，要实现这一点，就需要知道对经济财富的控制在自由市场的条件下不会产生价值，除非员工和消费者都成为这一影响的联盟。如前面讨论的新结构经济学建立的假说，市场在处理日益复杂的活动时需要承担起国家的职责。

考虑到这些影响，除了在极少数情况下，以自主发明的技术替代外来的技术是不太可能的。科学的独创性也很可能被僵化的科学政策阻断。但这并不意味着毫无可能。鉴于全球化的力量和世界贸易组织的作用，中国的商业环境可能更有利于合作，技术转让将持续很长时间。为了应对全球竞争，国家希望发展出一套独立的中国商业体系作为全球竞争的主要应对措施，但是这种期望可能受到不断增加的联盟需求的阻碍。

三个问题

本章前面提出了三个问题，其目的是引出之后的讨论——中国是否可能在现代化的环境中具备整合和变革的力量。这种环境的复杂性呈指数式增长。经济发展的历史告诉我们，要想处理这种趋势，就需要依靠竞争市场规则的逻辑，然而它也受到文化规范和政府管理共同形成的道德要求的限制。如 Max Boisot（1995）清楚地显示并在中国（Boisot, Child, and Redding, 2011）证实的，当信息的编纂和扩散与决策复杂性保持一致的时候，这个过程会更加容易。上次的全球经济危机表明，社会经济如果无法处理这种复杂性，其后果将是灾难性的。极权主义国家的历史显示，其政治中心可能无法处理这种在世界水平的竞争效率中的挑战。

中国也知道这一点，并且已经采取措施应对挑战。特别值得指出的有两点：邓小平改革从政府的约束中释放了中小企业的活力，以及把决策下放到区域中心。目前仍然存在两个争议：（1）中央以什么方式通过党来管理地方？（2）一个潜在的强大的中产阶级的力量还能够被压抑多久，或者还有什么有效的处理方法？这些问题解释了核心的挑战，即除非创新性和合作性成为一个被授权的并且拥有财产所有权的公民群体的目标，并能够超出教条主义的自由思考，否则，所需的适应能力无论在质量上还是数量上都是缺乏的。只有在自发的自我秩序的过程变得合法的情况下，中产阶级才会发挥全部能量。在所有的论述中，有必要明确指出的是，不建议或者提倡直接照搬国外的制度。中国真正的挑战是如日本那样，寻找属于自己的有效解决方法。接下来我们将回到这几个问题的阐述上。

大规模的组织能否在等级制度和创新性融合的情况下本土化地达到世界效率标准

中国大型组织的弱点源于国有部门缺乏竞争性。因为国有企业运行这些年在获得资金和市场上有着垄断优势，这一事实也增强了以上判断。Nicholas Lardy（2014）的报告指出，在1996—2012年间，国有资产的资产收益在1%到4.9%之间波动，在私营部门则是在11%—13.2%间波动。这种低水平的国有企业的绩效却被几家大型垄断企业不寻常的资产收益率掩盖：中海油到2012年连续6年的平均资产收益率为25%，中国移动为19%，烟草专卖为14%。其他的研究对财务行为进行了严格的成本核算，并且认为鉴于国有企业有利的贷款安排，很多国有企业在真实比较的情况下是在负资产回报的状态下运行的。而大多数私营部门的绩效数据不存在这种扭曲。

对中国大型国有企业的研究一致认为，这些企业存在组织质量方面的缺陷（Lieberthal and Lieberthal，2003），有三个问题经常会被提到：垂直的架构使得高层和中高层难以了解组织的全貌，并获得有效的合作；这种"分而治之"的方式表达了自上而下的决策方式，它推行控制但却扼杀了向上的交流；存在一个服从的组织氛围，个人都循规蹈矩不愿冒风险。这样的结果是，在大型国有企业，个人和集体的主动性被抑制了，因此组织中促进创新的方式也很弱。

在私营部门，一些非常强的企业已经发展到大规模，它们能够很好地利用市场机会以及国外技术打开中国市场。这样的企业，即使很大，往往也依赖于一个非常小的能够体现优势的落脚点，通常是单一的创始愿景。这种依赖性能够很好地保证愿景的清晰性，并且能够在政策化和个性化的环境中提供必要的支持。它也允许企业采取长期的观点，允许那种可能引起企业内部争议的冒险。这些企业强大的力量是它们紧密地凝聚在个人愿景上，但缺点是当领导者更换时难以保持这种凝聚力。只有极少数的企业开始向专业化管理转变甚至减少利益投资者的控制。

我们目前讨论的重点是大型民营企业在主动性上表现出对单一个人的依赖，以及这种形式长期的脆弱性。这不仅是因为战略思考的重任将落在个人身上，而且保持企业的合作和支持企业的稳定性也都依靠一个人并且难以传递。这一点在相同条件下也同样也适用于中小企业。

中国的大型组织，不管是国有还是民营企业，要想实现长期的效率就需要解决等级制度和创新性的融合问题。正如已经指出的那样，真正的考验在于未来。《经济学人》（March 14，2015，p.15）认为，从中国在世界市场上成为制造组装工厂的区域网络中心可以看出其作为"亚洲工厂"的产生。但这是一个所有企业都可以进入的舞台，而要在竞争中取得成功将越来越多地依靠组织激发主动性的能力，而不仅仅是依靠低成本的劳动力。

社会资本能够建立在一个陌生人可以被信任的地方吗？

如果中国保持它传承下来的文化，Lau Siu Kai（1981）把它称为"唯物的家族主义"，那么它很可能保持古老的习惯和文化规范。如果真是如此，信任的结构仍然是受限制的，因为建立一种有力的系统信任的形式不仅需要重新设计制度，而且要改变家长制和依赖的文化。这是因为很多自发的秩序形式，如独立的专业、自由媒体、多元化和对信念的争论以及教育上的自治权，都会带来破坏传统秩序的副作用。如果没有系统信任的转变，那么社会仍然是依靠关系。陌生人仍然会被谨慎对待。对稀缺资源的竞争仍然会非常激烈。不管出现什么样的公民社会，它都会保持政治化。

每个人必须体谅中国维持占世界 1/5 人口的国家秩序的责任，每个人也必须尊重中国近年来在社会经济结构上进行务实实验的意愿，每个人也要承认中国面向市场约束和权力下放的政策趋势。但同时我们也要看到，将要面对的任务需要卓越的冒险精神、高超的想象力和长期的政策意愿。

这种冒险精神成功的障碍仍然是看不见的。就像在宇宙中，它们正如中空里的暗能量，产生着既无法确定又无法测量的影响，也因此超过了大多数分析能够思考的范围。此处的论点是，关系之外的不信任将阻碍中国应对将要到来的复杂性的能力。在规模和强度上，经济活动的协调将会受到直接影响因素之外的，甚至是完全意识不到的因素的干预。

结　论

本章认为，在中国的社会心理中存在隐藏的影响力量，这些力量能够显著地影响经济的发展。它们反映了人们在面临激变的情况时，为了社会存活所具有的根深蒂固的反应。它们建立在远古的反应中，是难以察觉的，也很少包括在政策制定之中。它们制约可获得的两种能力的质量和数量，这两种能力对于任何想跨越中等收入陷阱的努力都至关重要，能够使他们从具有很强世袭制的前现代化国家，发展为一个拥有自主权的公民在经济进程中占主要地位的现代化国家。

对于中国而言，其前景在很大程度上受到传统的影响，并且对政治遗产有非常强的路径依赖。但是这些限制能够被一些积极的特征抵消。政府清楚地知道这一挑战，也在进行权力下放的实验并取得了很大的成功。中国的创业数量非常大。中国人民展现出极大的宽容，而且拥有深厚的人才储备。

参考文献

Adelman J. 2015. What Caused Capitalism? Assessing the Roles of the West and the Rest. *Foreign Affairs* 94(3): 136-144.

Arnoldi, J. and Zhang, J. Y. 2012. The Dual Reality of the Chinese Knowledge Economy. *International Journal of Chinese Culture and Management* 3(2): 160-173.

Beinhocker, E. D. 2007. *The Origins of Wealth: Evolution, Complexity and the Radical Re-making of Economics*. London: Random House.

Bergere, M.-C. 2007. *Capitalisme et Capitalistes en Chine: Des Origines a nos Jours. XIXe-XXIe siecle*. Paris: Perrin.

Boisot, M. 1995. *Information Space*. London: Routledge.

Boisot M. J. Child and G. Redding 2011. Working the System: Toward a Theory of Cultural and Institutional Competence. *International Studies in Management and Organization* 41(1): 62-95.

Child, J. 2014. Book Review of Diefenbach, *Hierarchy and Organization*. *Organization Studies*, 35-11-1725-1728.

De Jong M. N. Marston, and E. Roth 2015. The Eight Essentials of Innovation. *McKinsey Quarterly*, April.

Diefenbach, Thomas 2013. *Hierarchy in Organization: Toward a General Theory of Hierarchical Social Systems*. Routledge.

Duara, Prasenjit 2015. *The Crisis of Global Modernity: Asian Traditions and a Sustainabe Future*. Cambridge: Cambridge University Press.

Eichengreen, B., Park, D., & Shin, K. 2011. When Fast Growing Economies Slow Down: International Evidence and Implications for China. Working Paper 16919, National Bureau of Economic Research. Cambridge MA.

Eisenstadt, S. N. 1996. *Japanese Civilization*. Chicago: University of Chicago Press.

Fan, J. P. 2012. Founder Succession and Accounting Properties. *Contemporary Accounting Research* 29(1): 283-311.

Griffiths, M. B. and Zeuthen, J. 2014. Bittersweet China: New Discourses of Hardship and Social Organization. *Journal of Current Chinese Affairs* 43(4): 143-174.

Heilbroner R. L. 1985. *The Nature and Logic of Capitalism.* New York: Norton.

Hofstede, G. 1980. *Culture's Consequences: International Differences in Work-related Values.* London: Sage.

Hwang, V. W. and Horowitt, G. 2012. *The Rainforest: The Secret to Building the Next Silicon Valley.* San Francisco: Regenwald.

Lardy, N. R. 2014. *Markets over Mao: The Rise of Private Business in China.* Washington D. C. : Peterson Institute for International Economics.

Lau, S. K. 1982. *Society and Politics in Hong Kong.* Hong Kong: Chinese University Press.

Lawrence, P. R. , & Nohria, N. 2002. *Driven: How Human Nature Shapes Our Choices.* San Francisco: Jossey-Bass.

Lieberthal, K. , & Lieberthal, G. 2003. The Great Transition. *Harvard Business Review*, October, 3-14.

McCloskey, D. 2010. *Bourgeois Dignity: Why Economics Can't Explain the Modern World*, Chicago: University of Chicago Press.

McCloskey, D. N. 2006. *The Bourgeois Virtues: Ethics for an Age of Commerce.* Chicago: University of Chicago Press.

Mokyr, J. 2009. *The Enlightened Economy: An Economic History of Britain 1700-1850.* New Haven: Yale University Press.

Murakami,Y. 1984. Ie Society as a Pattern of Civilization. *Journal of Japanese Studies* 10(2): 279-363.

Najita, Tetsuo 1998. *Tokugawa Political Writings.* Cambridge: Cambridge University Press.

Nakane, Chie 1971. *Japanese Society.* London, Wiedenfeld and Nicholson.

Pye, Lucian W. 1990. China: Erratic State, Frustrated Society. *Foreign Affairs* 69(4): 56-74.

Redding, G. , & Witt, M. A. 2007. *The Future of Chinese Capitalism: Choices and Chances.* Oxford: Oxford University Press.

Redding, G. and Drew, A. 2015. Dealing with the Complexity of Causes of Societai Innovativeness: Social Enabling and Disabling Mechanisms and the Case of China. presented at the workshop *Diversities of Innovation: The Role of Government Policies for the Future Economic Basis of Societies*, Friedrich-Schiller-University and Oxford University, Kellogg College. Oxford, Feb-17-18 (in press *Contemporary Social Sciences*).

Weber, M. 1930. *The Protestant Ethic and the Spirit of Capitalism.* London: Unwin.

Welzel, C. 2013. *Freedom Rising: Human Empowerment and the Quest for Emancipation*. Cambridge: Cambridge University Press.

Welzel, C., R. Inglehart, and A. C. Alexander 2014. The Great Diversion: How Civilization turned into Human Empowerment (draft).

Witt M. A. and G. Redding 2014. *The Oxford Handbook of Asian Business Systems*, Oxford: Oxford University Press.

Wittfogel, K. A. 1957. *Oriental Despotism: A Comparative View of Total Power*, New Haven: Yale University Press.

World Bank/China State Council 2013. *China 2030: Building a Modern. Harmonious and Creative Society*, Washington D. C.: World Bank.

World Values Survey 2009. *World Values Survey 2005 Official Data File V. 20090901*. Madrid: World Values Association.

Xu, C. 2011. The Fundamental Institutions of China's Reforms and Development. *Journal of Economic Literature* 49(4): 1076-1151.

Zimmerman, A. and M. F. Bollbach 2015. Institutional and Cultural Barriers to Transferring Lean Production to China: Evidence from a German Automotive Components Manufacturer. *Asian Business and Management* 14(1): 53-85.

Zucker, L. G. 1986. Production of Trust: Institutional Sources of Economic Structure, 1840-1920. *Research in Organizational Behavior*, Stamford CN, JAI Press, 8: 53-111.

第 4 章

中国未来之路：韩国经验的启示

Michael A. Witt

翻译：刘圣明

摘要： 本章采用制度-社会技术的视角分析可能帮助或者阻碍中国成为先进的工业化社会的因素。本章从国家商业体系方面的文献（Whitley, 1999；Hall and Soskice, 2001；Witt and Redding, 2014b）出发，认为有多种方法可以获得良好的制度，从而成为富裕的国家。基于以往文献，本章构建了能够区分目前经济运行中的核心制度的模型。通过这一模型，我们认为中国目前的商业体系和韩国1980年左右的情况非常相似。考虑到制度发展轨迹和路径的独立性，韩国能够为中国发展的诸多方面提供重要的洞察，包括中国未来经济发展可能的制度轨迹、将要面对的诸多挑战、成为一个真正富裕的国家所面临的机遇——这种机遇目前来看只是中等的，尽管未来有增长的潜能。本章最后也总结了未来可以继续研究的问题。

引 言

复杂性经济学认为，经济体要想生产出高水平的经济财富需要具备三个成分（Beinhocker, 2005）：物质技术，定义为"为了某种或者某些目标而将物质、能源和信息从一种状态转化到另一种状态的方法或者设计"（Beinhocker,

2005：244）；社会技术，定义为"为了实现某一或者某些目标而组织和管理人的方法及设计"（Beinhocker，2005：262）；以及将两种技术相结合而创造价值的商业模式。

从历史上看，物质技术对于中国来说并不是问题，这一点从丰富多彩的中国发明如造纸术、印刷术、火药和指南针中可见一斑。中国学者在很早的时候似乎就对建造蒸汽机的基本原理有了一定的了解（Needham，1965），而蒸汽机的发明导致了西方的工业革命。

但也正如李约瑟所言，中国在物质技术上的强大并没有导致工业革命，因此也没有带来西方国家从18世纪开始享受的财富（和权力）。这表明社会技术或者商业模式的历史缺陷需要被纠正。事实上，社会方面在解释中国物理技术知识和应用之间断层的假设中处于重要的位置。例如，Elvin（1972）认为，充足的廉价劳动力使得在机器上投资赚不到钱，这就是"高水平均衡陷阱"。另一些学者（Fairbank，Reischauer，and Craig，1965；Jones，1981）指出，缺乏财产所有权不利于对固定资产的投资。Pye（1985）则假定，为了保持社会秩序而采取的社会保守主义也扼杀了新发明的应用。

当今中国与之前任何一个朝代都非常不同。但是在通往发达工业化国家的道路上同样会遇到历史上面对的相似问题。中国在物质技术方面已经取得了巨大的飞跃——即使考虑到可能影响中国专利数量真实性的各种因素（Redding and Witt，2009）——并且激发了一大批经商者去利用新的机会，但是仍然不能确定中国是否已经发展或者能够发展出一种合适的社会科技，从而发展为真正富裕的国家，而制度是这种社会技术的重要方面（Beinhocker，2005）。

这个问题毫无疑问对于中国的未来非常重要。这一问题与中国能否避免落入中等收入陷阱尤为相关。经济学家已经研究出制度质量——定义为"为规范人们活动而人为设计的限制"（North，1990）——和经济财富之间的因果关系（North，1990）。图4.1展示了人均GDP和制度质量之间的关系，其中制度质量是粗略估计的：来自每个经济体在世界银行的6个治理指标上的得分，即言论自由和政府责任、政治稳定性、治理有效性、监管质量、法治和对腐败的控制。通过石油获得财富的国家不在分析之列。中等收入陷阱的位置大约为 15 000—16 000 美元（Eichengreen, Park, and Shin, 2013）。该图表明了制度质量和人均 GDP 之间的关系：我们发现贫困的国家都没有好的制度，而富裕的国家也没有糟糕的制度。从图上看，中国的人均 GDP 接近中等收入陷阱的水平，但是却有着较差的制度质量。未来如果中国在制度上没有进一步的发展，就有落入中等收入陷阱的危险。

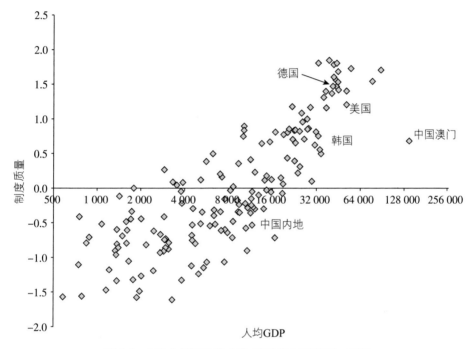

图 4.1　166 个经济体的人均 GDP 和制度质量，2013

注：人均 GDP 根据 2001 年价格的购买力平价计算。不包括以石油为支柱的经济体和数据缺失的经济体。

资料来源：World Development Indicators, Worldwide Governance Indicators。

本章的目的就是从制度-社会技术的角度分析可能对中国成为一个先进工业社会有所帮助或者成为阻碍的方法。本章从国家商业体系方面的研究出发（Whitley, 1999；Hall and Soskice, 2001；Witt and Redding, 2014b），认为有多种方法可以获得良好的制度，从而成为富裕的国家。基于这些文献，本章也提出了一个鉴别现代经济运行中的核心制度的模型。

从这个模型来看，中国现在的商业体系和韩国 1980 年左右的情况非常相似。同 1978 年的中国一样，韩国在 1961 年开始发展现代经济时也是世界上人均 GDP[1] 最低的国家之一。韩国的人均 GDP 在 1980 年是美国的 15%，这和现在的中国相似。但是与目前的中国不同的是，韩国此后就加入了发达国家的行列。考虑到制度发展轨迹和路径的独立性，韩国能够为中国发展的诸多方面提供重要的洞察，包括中国未来经济发展可能的制度轨迹、将要面对的诸多挑战、成为一个真正富裕的国家所面临的机遇——这种机遇目前来看只是中等的，尽管林毅夫（本书第 2 章）认为未来中国经济增长有着巨大的潜力。基于以上讨论，本章总结了未来可以继续研究的一系列问题。

国家商业体系

假设经济学家是正确的并且一个好的制度是获得国家财富的先决条件，那么对于中国或者任何新兴市场来说，什么样的制度是好的制度？经济学家对这一问题的经典回答包括保护财产所有权以及提高图 4.1 中治理水平的几个维度。但是我们对经济中的实际制度结构却知之甚少。

为了分析这一问题，我们必须转到社会科学、社会经济学，以及更具体的国家商业体系领域的研究。[2] 与过去的研究范式（Witt and Redding，2013）相一致，我把 Whitley（1992，1999）建立的商业体系研究以及 Hall 和 Soskice（2001）建立的资本主义的多样性研究都包括在国家商业体系中。这方面文献的重要发现是，与 20 世纪 90 年代的预期相反，全球化并没有将先进的工业经济体转化为单一最优（盎格鲁-撒克逊）的自由市场制度，相反，这些国家制度的差异性仍然显著并且还将持续着（例如，Schmidt，2002；Witt and Redding，

---

[1] 根据市场交易率进行的计算，因为难以获得这一阶段的可信的购买力平价估计。

[2] 我把资本主义的多样性（Varieties of Capitalism）方面的文献也加入这一研究中。想进一步了解细节内容，请参考 Witt 和 Redding（2013）的研究。

2009）。从结果——经济财富上来看，这些不同的制度基础具有等效性。

以领导西方经济的德国和美国为例（Whitley，1999；Hall and Soskice，2001；Witt，2006）。美国经济制度的特点是企业获得的大部分外部资金直接来自市场。相比之下，德国企业的资金主要来自银行。美国雇佣关系的特点是联合水平比较低并且伴随着激烈的罢工运动。员工的平均任职年限是4—5年。相比之下，德国有一个强大的工会并且很少罢工，而平均任职年限是美国的2倍多。美国重要的企业经常上市从而拥有分散的所有权。德国重要的企业即使上市了也通常是由家族控制的（例如，奔驰、汉高、大众），这些上市公司也很少通过股权交易来稀释所有权。美国公司有单一的董事会代表所有股东。德国公司有两个委员会：一个管理委员会和一个监管委员会，监管委员会的成员由法定的股权代表和员工组成。德国企业间的关系（与个人关系相对）非常密切，如关联董事、交叉股权、官方认可的联合企业以及企业联合协会。相比之下，美国企业间的联系要弱很多。而且，美国的管理趋势是自上而下的，而德国的管理则因为工作委员会和员工在监管委员会中的代表而有着非常强的员工参与成分。但重要的是，它们有着共同的对于国家变得富裕必不可少的一点：制度性信任、运行良好的（尽管肯定不是完美的）治理，特别是法律体系（见Redding，本书第3章）。

扩大地理范围之后，研究一致认为在发达工业国家存在几种类型的商业体系，或者称为不同类型的资本主义（尽管对于其数量仍有争议）（Whitley，1999；Hall and Soskice，2001；Schmidt，2002；Amable，2003）。广而言之，德国和北欧的国家以及日本经常被划分为协调式市场经济（coordinated market economies，CMEs），而盎格鲁-撒克逊的经济体被认为是自由的市场经济（liberal market economies，LMEs）。法国和拉丁欧洲国家被认为是混合的或者国家主导的市场经济（mixed or state-led market economies，SMEs）。对于亚洲的研究进一步表明，韩国和中国台湾单独形成一种东北亚的发达经济（Witt and Redding，2013）。到目前为止，这些不同类型的经济随着时间的推移已经变得非常稳定。这些类型中的一些在演变过程中也学习了其他类型的经济体，即使想完全一对一地复制这些制度结构,在转接适应现有体制的过程中也会产生不一样的发展趋势(Streeck,1996)。更正式地说,制度性的路径依赖在发展过程中限制了商业体系,结果是有相同制度结构的国家经常遵循相似的制度轨迹。

为了能够更加全面地探讨中国未来的发展路径,接下来的问题是我们是否看到有其他和中国制度结构相似的国家发展到进入现代化工业国家之列。如前言中提到的,我们的回答是肯定的:1980年左右的韩国。直观地看,似乎很难想象35年前具有极端西方倾向的韩国能够和现在"中国特色社会主义"的中国有着相似的制度结构。寻找这种相似性需要比较两者的制度,这就需要一个模型或框架来给出两个国家需要对比的制度维度。

我在这里使用的是Redding(2005)的商业体系模型,这或许也是最完整的模型。图4.2展示了这一模型。广而言之,他认为商业体系的组成通常包括三个层次:文化,企业的制度环境,企业层面的协调规则。每个层次又可以分成三个主要成分。文化由以下几个方面组成:缘由(rationale),指的是经济活动的目标(例如,追求股东利益最大化)以及为了实现目标允许采取的工具;身份,通常由霍夫斯泰德的个人主义/集体主义维度构成;权力,代表了等级结构和权力距离。企业的制度环境指的是管理金融资本、人力资本和社会资本的规则(这里看成信任,也就是让金融和人力资本共同创造价值的力量)。企业层面的协调规则指的是企业的所有权形式和法人治理形式、企业间的社会关系以及企业内部的协作(例如决策制定模型)。国家和群众社团对这一结构的形成有着重要影响,除此之外还有外部的观念和物质基础。长久以来的历史塑造了当今制度结构的方方面面,也就形成了对制度的路径依赖。

当今中国和1980年韩国的商业体系

当今中国的商业体系已经得到了广泛的研究(例如,Redding and Witt,2006;Redding and Witt,2007,2009;Witt and Redding,2014a)。为了节约篇幅

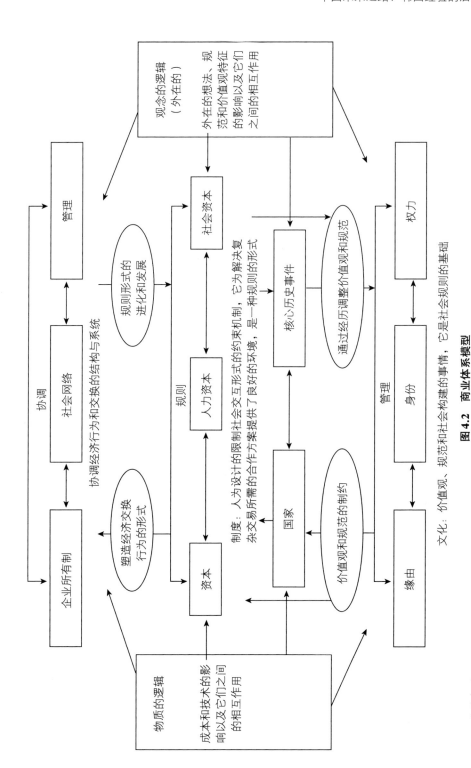

图 4.2 商业体系模型

资料来源：Witt and Redding, 2009。

和避免重复,我将进行总体概括,并不详细说明。

图 4.3 显示了中国商业体系的简化分析结果。它包括了国有或者国家控制的部门以及私营部门。在文化维度上,我们可以看出私有财富的增加和国家经济的发展。尽管众所周知,许多国有行业的领导者,包括一些政治家,很明显地在为他们自己和家属牟利,但是私人财富的增加还是在私营行业最为明显(参见 Witt and Redding, 2014a)。虽然民营企业可能认为它们通过创造私人财富也为国家经济发展做出了贡献,但是相比之下国有企业更关注经济的发展。我们进一步发现了基于家庭的集体主义身份。权威关系是分等级的。决定等级的因素颇具讽刺意味,既包含儒家的标准(年龄、教育程度和性别),又包含君子所不屑的物质财富。

图 4.3　简化的中国商业体系

资料来源:Witt & Redding, 2014。

中等层面的制度嵌入企业之中,中国金融系统的特征是以银行为主导。大部分商业贷款都提供给了国有部门,通常受到国家机构的命令。这种资本的提供是极为稳定的,在这个意义上国有企业无须担心信用的损失。从人力资本角度看,我们发现目前的教育体系没能满足企业对技术人才的需要,从而导致了技术性人才的短缺。大部分中国员工的任职时间非常短。正式的劳工组织是中华全国总工会。社会资本（信任）是通过个人连接实现的。相比之下，制度性信任仍然缺乏体系。

尽管没有公开发布的关于韩国发展时期商业体系的分析，但是以往关于韩国发展情况的研究已经包含了我们此处分析所需要的足够的信息（例如，Amsden，1989；Wade，1990；Kim，1997；Woo-Cumings，1999），与中国的相似性非常强。

在文化层面，我们发现了一个很强的国家经济发展倾向，当时三星公司的口号就是一个很好的缩影："我们为了国家建设而工作。"对私有财富的争夺那时也不是经济体系的重要组成部分，尽管韩国领头企业——也就是我们所知的大企业联合体"财阀"——的领导者们确实随着韩国的发展集聚了大量的财富（参见 Witt，2014）。与中国社会相同，韩国推行的也是以家庭为基础的集体主义文化。社会也是分等级的，1392 年至 1910 年朝鲜地区一直采用新儒家的思想作为国家的指导思想，因此深受儒家文化的影响。从现在的韩国可以看出，35 年前财富在韩国的重要性远不如现在的中国。

在中层，我们也发现和中国非常相似的布局。那时的韩国银行也是国家所有和运营的，它们的主要目的是把资本集中贷给财阀以促进经济的发展。这种资本的提供是非常稳定的，使得企业能够将这些资本当作借贷，结果发挥了很强的杠杆作用（Witt，2014）。从人力资本来看，韩国社会同样也受到技术短缺的困扰。尽管那时采取的是终生雇佣制，雇佣时间也比较短。当时禁止组织独立的工会，正式的工会以韩国工会联合会（Federation of Korean Trade Unions）的形式由国家控制。社会资本也是基于个人之间的连接形成的。由于当时缺乏法律制度，制度化信任也很低（在 20 世纪 80 年代和 90 年代，韩国大部分地区的政府腐败程度都非常高，反政府活动不断增加，由此可以看出制度化信任很低）。

在顶层，20 世纪 80 年代韩国企业的特点是诸如公共事业公司或浦项钢铁公司这样的国有企业是与家族财阀组成的。家族对企业集团的控制有限，因为国家有计划地决定一些因素，例如出口预期水平或者准入行业。和中国类似，韩国的社交网络包含高层次的个人联系,例如学校关系,以及财阀这样的企业联合体。但是与中国不同的地方是,韩国那时缺乏以政党为基础的关系网络。从管理上看,我们也发现高度集中的、自上而下的、较少员工参与的决策制定——韩国的管理——也被描述为"比军队还糟糕"(Whitley,1999:146)。至少在财阀中,能否晋升到更高的管理层也是由关系决定的。

尽管上面的分析缺乏细节上的对比,但是我们可以很明显地看出20世纪80年代的韩国和目前中国商业体系的结构非常相似。事实上,图4.3中总结的中国商业体系的关键特征中,我们只需要去掉"政党网络"以及不再强调财富对于缘由和权力的影响后,就能得到1980年韩国商业体系的大致轮廓。

1980年以来的韩国轨迹

如之前提到的,路径依赖产生的限制意味着有相似制度结构的国家可能遵循相同的制度轨道发展。考虑到当今中国和35年前的韩国的相似性,韩国的发展历程或许可以为中国提供借鉴,包括跳出将中国限制在中等收入水平的制度高墙的能力。

变 化

韩国的商业体系从20世纪80年代开始发生了很多改变(参见Whitley,1999),对这一过程有着详细的记录(Witt,2014)。图4.4进行了概括性的总结。从缘由上看,对私有财产特别是家族控制的财阀的争夺仍然保持着,但其目标从追求发展转变成了维持财阀家族和员工及社会之间脆弱而紧张的平衡(Witt and Stahl,2015)。身份认同和权威基本上没有改变,尽管权威中暗含的财富成分更被人们接受了。

图 4.4　简化的韩国商业体系

资料来源：Witt，2014。

在嵌入公司的制度层面，模型中的每个格子都发生了重大的变化。金融资本仍然稳定并且是以关系为基础的，但是银行已经不是财阀主要的资本来源。取而代之的是，财阀更多地依靠银行之外的金融机构，如它们拥有的保险公司和证券公司。至于人力资本，国家控制的工会让步于自由工会。通识教育已经达到世界水平，但是技术短缺仍然存在，因为大学没能成功地培养出企业所需的技术型人才。员工的工作年限仍然非常短——和美国平均水平大致相同——但是在财阀公司能够达到 10 年左右。社会资本已经可以看到一些制度化信任的产生，在以后可能发展成对政府腐败持续的披露，并改变了财阀家族违反法律而不受惩罚的状况。

在顶层，私有部门所有权发生了改变。建立了财阀的家族在他们杰出的事业中通常只拥有少量的股份。尽管和 20 世纪 80 年代相比国家的干预减少了很多，然而它们仍然控制着财阀。这种控制是通过锥形的股权结构和交叉股份实现的，使得韩国在公司治理方面得分较低。国有企业仍然掌控着重要的部门。社会网络整体上也没有发生变化，管理的模式也未发生大的改变。

值得注意的是，这些系统的组成部分所经历的变化都出现在韩国政府发生变革的大背景下。1980 年，韩国是一个高度集中化、权力独裁的国家。民主改革开始于 20 世纪 80 年代，国家转变成一个完全的民主制国家（Economist Intelligence Unit，2014），虽然在总统身上仍然保持着较高的集权。伴随着金融体系的自由化，银行的私有化首先出现，接下来在 1997—1998 年爆发的亚洲金融危机的背景下，主要的银行开始变成外国所有。这确实弱化但没有完全排除韩国政府通过直接的贷款掌控经济发展的能力。财阀虽然被禁止拥有银行，但却被推动着扩大了对非银行金融机构的所有权。

在人力资本领域和民主制度的关系更为明显。工会抗议在推动 20 世纪 80 年代民主制度改革方面起到了决定性的作用，显然民主制度保持了工会的独立性。整体上工会比率比较低，只在 10% 左右，但是在财阀这样的大公司，考虑到工会在谈判中的影响力，能够达到 45%。这并不意味着韩国的劳动者权利都非常好。即使有工会的存在，国际工会联合会还是把韩国和中国划为相同的等级——都把它们作为"世界上最差的工作地点"，以及"没有权利保障"（Internation Trade Union Confederation，2014：15）。

然而，最重要的是民主化改革很可能与制度化信任的发展尤为相关。制度化信任是对规则和程序能够创造公平结果的信任（参见 Witt and Redding，2013；Li and Redding，2014）。韩国 20 世纪 70 年代和 80 年代的历史表明，制度化信任在一些产业政策的核心领域受到了限制（Amsden，1989；Eckert et al.，1990）。在这里不得不提到的是，财阀家族只要达到了政府强制规定的出口配额，就能够获得任何有利于他们扩展商业的帮助（Amsden，1989）。相比之下，当今韩国在世界通用的治理指标中的平均得分是 0.75 分，在 210 个有数据记录的国家中排到 75 分位（越高越好）。再一次，仍然有提高的潜力：德国是 1.47 分，美国是 1.21 分，最高的芬兰是 1.85 分。不过，韩国在过去的几十年中已经有了大幅的提高。

对中国的启示是，无论中国共产党如何努力，考虑未来经济发展问题时都绕不开对民主制度的讨论。图 4.5 展示了人均 GDP 和英国《经济学人》智库组织（EIU）民主指数的散点图。很明显和图 4.1 的形状一致。民主和制度质量看起来是相关联的。事实上，目前新加坡是唯一与这一关系不一致的无资源基础的国家。寄希望于新加坡经验的政党官员应当注意,新加坡经济本质上是以城市为核心的,它的 GDP 水平和包含了农村地区的内陆国家相比是高估的——最好是进行城市的而非国家的对比。即使新加坡在民主指数上的得分有上升的趋势,还是在 2014 年达到了"有欠缺的民主"状态(Economist Intelligence Unit, 2014)。由此看来,Barrington Moore(1966)将资本主义和民主制度相挂钩是正确的。

中国的政策制定者目前来看是在尝试切断这一连接。最可能的结果要么是他们没能阻止民主化从而走向和韩国相似的发展轨迹,要么是成功地阻止了民主化,但是如图 4.5 所显示的,中国可能无法逃脱中等收入陷阱。

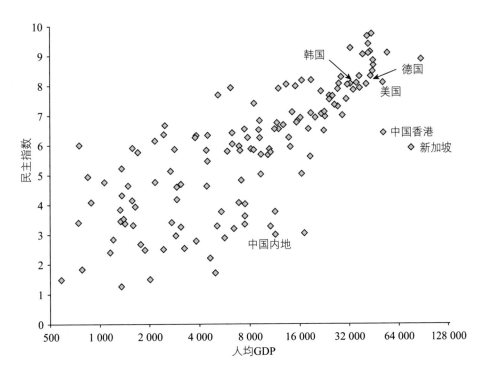

图 4.5　141 个经济体人均 GDP 和民主制度

注:人均 GDP 根据 2011 年价格的购买力平价计算。不包括以石油为支柱的经济体和数据缺失的经济体。

资料来源:EIU Democracy Index, World Development Indicators。

不 变

上面总结的变化也伴随着一系列稳定不变的成分。第一,家族商业的重要性仍然在持续,即使对大型的公开上市的财阀公司也是如此。尽管创立了财阀的家族保持着其中很少的股份——通常是百分之几——但是如前所述他们仍然保持着控制权。这也与第二个不变的成分有所关联,公司中自上而下以及集权的决策制定。与之前一样,重大的决策都是由董事长(很少是女性)做出的,而董事长历来都是拥有控制权的家族成员中的一员。他们不会做出不受大部分员工支持的决定,但是不管怎么说最终的决定权仍然保留在他们手上。自上而下的管理方式延续到这个管理链条中,并且员工代表水平在整个亚洲也非常低,排在印度尼西亚之后,并且只高于印度、柬埔寨和中国。

家族的控制权通过持续的间接金融获得而增强。尽管韩国的政策制定者有远见让财阀不能拥有银行,但是非银行金融机构仍然可以持续为财阀提供潜在的资本。其中一个影响就是财阀能够忽略其他股东的利益以及他们股票估值中公司治理的影响,因为他们不需要从市场上获得资金。

同样,这也使得有技能的劳动力不足,而这一问题还没有得到解决。正如之前提到的,教育系统没能提供企业所需要的技能人才。例如,韩国产业联盟(Federation of Korean Industries)的一份报告指出,应届毕业生至少需要23个月的培训才能变得有用。只有财阀或者一些外企才有资源这样做。更加复杂的问题是,相对较短的在职时间意味着企业对员工的投入只能获得很少的回报。财阀集团中的员工在职时间大约为10年,这也让他们处于更有利的地位。然而大部分的韩国人都不在财阀集团中工作,这使得到目前为止韩国闲置的未就业、缺乏教育和培训的年轻人的数量在经济合作与发展组织(OECD)中达到了最高水平。高等教育同样是个问题,有近三成的韩国毕业生通常不具备创造经济价值的能力。

这些不变的事情反映了中国现在的样子,同时也指出中国在未来可能面临的挑战。一个核心的问题是,在缺乏员工代表的自上而下的环境中,如何生产高度复杂的和高附加值的产品（参见本书中 Redding 所撰写的章节；Redding and Witt，2007）。在这样的结构中，战略、计划和整个过程都是由高层领导决定的。低层的员工被要求在这种模式中工作，并且受到绩效指标的控制。这种结果会发展成一种筒仓结构，人们在其中和上级及下级联系，但是很少有横向的联系。不同部门之间的合作就成为生产高复杂性和高附加值产品的关键。

有人可能认为一些韩国的企业，如三星，看起来克服了这些困难。但是关于这一点似乎还不能给出明确的答复。例如，对三星来说，其问题在于企业的成功很大程度上是依靠李健熙的领导。三星的绩效在 2014 年 5 月李健熙突发心脏病而无法继续领导企业之后受到了很大的影响。也有人可能认为，三星最近的成功主要建立在手机业务上，而这也是典型的快速追随策略（参见 Redding and Witt，2007）。三星和苹果手机明显的相似性一直是外界讨论的热点，有报告指出三星正在模仿苹果过去某条生产线上成功使用的模板（Eichenwald，2014）。

在这些情况下，自上而下的管理系统非常有效。但是三星没能进行跨领域的整合，如像苹果那样把软件、硬件和云服务系统整合到一起。相反，它仍然依靠谷歌这样的外部供应商，并且受到小米这样能够以更低的成本采取相同策略企业的挑战。

第二个大问题是，如何建立一个能够给学生带来有用技能的教育和培训系统。毫无疑问，中国的教育正在快速扩张（Witt and Redding，2014a）。与此同时，韩国的教育也提示我们，更高的教育普及率并不意味着更多的有用教育。中国的特点是，私营部门（大部分的经济增长由此带动）的员工任职时间更短，这也使得企业更难进行广泛的内部培训。

对中国和未来研究的启发

本章从国家商业体系方面的研究出发（Whitley，1999；Hall and Soskice，2001；Witt and Redding，2014b）认为，有多种方法可以获得良好的制度，从而成为富裕的国家。基于以往的文献，本章构建了能够区分目前经济运行中的核心制度的模型。通过这一模型，我们认为中国目前的商业体系和韩国 1980 年左右的情况非常相似。考虑到制度发展过程中的路径依赖，韩国的例子能够在以下方面提供重要的借鉴：中国未来经济发展可能的制度轨迹，将要面对的诸多挑战，以及成为一个真正富裕的国家所面临的机遇——不过目前来看这种机遇似乎只是中等的。

中国继续发展的关键问题是如何提高治理的质量，特别是如何建立制度化信任。

对中国来说这是最具争议的问题。历史的先例表明了民主制度的重要性，但是至少在目前来看，在可预见的未来中国并不会向这方面发展。然而历史总是充满了不确定的结果，特定的执政理念或许会带来相反的结果（参见 Buckley, 2015）。不过这种模式通常都有例外，并且这些例外也可以是非常有益的。尽管我们意识到社会资本对于国家的发展非常重要，但是对如何发展它还知之甚少——特别是在制度方面。

其次，假如制度化信任有某些特定的等效物（例如，不同的社会技术的组合具有相同的竞争力），那么什么样的社会技术组合能够带来好的经济效果呢？又存在什么样的有效替代物呢？

之前提到的德国和美国的例子说明了提出这一问题的目的。德国和美国的经济结构非常不同，但都创造出了大致相同的人均财富。尽管乍看之下可能并不明显，2013 年的人均 GDP，根据 2005 年价格和购买力平价，德国是 357 245 美元，而美国是 45 665 美元（OECD, 2015）。然而，为了准确地获得潜在制度结构的绩效，需要进行一些必要的修正。例如，美国在 2013 年的平均工作时间比德国多 400 个小时。空闲时间同样也有价值，如果把德国假期的机会成本和较短的工作时间也考虑进来的话，两国的 GDP 水平大致是相同的。

因此，中国面临的问题就是如何复制先进工业化国家的结构。或者说，如何在路径依赖的限制下发展出一个能够带来高经济水平的结构。遵循韩国的发展路径似乎是最可能的选择，但是一些细微的、有意识的改变可能会产生重要的影响。

再次，地域差异在发展这种功能替代品的时候扮演着什么样的角色？现代中国的一个特点是在发展新的可行制度时会进行试点（Xu，2011）。这一过程还将继续，例如新设立的中国（上海）自由贸易试验区（虽然仍有待改进）。鉴于财富和有限政府之间的关系，一个有趣的问题是，在进行与经济相挂钩的政治体制改革的时候实验是否也有一定的作用。中国共产党在一定程度上会考虑这种实验，但问题是如何一方面能够放手和不干预治理实验，另一方面又能够保证最终不会失控？

最后，在制度错位的整体系统中，微观的参与者——个体和企业——需要怎么做来保持自己的灵活性（参见 Witt and Lewin，2007）？换句话说，这些参与者如何能够创造出与整体制度环境不同的、适合自己发展的环境呢？例如，韩国的财阀采取的方式是让员工的任职时间高于韩国的平均水平，从而让他们能够对员工进行有用技能的培训。区域试点也允许与中国的一般规范有类似的偏差。了解在什么样的局部冲突事件中企业会设法解决中国商业体系的缺陷以及如何做到非常重要。更好地理解这些问题，不仅对中国的经济提供了宝贵见解，而且也有利于在商业体系上和企业在社会技术方面的本地化嵌入上发展出更好的理论。

参考文献

Amable, Bruno 2003. *The Diversity of Modern Capitalism*. Oxford, UK：Oxford University Press.

Amsden, Alice H. 1989. *Asia's Next Giant：South Korea and Late Industrialization*. Oxford, UK：Oxford University Press.

Beinhocker, Eric D. 2005. *The Origin of Wealth：Evolution, Complexity, and the Radical Remaking of Economics*. London：Random House.

Buckley, Chris. 2015. *Q. and A.：David Shambaugh on the Risks to Chinese Communist Rule*. Accessed on 15 March 2015. Available from http://sinosphere.blogs.nytimes.com/2015/03/15/q-and-a-david-shambaugh-on-the-risks-to-chinese-communist-rule/?_r=0.

Eckert, Carter J. , Ki-baik Lee, Young Ick Lew, Michael Robinson, and Edward W. Wagner. 1990. *Korea Old and New: A History*. Korea Institute, Harvard University Cambridge, MA.

Economist Intelligence Unit. 2014. Democracy Index 2014: Democracy and Its Discontents. London.

Eichengreen, Barry, Donghyun Park, and Kwanho Shin. 2013. Growth Slowdowns Redux: New Evidence on the Middle-Income Trap: National Bureau of Economic Research.

Eichenwald, Kurt. 2014. *The Great Smartphone War*. Accessed on 20 May 2014. Available from http://www.vanityfair.com/news/business/2014/06/apple-samsung-smartphone-patent-war.

Elvin, M. 1972. The High Level Equilibrium Trap: The Causes of the Decline of Invention in the Traditional Chinese Textile Industries. In *Economic Organization in Chinese Society*, edited by W. E. Willmott. Stanford, CA: Stanford University Press.

Fairbank, John King, Edwin O. Reischauer, and Alexander M. Craig. 1965. *East Asia: The Modern Transformation*. Boston: Houghton Mifflin.

Hall, Peter A. , and David Soskice. 2001. An Introduction to Varieties of Capitalism. In *Varieties of Capitalism: The Institutional Foundations of Comparative Advantage*, edited by P. A. Hall and D. Soskice. Oxford, UK: Oxford University Press.

International Trade Union Confederation. 2014. Ituc Global Rights Index. Brussels: ITUC.

Jones, Eric Lionel. 1981. *The European Miracle: Environments, Economies, and Geopolitics in the History of Europe and Asia*. Cambridge, UK: Cambridge University Press.

Kim, Eun Mee. 1997. *Big Business, Strong State: Collusion and Conflict in South Korean Development*, 1960-1990. Albany, NY: State University of New York Press.

Li, Peter Ping, and Gordon Redding. 2014. Social Capital in Asia: Its Dual Nature and Function. In *The Oxford Handbook of Asian Business Systems*, edited by M. A. Witt and G. Redding. Oxford, UK: Oxford University Press.

Moore, Barrington. 1966. *Social Origins of Dictatorship and Democracy: Lord and Peasant in the Making of the Modern World*. Vol. 268. Boston: Beacon Press.

Needham, Joseph. 1965. *Science & Civilization in China*. Vol. IV: 2. Cambridge, UK: Cambridge University Press.

North, Douglass Cecil. 1990. *Institutions, Institutional Change and Economic Performance*. edited by J. E. Alt and D. C. North, *Political Economy of Institutions and Decisions*. Cambridge,

UK：Cambridge University Press.

OECD. 2015. *OECD. Stat*. Accessed on 12 March 2015. Available from http：//stats. oecd. org.

Pye, Lucian W. 1985. *Asian Power and Politics*. Cambridge，MA：Belknap Press.

Redding, Gordon. 2005. The Thick Description and Comparison of Societal Systems of Capitalism. *Journal of International Business Studies* 36（2）：123-155.

Redding, Gordon, and Michael A. Witt. 2006. The "Tray of Loose Sand"：A Thick Description of the State-Owned Enterprise Sector of China Seen as a Business System. *Asian Business & Management* 5（1）：87-112.

Redding, Gordon, and Michael A. Witt. 2007. *The Future of Chinese Capitalism：Choices and Chances*. Oxford, UK：Oxford University Press.

Redding, Gordon, and Michael A. Witt. 2009. China's Business System and Its Future Trajectory. *Asia Pacific Journal of Management* 26（3）：381-399.

Schmidt, Vivien A. 2002. *The Futures of European Capitalism*. Oxford, UK：Oxford University Press.

Streeck, Wolfgang. 1996. Lean Production in the German Automobile Industry：A Test Case for Convergence Theory. In *National Diversity and Global Capitalism*, edited by S. Berger and R. P. Dore. Ithaca, NY：Cornell University Press.

Wade, Robert. 1990. *Governing the Market：Economic Theory and the Role of Government in East Asian Industrialization*. Princeton, NJ：Princeton University Press.

Whitley, Richard. 1992. *Business Systems in East Asia：Firms, Markets and Societies*. London：Sage Publications.

Whitley, Richard. 1999. *Divergent Capitalisms：The Social Structuring and Change of Business Systems*. Oxford, UK：Oxford University Press.

Witt, Michael A. 2006. *Changing Japanese Capitalism：Societal Coordination and Institutional Adjustment*. Cambridge, UK：Cambridge University Press.

Witt, Michael A. 2014. South Korea：Plutocratic State-Led Capitalism Reconfiguring. In *The Oxford Handbook of Asian Business Systems*, edited by M. A. Witt and G. Redding. Oxford, UK：Oxford University Press.

Witt, Michael A., and Arie Y. Lewin. 2007. Outward Foreign Direct Investment as Escape Response to Home Country Institutional Constraints. *Journal of International Business Studies* 38

(4):579-594.

Witt, Michael A., and Gordon Redding. 2009. Culture, Meaning, and Institutions: Executive Rationale in Germany and Japan. *Journal of International Business Studies* 40 (5):859-895.

Witt, Michael A. 2013. Asian Business Systems: Institutional Comparison, Clusters and Implications for Varieties of Capitalism and Business Systems Theory. *Socio-Economic Review* 11 (2): 265-300.

Witt, Michael A. 2014a. China: Authoritarian Capitalism. In *The Oxford Handbook of Asian Business Systems*, edited by M. A. Witt and G. Redding. Oxford, UK: Oxford University Press.

Witt, Michael A. 2014b. *The Oxford Handbook of Asian Business Systems*. Oxford, UK: Oxford University Press.

Witt, Michael A., and Günter K. Stahl 2015. Foundations of Responsible Leadership: Asian Versus Western Executive Responsibility Orientations Toward Key Stakeholders. *Journal of Business Ethics*. Available from 10.1007/s10551-014-2534-8.

Woo-Cumings, Meredith 1999. *The Developmental State*. Ithaca, NY: Cornell University Press.

Xu, Chenggang 2011. The Fundamental Institutions of China's Reforms and Development. *Journal of Economic Literature* 49 (4):1076-1151.

| 第 5 章

中国产业的创新和技术专业化与中等收入陷阱

Keun Lee

翻译：刘圣明

摘要： 本章从创新能力的角度，特别根据短循环或长循环周期的行业中的技术专业化能力，探讨中国落入中等收入陷阱的可能性。文章的结论是中国已经变得更具创新性并与其他中等收入国家不同。因此，至少从创新能力上看，中国不太可能落入中等收入陷阱。从技术专业化上来看，中国通过不断向短技术循环周期的行业转型而通过了"技术拐点"。Lee（2013a）认为，中国大陆在 20 世纪 90 年代中后期通过了这一转折点，比韩国和中国台湾大概晚了 10—15 年。下一个问题是中国会在什么时候经历第二次技术拐点从而回到长技术循环周期的行业。从相似的例子如韩国来看，第二次转折点会在 21 世纪初到来。我们能够看到像中国这样庞大的经济体能够在不久的将来形成一个更加平衡的技术专业化模式。

引 言

中等收入陷阱指的是中等收入的国家在从低工资的制造者到高工资的创造者的发展过程中面对的经济增长停滞，其原因是过高的工资无法与低工资的出口商竞争，同时过低的科技能力也无法与先进国家竞争（Lin，2012a；Williamson，2012；Yusuf and Nabeshima，2009；World Bank，2010，2012）。并不是特定的国家才会面对中等收入陷阱，全球很多国家都会与中等收入陷阱相关联。世界银行（2012）发布的中国报告对比了一些国家（与美国相比）在1960年和2008年的收入水平。这一分析显示至少有30%的国家落入中等收入陷阱。具体来看，中等收入国家或者收入水平为美国的20%—30%的国家收入增长明显减慢。

随着中国经济的不断发展，当人均收入达到美国的30%时，就会与其他类似的中等收入的发展中国家一样，面临落入中等收入陷阱的风险（Lee，2013a）。一些国家达到了中等收入水平但最后没能发展到高收入的状态，如拉美地区的巴西和阿根廷，这两个国家的增长分别停留在20世纪80年代和90年代的水平（Lee and Kim，2009，Table 1）。

有很多标准来判断落入中等收入陷阱的可能性，但困难是如何选择一个有效的评价标准。因此，Aiyar等（2013）对中等收入陷阱的成因很感兴趣并且探究了很多可能的影响因素，例如：人口特性；制度；工业和贸易结构，包括多样性、基础设施建设和宏观金融的发展。他们分别检测了每个影响因素是否只与中等收入的国家相关。一方面，过去的文献发现政治制度方面的变量，如民主制度和法律制度，对总体上的经济发展或者对低收入的国家很重要，但是对中等收入国家却没有显著影响（Huang et al.，2013；Aiyar et al.，2013；Lee and Kim，2009）。另一方面，基础设施建设或者投资对中等收入国家的经济发展有显著影响（Aiyar et al.，2013）。但是中国已经在基础设施建设上进行了大量投资，并且已经免受缺乏基础设施建设带来的不利影响。因此，基础设施建设将不会成为一个有趣的或者有价值的衡量中国中等收入陷阱的指标。

本研究将把创新作为评价中国落入中等收入陷阱可能性的指标。创新是影响中等收入国家经济增长的重要因素，并且与中国特别相关，但是对于中国是否已经克服了这种限制的证据却并不一致（Lee and Kim，2009；Eichegreen et al.，2013；Lee et al.，2013；Sylwester，2000；Jin and Lee，2013；Lee，

2013a）。本章重点关注中国大陆技术专业化模式的产生，并且探讨中国大陆是否已经转移到技术循环周期短的行业，而这些行业在过去拉动了韩国和中国台湾的增长（Lee，2013a）。

接下来的部分将探讨创新是否能成为衡量中等收入陷阱的有效指标。随后，第三、第四部分讨论了中国产业的创新能力和技术专业化。最后的第五部分进行了总结。

为什么创新是衡量中国落入中等收入陷阱的指标？

这种创新的标准与中等收入陷阱原始表达的内容最为相关，因为大量的研究认为，中等收入陷阱是中等收入国家在从低工资的制造者向高工资的创新者转变的过程中产生的，它们过高的工资无法与出口国竞争，同时过低的技术能力也无法与发达国家竞争（Lin，2012a；Williamson，2012；Yusuf and Nabeshima，2009；World Bank，2010，2012）。换句话说，中等收入陷阱现象是因为创新能力不足导致的增长停滞。

同时，当国家被分为不同收入等级时，只有创新和高等教育对于中等收入以上和高收入国家重要，而政治制度和基础教育对于低收入和中等收入以下的国家重要（Lee and Kim，2009）。Eichengreen 等（2013）也发现了人力资本和创新对中等收入国家的重要性，特别是高等教育。考虑到中国目前已经是中等收入以上的国家，高等教育和创新的评价标准同样适用于中国。

世界银行（2005：11）的一份关于 20 世纪 90 年代 10 年间改革的报告也观察到一些增长导向的措施，如技术进步和鼓励冒险对于快速的积累是必不可少的，同时报告也承认科技创新是大部分国家，特别是拉丁美洲的中等收入国家经济增长最重要的瓶颈之一。Lee 和 Mathews（2010）也对比了东亚国家的发展经验以及"华盛顿共识"的内容，他们认为共识带来的不一样的结果与缺乏或忽视技术创新政策及高等教育改革有关。

研发占 GDP 的比率是衡量一个国家创新能力的简单标准。尽管我们可能认为收入水平和研发/GDP比率之间会有正向关系，但是这一比率在中等收入国家会突然变得平滑（Lee，2013b），对人均收入在1 000美元到10 000美元之间的国家也是如此。换句话说，在这些国家，研发占GDP的比率并不随着人均收入的增加而增加，这表明这种平滑的关系是造成中等收入陷阱的根源，这种情况就像Lee（2013a）在同一张表中所展示的那样。

通过检验国家申请美国专利的数量也可以得出相同的结论。20世纪80年代早期，韩国的收入水平与巴西和阿根廷的相似，韩国申请的美国专利数量大约是50件，与其他的中等收入国家如巴西和阿根廷相差不大（Lee and Kim，2009；Table 1）。20世纪80年代和90年代，韩国的收入水平保持不变，但是专利申请数量快速增长到其他中等收入国家平均水平的10倍。2000年，韩国和中国台湾已经有大约5 000件美国专利申请，而其他中等或者低收入的国家，包括巴西和阿根廷，却少于每年500件（Lee and Kim，2009）。换句话说，相对成功的亚洲经济体和相对不太成功的拉美经济体之间的差异（或者这两类国家相反的财富水平）能够归结为对长期增长潜能，特别是创新能力的重视程度（Lee and Kim，2009；Lee，2013a）。

中国的创新能力

如前面部分所示，评价一个国家能否有能力跨过中等收入陷阱，取决于其是否注重高等教育，并以此为基础具备足够的创新能力去获得一定的科技水平。总体而言，我们对这一问题的回答是，中国似乎表现得很好。

在这方面，以往文献提到了中国大陆产业和企业在提高技术能力及推动产业发展方面的一些独特之处。Lee等（2011；2013）提到中国大陆的独特之处包括三个部分：（1）向FDI企业学习以促进本国企业的发展；（2）强调"正向工程"（forward engineering）（大学衍生出来的企业所发挥的功能），这与韩国和中国台湾的情况是相反的；（3）通过国际并购获得技术和品牌。这三个部分可以看作"北京模式"的组成，因为韩国和中国台湾没有采取这样的措施（Lee et al., 2011）。

尽管以上部分定性地分析了中国在技术学习和升级方面的成功，但接下来的部分将更多地谈到定量的分析。

我们可以考虑研发占 GDP 的百分比率，这是衡量一个国家创新能力的基本方法。Lee（2010）发现中国在 2000 年加大了研发的投入，使得研发/GDP 比率超过了 1% 的门槛，这比大多数拉丁美洲的国家要早很多。研发上的投入占总 GDP 的百分比也被称为研发强度（intensity），中国的这一比率从 1995 年的 0.6% 翻了一倍多达到 2003 年的 1.3%。进入 21 世纪后这一增长又提速了，到目前为止已经接近 2%。事实上，中国如此高的研发/GDP 比率在中等收入国家中也是独树一帜的。

因为在研发方面的大量投资，中国的专利数量也在急速增长。国内创新专利的平均增长率也在不断提高，从早期大约 17% 提高到后期的 49%（Lee, 2000, Table 4），专利注册数量也从 2000 年的约 5 000 件增长到 21 世纪初期的 20 000 多件。海外（特别是美国）的专利申请数量同样提高了。2010 年，中国提交的美国专利数量超过了 2 500 件，远高于其他中等收入国家提交的美国专利数量（少于每年 300 件专利）（见表 5.1）。从专利增长率来看，中国在 21 世纪初期排名第一，而在 20 世纪 90 年代时是由韩国主导的。

表 5.1　不同国家（地区）美国专利的授予数量，1981—2010

国家(地区)	1981	1985	1990	1995	2000	2005	2008	2009	2010
美国	39 218	39 556	47 391	55 739	85 068	74 637	77 502	82 382	107 792
日本	8 389	12 746	19 525	21 764	31 295	30 341	33 682	35 501	44 814
德国	6 304	6 718	7 614	6 600	10 235	9 011	8 914	9 000	12 363
中国台湾	80	174	732	1 620	4 667	5 118	6 339	6 642	8 238
韩国	17	41	225	1 161	3 314	4 352	7 548	8 762	11 671
中国大陆	2	1	47	62	119	402	1 225	1 655	2 657
印度	6	10	23	37	131	384	634	679	1 098
巴西	23	30	41	63	98	77	101	103	175
马来西亚	1	3	3	7	42	88	152	158	202

资料来源：USPTO. Table 8-3 of Lee (2013)。

另一个重要的比较指标是中国大陆是否达到了日本、韩国和中国台湾在过去实现的三个重要的技术赶超（Lee and Kim，2000）：（1）是否本国人申请的国内专利数量超过了外国人的申请数量；（2）是否常规的发明专利超过了实用型专利（小专利）。（3）是否企业的专利超过了个人创新专利。Lee（2010）强调在 21 世纪初期的时候，这三种赶超在中国都将会发生。从中国国内的专利申请数量上看，国内创新者在 2003 年的时候提交了 50 000 多份专利申请，已经超过了外国人的申请数量。2004 年，常规创新专利数量超过了实用新型专利数量。2007 年，企业申请专利数量超过了个人申请数量，这也表明企业创新的重要性在不断提高。然而这些成就来源于中国国内的专利申请，中国的 USPTO 专利数量中的很大一部分是由国外控制的，这也是中国必须努力改进的地方。

中国的技术专业化

最后让我们重新回到技术专业化，这可能是衡量中国技术力量的最重要的指标。根据 Lee（2013a）的研究，技术专业化对于中等收入国家更为重要，而传统的贸易基础的专业化以及资源基础的要素密集度与低收入到中等收入的国家更为相关。

技术专业化能够通过国家专利组合（patent portfolio）显示的技术循环时间（cycle time of technologies）来衡量。循环时间指的是技术发生变化或者被淘汰的速度，以及新技术产生的速度和频率（Lee，2013a；Park and Lee，2006）。一个短循环的科技产业较少地依赖于现存技术，因此能够利用更多新技术带来的机会。Lee（2013a）认为有资格的后来者聚焦在短循环的技术行业中有非常大的优势，因为短循环技术行业的领导者经常更替而且新技术总会带来新的机会。对现有技术的依赖少意味着低进入壁垒、与技术先进国家较少的冲突而带来的高利润率、极少的版权费用、具备首发或先发优势或产品差异性（Lee，2013a）。①

因此，结合林毅夫（2015；2012）"增长认同和促进"（growth identification and facilitation）框架的新结构经济学，技术专业化的想法可能为发展中国家的经济增长提供一个综合性的政策框架。林毅夫（本书第 2 章）建议后来者仔细观察那些发展水平稍微在它们前面的国家，然后选择那些国家的成熟产业作为发挥它们潜在竞争优势的地方。尽管这样的建议对于发展中国家选择发展行业是有效的和有实践价值的指导，特别是在低收入阶段，但是技术专业化的思路可能对中等收入以上的国家更有用。换句话说，发展中国家在它们前面国家的成熟产业上取得成功之后，也应当进入短技术循环的行业或者冒风险进入新兴行业。当然，进入短循环的行业的整个过程应当是循序渐进的。因此，问题的关键就是要想获得持续的增长不能只是进入成熟的行业（这些对后入者来说仍然是新的），同时也应当跳入那些对发达国家和发展中国家来说都是新的行业的行业。

韩国科技的发展就源于对短循环行业的不断专业化。20 世纪 60 年代，韩国经济的发展开始于劳动力密集型行业（长循环），例如服装和制鞋行业。20 世纪 70 年代到 80 年代，韩国经济转移到中短循环的低端电子消费产品和汽车组装行业，接下来自 80 年代开始更多地转移到短循环的电子通信设备（电话开关）行业，然后在 90 年代进一步发展到存储器、手机和数字电视行业。韩国工业不断地向更短循环的行业转移并且因此实现了技术的多样化。

图 5.1 展示了通过计算韩国和中国台湾共同的美国专利数量以及中国大陆的美国专利数量得出的在技术循环时间上的实际趋势。纵轴的数字代表经济体持有的专利的平均循环时间，Jaffe 和 Trajtenberg（2002）将其定义为平均反向引用（mean backward citation），即从专利获得申请或者许可到开始被其他专利

---

① 当然，技术体制的特征也应当纳入考虑范围，例如，尽管企业软件是一个循环周期短的技术，但是它涉及更高的关系能力和前期积累，因此使得后来者比较难以进入。

引用的时间。例如，纵轴上的数字8代表的是专利平均循环时间是8年，例如韩国和中国台湾平均会引用已经获得专利权8年的专利。自20世纪80年代中期开始，这两个经济体都朝着短循环的技术踏上了经济发展之路。因此韩国和中国台湾的平均专利循环不断变短，90年代后期达到了6—7年。这一过程要比欧洲G5国家①80年代后9—10年的平均专利循环短2—3年。最后，韩国和中国台湾拥有了与发达国家完全不同的专利组合（Lee，2013a）。因此，我们认为80年代中期是中国台湾和韩国从中等收入阶段向上持续赶超的重要转折点。在这一时期，中国台湾和韩国达到了中等收入水平：韩国的人均GDP达到了美国的25%，韩国和中国台湾以研发/GDP比率年均超过1%的速度加大对研发的投资。因此，当这些国家和地区果断地开始朝着更加技术型的经济增长的时候，它们的技术循环也在朝着更短的方向发展，例如多种多样的IT产品。

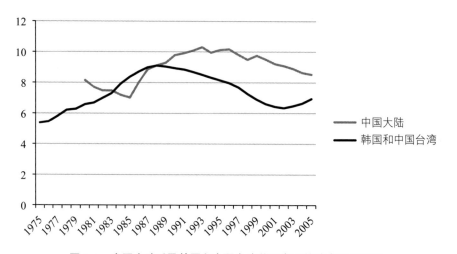

图5.1　中国大陆以及韩国和中国台湾美国专利的技术循环周期

注：技术循环周期是根据平均反向引用计算而得，即从专利获得申请或者许可的年份到开始被其他专利引用的年份之间的时间（Jaffe and Trajtenberg，2002）。

资料来源：根据Lee（2013a）的方法进行计算。

---

① 即法国、德国、意大利、英国和西班牙。——审校者注

但是，当它们实现技术追赶之后，便开始朝着专业化不断成熟的阶段发展了。事实上，图5.1显示只有在21世纪，当韩国和中国台湾成为更加成熟的经济体时，它们的技术才开始朝着相反的长循环开始发展。Lee（2013a）把这种在追赶阶段技术聚焦在短循环的战略称为"绕道"策略，因为发展中国家或地区不能直接和立即复制发达国家或地区专攻长循环技术的道路。取而代之的是，能够成功追赶的国家或地区在开始的时候都朝着相反的短循环的技术转让。但是随着国家或地区达到技术成熟之后（像很多国家或地区在21世纪早期那样），这种成功才允许它们发展长循环的科技，例如生物医疗或者制药行业。

因此，衡量一个国家或地区是否超过中等收入阶段的一个有趣的标准是看它是否达到了这种"技术拐点"，并且已经从技术循环时间曲线中的长周期向短周期转移。图5.1是根据Lee（2013a）的研究绘制的，该图显示中国已经在20世纪90年代中期跨过了这一转折点，比韩国大约晚了10—15年。中国大陆在美国专利中排名前30位的技术（Lee，2013a，Table 8-4）和韩国及中国台湾1980—1995年的情况相似。中国大陆拥有半导体、信息存储、电子通信、电子照明、电子加热、X-射线以及电脑硬件和软件方面的数项专利。中国大陆技术2000—2005年的加权平均循环时间为8.07年，相比同时期巴西和阿根廷的平均9.26年更加接近韩国/中国台湾1980—1995年的平均水平7.69年（Lee，2013a）。

总而言之，中国拥有短技术循环时间的美国专利以及在20世纪90年代后期达到的技术拐点能够被视为国家创新的证据。Jin、Lee和Kim（2008）以及Jin和Lee（2013）也表示，中国经济增长的动力也从FDI、非国有化、出口贸易转向创新和出口贸易。跨省分析显示，出口贸易、FDI和国有产业比重的下降在早期是经济增长的重要动力，而知识和创新在现阶段变得更加重要，在传统的政策变量中，出口所占的份额依然很显著，但是外资和国家所有制对经济增长已经没有显著影响了。

结 语

本章从创新能力的角度探讨了中国落入中等收入陷阱的可能性,特别是对其在短循环或长循环行业中的技术专业化进行了分析。本章的结论是,中国已经不断变得更具创新性,并且因此与其他中等收入国家拉开了差距。至少从创新的角度看,中国不太可能落入中等收入陷阱。从技术专业化上看,中国通过向短循环的科技转移已经通过了"技术拐点"。Lee(2013a)表明,中国大陆在20世纪90年代中后期已经通过了这种转折点,比韩国和中国台湾晚了大概10—15年。

接下来的问题是中国什么时候会通过第二个技术拐点回到长循环的行业。以较小的经济体如韩国为例,第二个拐点在21世纪早期到来。我们可以期待像中国这样的庞大经济体在早期阶段能够展现更加平衡的技术专业化,或者说是在第一次拐点之后经历更短的阶段到达第二个拐点。可以通过不断更新中国专利数量的平均循环时间来证实这些观点。如果我们发现中国专利的平均循环时间正在向更长的趋势发展,例如生物医疗行业专利数量的增长,这可能是中国技术专业化第二次拐点到来的信号。目前的一些信号表明这种转变确实正在进行,我们也见证了不同的领域正涌现出一批成功的企业,包括生物技术行业的华大基因公司。由于长循环的行业需要较长的时间获得回报,因此需要一个与传统的以供给导向为目标的政策途径所不同的政策途径。这一问题可以成为未来继续研究的内容。

参考文献

Aiyar Shekhar, Romain Duval, Damien Puy, Yiqun Wu, Longmei Zhang 2013. Growth Slowdowns and the Middle-Income Trap. IMF Working Paper, 71, Washington, D. C.

Eichengreen Barry, Donghyun Park, Kwanho Shin 2013. Growth Slowdowns Redux: New Evidence on the Middle-Income Trap. NBER Working Paper, No. 18673, Issued in January 2013

Huang Yiping, Gou Qin, Wang Xun 2013. Institutions and the Middle-income Trap: Implications of Cross-country Experiences for China. Paper at the International Conference on the Inequality and the Middle-income Trap in China, hosted by the CCER of the Peking University.

Jaffe, Adam B., M. Trajtenberg 2002. *Patents, Citations, and Innovations: A Window on the Knowledge Economy*. Cambridge, MA: MIT Press.

Jin, Furong, Keun Lee 2013. Growth-Inequality Nexus in China: Lewis and Kuznets Hypotheses. A Paper Presented at the International Conference on the Inequality and the Middle-income Trap in China, hosted by the CCER of the Peking University.

Jin, Furong, Keun Lee, Y. Kim 2008. Changing Engines of Growth in China: From Exports, FDI and Marketization to Innovation and Exports. *China and World Economy*, 16(2): 31-49.

Lee, Keun 2010. Thirty Years of Catch-up in China, Compared with Korea. In: Ho-Mao Wu and Yang Yao (eds.) *Reform and Development in New Thinking in Industrial Policy China*, pp. 224-242. New York: Routledge.

Lee, Keun 2013a. *Schumpeterian Analysis of Economic Catch-up: Knowledge, Path Creation, and the Middle-income Trap*. Cambridge: Cambridge University Press.

Lee, Keun 2013b. Capability Failure and Industrial Policy to Move beyond the Middle-income Trap: From Trade-based to Technologybased Specialization, in J. Stiglitz and J. Lin (eds.) *Industrial Policy Revolution* I (New York: Palgrav MacMillan).

Lee, Keun, B. Y. Kim 2009. Both Institutions and Policies Matter but Differently at Different Income Groups of Countries: Determinants of Long Run Economic Growth Revisited. *World Development*, 37 (3): 533-549.

Lee, Keun, Y. K. Kim 2010. IPR and Technological Catch-up in Korea. Hiroyuki Odagiri, Akira Goto, Atsushi Sunami, Richard R. Nelson (eds.) pp. 133-162, *Intellectual Property Rights, Development, and Catch Up*. Oxford: Oxford University Press.

Lee, Keun, John Mathews 2010. From the Washington Consensus to the Best Consensus for World Development. *Asian-Pacific Economic Literature*, 24 (1): 86-103.

Lee, Keun, M. Jee, J. H. Eun 2011. Assessing China's Economic Catch-up at the Firm Level and Beyond: Washington Consensus, East Asian Consensus and the Beijing Model. *Industry and Innovation*, 18 (5): 487-507.

Lee, Keun, B. Y. Kim, Y. Y. Park, E. Sanidas 2013. Big Businesses and Economic Growth Identifying a Binding Constraint for Growth with Country Panel Analysis. *Journal of Comparative Economics*, 41 (2): 561-582.

Lin, Justin Yifu. 2016. New Structural Economics: The Third Wave of Development Thinking and the Future of the Chinese Economy, a chapter in this volume.

Lin, Justin Yifu 2012a. *The Quest for Prosperity: How Developing Economies can Take Off*. Princeton: Princeton University Press.

Sylwester K. 2000. Income Inequality, Education Expenditures, and Growth. *Journal of Development Economics*, 63: 379-398.

World Bank 2010. Exploring the Middle-income-trap. World Bank East Asia Pacific Economic Update: Robust Recovery, *Rising Risks*, 2, Washington, D. C.: World Bank.

World Bank 2012. China 2030: Building a Modern, Harmonious, and Creative High-Income Society. Washington, D. C.: World Bank.

World Bank 2005, Economic Growth in the 1990s: Learning from a Decade of Reform. Washington D. C.: World Bank.

Yusuf S., Nabeshima K. 2009. Can Malaysia Escape Middle Income Trap? A Strategy for Penang. Policy Research Working Paper 4971, Washington, D. C.: World Bank.

第 6 章
中国的政治经济和基于技术创新增长的前景展望

Douglas Fuller

翻译：陈力凡

摘要：本章认为，一些曾经推动中国摆脱贫困的制度如今却成了未来科技及经济发展的主要障碍。两个主要障碍分别是：中国极度金融抑制的体系支持着大型国有企业以及给予地方政府官员的激励。与此同时，中国还没有创建出一个良好运行的手段，即通过风险投资为科技创业筹借资金。尽管存在这些制度上的障碍，中国依然可以凭借其优势取得进一步的发展，诸如巨量的人力资本，以及更具争议的是，某些企业已经与一些驻外机构建立联系，旨在克服中国金融机构存在的缺陷。对于未来的研究及政策，本章提出了两种启发式方案，从而对中国企业及国家政策进行分析：（1）不同的资本成本面对不同类型的中国企业；（2）国家在塑造众多国内市场中所扮演的角色。我们讨论的这些启发式方案为未来的研究指引了方向，而且都具有具体的政策含义。

引 言

本章将探讨中国国家创新体系（NIS），同时否定关于这一术语的多个假设。正如 Niosi（2002）所指出的，各种制度虽然存在且对现有国家创新体系起着一定的作用，但这并不意味着这些制度所起的作用像很多涉及国家创新体系的文章中假设的那样富有成效。事实上，这些制度成了自己的阻碍。在 x-无效制度乃至 x-有效制度的背后是政治（Samuels and Keller, 2003）。与对国家创新体系的批评一致，本章将对中国发展轨迹背后体现出的政治经济，以及其与中国技术发展轨迹之间的关系展开广泛的调查。本章的主要观点是，这种政治安排导致中国上升到中等收入国家地位，但给中国未来的技术和经济发展造成了挑战甚至完全成为障碍。

本章的内容如下：第一部分，将回顾中国从一个贫困国家发展到中等收入国家所做出的正确选择。第二部分，将对一些经证明对中国发展成为中等收入国家有益的关键政策进行分析，分析这些原本有效的政策是如何成为中国未来发展的阻碍的。第三部分将分析中国采取政策促进技术发展的其他体制及结构性障碍，而这些技术发展对中国成为中等收入国家是必要的。第四部分则对中国发展前景持乐观态度的原因进行分析。最后一部分将提出两点启发，有助于学者分析中国的发展和中国企业的绩效，即不同类型的中国企业之间资本成本的差别，以及在塑造市场方面国家所扮演的角色。

中国过去成功地成为中等收入国家的关键

中国过去的成功很大程度上依靠的是劳动力因素。在超过 30 年的改革中，大量未充分就业的农民①开始从事生产力更高的非农业工作，通常来说是手工业。这种从农村向外的迁移被认为是人类史上最伟大的移民，但比他们迁移到哪里更重要的是他们将从事什么样的工作。从 1978 年到 2005 年，农业人口从占中国总劳动力的 70.5% 下降到 44.8%（Cai et al., 2008），即便从改革之初至 2000 年，总人口已增长超过 2.5 亿（Wang and Mason, 2008）。此外，相对

---

① 在这里，我们使用的农民（farmers）一词是作为一个中性词，因为许多妇女过去、现在仍在从事农业工作。

于消费者而言，劳动年龄人口的大量增长（受赡养者与生产者）使得"人口红利"出现，并且在1982年至2000年间，每年以1.28%的速度在增长；2000年到2013年间每年以0.28%的速度在增长（Wang and Mason，2008）。

随着劳动力人口从农场迁移到工厂的热情越来越高涨，劳动年龄人口数量的提升对国家和社会的教育提供了极大的保障，而教育对劳动人口人力资本的提升起着举足轻重的作用。在中国，18岁到22岁人群中，受过大学教育的比例在1991年到2006年间上升了3.8%（Simon and Cao，2009）。2012年，这一数字上升至27%。从大学生总数来看，高等教育入学人数从1980年的100万攀升至2007年的1 900万（Simon and Cao，2009）。然而，业内人士如北京大学教授郑也夫（2013）和局外人（参见 Abrami et al.，2014）都对中国大学生的素质提出质疑，不过这样的增长仍然很震撼，让其他的发展中大国，比如印度，黯然失色（Bardhan，2010）。

在政策方面，中国自1978年以来做出了一系列明智的决策。首先，逐渐地而非迅猛或激进地对体制进行了全面改革，避免了短期内大量不稳定的需求缺口（这可能导致更大的体制问题）。循序渐进的发展也可以让政府逐个解决突出的问题，比如20世纪90年代的国有企业改革，并没有在改革过程中遇到其他很多紧迫的经济问题（Rodrik，2011）。循序渐进实施政策达到的效果与政策选择的效果是一样的，在改革最初的几十年中，在这些领域循序渐进的方法对中国的发展起到了积极的作用，就像双轨制价格改革让中国的发展摆脱了计划经济，而不是在没有采取恰当的市场管理体制的情况下，破坏性地在短时间内让国家计划经济私有化（Naughton，1996；Rodrik，2011）。地方政府也颁布了一些政治和财政激励措施来促进经济发展，并且这些激励措施也许可以在产权保护方面扫除发展中的一些亟待解决的障碍。换句话说，为了鼓励地方政权伸出援助之手而非掠夺之手，这些激励措施让地方政府的利益与商业利益一致（Qian，2003；Xu，2011）。最后，国家能够克服地方保护主义，其中一些正是前面提到的地方政府激励措施的结果，并且鼓励各行业在市场中高度竞争（Brandt，Sutton and Rawski，2008）。

最关键的宏观政策是金融抑制。金融抑制一直保持着"较低的名义利率"①，并且在很多情况（包括中国的情况）下，包括为选择的实体（通常为工业企业）降低借贷成本，以及把收入从债权人手中隐性地转移到借贷人手中（Pettis，2013）。金融抑制在促进很多发展中经济体的工业化进程方面起着至关重要的作用（McKinnon，1973），包括第二次世界大战后，两个最成功的发展中经济体——中国台湾和韩国。在中国，金融抑制同样为工业制造商提供资助，让债权人（救助者）提供补贴。过去中国的工业化进程之所以发展迅速，在某种程度上正是金融抑制起的作用。中国的金融抑制与东亚邻国的关键区别是，中国的借贷方通常是国有企业。国有企业作为主要的借贷方成为一个很严重的问题，下一节将会详细阐述。

在一个对创新至关重要的领域——研发支出中，中国已经展现出了巨大的进步。从1995年到2012年，研发投入占GDP的比重几乎翻了3倍，接近2个百分点。也许，在某种程度上，这一上涨的比重也要归因于金融抑制，因为政府把大量资金投入到研发工作中（69%的研发资金），但是真正的实施则掌握在企业手中（67%的资金都是企业花费的）（Hout and Ghemawat，2010）。

转折：在中国好政策是如何成为阻碍的

金融抑制（为地方政府官员提供了地方激励措施），以及渐进对中国的发

---

① Carmen Reinhardt（2012）被引用于Pettis（2013）中；一位评论员问，是否美国联邦储备委员会（美联储）连续的量化宽松政策构成了金融抑制，答案是它并不是因为Reinhardt声明背后隐含的假设——"否则，利率会占上风"，实际上是由货币供给和货币需求决定的，即市场价格由供求关系所决定。美联储增加了货币供应，这样通过将供给增加到一个给定的需求水平来降低利率，但金融抑制的关键不同在于，美联储并没有强制要求利率应该支持一个给定的货币供给和货币需求。我必须申明，本章对于金融抑制不持有绝对的规范性的立场。金融抑制有其优点和缺陷。诀窍是什么时候使用这个工具来谋发展，以及在其煽动过多无效投资影响经济发展之前，如何摒弃对金融抑制的经济依赖，而不是帮助其发展。

展来说最终都被证明是双刃剑。这些政策都帮助中国摆脱了贫穷，同时也成为中国进一步发展的极大阻碍。这部分我们将逐一审查每项政策，然后简要分析人口变动对中国发展的阻碍。

金融抑制：大规模资产破坏的武器

中国金融抑制的问题出在政治和结构两方面。国家银行体系是中国信贷分配的主要机制，并且面向的是国有企业。人们普遍认为贷款给国有企业的体系在政治上是安全的，因为国家会负责国有企业的坏死账，就像在 21 世纪初国家在清理银行资产负债表时所扮演的角色。国家银行体系也没有足够的能力来评估私人借贷者的信用风险（Huang, 2008；Walter and Howie, 2011）。

一般来说，金融抑制在债务危机或大型债务危机后的一段时间中的表现异常薄弱，并且在信贷补贴分配不当的情况下，增长速度缓慢（Pettis, 2013）。① 拿中国来讲，由于银行体系的本质及其主要借贷者的特性，随着时间的流逝，金融抑制的有害影响已经逐渐放大。金融抑制已使国有企业在很多方面遇到的预算软约束的问题恶化，并且限制了中国私营部门的发展（Huang, 2008）。因此，主要借贷人依然是效率低下且资产一直不良的国有企业，而高效的民营企业却被正规的信贷市场排挤了出去。金融抑制的规模可以通过消费（在金融抑制下被压制）和投资（在金融抑制下被鼓励）所占的份额体现出来。与同为金融抑制下的其他国家甚至是历史上的国家相比，中国已经经历了空前低的消费水平，在非经济危机时期，消费占 GDP 的比重跌到了谷底，在 2011 年仅约为 34% 到 35%，同时伴随着高投资率。近几十年来，在发展中的经济体中，平均消费比率一般为 65% 到 70%，而全球平均整体比率为 65%（Pettis, 2013）。

---

① Pettis（2013：42）认为，在所有情况下金融抑制的后果都是不好的，但台湾方面反驳说并没有这样的后果，尽管它们追求金融抑制几十年，但并没有经历十年的低增长。然而，我们必须注意，台湾地区的金融抑制相对于与其邻近的东亚经济体来讲，是很轻微的（参见 Fields, 1995）。

在整个金融抑制时期，中国台湾和韩国也没有出现过如此低的消费水平。① 与此同时，从 2006 年到 2013 年，信贷增长了 87%，这远远超过在金融危机前的几年中各个经济体的大规模信贷增长，包括全球金融危机中的美国和英国。②

这次大规模的消费抑制及随之而来的投资补助导致了广泛的信贷分配不当和资产破坏。这次资产破坏的规模大到在过去的十年中都是令人错愕的。Pettis 和 IMF 预计每年从救助者手中转移到与国家有关的借贷者手中的财富约为 4% 到 9% （Pettis，2013；Lee et al.，2012）。关于分配不当的证据体现在那些拥有新基础设施却无人居住的"鬼城"身上，例如鄂尔多斯。

早在 21 世纪初，朱镕基总理就通过创建国家支持的资产管理公司来处理之前国有企业的累计债务，有几个原因可以解释为什么这一次这种方法并不奏效。第一，在过去 15 年中，是快速发展把中国从债务负担中解救出来的，几乎每个人都可以看出中国接下来的发展会比那个时期慢一些。第二，人们期望资产管理公司可以从这次债务缠身的状况中恢复一些价值，即帮助银行找回一些票面价值。事实上，它们根本恢复不了多少价值（Walter and Howie，2011）。第三，尽管考虑到债务规模自 2006 年开始快速增长，但当前的债务规模占 GDP 的比重也许比 21 世纪初的还要大很多。

所有这些都表明，即使中国全面停止了金融抑制，从某种程度上讲，中国这么做与其他快速发展且追求金融抑制的经济体也没有什么不同，它们都在处

---

① 甚至 Yiping Huang 等（2013：46-47）都认为对中国大陆消费的主要估计数过低，这表明自 20 世纪 90 年代初以来，中国大陆的消费水平已经明显低于中国台湾和韩国 20 世纪 60 年代到 2011 年的消费水平。

② 重要的是要注意，在全球金融危机期间，美国高水平的不良贷款很快得到控制，并没有超过 GDP 的 10%。相比之下，中国的不良贷款很可能超过 GDP 的 10%，这样的状态很可能持续十年之久，甚至是十年的数倍。中国的坏账也远远超过韩国的坏账，然后在亚洲金融危机后被迅速处理掉，而日本的坏账在其第二个"失去的十年"中仍然记录在册（Fuller，2013）。将日本第二个"失去的十年"与今天的中国相比是公平的，因为在 21 世纪初中国通过资产管理公司来承担坏账的票面价值，经历了一段时间对资产负债表的清理。然而十多年来，中国的银行已经积累了大量新的坏账。

理债务负担时经历了缓慢的发展。然而，很多企业及行业都从"大力推动工业化"中有所受益（Murphy et al.，1989），在这种主张下，普遍增长的工业投资使得金融抑制下所有工业部门的发展蓬勃高涨。逐渐放缓的金融抑制会产生适得其反的效果。虽然金融抑制是为了缓解通货紧缩，至少可以使国家所支持企业的实际利率变为正数，并且在过去两年中，存款与贷款之间的利率差异正在缩小，想到广泛的信贷分配不当已经出现，这种变化也许太小而且开始得太晚了。

地方政府为发展采取的激励措施

除了金融抑制的成本上升之外，之前有利于地方政府发展的激励措施也开始出现问题，甚至到了阻碍进一步发展的程度。从本质上讲，中国需要创建一个鼓励投资的环境，在投资状况良好的前提下，调整针对地方干部的激励措施。但是目前这些激励措施使得资源分配不当，并且从来没有真正意义上为前一轮投资的产业活动的升级提供恰当的激励措施。随着中国有可能落入中等收入陷阱，这种对升级的需求隐约变得越来越大，可是中国还没有恰当地调整其激励机制。

中央与省级政府有着长期而硬性的经济目标，比如投资规模与当地工业产量，都是地方官员评价体系中的一部分。2007年和2013年，中央政府发布了关于改革评价体系的通告，宣布该体系不再与这些硬性的经济指标挂钩，但是几乎没有证据表明这些体系有任何改变。除了干部职业晋升的激励措施之外，为了增加税收而进行的土地开发也刺激了地方政府寻求尽可能多的工业发展机会。

硬性经济目标已经成为判断地方官员绩效的重要标准（Fewsmith，2013；Tsui and Wang，2004；Cai and Treisman，2006；Yang and Wang，2008）。然而实证研究表明，之前按某一具体经济标准判断的绩效与后续复杂的职业发展之间存在整体关系①，也有大量试验性证据表明，地方干部的表现显示出了他们对待这些目标的认真态度。首要的是，如之前的研究（Zhong，2003；Whiting，2004）及本人的研究（Fuller，ms）所证实的，当地官员区分了这些目标，尤其是工业投资方面的目标的优先次序。换句话说，无论最终达成这些目标是否有助于他们的职业生涯，或者没有达成目标是否对他们的职业生涯造成不良影响，访谈和之前的研究表明，在当地官员看来，这些目标确实与他们的职业生涯息息相关。② 尽管2007年试图不再强调这些硬性经济指标的改革并未成功，招商引资仍旧是地方干部的首要任务，这些干部依然感到获得这些工业投资的巨大压力（Wu，2011；《21世纪经济报道》，2010.9.17）。同样，2013年改革开始后，李克强总理在2014年撤回了之前的改革目标，再次把重点放在了硬性经济目标对地方官员的重要性上，并强调7.5%的增长率在那年是"受法律约束的"（WSJ，2014.6.22）。其他近期报告表明，地方官员一直都致力于招商引资（《21世纪经济报道》，2014.6.27）。

---

① 这一章关注的重点是经济目标和省级以下干部晋升之间的联系，因为开发区运行在这些层面。在省级以下层面，经济绩效和干部晋升之间的联系更强（Edin，2003；Whiting，2004）。在省级以下层面，Landry（2008）认为，由于下级官员任命制度产生了在经济上类似地区的官员之间的竞争，同时，经济绩效指标是评估干部的指标之一，一个人既可能因良好的经济绩效而获得晋升，又不会因经济落后而受到处罚。因此，经济绩效的晋升奖励一定程度上限制了惩罚的机会，因为相似地区的干部会相互比较，一般不愿意惩罚那些在管理经济上面临更多挑战的官员。正如Landry（2008：106）所说的那样，中国共产党"积极回报那些声称可以实现经济成功的官员，而不是排挤那些能力不够者，该党只允许他们在合适的地方留任更长的时间，这样可能达到当地党委书记的级别"。因此，毫不奇怪，Landry的实证调查发现了经济绩效对晋升影响的混合的结果，该结果也与Guo（2007）发现的混合的结果相一致。Tao等（2010）的研究结果则对此更持怀疑态度。

需要进一步注意的是，文献中的不一致发现在于大部分文献着眼于宏观经济的结果（如Landry的经济绩效指标是人均GDP增长率），但工业投资指标在实际激励当地干部行为上涉及得更广（J.Wu，2011；《21世纪经济报道》，2014.6.27）。本章认为，吸引投资即招商引资尤其应聚焦于技术升级。

② Yang和Wang（2008）提出了令人信服的观点：县级官员按其职业理想行事，因为他们有机会被提拔到县以上，但乡镇干部很少被提拔到县以上，他们为县级领导的政治野心和地方收入的经济利益所激励。乡镇土地开发产生的收益的大部分并没有被送出县，而是被下发至乡镇一级。

追求招商引资和其他硬性经济目标的第二个动机是增加税收而并非为了职业发展。土地被当作从银行借贷的抵押品，这些贷款用来为这些区域建造基础设施以及商业及住宅项目。① 这些商业及住宅项目已经通过两种方式创造了税收。第一种是，政府并不资助这些商业及住宅项目的买方或使用者②，却为工业投资者提供补助，从而更加吸引他们。第二种是，对因此而产生的商业活动征税，并且这些营业税被算作不与中央政府共享的地方税收，而由工业企业承担的最主要的增值税（VAT）则与中央政府分享。建造与扩大工业园区是建立这些营利的且征税的商业区的一个完美借口。除此以外，当通过创建与扩建区域的方式来发展经济成为正当理由时，还可以攫取土地。地方政府给予当前土地的使用者——通常为农民——的补偿一般来说都很低（Yang and Wang, 2008；Tao, 2014）。2011 年的一项研究发现，给予农民的平均补偿为 17 850 美元，然而给予商业开发者的平均售价为 740 000 美元。③

这些政策导致两方面的消极后果。首先，不合理的资源分配明显加速，尤其是土地的分配。这样做不仅使得农民没有得到对于土地的合理补偿，阻碍了中国摆脱过度依赖投资的情况，而且中国的地方政府近几年已经开发了空前大量的工业用地。中国，一个已经把大量土地投入工业的国家，还有平均 40% 到 50% 的新土地被开发为工业用地，然而全球的平均值只有 10% 到 15%（Tao, 2014）。过去两年中房地产价格持续下降，很大程度上归因于地方政府大力开发土地，如今依靠土地税收的地方政府正面对可怕的财政状况。

这些激励措施还导致了无穷无尽的开发区"热"（参见 Zweig, 2002），为

---

① 地方政府利用土地作为抵押品来开发项目的这种能力是中国国家开发银行在 1998 年的一个创新，它们大概急切地想为这样的活动提供更多的贷款（NYT, 2014.2.7）。

② 从法律上讲，土地在中国不可以买卖。取而代之的是，使用者在固定期限内有权买卖。

③ 2011 年的研究是由美国农村发展研究所、中国人民大学和密歇根州立大学共同进行的，并且被 Fred Magoff（2013）引用，"21 世纪的土地掠夺：农业剥夺式的积累"，全球研究网址 http://www.globalresearch.ca/twenty-first-century-land-grabs-accumulation-by-agricultural-dispossession/5356768，下载于 2014 年 7 月 26 日。

了获取进一步的收益，包括税收减免的优惠，地方政府创建开发区并努力使其成为省级或国家级开发区。自 21 世纪初开始中国已经建立了 89 个国家级高新技术开发区（HDTZs）和 108 个经济技术开发区（ETDZs），到 2011 年数量已经翻倍。① 换句话说，当中国中央政府已经意识到工业投资不能再飞速增长的时候，地方政府已经在加倍地进行工业投资了。

其次，地方政府的目光盯住招商引资，但忽略了去寻求帮助地方活动升级的任何活动。本人对 13 个国家级经济开发区的研究发现，这些区域在分配人员、排定招商引资的优先次序方面，几乎全部忽略了升级活动（Fuller，ms）。这与新加坡和中国台湾的全盛发展期形成了鲜明的对比。官员在帮助地方企业从跨国公司获取技术方面零作为，既没有把技术转让到地方企业（中国台湾当局的主要聚焦点），也缺乏对越来越复杂的地方性活动的布局（新加坡政府的主要聚焦点）。

渐进策略的政治问题

如林毅夫在第 2 章中所说，Dani Rodrik（2011）和其他学者是正确的，对中国来说过去采用渐进策略是个正确的选择，这可以与俄罗斯选择休克疗法进行改革相提并论。作为中国经济的预言家，吴敬琏（2001）曾指出，渐进策略有个固有的政治问题。简言之，循序渐进让那些对改革的负面影响更加根深蒂固，并因此也更阻碍了改革的发展。为解决这一政治问题，改革设计必须结合一些方法来说服或补偿改革的"失败者"，这些方法同样有益于日后的改革。本质上讲，中国的双轨制定价就是一个有效的政策，因为通常都是国有企业从市场价格中获益，而在计划经济体制下，国有企业的销售逐渐凋零。遗憾的是，从本世纪开始，改革中的失败者（大多为国有企业）和改革中的赢家（大多为民营企业）成了两个完全不同的群体。摆脱对民营企业存在系统性偏

---

① 这些数据来自科技部火炬高技术产业开发中心（2011）和《21 世纪经济报道》2011 年 4 月 18 日。

差的金融体系的做法推迟了很长时间，然而长时间的延迟仅仅提升了国有企业的政治权力，使得其利益与改革的利益相违背。党内的高层领导，比如李克强总理公开承认，市场改革所面临的强有力且根深蒂固的反对力量是主要问题。

最后再说明一下，过去的积极趋势如今对中国关注人口的发展模式造成了不利影响。人口成为中国未来发展的拖累，并且预计在 2013 年到 2050 年间，中国每年的经济发展速率会因为人口问题而降低 0.45 个百分点（Wang and Mason, 2008）。当然，人口政策的转变并非一无是处，在人口红利仍存在的最后几年，劳动在 GDP 中的占比提升，因此人口转变成为中国摆脱以投资为中心的经济发展模式的一种手段。

有助于进一步发展政策的制度和结构性障碍

在三个领域，中国受到了其制度甚至诸如地理的结构性因素等的严重制约，这些因素使得中国更难以采取适合于技术型创新转变和高收入经济的政策。首要的两个阻碍，即产业政策和政治体制在宏观层面上破坏了经济的整体性，并且并非仅仅关系到技术密集型产业。

中国有效的产业政策制定所面临的阻碍

第二次世界大战后，中国台湾和韩国两个经济体成功地从低收入转变为高收入。他们都通过产业政策来鼓励更新（对它们来说）、更高的增值活动。很多其他的经济体也采用了类似的政策发展经济（Amsden, 2000；Chang, 1994, 2007）。林毅夫在他的文章中及其他很多地方也都承认，在努力鼓励经济结构变化、使其符合经济的潜在比较优势的过程中，政府应该降低公司的交易成本。他的很多观点都与成功的开发商所追求的产业政策高度一致，比如优先获得信贷。在林毅夫的建议之外，考虑中国产业政策制定的能力同样重要，因为虽然金融抑制的规模在不断缩小，但中国政府似乎仍然在通过产业政策支持同样的企业。换句话说，曾经由金融抑制指导的低息贷款，现在变成了由产业政策来指导。

林毅夫建议的不足在于，他假设只要遵守简单的规则，产业政策就可以很容易地实施，比如利用"受到时间和预算拨款限制的"激励措施，以及进入那些拥有100%到200%的人均购买力平价且奉行产业政策的经济部门中。简而言之，这些建议忽视了政治中的关键问题，即允许国家行动者实施信息、能力与纪律方面的政策。而且，林毅夫提出的方案忽视了相关事实，这些事实使得他从东亚经济体的发展经验中总结出的清晰方案变得模糊不清，东亚经济体不仅实现了高绩效，更成功地变为了高收入经济体。不同于新加坡和中国香港这种城市经济体，这些经济体实际上追求的是进口替代型工业化与出口导向型工业化的结合，而非完全避开前者。它们的很多扶持政策也并没有很好地受到预算甚至时间的约束。因此，在倡导产业政策方面，新结构经济学并没有比Ha-joon Chang、Dani Rodrik和其他经济学家提供更多的东西。而且，新结构经济学没有回答同样重要的政治问题，即为什么一些国家能靠经验有效地实施产业政策，而其他同样对产业政策的实施效果抱有雄心壮志的国家却惨遭失败（Khan, 2000）。或者我们换一种方式来说，东亚的成功案例并不仅仅是因为它们追求产业达到100%的人均购买力平价，经济上的失败都是因为它们把目标定得超过了自身的潜在相对优势。不用舍近求远，看看马来西亚。马来西亚通过模仿东亚的政策，几乎就要取得成功，但是却停留在了中等收入陷阱中。这表明，只要完全遵照新结构经济的方案，政治便能决定产业政策的效力。

就中国而言，五个约束条件限制了其有效地执行产业政策：（1）国家机器的结构；（2）对国有企业的信贷分配偏差以及这些企业产生的管理缺陷；（3）由于中国庞大的地理区域和人口而产生的信息不对称；（4）出口与采购之间的平衡；（5）腐败。除了前面讨论的对地方官员的激励措施外，这些约束条件阻止了地方政府在它们的管辖区域内推进地方企业和跨国公司的升级。

第一个约束是管理层级的结构。从广义的政策角度讲，早在20世纪60年代，外国学者（Schurmann, 1968）就已经发现，中国所谓的"条条块块"，即权威当局源于中央政府的纵线（条条）与权威当局出自区域或地方政府的横线（块块）之间的管辖冲突。中央政府在建立优先次序方面度过了一段非常艰难的时期（Lieberthal and Lampton, 1992），并且横向权威与纵向权威之间的冲突一直在暗中破坏所有已经建立的优先次序。在国家结构方面（Moore，2002：279-281），碎片化权威主义也阻止了中国奉行协调控制相关机构的政策。集中控制一个部门的纵向等级制度已经足够困难了，更不用说协调控制多个部门和地方了。Zweig（2002）描述了大量案例，说明地方政府串通外资企业违逆中央政府意欲保护国内市场的政策。

第二个约束是本章前面讨论的国家在给企业分配信贷中存在的基本缺陷。财政不合理分配的关键部分是国有企业的信贷管理与内部管理。Huang（2003）发现国家有很多个目标，企业利润最大化并不是唯一的目标。结合多个目标的问题，国家并没有一个会计机制来调和不同且相互矛盾的目标。中国的国有企业也违反了效率条件，即控制权的所有者就是税收权的所有者。税收权并不属于负责控制企业或管理国有银行的官员，而且就算收益流消失或变为负收益，官员也不需要对任何经济后果负责。① 简而言之，国家官员没有动力去监督企业资产，也没有任何动力去监控企业达到静态效率，更不用说让国家官员拥有监控企业确保其动态效率的更强的能力了。② 在不考虑其他因素的情况下，这些动态的结果就是形成了一种注重巨额资本投资的倾向，而且把对物质技术的投资作为解决企业问题的办法，并且相应地也不强调发展更好的经营策略，以及运用这些技术所需的知识及培训（Huang，2003：224-225）。

---

① Naughton（2010）形成了重要的观点：在国有资产管理委员会（以下简称国资委）下属的中央所有的国有企业基于自2014年开始的资产价值的最大化，已经给予他们的管理者以激励。然而，持怀疑态度的人会指出，这里仍然存在关于提供给国有企业（或者根据本书，更广泛的国家支持企业）资本成本更便宜的重大问题，以及直接和间接的国家采购。此外，McGregor（2012）等指出，大部分的高层管理者仍然是党和国家的官员，他们着眼于超出特定国有企业的资产价值最大化的更大的政治游戏。所以这样的激励措施可能会使经济效率出现偏差。事实上，Naughton承认了在国资委管理的企业中，中共中央组织部门顶级任命的控制权。尽管他把它看作一种政府对出错事件进行控制的方式。怀疑论者（Walter and Howie，2011）会反驳说，组织部门的干部和其他官员一样，不太可能放弃他们尚未执行的权力。

② M. Khan（2000：50-53）指出，发展中国家在企业执行这一任务之前需要对企业学习进行补贴，由于在企业获得业绩之前已给予奖励，所以监控企业所需的能力随着时间的推移，将会变得更大。

Moore（2002）也指出，政府-产业关系的本质（他故意没有使用政府-企业这个字眼来避免强调中国很多的企业都是公有制的）已经打上了工业家长式统治的烙印，在这样的统治下，国家代理商所做的是更加照顾而非约束惩戒在它们管辖范围内的企业。① 在软预算约束的条件下，国家代理商对企业及需要这种家长式统治的企业有一种家长式统治的倾向，因此形成了一种双重依赖。借用 Kornai（1995）的观点，要想打破这样的家长式统治，设立硬预算约束是唯一的办法。如果官僚们不遵守发展规律中更具普遍性的原则，在中国想要保护某人的关系网就会使得政策的一致性与纪律受到破坏。Perkins（2001）指出了中央计划的这一传统，并提出官僚主义面向的是命令主义（直接受到输入控制支持的命令），而不是利用市场力量、私营部门以及国家力量形成战略指导。

对中国来说，第三个约束仅仅是考虑到中国地理与人口规模而产生的信息不对称。回顾中国与越南产业政策的可能性，Perkins（2001）指出了一个很明显但被忽视的事实，即中国巨大的规模给产业政策的管理造成了困难。这与20世纪60年代朴正熙时代的韩国形成鲜明对比，Perkins 注意到，与中国的企业谈判会牵涉成千上万的参与者，而在韩国却只有几十个人。简而言之，与东北亚的发展型国家相比，中国的政策制定者要面对更多的不利消息、监督和协调条件。Naughton（2010）在对比了中国如今在协调企业方面面临的困难与20世纪60年代日本所面临的困难后，也得出类似的结论。他提出中国的规模大小并不是导致协调困难的唯一原因。今天的中国比20世纪60年代的日本更加开放，大量存在的外企使得国家主导的协调工作更加困难。

第四个约束，中国不像日本、韩国在发展的全盛阶段那样依赖出口，这一点给中国在判断企业绩效方面提出了一个重大挑战。Haggard（2004）认为，这些国家在监控企业上并没有真正做到高效，因为它们可以利用外界难以操控的出口指标来判断企业绩效。作为一个洲规模的经济体，中国没有过度依赖出

---

① Moore 借用 C. Johnson（1982）的说法，将其称作战略产业政策行政指导。他强调相同的关键概念的政策信贷转向促进了竞争性产业的发展（Moore，2002：286-287）。

口是很正常的，但这也意味着中国面临的是高度的信息不对称，从而使得判断企业绩效的工作更难。中国的出口行业由外企控制，虽然不是中国产业政策的主要目标，却激化了信息不对称给中国的官僚造成的不利影响。除了这些问题之外，国家自身的采购政策也激励受到国家优待的企业关注国内市场，尤其是国家统治的市场，而这一做法只会使信息不对称问题更加严重。

最后，众多学者指出腐败的程度已经远远超过日本和韩国在发展阶段时的交易贿赂（Perkins，2001；Pei，2008）。Yimin Lin（2001）发现，市场经济发展起来后，官员和私人行为所青睐的交易网络从腐败的国家组织中涌现出来。McGregor（2012）提出，当资本主义制度缺少权力分立，使得地方政党首领一意孤行时，腐败将会盛行。

薄弱的资助创新制度

中国国内的风险资本型产业已经解决了其基本的法律空白。更重要的是，2007 年颁布的《中华人民共和国合伙企业法》中的修正内容，有效地区分了一般合伙人和有限责任合伙人的概念，所以一般合伙人和有限责任合伙人的结构类型在风险投资公司和其他公司普遍存在且合法。同样，2005 年颁布的《中华人民共和国公司法》中的修正内容允许不同的股份类别，并且这些不同的股份类别可以帮助风险投资调整风险与控制权的关系。最后，财政部于 2007 年发布了一则公告，允许减免有限责任合伙人的税款，从而鼓励风险投资（Zhang et al.，2009）。

遗憾的是，国内的风险投资仍然没有在技术创新企业中承担起有效的资助者角色。国内的风险投资倾向于投资成熟产业并且受到国有企业的管控。事实上，由于国家政策提供的资金大幅增长，比如 2007 年的引导基金政策，其已经压低了种子期和早期的投资量，从 2006 年到 2009 年的大约一半，下降到近几年的 40%（Wang et al.，2013）。在美国，种子期及早期的投资项目通常超过所有投资项目数量的一半（Wang et al.，2013）。因此，许多资金充其量属于私募股权投资，而并不是支持技术创新企业的风险投资。这些基金中的大部分投资并不明智。Lerner（2009）指出，大部分由中国国家基金投资的风险资金并没有得到回报,这些资金只是用来让创业市场升温。同样,Fuller(2010)发现,在技术型创业公司中只有很少的资金(约为10%)来自国内的风险投资,而对比来看,有超过1/3是来自外国的风险投资。说得更确切一些,通过对比创业企业中实际风险资本的整体投资与私募股权和其他投资的数据,不难看出,国内风险投资(包括合资企业)只占总值的11%,其他全部来自外企(Zhang et al.,2009)。①

有两个原因可以解释为什么在促进科技创业方面,相对于国外风险投资表现较差的国内风险投资也具有意义。首先,为了刺激技术创业,中国已经通过国内风险投资汇集了大量且越来越多的资金,但是对于这个任务来说,这些工具可能并不正确。其次,出现在中国的国外风险投资一直是政治争论的一个焦点,因此,国外风险投资仍然存在监管风险,一直在被不断地削弱。

国内风险投资在技术投资方面相对欠缺的主要原因在于,这些是典型的国家金融工具,通常是地方政权的工具,除了资助有前途的创业公司外还肩负着很多其他的使命(Lerner,2009;Fuller,2010)。国家资助的工具在国内风险投资中显得尤为突出。2006年,明显与国家金融体系没有任何关联的风险投资来源只占总体②的10%,2012年也没有超过25%(王元等,2013)。

实际上,国外风险投资在一定程度上取代了国内风险投资在资助中国技术创业时出现的问题。然而,国外风险投资不足以完全替代,因为监管风险仍然存在。过去,国家外汇管理局(SAFE)和其他国家机关做出的规定,如果实

---

① Zhang 等(2009)来自 Zero2ipo 的数据显然是在被给予资源的新兴企业中狭义地定义投资。事实上,微小数额的风险资本的投资,其广泛定义由王元和他的同事们所编辑的一系列风险资本的年度报告所提供。

② 2006年,37.2%的国内风险投资的资助直接来自官方的国有企业、事业单位和政府。然而,银行、证券和信托公司以及其他企业和上市公司占44.7%的投资份额,并且至少部分投资间接地来自国家。例如,大多数银行、证券和信托公司都是国家所有,由公有企业投资,这些企业即便不被认为是正式的国有企业,但其功能上是属于国家所有的。同样,一个模糊的类别:其他,占7.5%。个人只占了4.8%。外国风险投资仅为5.7%(Zhang et al.,2009:91)。

施起来，将会使得外国风险投资活动变得非常困难或几乎不可能。鉴于中国封闭的资本账户和其他监管条件，外国风险投资家一般通过离岸控股公司拥有的在境内的公司进行投资。① 过去发生的监管威胁事件中，地方企业家甚至是地方政府官员通过与外国风险投资家结盟，来说服中央政府推翻或者推迟国家外汇管理局或其他机构颁布的法令，这严重威胁了外国风险投资在中国的运作。这些斗争表明，给予外国风险投资在中国经营运作的制度空间仍然在争取。未来的规定可以很快地缩小甚至消除这一空间。由于这些风险的存在，外国风险投资只是一种权宜之策，次好的解决办法是改革国内的制度体系。

在中国，其他风险投资的备选方案似乎也很欠缺。中国的邻国日本和韩国奉行的是所谓的"内部企业家"策略，即在现有企业组织内部资助新的创业企业。依靠它们的大型综合企业，尤其是韩国的外部投资开发相对较弱，这种内部企业家方案成效卓著。中国有各种各样的方案来建立领先的综合企业，比如 1997 年国家经济贸易委员会开展的大型试点企业集团计划。但到目前为止，这一计划，至少一部分并没有很成功，因为这些政策的对象通常是已经积累了很多弊病的国有企业。②

---

① 我在这里讨论的不是可变利益实体（VIE）结构，该结构建立的目的是逃避禁止某些部门的外资所有权的中国法律，在那些特定的部门，国外投资或是被禁止，或是受限。围绕这些结构的法律的不确定性，中国政府已基本解决，而不是不可理喻地宣布它们非法（毕竟它们被设置用来逃避中国法律）。但在这显著的告诫下，可变利益实体将会在以下情形下被容忍：离岸工具由中国公民控制（有些人称之为阿里巴巴规则）。外国风险投资者在一些受限制的行业，确实使用该结构，比如网络服务、教育等，但并不涉及外商投资不那么严重受限的其他行业。在后一种行业中，他们有离岸控股公司直接拥有文中所描述的境内公司。

② 一个例子是方正集团——北京大学主导的企业集团。自 1997 年被设计成有财力支持的国有企业之一的企业之后，方正主要的 IT 业务开始缓慢下降，并且被分化成一系列的行业。在这些行业里，国家支撑是相当起作用的，包括医疗保健（利用其与北大医学院的关系）、房地产、金融、国防部门和商品交易（《经济观察报》，2014.9.29）。当集团内部的企业有了合法的令人兴奋的新汉字印刷技术，能够使其重塑 20 世纪 80 年代和 90 年代早期的辉煌时，集团却没有对其进行投资（参见 Lu，2000）。

对中国未来技术发展持乐观态度的理由

在中国累积的所有制度性缺陷中，有一个是可以谅解的，本章从完全悲观的视角看待中国成为高收入创新型经济体的发展前景。本节给出两个乐观的理由。

持乐观态度的两个主要原因是，正在进行的从制度上借鉴产生的一些混合所有制企业推动了中国的技术发展，以及中国最根本的优势——人力资本的开发。混合所有制企业是指立足于中国但从国外而非国内融资的企业。事实上，这些企业是通过联系外国机构来投资它们的技术革新工作，从而摆脱了国内制度环境的金融缺陷。这些企业在高技术部门的表现尤其突出，2003年到2009年间，这些企业产生的主导发明人在中国的美国实用专利远远超过传统跨国公司和中国国内企业。与跨国公司的1 214项专利和国内企业的409项专利相比，混合型企业发明了1 817项专利，尽管混合型企业只用了中国这段期间研发费用的4.7%—8%（Fuller，2013）。混合型企业和国外风险投资为中国的技术型创新创业提供了一个可行的、即便并不太理想的选择。

第二个可以持乐观态度的原因是中国有大量的人力资本储备。不过很多人质疑中国不断增加的大学毕业生的素质。事实仍然如第一部分中所讨论的，中国正在教育比以往任何时候比重都更大的人口。关于中国的教育制度不能培养创造与创新所需的人才的评论文章（Zhao，2014；Abrami et al.，2014）提供了一些事实反驳之前的观点。第一，类似的教育和同样的批评也一直存在于日本、韩国和中国台湾，然而这三个经济体都致力于创建创新型公司和创新型经济体。事实上，日本素以其很酷的创新型文化而闻名，这在《外交事务》杂志中一篇题为"国民总酷值"的著名的文章中有所体现。韩国受到广泛认可的不仅是其在产业创新各领域的勇猛，还有它在文化和创意产业上的卓尔不群。第二，Shaun Rein（2014）在对中国有前途的创新企业的调查中，中肯地指出好的企业想要成功并不需要那么多真正有创意或创新能力的人。第三，中国已经在数学和科学领域为学生提供了坚实的基础这一说法并非陈词滥调，上海国际学生评估项目所得的分数就是很好的证明。① 随着理工科大学生的人数越来越多，中国有很多有潜力成为创新者的原始人力资本。

为避免读者认为这两个乐观的理由必然可以战胜前面所说的制度缺陷，接下来本部分会按顺序给出一些提醒。考虑到中国之前围绕投资的产业发展模式，以及在这种体系下试图战胜既得利益的政治活动二者所得到的负回报越来越多，政治争论将决定中国是落入中等收入陷阱还是升级为富有国家。其他人力资本上升的国家仍然经历着长期欠佳的发展过程，即使连接海外机构的权宜之计（混合模式）只是一种政治行为。这些养育了混合型企业的联系如今已被接受，但是这并不意味着中国会持续这种做法。中国企业和经济各个方面背后的政治考量，现在被当作研究的新议程。

研究议程：研究中国新方法的一些新启发

本部分将先提出几个学者们应该运用到的政治经济方面的启发性意见。作为社会经济发展的一方面，不仅让中国的技术获得了更好的发展，也让中国企业获得了有竞争力的技术能力。如果你希望了解资源分配的政治，一个对中国政治经济更细致入微的理解将详细地阐明几个重要的话题。第一个是在中国，企业与国家的联系和信贷成本的关系，第二个是国家如何塑造市场，第三个也是最后一个将探讨如何评价中国企业获取专利这个小问题。对于前面两个主要的启发，我将为未来的研究提出一个议程，并为中国提出一些政策建议。

第一个启发是把中国企业放在合适的金融大环境中，或者换句话说，为企业的资本成本提供一个更好的政治经济账户。如果接受黄亚生、Michael Pettis 等的发现（这些发现涉及中国金融体系借贷方面的严重偏差），那么也一定认可某些企业尤其是国有企业可以以有利的汇率优先获得贷款。而且，多年来这

---

① 有人可能想拒绝这些分数，因为它们仅仅来自中国上海，但中国上海的人口和一个中型欧洲国家的人口规模相同，比如荷兰，并且在中国的其他许多地区可能也会获得同上海相近的结果。

些政策条款一直对它们有利，这些企业获得的全部收益的数倍都和这些条款有关。例如，大体上来说，这些企业的资产都受到了损害。形成鲜明对比的是，绝大多数的民营企业仍然不能简单公平地进入中国正式的金融体系（Nee and Opper, 2012）。在认清当前的金融形势后，为了更好地判断企业的绩效，把其放在恰当的金融环境中是很必要的。例如，国有企业的资产收益率（或其他衡量盈利能力的方法）为 2%，民营企业的资产收益率（或其他衡量盈利能力的方法）也是 2%，但把这两个 2% 直接相比是不公平的。例如，一旦考虑到每个企业的资本成本，这就是两个完全不同的基本绩效。

黄亚生在之前的研究中，试图理清哪些企业是真正的国有企业，哪些是民营企业的混乱。在依次了解中国企业资本成本差异如此之大的情况下，我们应该沿着黄亚生（Huang, 2008）的发现做进一步的研究。这种混乱一直存在于这一领域，因为有太多关于中国企业的研究，并且中国经济一直依靠的是国家统计局正式的企业分类。正如黄亚生（Huang, 2008）所指出的，很多股份制企业都是由国家管控的，尽管它们中的大多数经常被视为民营企业或者非国有企业。他主张准确地追溯股份公司的所有权来认清哪些实体最终拥有公司的控股股份。然而，他的研究远远不够，因为他表面上接受了外资企业的官方定义，即企业拥有 20% 的外资所有权。实际上，哪些实体控制着外资企业也同样重要，并且在中国的大环境中，相对于 20% 来说，50% 才是拥有控制权的更合理的最小值，至少在未上市的企业中是这样的。黄亚生没有考虑这些，错误地承认联想是一个外资企业，尽管 2010 年前这个控股公司的大部分股份仍属国有。因此，改善企业与国家关系分类的第一步是仔细地追溯它们各自的最终所有者。

第二步是考虑基本的所有权关系（外资、国内民营还是国内国有），然后调查国家如何看待和对待这个企业。确实，绝大多数中国国家队所在的被优待的企业都是国有企业，还有一些成功的民营企业由于成功而受到了国家的青睐。华为，作为一个典型的例子尤为突出。这个公司一直在任正非以及他亲密的合伙人而非国家的有效管理下，但是从 20 世纪 90 年代中后期开始，国家就将其视为很重要的一家企业给予支持。①

如果学者愿意付出努力,那么第一步,确定企业最终的控制所有者相对容易做到,虽然有些耗时,而且可以应用到更大的数据集中去②,而第二步则需要更多的努力,并且想让个体企业的信息适用于更大的数据集并不那么容易。尽管如此,为了得到更准确的企业及其竞争者与国家的关系图,两步都加以考虑是十分重要的,因此需要知道企业资本成本比较准确的近似值。

同样重要的是,只要通过更准确的资本成本账户,我们就能更好地判断中国工业技术政策的效力。例如在广受好评的风能产业,已经进入这一领域的本土企业一般来说都为国有。然而众所周知,这些企业拥有的,客气地说,是衍生技术③,也一定会有人在评估它们的绩效时考虑到它们的资本成本。这一资本成本可能就是关于为什么几乎没有民营企业进入这一领域的答案,这也是一个值得探索和评估的问题。当民营企业都挤在市场外的时候,这样的领域真的成功并且可以继续发展吗?

同样,John Child 在本书第 8 章提出了一个问题,即中国的中小企业是否可以创新。这个问题恰当地指出了很多成功的中小企业集群所需的更广泛的社会或规范层面的因素,也指出了中国缺失的一些方面,比如社会信任。然而,资本成本的启发(Child 也知道)表明中国中小企业在技术革新的道路上可能

---

① 我还认为,华为作为国家支持的主要企业之一,并没有屈服于来自国家廉价信贷的"福利"的侵蚀(Fuller, ms.)。华为之所以能实现两全其美,在享受廉价信贷的同时保持竞争能力,初步的解释可能是集中于任正非的领导能力,或是企业的历史轨迹是从一个在中国政治经济外围的企业到受到国家支持,也可能是任正非在早期的决策磨炼了华为在国际竞争中的能力(后一种解释当然不能完全脱离任正非的领导能力)。

② 关于学者是否愿意在这方面投入工作,鉴于目前易接受的企业 NSB 的分类,我仍然持怀疑态度,但如果实证主义奖励仍然朝着越来越接近于现实的方向去运作,那么接下来实证主义社会科学的学者应该致力于这项艰苦的工作。

③ 一直活跃在中国这个领域十多年的一个技术顾问,不能被视为中国悲观主义者而被解雇,因为他是为数不多的十年前坚信中国将达到国家发展和改革委员会风力发电目标的人,2015 年 3 月,他告诉我,所有中国风力发电的技术企业"要么被买,要么被盗"。

面临更多的根本性障碍。在 Child 进行慎重考虑的同时，Nee 和 Opper（2012）则强调，民营企业正通过网络创建一个充满活力的市场经济，这个市场经济将发展壮大从而取代当前国家主导的经济。然而，他们调查的很多数据仅仅表明，比起国有企业如何对待其拥有的丰富的资本，民营企业更好地利用了它们可以获取到的有限资本。这样的发现并不能直接说明中国的民营企业在国家的阴影下发展起来了。相反，这些发现回避了每个企业团体所利用的信贷金额存在相对偏差这个问题。如果国有企业继续把民营企业排挤出信贷市场，那么 Nee 和 Opper 所预想的，民营企业主导的市场经济的有机成长可能永远不会实现。

　　幸运的是，中国政府已经在 2013 年 11 月召开的第十八届中央委员会第三次全体会议上提出整顿中国资本成本歧视问题的政策改革。政府已经清楚地意识到中国需要转变为由市场分配资本的经济体系。遗憾的是，目前并没有取得多少进步，诸如李克强总理等重要人士，警告强大的既得利益集团正阻碍着改革的发展。李克强还在 2015 年 3 月召开的"两会"上提醒了当前这场正在进行的斗争。作为一项措施，让中国放弃已经建立起来的低息贷款体系在政治上是多么艰难。在持续出现经济增长减速的信号后，李克强总理在步履维艰的东北——中国的衰退地区，于 2015 年 4 月呼吁更多地强调增长，而对于反腐败的关注则较少。这被广泛地解释为号召通过已经建立的渠道释放更多的低息贷款。当然，通过国家银行系统建立新信贷最有可能产生的后果就是，信贷显著地流向同样受到国家支持的老企业。简而言之，政府发现了问题并且提出要进行整顿，但是改革的政治阻力异常大。

　　为了更好地实现中国的技术发展、提升其技术能力以及中国企业的绩效，第二个启发是认清国家在塑造中国众多的市场中所扮演的角色。一般来说，衡量成功的标准是销量，但对于中国来说最恰当的问题是卖给谁。这一启发与前一个紧密相连，因为受到国家信贷支持的企业，也会直接或间接受到政府采购的青睐。比如，Zeng 和 Willliamson（2008）将高性能计算机制造商曙光作为一个创新者，尽管这个企业主要的销售渠道是中国的政府采购。同样，在部门层次，很多人对于中国在绿色技术方面的成功有所争论（Lewis，2013；Mathews，

2014），从来自中国企业的证据来看，这些企业之所以可以成功地把商品销售到中国市场，本质上就是源于政府采购。政府采购中，最终的购买者有很多是大型国有企业，比如国家电网。在判断中国的企业和行业在销售上的成功时，首先需要看清楚企业和行业是否在国家管控的渠道外取得了优秀的销售业绩，第二个检验标准就是看其销往国外的销售额。

对于未来的研究，学者们必须对指定的行业市场的组织进行调查，从而确定取得企业或行业水平的成功还有多远。这样的研究应该不仅仅调查公共政府采购政策，而且要延伸到对市场参与者进行访谈，从而了解市场中国家的影响力有多大，以及这类国家干预的动机是什么。此外，随着时间的推移，应该追溯在每个市场中国家角色的转变（如果存在的话）。大概十年以前，在个人电脑市场中，政府采购占到30%。如今这一比例明显降低，尽管通过电脑补贴来推动农村信息化的国家政策已经开始支持国内电脑制造商，主要是联想（Fuller，ms）。相比而言，随着政府把外国服务器制造商驱逐出诸如银行业等关键网络的意图日趋明显，服务器市场好像朝着相反的方向转变。因此，对于后一个市场，地方企业例如浪潮电脑销量的提升，并不是因为与惠普和其他制造商相比其竞争力明显提升。

对于公共政策的建议，政府采购并不一定要被完全禁止。毕竟在中国以外的其他案例中，政府采购被证明是发展的一种手段。然而，中国的政府采购有可能只有在把前文讨论的借贷偏差问题解决后才能起作用。此外，中国政府需要采用更好的指标来评估企业的绩效。与Haggard（2004）的发现一致，也许中国应该通过出口绩效来评价企业，因为出口这一渠道不容易被政府操纵，尤其是在金融改革以后。

最后一个虽然更窄但必须施加政治考量的领域，就是中国的专利数据。当越来越多的人知道中国专利系统中的实用新型专利基本不进行审查并且质量堪忧的时候，中国专利发明的浪潮也需要在制度框架下进行解释。中央和地方政府已经为授予专利提供了大量的财政激励措施，并且发明（和实用）专利的激增正是这些硬性指标的结果。① 当然,《全国专利发展战略（2011—2020）》也要求在国外的专利申请量翻倍,并提供了一系列激励措施来支持这一举措。对国外专利申请进行补贴甚至支付全部费用必然会降低地方企业申请海外专利的门槛。Hu（2010）把政策优惠视为中国人去国外申请专利数量激增的众多因素之一。考虑到这些对国内和国外申请专利的激励措施,以及中国体制下官员们对关注和达到硬性目标的倾向,和 Prud'homme（2012）中肯地指出,欧盟、日本和美国的三合一专利是评估专利质量很好的指标,尤其在这三个国家的专利申请费用比其他外国专利更高的情况下。在未来的研究中可以去探索的一个有意思的议题是,中国企业申请的不同类型的专利,包括国内、国际和国际三合一专利。

结 论

虽然中国在过去的发展中所取得的成功为未来的成长奠定了一些基础,尤其是在人力资本发展的关键领域方面,但过去并非序幕的全部。要知道,路径依赖（过去）的某些要素事实上可能与未来的发展背道而驰。经济发展的历史案例为发展提供了宝贵的经验,例如美国在 19 世纪的发展（幼稚产业保护的效用）,但是我们不能忽视中国与这些历史案例之间存在鲜明的差异。其中最重要的几点差异是,中国存在大规模的金融抑制以及金融抑制的对象——国有企业。为这些效率普遍低下的国有企业汇集大量的信贷已经放大了资本配置不当的长期金融抑制中的缺陷。这种金融偏袒也反映在其他政府行为中,使得市场向在政治上被支持的企业倾斜。正如一些富裕的西方国家面临着大而不能倒的银行问题,如今中国面对的问题是如何解绑这一金融体系和金融偏袒,这个问题已经成为中国发展的阻力,因为该金融体系在中国现有政体内培养了强

---

① 这一段落中的中国专利制度的相关信息是从 Moga（2012）和 Prud'homme（2012）的文章中提取的。

大的既得利益集团。2013 年中国共产党第十八届中央委员会第三次全体会议表明，中国共产党领导阶层自身已经认识到了存在的问题以及解决方案，但是仅仅认识到是不够的。最终，政治将决定中国的体制是否能够改变这一金融体系以及国家与企业的关系，从而使中国足以发展成为高收入经济体。

参考文献

Abrami, R. M., W. C. Kirby and F. W. McFarlan 2014. *Can China Lead?: Reaching the Limits of Power and Growth*. Boston: Harvard Business School Press.

Amsden, A. 2000. *The Rise of the Rest: Challenges to the West from Late-industrializing Economies*. Oxford: Oxford university Press.

Bardhan, P. 2010. *Awakening Giants, Feet of Clay*. Princeton, NJ: Princeton University Press.

Brandt, L., T. G. Rawski and J. Sutton 2008. China's Industrial Development. *China's Great Economic Transformation*. L. Brandt and T. G. Rawski. New York: Cambridge University Press.

Cai, F., A. Park and Y. Zhao 2008. The Chinese Labor Market in the Reform Era. *China's Great Economic Transformation*. L. Brandt and T. G. Rawski. New York: Cambridge University Press.

Cai, H. and D. Treisman 2006. Did Government Decentralization Cause China's Economic Miracle? *World Politics* 58: 505-535.

Chang, H. 1994. *The Political Economy of Industrial Policy*. New York: St. Martin's Press.

Chang, H. 2007. *Bad Samaritans: The Myth of Free Trade and the Secret History of Capitalism*. London: Bloomsbury.

Chen, Y., H. Li and L.-A. Zhou 2005. Relative Performance Evaluation and the Turnover of Provincial Leaders in China. *Economic Letters* 88(3): 421-425.

Ferri, G. and L.-G. Liu 2009. Honor Thy Creditors before Thy Shareholders: Are the Profits of Chinese State-owned Enterprises Real? Hong Kong: Hong Kong Institute for Monetary Research.

Fewsmith, J. 2013. *The Logic and Limits of Political Reform in China*. New York: Cambridge University Press.

Fuller, D. B. ms. *Paper Tigers, Hidden Dragons: The Political Economy of Technological Development in China*.

Fuller, D. B. 2013. Building Ladders out of Chains: China's Hybrid-led Technological Development in Disaggregated Value Chains. *Journal of Development Studies* 49(4): 547-563.

Fuller, D. B. 2010. How Law, Politics and Transnational Networks Affect Technology Entrepreneurship: Explaining Divergent Venture Capital Investing Strategies in China. *Asia Pacific Journal of Management* 27(3): 445-459.

Guo, G. 2007. Retrospective Economic Accountability under Authoritarianism: Evidence from China. *Political Research Quarterly* 60: 378-390.

Haggard, S. 2004. Institutions in East Asian Growth. *Studies in Comparative International Development* 38(4): 53-81.

Hall, Peter A., and David Soskice. 2001. An Introduction to Varieties of Capitalism. In *Varieties of Capitalism: The Institutional Foundations of Comparative Advantage*, edited by P. A. Hall and D. Soskice. Oxford, UK: Oxford University Press.

Hout, T. M. and Ghemawat, P. 2010. China versus the World: Whose Technology is It? *Harvard Business Review* (December).

Hu, A. G. 2010. Propensity to Patent, Competition and China's Foreign Patenting Surge. *Research Policy* 39: 985-993.

Huang, Y. 2008. *Capitalism with Chinese Characteristics: Entrepreneurship and the State*. Cambridge: Cambridge University Press.

Huang, Y. 2003. *Selling China: Foreign Direct Investment during the Reform Era*. New York: Cambridge University Press.

Huang, Y., C. Fang, P. Xu and G. Qin 2013. The New Normal of Chinese Development. *China: A New Model for Growth and Development*. R. Garnaut, C. Fang and L. Song. Canberra: ANU E Press.

Khan, M. H. 2000. Rents, Efficiency and Growth. *Rents, Rent-seeking and Economic Development*. M. H. Khan and K. S. Jomo. Cambridge, UK: Cambridge University Press.

Kornai, J. 1995. *Highways and Byways: Studies on Reform and Post-Communist Transition*. Cambridge, MA: The MIT Press.

Landry, P. F. 2008. *Decentralized Authoritarianism in China: The Communist Party's Control of Local Elites in the Post-Mao Era*. Cambridge: Cambridge University Press.

Lee, I. H. , M. Syed and X. Liu 2012. Is China Over-investing and Does It Matter? Washington, D. C. : International Monetary Fund.

Lerner, J. 2009. *Boulevard of Broken Dreams: Why Public Efforts to Boost Entrpreneurship and Venture Capital Have Failed—and What to Do about It.* Princeton, NJ: Princeton University Press.

Lewis, J. I. 2012. *Green Innovation in China.* New York: Columbia University Press.

Li, H. and L. -A. Zhou 2005. Political Turnover and Economic Performance: The Incentive Role of Personnel Control in China. *Journal of Public Economics* 89.

Lieberthal, K. and D. M. Lampton 1992. *Bureaucracy, Politics and Decision-Making in Post-Mao China.* Berkeley: University of California Press.

Lin, Y. 2001. *Between Politics and Markets.* New York: Cambridge University Press.

Lu, Q. 2000. *China's Leap into the Information Age.* Oxford: Oxford University Press.

Lu, D. and Z. Tang 1997. *State Intervention and Business in China: The Role of Preferential Policies.* Cheltenham, UK: Edward Elgar.

Maskin, E. , Y. Qian and C. Xu 2000. Incentives, Information and Organizational Form. *Review of Economic Studies* 67.

McGregor, R. 2012. *The Party: The Secret World of China's Communist Rulers.* New York: Harper Perennial.

McKinnon, R. I. 1973. *Money and Capital in Economic Development.* Washington, D. C. : Brookings Institution Press.

Moga, T. T. 2012. China's Utility Model Patent System: Innovation Driver or Deterrent. Washington D. C. : U. S. Chamber of Commerce.

Moore, T. G. 2002. *China in the World Market: Chinese Industry and International Sources of Reform in the Post-Mao Era.* New York: Cambridge University Press.

Murphy, K. , A. Shleifer and R. Vishny 1989. Industrialization and the Big Push. *Journal of Political Economy* 97(5): 1003-1026.

Naughton, B. 2010. China's Distinctive System: Can it be a Model for Others? *Journal of Contemporary China* 19(65): 437-460.

Naughton, B. 1996. *Growing out of the Plan: Chinese Economic Reform*, 1978-1993. New York: Cambridge University Press.

Niosi, J. 2002. National Systems of Innovations are "X-efficient" (and X-effective). Why Some

Are Slow Learners. *Research Policy* 31: 291-302.

Pei, M. 2008. *China's Trapped Transition: The Limits of Developmental Autocracy*. Cambridge, MA: Harvard University Press.

Pettis, M. 2013. *Avoiding the Fall: China's Economic Restructuring*. Washington, D. C.: Carnegies Endowment for International Peace.

Perkins, D. 2001. Industrial and Financial Policy in China and Vietnam: A New Model or a Replay of the East Asian Experience? *Rethinking the East Asian Miracle*. J. Stiglitz and S. Yusuf. New York: Oxford University Press.

Prud'homme, D. 2012. Dulling the Cutting Edge: How Patent-related Policies and Practices Hamper Innovation in China. Shanghai, European Chamber of Commerce.

Qian, Y. 2003. How Reform Worked in China. *In Search of Prosperity: Analytic Narratives of Growth*. D. Rodrik. Princeton, NJ: Princeton University Press.

Rein, S. 2014. *The End of Copy-Cat China: The Rise of Creativity, Innovation, and Individualism in Asia*. Hoboken, New Jersey: Wiley.

Rodrik, D. 2011. *The Globalization Paradox*. New York: W. W. Norton.

Samuels, R. J. and W. Keller 2003. *Crisis and Innovation: Asian Technology After the Millennium*. New York.

Schurmann, F. 1968. *Ideology and Organization in Communist China*. Berkeley: UC Berkeley.

Shih, V., C. Adolph and M. Liu 2012. Getting Ahead in the Communist Party: Explaining the Advancement of Central Committee Members in China. *American Political Science Review* 106 (1): 166-187.

陶然, 苏福兵, 陆曦, 朱昱铭. 2010. 经济增长能够带来晋升吗？——对晋升锦标竞赛理论的逻辑挑战与省级实证重估[J]. 管理世界, 12(207): 23—36.

Ran Tao 2014. Presentation at the British Embassy in Beijing, March 12.

Torch High-Technology Center 2011. *National High-tech Industrial Zones in China*. Beijing: Ministry of Science and Technology.

Tsui, K. and Y. Wang 2004. Between Separate Stoves and a Single Menu: Fiscal Decentralization in China. *China Quarterly* 177: 71-90.

Walter, C. E. and F. J. T. Howie 2011. *Red Capitalism: The Fragile Financial Foundation of China's Extraordinary Rise*. Singapore: John Wiley & Sons.

Wedeman, A. 2012. *Double Paradox: Rapid Growth and Rising Corruption in China*. Ithaca: Cornell University Press.

吴敬琏. 2011. 转变发展方式政府改革更关键 忌投资"大跃进"[R]. 人民日报. 1月19日.

Yang, D. Y. and H. K. Wang 2008. Dilemmas of Local Governance under the Development Zone Fever in China: A Case Study of the Suzhou Region. *Urban Studies* 45(5&6): 1037-1054.

Wang, F. and A. Mason 2008. The Demographic Factor in China's Economic Transition. *China's Great Economic Transformation*. L. Brandt and T. G. Rawski. New York: Cambridge University Press.

王元, 张晓原, 赵明鹏. 2013. 中国创业风险投资发展报告2013[R]. 北京: 经济管理出版社.

Whiting, S. 2004. The Cadre Evaluation System at the Grass Roots: The Paradox of Party Rule. *Holding China Together: Diversity and National Integration in the Post-Deng Era*. D. Yang and B. Naughton. New York: Cambridge University Press.

Xu, C. 2011. The Fundamental Institutions of China's Reforms and Development. *Journal of Economic Literature* 49(4): 1076-1151.

Zeng, M. and P. J. Williamson 2008. *Dragons at Your Door: How Chinese Cost Innovation is Disrupting Global Business*. Boston: Harvard Business School Press.

Zhang, C., D. Z. Zeng, W. P. Mako and J. Seward 2009. *Promoting Enterprise-Led Innovation in China*. Washington D. C.: World Bank.

Zhao, Y. 2014. *Who's Afraid of the Big Bad Dragon: Why China Has the Best (and the Worst) Education System in the World*. San Francisco: Jossey-Bass.

郑也夫. 2013. 吾国教育病理[M]. 北京: 中信出版社.

Zhong, Y. 2003. *Local Government and Politics in China*. Armonk, NY: M. E. Sharpe.

Zweig, D. 2002. *Internationalizing China: Domestic Interests and Global Linkages*. Ithaca, NY: Cornell University Press.

报纸:

《21世纪经济报道》

《经济观察报》

The New York Times (NYT)

The Wall Street Journal (WSJ)

第 7 章
改革中国知识产权制度以促进创新

刘美娜　黄　灿

翻译：何文龙

摘要：鉴于提高创新能力已成为中国未来经济的一个重要增长点，本章深入探讨了现有制度下中国知识产权政策的缺陷与不足。政策的缺陷与不足制约了中国技术的创新、保护和传播。首先，为了提高技术质量，抵制"垃圾专利"，防范制度性滥用，中国必须重新调整激励机制，提高准入门槛。其次，为了振兴大学技术转让，中国必须迅速采取国家性政策，在技术转让决策中授予大学更大的自主权，并简化烦琐的官僚审批程序。最后，为了提高实用新型专利的质量，中国必须加强对专利政策与专利制度的严格监督。总体而言，本章深刻地揭示了中国科技发展的现状，并就如何完善知识产权政策、刺激创新提出了可行的解决方案。

引　言

中国已迈入科技时代，创新对经济增长发挥着关键作用。在关于国家创新体系的历史性辩论后，世界各国已达成共识，即国家创新体系的成功可归结于制度、发展与技术条件的"正确"结合（Krumm and Kharas, 2004），而这又将决定一个国家的技术吸收能力（Freeman, 1995）。国家创新体系中有形形色色的参与者，如高校、行业以及政府机构（Etzkowitz and Leydesdorff, 2000），他们为科技发展提供了跨层级（即国家、地区和部门）的交流、创造与传播知识的机会（Etzkowitz，2001；Etzkowitz and Leydesdorff，2000；Freeman，1987，1989，1995；Lundvall，1992；Nelson，1993）。为了提高国家技术吸收的能力、鼓励创新，政府必须在技术政策和激励措施之间维持精巧的平衡，以促进成功的科技交流和知识传播（Fuller，2015；Krumm and Kharas，2004），并从模仿到创新，逐步实现技术追赶。

从20世纪80年代到90年代，日本、韩国及中国台湾成功实现了这种转变（Freeman，1987；Hu and Mathews，2008；Kim，1997；OECD，1997；Krumm and Kharas，2004），中国大陆目前正在经历相似的过程。技术追赶初始阶段的特点是宽松的知识产权政策和强有力的激励机制，以促进外国技术的引进（即通过模仿、逆向工程或渐进式改进），并产生积极的技术外溢。通过在"做中学"，整个国家的技术吸收能力不断提高，最终实现自主创新。随着国家创新系统的不断成熟，政府需要出台更严格的技术政策，以实现从注重数量到注重质量的制度转型。更严格的政策能促使国内企业提升竞争力，从而增强国家的技术创新能力。

20世纪80年代以来，中国的知识产权法律框架逐步建立、完善，并不断与世界标准接轨。在效仿西方发达国家的基础上，中国的知识产权制度适应自身社会、经济、政治和产业发展环境，具有中国特色。中国的知识产权制度实行行政和司法体系的双轨制，在中央和地方各级政府实行多层级的司法管辖，并在各级政府部门的管理下跨越不同行业。现行的知识产权制度已实行三十多年，但其实施和执行的有效性因其不完整性而受到质疑。中国政府已经意识到这些问题，并提出将在2020年以前全面改善中国的知识产权制度。

以专利质量为代价的政策

中国近年来科技的进步应该归功于邓小平号召的将加强国家科学技术研究作为现代化建设和经济发展的关键。1978年，国家科技会议召开，邓小平强调:"四个现代化,关键是科学技术的现代化。没有现代科学技术,就不可能建设现代农业、现代工业、现代国防"(《人民日报》,2006)。因此,政府通过一系列科技政策和技术方案,建立了基础研究和应用研究,从而为建立现代化强国提供核心支柱。

另一个重大的科技复兴活动发生在2005年。在中国科学院成立50周年之际,时任国家主席胡锦涛强调了"走中国特色的自主创新道路"、实现中国科技自给自足的重要性(中国新闻网,2005)。2006年2月,中国正式公布了《国家中长期科学和技术发展规划纲要(2006—2020年)》(国务院,2006),描绘了摆脱对外国技术的依赖、在2020年实现科技自给的蓝图。作为这一战略的重要组成部分,2008年,中国出台了《国家知识产权战略纲要》,对中国的知识产权工作提出了近期和长期的展望(国家知识产权局,2014a;国务院,2008a)。其中,短期目标旨在增加知识产权数量(即每年国内发明专利申请和授权的数量,中国申请海外专利的数量,世界知名国产品牌的数量,多种高质量的工厂,高水平集成电路的数量等)。长期目标致力于显著改善中国整体的知识产权环境(即知识产权的法律环境,知识产权的市场化能力,公众知识产权意识,以及自主知识产权的质量和数量)。根据纲要制定的目标(国务院,2015b),中国专利增长率必须保持在每年19%的水平,这比1995年以来每年的实际增长率低2个百分点。

刺激专利申请的激励制度

由于对科技的渴求,中国面临着提高创新数量与质量的巨大压力。专利常常被用作衡量技术创新和绩效的指标(Griliches, 1990)。正如图7.1所示,迄今为止,《国家知识产权战略纲要》和知识产权相关政策的实施起到了增加专利数量的作用。这些政策通过专利补贴、专利报酬和税收优惠待遇等一系列奖励措施来鼓励专利申请。

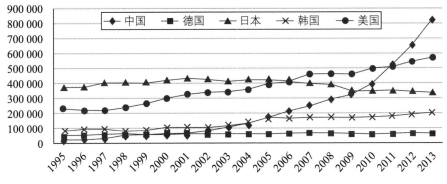

图 7.1　国家统计局专利申请数（1995—2013）

资料来源：世界知识产权组织 2015 年统计。

具体如下：

专利补贴。促进专利活动的财政补贴可用于资助发明专利、实用新型、外观设计和国际专利的申请、审查、批准等相关费用（文家春、朱雪忠，2007）。该补贴计划于 1999 年在上海率先实行，随后在全国其他地区逐步推广普及（Li，2012；湖北省知识产权局，2007）。各省根据当地经济发展的需要确立各省的专利补贴范围（北京市知识产权局，2014；成都市知识产权局，2013；上海市知识产权局，2012；天津市知识产权局，2014）。

专利报酬。优秀发明人和研发人员有机会获得省级政府颁发的专利申请项目、专利示范企业等奖励（国家知识产权局，2009；《新华日报》，2012）。该奖项不仅提供资金支持，还给予发明者商业认证和政府许可。

税收优惠。2008 年生效的《企业所得税法》规定，高新技术企业可享受税收减免。满足一定条件的申请人，若能证明拥有自主知识产权，即可享受税率为 15% 的所得税，同时减免增值税的征收（科技部，2008）。

通过多种财政激励措施，专利申请成为低成本或者零成本的活动，并有机会享受其他具有吸引力的福利（例如，政府对品牌的认证，提升公众形象，降低运营成本，技术许可，以及交叉授权机会），从而得到极大的激励。企业可以利用这些激励措施来增加其在市场中的商业机会。因此，哪怕只为获取政策福利，企业也有申请专利的动力。其他非经济利益则涉及社会地位和职业发展,例如优先获取政府资源、职业晋升和户口（*Economist*,2010）。

绩效和激励制度之间的错位

大多数国内企业都因受到技术限制而阻碍了生产能力的提升（Wang,2010）。大量的事例和统计数据都证明,国内企业技术水平有限（Li,2012；Liu et al.,2014；Lu,2008；国务院,2015a；Wu,2009）。巨大的创新压力导致潜在的统计数据虚报和低质量专利泛滥。因此,中国知识产权面临的首要问题是"重数量轻质量"、激励与绩效错位的制度体系（《人民日报》,2014a；Sun,2014）。

在这种压力下,为了达到专利申请的要求,一些企业通过大量申请相对比较容易的实用新型专利和外观设计专利来获利。由于实用新型和外观设计的审查要求低,有些申请者使用没有实际价值的、抄袭或重复性的技术来获取实用新型和外观设计专利（Fuller,2015；Moga,2012）。得到专利授权并获得政府奖励之后,专利权人不再续缴年费和进行专利维护（Cao,2014；Cao et al.,2014；Moga,2012）。由此产生的垃圾专利和虚假专利（Liu et al.,2014）,没有考虑市场需求,缺乏商业实用性和可行性,从而只能产生很低的价值,甚至根本没有价值（Fu et al.,2010）。这些专利不仅损害了中国专利制度的声誉,还会对国内创新产生不利影响（文家春、朱雪忠,2009）。第一,垃圾专利引起了成本的增加、提高了专利壁垒,从而阻碍了其他组织的创新（Sun,2014）。第二,垃圾专利扰乱了正常的市场竞争秩序,迫使竞争者把知识产权费用转嫁给终端消费者。第三,垃圾专利浪费了公共知识产权投资和其他有利于提高专利管理和实施的资源（Liu et al.,2014；文家春,2008；文家春、朱雪忠,2007,2009）。

遗憾的是,尚无可行方法来确定有效专利的实际数目并评估它们对中国知识经济的实际贡献。2005年,一份官方报告估计中国的垃圾专利占授权专利的50%—80%（倚天商务信息网,2005）。由于没有发布新的统计数据,我们只能假定垃圾专利仍然以相似的比率存在（Sun,2014）。另一种能大概统计垃圾专利数量的指标是授权专利续缴年费的时间长度。专利年费能够准确反映专利的商业可行性（Liu et al.，2014；Qiao and Wen，2009）。2007 年的一项研究表明，中国企业维护一项发明专利的平均期限是 4.09 年，而外国企业则是 6.05 年（Qiao and Wen，2009）。2010 年的一项研究表明，维护一项发明专利超过 7 年的中国企业仅占 17.9%（Fu et al.，2010）。企业终止续缴专利年费意味着该专利缺乏商业应用的价值，或者企业缺乏技术开发和商业应用的能力（Qiao and Wen，2009）。在这两种情况下，企业可能放弃专利权益（Cao，2014；Huang，2012；文家春、朱雪忠，2009；Zhang and Chen，2012）。

利己行为与政府知识产权金融体系的滥用

中国知识产权面临的第二个问题是专利申请人肆无忌惮地滥用政府的专利激励机制。尽管创新激励制度的初衷是鼓励创新和专利活动（Li，2012；文家春、朱雪忠，2007，2009），但低标准和低门槛使该制度被滥用。结果，那些原本不需要依靠政府资助就能够自给自足的企业也利用低质量的垃圾专利来骗取补贴，从而导致垃圾专利盛行（Liu et al.，2014；文家春、朱雪忠，2009）。这也是导致许多授权专利不被维护的原因之一，即申请人申请专利仅仅是为了骗取政府补贴，之后没有再为其支付维护费用的必要。

奖励与惩罚的失衡

第三个问题是，奖励与惩罚力度不平衡，即申请专利的激励力度超过了对侵犯知识产权行为的惩罚力度。一方面，政府提供丰厚的奖励以鼓励创新和专利活动（Fuller，2015）。由于创新的驱动因素是政策激励而非市场回报，这就使动机不良者致力于寻找政策漏洞。

另一方面，专利侵权的惩罚力度较轻。实际上，国家统计数据表明，中国专利侵权案件的平均赔偿金额为 80 000 元人民币（低于 13 000 美元），商标侵权案件为 70 000 元人民币（低于 11 500 美元），版权侵权案件为 15 000 元人民币（低于 2 500 美元），远远低于发达国家的赔偿金（《人民日报》，2015）。

这些赔偿金额如此低，甚至不足以支付冗长的法律诉讼的费用，更不用说弥补知识产权所有者因被侵权而蒙受的技术或经济损失了。中国政府目前正致力于通过立法来提高赔偿金和惩罚性罚款的力度，并降低法律诉讼费用（MOD，2015；国务院，2015a；最高人民法院，2015；新华网，2015）。此外，中国的知识产权法律体系缺乏统一性（《人民日报》，2015），尽管在北京、上海和广州建立了专门的知识产权法庭，但统一性的缺失影响了制度的合理性，并在不同地区之间产生了不同的法庭裁决结果。

中国高校的专利活动与技术转让现状

高校是创新活动的中心，在国家创新体系中发挥着不可或缺的作用（Hu and Mathews，2008；Li，2012），也担负着培育国家人才（Wang，2015；Hu and Mathews，2008；Xue，2006）和孵化新技术企业（教育部，2015）的责任。然而，尽管中国经济蓬勃发展，高校技术研发的市场需求不断增强（Graff，2007），但高校的研究人员缺乏足够的能力来判断技术的市场潜力（Rosenberg and Nelson，1994）。这不仅是因为市场经验不足和信息不对称，还因为企业内部缺乏连接研发计划、生产与市场营销的一体化综合系统来确保技术应用和商业化成功（Rosenberg and Nelson，1994）。在高校层面，现行政策的缺陷和中国知识产权激励制度、保护体系的不完整状态（《人民日报》，2015），是高校技术转让率低的原因之一。

在此，阐释中国高校研发投入、成果以及技术转让的现状有助于加深读者的理解。如表 7.1 所示，2013 年中国的国内研发支出总额高达 11 846 亿元人民币，其中，高校占 7.2%，科研院所占 15%，企业占 76.6%。如表 7.2 所示，中国高校的研发支出资金有三个主要来源：政府、企业和技术市场。

表7.1 2004—2013年中国国内研发支出总额与政府科技拨款基金统计数据

指标	2004	2005	2006	2007	2008	2009	2010	2011	2012	2013
国内研发支出总额（亿元）	1 966.3	2 450.0	3 003.1	3 710.2	4 616.0	5 802.1	7 062.6	8 687.0	10 298.4	11 846.6
国内研发支出总额/GDP（%）	1.2	1.3	1.4	1.4	1.5	1.7	1.8	1.8	2.0	2.1
政府科技拨款（亿元）	1 095.3	1 334.9	1 688.5	2 113.5	2 611.0	3 276.8	4 196.7	4 797.0	5 600.1	6 184.9
政府科技支出/总支出（%）	3.8	3.9	4.2	4.3	4.2	4.3	4.7	4.4	4.5	4.4

资料来源：《中国科技统计年鉴（2010—2013）》，国家统计局GDP报告（2014a，2014b）。

表7.2 2009—2013年大学研发总支出的资金来源

资金来源	2009 总额（亿元）	2009 占比（%）	2010 总额（亿元）	2010 占比（%）	2011 总额（亿元）	2011 占比（%）	2012 总额（亿元）	2012 占比（%）	2013 总额（亿元）	2013 占比（%）
企业	171.7	36.7	198.5	33.2	242.9	35.3	260.5	33.4	289.3	33.8
政府	262.2	56.0	358.8	60.1	405.1	58.8	474.1	60.7	516.9	60.3
其他	34.3	7.3	39.9	6.7	40.8	5.9	46.0	5.9	50.5	5.9
高校研发支出总额	468.2	—	597.3	—	688.8	—	780.6	—	856.7	—

资料来源：《中国科技统计年鉴（2010—2013）》，国家统计局高等学校科技统计（2014a，2015a；中国新闻网，2014）。

中国高校对国家基础研究的贡献率为70%左右（Wang，2015）。2009年至2013年，高校用于基础研究、应用研究和实验研究的投资分别占33%、53%和14%（科技部，2010—2013；国家统计局，2015a）。在同一时期，高校研发人员约占中国研发人员的11%，其中，基础、应用和实验研究人员分别占总数的43%、50%和7%（科技部，2008—2013，2010—2013；国家统计局，2015a，2015b）。

2012年，尽管高校授权发明专利占全国总数的不到3%，高校许可运用的发明专利却占全国总量的43.6%。此外，高校技术转让合同数量（即技术研发，技术转让，技术咨询，技术服务）占全国总数的20.5%，但其价值只占全国总量的4.6%（见表7.3和表7.4）（科技部，2008—2013）。

表7.3 2003—2013年大学技术转让数量

年份	许可的发明专利 科技部		技术转让合同					
			科技部与创新基金		教育部			
	数量（万）	占全国的比重(%)	数量（万）	占全国的比重(%)	国有合同占比(%)	外资合同占比(%)	私营合同占比(%)	其他合同占比(%)
2003	0.2	50.6	3.8	14.2	27.5	6.7	27.5	19.0
2004	0.3	63.3	3.9	14.8	42.2	4.1	41.8	11.9
2005	0.4	60.2	4.2	15.8	N.A.	N.A.	N.A.	N.A.
2006	0.6	59.3	1.8	8.9	41.1	4.5	39.2	15.2
2007	0.8	55.6	2.7	12.2	41.4	5.5	44.0	9.1
2008	1.0	53.6	2.9	13.0	39.1	5.2	44.9	10.9
2009	1.4	51.5	3.2	14.9	33.1	4.5	51.7	10.7
2010	1.9	44.1	4.2	18.3	30.7	6.0	52.6	10.7
2011	2.5	47.2	5.0	19.4	33.3	4.9	51.3	10.5
2012	3.4	43.6	5.8	20.5	34.3	4.6	51.9	9.2
2013	N.A.	N.A.	6.4	21.8	N.A.	N.A.	N.A.	N.A.

资料来源：《中小企业技术创新基金中国技术市场统计报告》（2004—2014），《国家知识产权局专利统计年报》（2012a），《科技部科技统计年报》（2008—2013），《教育部科技统计报告》（2007—2013）。

表 7.4　2003—2013 年大学技术转让的价值

年份	科技部与创新基金				教育部			
	总收入（亿元）	占全国的比重（%）	每份合同平均收入（亿元）	占全国的比重（%）	国有合同占比（%）	外资合同占比（%）	私营合同占比（%）	其他合同占比（%）
2003	106.7	9.8	28.1	70.2	36.7	7.0	19.4	25.2
2004	116.6	8.7	29.7	59.5	52.6	5.7	31.5	10.3
2005	122.6	7.9	29.2	50.3	N.A.	N.A.	N.A.	N.A.
2006	65.0	3.6	35.3	40.1	49.6	5.7	30.9	13.7
2007	100.0	4.5	37.1	37.1	51.1	5.8	33.7	9.4
2008	116.6	4.4	39.6	33.8	42.2	4.5	38.6	14.7
2009	132.6	4.4	41.5	29.2	35.1	4.9	50.0	10.1
2010	196.7	5.0	46.8	27.5	33.1	7.1	48.0	11.8
2011	248.8	5.2	50.0	27.0	34.1	6.0	45.9	14.0
2012	294.0	4.6	50.7	22.2	38.4	5.2	45.6	10.8
2013	329.5	4.4	51.2	20.2	N.A.	N.A.	N.A.	N.A.

资料来源：《中小企业技术创新基金中国技术市场统计报告》（2004—2014），《国家知识产权局专利统计年报》（2012a），《科技部科技统计年报》（2008—2013），《教育部科技统计报告》（2007—2013）。

技术转让与知识产权政策限制

如今，尽管中国对研发活动的投资巨大，中国大学的专利技术转让率却保持在低位，每年在2%（《人民日报》，2015）至5%（教育部，2015）的范围内变动。全国的专利技术转让率为10%（每经网，2014），而政府希望高校的技术转让率能达到80%（Zhao，2015），这种期望显然是不合理的。

除了大学基础研发和行业内商业应用之间技术成熟度的差距，技术转让率如此低下的另一个主要原因是中国知识产权制度的缺陷，包括激励政策、所有权和决策权、知识产权保护、政策障碍以及利润分配等方面的不足。

第一个问题涉及**大学专利和技术转让激励措施的缺失**。在国家层面上，专利数量以及技术转让所得的收益已经成为教育部设定的评估高校创新绩效的重要标准（Tang，2006）。虽然技术转让在《促进科技成果转让法》中被专门提及（见下文），但它尚未被纳入高校的绩效评价体系（教育部，2015）。迫于专利申请的压力，大学研究人员通常面临着技术产权处理方式选择的两难境地，因为并非所有的技术都可以申请专利，而其他方法可能不符合年度绩效要求（Li，2015）。对于大学的研究人员，只有满足绩效指标才能获得科研经费、职称评定、奖励和认可。由于申请专利主要是为了满足绩效目标，因此大学的研究人员不会充分考虑技术发展中的商业化、侵权和效用问题（Li，2015），这导致了技术的不成熟和垃圾专利的盛行（教育部，2015）。尽管高校的专利数量巨大，但研发人员因时间和资源限制不能自主投资及追求技术转让（教育部，2015；Zhao，2015）。目前，中国高校缺乏如西方高校那样促进、支持和扩大技术转让的支撑体系（教育部，2015）。

第二个问题涉及**专利和技术转让的知识产权归属及决策权**。1993年以前，中国的监管政策并未涉及国家资助研究的知识产权归属问题，因此，知识产权的归属是不确定的（Lin，2011）。此后，引导、规范、保障和促进中国高校技术转让的三个主要政策出台。

《科学技术进步法》：1993年，中国出台了自己的"拜杜法案"，被称为《科学技术进步法》（全国人民代表大会，2007），旨在授予中国大学对政府资助的技术与知识产权的商业化权利。2007年，该法得到修正，进一步明确了所有权并增加了限制性条款（Guan et al.，2005）。

《促进科技成果转让法》：1996年，该法旨在推进、指导、规范大学和研究机构中政府资助的知识产权技术转让（科技部，2015；每经网，2014）。2013年，各部委联合修正了该法并出台草案指出：修正案一旦通过，将使大学在技术成果的转让、许可、投资、议价和交易中拥有更大的自主权，并简化行政程序（辽宁省，2015；科技部，2015；每经网，2014；国务院信息中心，2015）。

《企业国有产权转让管理暂行办法》（国务院国资委、财政部令第3号）：

该法于 2003 年通过，由国务院国资委和商务部共同拟定，在国资委的职权范围内规范国有技术转让（国务院，2003）。

这些法律划分了高校技术转让和商业化过程中各机构的角色（见下栏）。从此，大学将在技术转让方面享有更大的自主权，行政审批程序也得以简化。

> **不同机构在大学技术转让和商业化过程中的角色**
>
> - 国务院国资委负责国有资产的监督管理以及相关法律法规的起草工作。根据《企业国有产权转让管理暂行办法》，国资委当前的实际任务是批准大学出售和转让国有资产的请求（国务院，2003）。未经国资委批准，大学不得开展技术商业化。若发生违规行为，大学及其研究人员将被追究刑事责任（国务院，2008b）。
> - 对于"国有资产"，大学是技术或知识产权的唯一拥有者（全国人民代表大会，2007；武汉大学苏州研究生院，2013）。
> - 技术转让办公室或研发管理部门负责管理大学拥有的知识产权（Li，2015；武汉大学苏州研究生院，2013；浙江大学，2005），与利益相关者（即高校和地方政府等）协调研发合作事宜（Xue，2009），并向政府报告大学年度创新和技术转让成果（科技部，2015）。
> - 大学研究人员（即教授、博士后、博士）作为发明者负责技术的管理、操作和更新（浙江大学，2005）。研究人员负责向大学报告其技术成果，并将成果转交给技术转让办公室或研发管理部门，以便于进行知识产权的管理。在这之后，技术转让办公室或研发管理部门与研发人员在技术转让、所有权和利润分配方面共同进行决策（教育部，2015）。

第三个问题涉及**大学知识产权转让或出售的法律风险**。根据目前的政策，大学必须经过国资委漫长而复杂的行政审批程序后，才被允许转让或出售知识产权，否则视为违反法律。漫长的审批过程，削弱了技术转让/出售的及时性和有效性（每经网，2014）。任何没有预先经国资委批准的技术转让或出售，都可能构成违法行为。根据《国有资产法》第 75 条关于责任双方的规定："……违反本法规定，构成犯罪的，依法追究刑事责任。"（每经网，2014）

这里说明这个过程的复杂性：大学研究人员为了进行技术转让，必须依次获得学院、技术转让办公室或研发管理部门，或所在高校（如果是重大发明）的批准（浙江大学，2005）。院校层面的审批通过后，技术转让办公室或研发管理部门向地方及中央政府国资委提交技术转让的请示并等待审批（武汉大学苏州研究生院，2013；国务院，2008b）。大学须请专门机构对技术进行评估（国务院，2008b）。最后，如果交易经国资委认可，它必须发生在指定的交易所，并向社会公开招标（国务院，2008b）。事实上，大学和研究人员高度关注这一要求，因为这意味着在新的发明和专利技术实现行业应用及商业化之前就必须向社会公开（Zhao，2015）。如果技术的竞标价格远低于估价（低于评估价值的 90%），国资委有权取消交易并阻止技术转让（国务院，2008b）。此外，考虑到中国技术目前的发展速度，在交易最终完成之时，该技术很可能已经过时。除去其他的细枝末节，单是整个国资委的审批过程就需要两年，甚至更久。

2013 年，中国启动了一项法律审批程序，授予大学（知识产权所有者）及其研究人员（知识产权发明者）对出售和转让国有资产更大的自主权，以简化大学技术转让流程（科技部，2015；每经网，2014）。一旦最后的"征求意见稿"在 2015 年年底前通过，高校将只需公布经批准的技术转让交易，而不必经过国资委审批。

第四个问题是**大学研究人员的初创企业和最终上市的政策障碍**。高校政策鼓励研究人员离开当前的教学和研究岗位，并创立企业以促进技术转让（教育部，2015）。有创业意向的研究人员必须首先经过所在大学和地方及中央政府国资委的批准（武汉大学苏州研究生院，2013）。申请被批准后，研究人员要向所在高校的技术转让办公室或研发管理部门提交证明文件，经批准后，可停薪留职三年（教育部，2015）。因此，大学研究人员面临着冲突的工作要求，这最终会影响大学教育和培训的质量（教育部，2015）。

尽管创立企业进行技术转让的方式在发达国家已得到成功的实践，但中国缺乏一个全面的制度性支持机制以促进创业成功和发展（《人民日报》，2015）。近日，中国阐明立场，称支持所有符合国家要求的初创企业公开上市（国防部，2015；国务院，2015a）。初创企业上市必须得到地方和中央国资委的批准。如果技术转让企业经国资委批准，业主还须向中国证券监督管理委员会（中国证监会）提交上市申请，如果上市配额尚未满足则需遵守上市协议。然而，在一般情况下，批准国有资产转让的复杂而漫长的过程，使上市多半遥遥无期。没有选择余地以及公开上市的难度会影响一家初创企业的价值，从而导致对知识产权的低估。

最后一个问题是**大学所有的知识产权技术转让的利润分配**。长期以来，由于缺乏总体的国家政策，大学的利润分配问题尚未得到规范。2015 年，政府宣布，技术转让所产生的利润将归属于研究人员所在的大学，并列入该大学研发和技术转让的预算中（国防部，2015；每经网，2014；国务院，2015a）。此外，知识产权技术成功转让后，其贡献者可获得奖励并得到不少于 50% 的利润分成（教育部，2015）。此外，国务院法制办还明确了职务发明报酬的计算方法：以年度营业利润（发明专利或实用新型专利提取 5%，其他为 3%）或年销售额（在知识产权有效期内，发明专利或实用新型专利提取 0.5%，其他为 0.3%）来估算知识产权月度或年度报酬支付，且不得超过知识产权累计收益的 50%。

实用新型专利保护制度的有效性

自 1985 年《专利法》生效以来，中国的实用新型专利制度一直饱受争议。实用新型专利制度最初的目的是促进和保护中小规模企业的发明活动，向申请人提供与发明专利、外观设计专利同等级别的知识产权保护的捷径（国家知识产权局，2012b，2013）。

中国的专利活动与实用新型专利发展现状

中国的专利申请数量自2011年以来位居世界第一，领先于美国、日本、韩国和德国（WIPO，2015）（见图7.1）。2013年，中国的专利申请数量占世界总数的32%，同比增长了26%。此外，2012年至2013年，实用新型专利申请和批准数量保持了21%的年增长率，而发明专利和外观设计授予数量均处于负增长，同期分别减少了4%和12%。根据国家统计局的数据，由于实用新型专利的驱动，2013年中国专利申请和批准总数分别增长了16%（2 377 061件）和5%（1 313 000件）（见图7.2），其中实用新型专利数量分别占总数的38%和53%。2013年，实用新型专利申请和授权数量分别达到892 362件和692 845件，远高于发明专利的67 226件、485 157件以及外观设计的232 799件、280 378件。如果延续同样的专利鼓励政策和专利审查严格度，实用新型专利将持续增长，从而实现中国2014年至2020年的知识产权目标（国务院，2015b）。

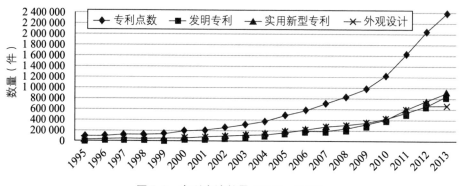

图7.2 专利申请数量（1995—2013）

资料来源：国家统计局（2015c，2015d）。

中国的实用新型专利制度和潜在的制度滥用

正如前文所述，《专利法》在范围、有效性和实施方面给予了实用新型专利与发明专利同等水平的保护。于是，制度本身违背了促进创造力和创新性的初衷。该制度鼓励发明者申请技术含量更低的专利，并利用其相对宽松的审查、较少的申请费用以及更短的审批时间（Moga，2012）。实用新型专利被滥用包括以下几个方面：

技术复杂程度。实用新型专利和发明专利在专利技术方面的技术复杂程度不同，发明专利涵盖了新产品和新工艺，而实用新型专利范围更狭窄，只涵盖新的产品形状、构造或者其结合（国家知识产权局，2008）。尽管实用新型专利的范围更窄，但有记录显示，在某些情况下出现了超出限定范围的更广的技术使用案例（Moga，2012）。这为申请人创造了提交更广范围的实用新型专利并优先获得市场优势的机会（即提高利润和限制市场竞争）。

审查程序。实用新型专利的专利审查程序不如发明专利那样严格，这就导致了低价值或无价值的抄袭及重复申请。政府已经意识到这个问题（国家知识产权局，2013）。

专利申请费。中国的实用新型专利费用比发明专利更低廉，这促使许多财力有限的申请人提交申请，同时也导致垃圾专利的申请成本相对低廉。

批准时间。实用新型专利的批准时间为提交申请后七个月到一年不等，远远短于发明专利申请的批准时间。

对实用新型专利有效性的质疑

中国的《专利法》允许公民向国家知识产权局专利复审委员会（PRB）提交请求，质疑授权专利的有效性。宣告一项实用新型专利无效是困难的，因为它的发明标准很低，而寻找足够的证据需要耗费大量的时间和金钱（Moga，2012）。请求人还应考虑裁决结果的风险性和庭外和解的可能性（Moga，2012）。

平均而言，无效化请求需要长达两年的复审时间且花费昂贵，尤其是相比于实用新型专利的快速和低廉。根据专利复审委员会关于专利无效化案件的数据，实用新型专利是发明专利的 2 倍还多（见表 7.5），而宣告无效的实用新型专利占授权总数的比重不足 1%。

表 7.5　2008—2013 年专利宣告无效的统计数据

年份	收到的无效请求				解决的无效请求			
	总数	发明专利	实用新型	外观设计	总数	发明专利	实用新型	外观设计
2008	2 038	17.40%	48.50%	34.10%	2 727	15.50%	50.60%	33.80%
2009	2 247	19.80%	49.00%	31.20%	2 310	19.70%	46.70%	33.60%
2010	2 411	21.10%	47.60%	31.30%	1 946	19.90%	50.60%	29.50%
2011	2 749	20.60%	48.10%	30.90%	2 567	21.60%	48.50%	29.90%
2012	2 941	20.50%	44.80%	34.70%	2 599	20.00%	47.10%	32.90%
2013	2 930	20.60%	47.60%	31.80%	2 313	19.20%	47.90%	32.90%

资料来源：国家知识产权局年度报告（2008—2013）。

实用新型专利与发明专利的无效化比率相同（见表 7.6）。由于实用新型专利的审查漏洞在复审时应更加明显，所以预期其无效化概率应更高，但事实却与预期相反。另外，如果一个侵权案件诉诸法庭，实用新型专利并非更容易被宣告无效（Cao，2013；Cao et al.，2014）。

表 7.6　2008—2013 年专利宣告无效案件和解决的统计数据

年份	发明专利			
	处理案件总数	保留权益的	部分无效的	全部无效的
2008	309	35%	24%	41%
2009	336	35%	24%	41%
2010	261	30%	25%	45%
2011	381	33%	20%	47%
实用新型				
2008	1 045	37%	18%	45%
2009	861	35%	17%	48%
2010	727	33%	16%	50%
2011	990	34%	14%	51%
外观设计				
2008	655	44%	0%	56%
2009	588	41%	0%	59%
2010	401	38%	0%	62%
2011	559	45%	0%	55%

资料来源：国家知识产权局专利复审委员会关于实用新型专利无效化请求的统计（Furr and Palla，2012）。

专利复审委员会的数据显示，实用新型专利完全宣告无效的数量在 2007 年至 2008 年之间有 9% 的大幅提升（见表 7.7）。这种增长既可以归因于政府加大知识产权保护的力度，也与《国家知识产权战略纲要》的发布和《专利法》的修订有关。

表 7.7 2000—2013 年实用新型专利的专利无效案件和结果分布的统计

年份	专利无效化请求量（件）	解决的请求量*（件）	保留权益的		部分无效的		全部无效的	
			数量（件）	百分比（%）	数量（件）	百分比（%）	数量（件）	百分比（%）
2000	622	917	403	44	92	10	270	29
2001	605	865	335	39	103	12	272	31
2002	756	684	194	28	77	11	225	33
2003	834	701	201	29	71	10	213	30
2004	828	623	153	25	58	9	228	37
2005	924	743	223	30	71	10	232	31
2006	1 136	980	250	26	113	12	332	34
2007	1 006	1 113	336	30	142	13	399	36
2008	988	1 381	383	37	189	18	473	45
2009	1 102	1 078	300	35	145	17	416	48
2010	1 147	984	243	33	119	16	365	50
2011	1 323	1 245	341	34	142	14	507	51
2012	1 318	1 224	N.A.	N.A.	N.A.	N.A.	N.A.	N.A.
2013	1 394	1 107	N.A.	N.A.	N.A.	N.A.	N.A.	N.A.

* "解决的请求量"包括申请人已"撤销或其他"的情况。

资料来源：国家知识产权局专利复审委员会实用新型专利无效化请求的统计（Furr and Palla，2012；Moga，2012；国家知识产权局，2008—2013）。

现实情况是，在授权之前的审查和批准后的复审之间存在一种权衡，无效化请求占专利批准量的比重不到 1%。因此，从成本分析的角度看，授权后的复审程序是解决越来越多的无效化请求案件最有效的途径（参见图 7.3）。

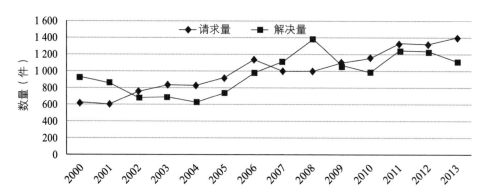

图 7.3 国家知识产权局复审委员会关于实用新型专利无效化请求的统计（2000—2013）

资料来源：国家知识产权局专利复审委员会关于实用新型专利无效化请求的统计（Furr and Palla；2012；国家知识产权局，2008—2013）。

外国企业在中国的实用新型专利活动较少的原因

实用新型专利的成本优势对财力有限的企业格外有吸引力。然而，外国企业申请的实用新型专利数量显著少于国内企业。自1995年以来，国内的实用新型专利申请和授权量占总数的99%，而国外企业只占1%（国家统计局，2015c，2015d）。根据美国商会2012年的研究，对于国外申请人较少申请实用新型专利有很多解释，主要可分为三方面：实用新型专利制度的缺陷，技术专利的适用性，以及行为偏好的差异。

- **实用新型专利制度的缺陷**。实用新型专利的保护力度不足。首先，国外的专利律师对中国的实用新型专利制度不了解，因而容易持怀疑态度。这种担忧是合理的，因为实用新型专利制度并未在国际上广泛应用。其次，发明专利的费用虽然更昂贵，审查周期也更长，但它的保护力度更大，且在国际司法管辖区内具有可衡量的价值。然而，实用新型专利的保护力度弱，且存在风险，因此并没有显示出足够的成本优势。
- **技术和专利的适用性**。技术保护需求和保护类型之间存在着不匹配。首先，实用新型专利定义的技术范围较窄，并非适用于所有的技术和行业。其次，考虑到技术产品的生命周期和市场寿命，有些技术需要比十年时间更长的保护，而实用新型专利的保护期限只有十年。在某些情况下，由于技术的复杂程度，外国企业从研发到生产再到上市需要更长的时间跨度。此时，外国企业更偏好保护周期更长的发明专利。

▶ **行为偏好的差异**。外国企业自身对专利的偏好可能导致其避免采用实用新型专利。首先，国内外企业在专利申请行为上存在不同：外国企业申请专利的优先级顺序依次为发明专利、设计专利和实用新型专利，而中国企业恰恰相反（Moga，2012）。这种差异取决于企业本身的技术能力（Cao，2014）和技术本身的复杂性等级。其次，为了避免后续的法律风险，外国企业不愿意累积价值模糊的专利。最后，由于研发和产品开发过程需要投入大量的时间及资金，企业更愿意投资于能够提供长期市场寿命和持续收入的专利（Cao，2013）。

结　论

中国正步入知识经济时代，知识与技术创新在经济发展中扮演着日益重要的角色。为了促进经济与社会的可持续发展，国家面临着全面完善知识产权制度、保护科技成果的巨大压力。这需要全面实施《国家知识产权战略纲要》及相关知识产权促进政策，以解决系统性的制度缺陷，并允许市场力量来引导中国技术创新的方向。本章旨在介绍中国知识产权制度的现状和缺陷，指出核心问题，并提供可行的政策建议。

本章的第一部分揭示了专利激励措施造成垃圾专利盛行的主要原因。问题的根源在于专利申请的动机是出于行政奖励而非市场需求。这一激励制度在催生大量知识产权方面发挥了有效作用，也大大缩短了社会熟悉知识产权制度所需的时间。但由于获得激励的门槛很低，出现了滥用现象。

从政策角度看，中国正试图重新调整绩效和激励制度，让市场力量成为未来技术发展的主要驱动力并遏制垃圾专利（《人民日报》，2015；国防部，

2015；国务院，2015a）。从发展的角度看，无处不在的垃圾专利是这一学习过程的产物，因为中国的知识产权历史较短，可追溯的仅有 30 年。而知识产权制度较成熟的国家，如日本，在 20 世纪 80 年代到 90 年代（Freeman，1987；Hu and Mathews，2008，2009；Kim，1997）经历了同样的从模仿到创新的发展过程，其政府运用产业发展政策来引导经济向高附加值活动转型（Fuller，2015）。唯一的区别是中国的垃圾专利规模更大。尽管垃圾专利充斥着市场并引发利益相关者的高度关注，但这些专利本身是无害的，因为它们不具有任何价值，也不影响市场的良性竞争。

为了改革中国知识产权制度以刺激创新，我们认为，第一，中国必须在不影响现有绩效基准的前提下，调整激励制度以追求高附加值的技术发明活动。第二，中国必须提高获得激励的门槛（《人民日报》，2014a，2014b）并加强专利审查的严格度（Moga，2012），以防止制度滥用，并保证专利质量。第三，为防止专利侵权，中国必须根据侵权和利润损失的严重程度加以规范，按比例提高补偿和惩罚性赔偿的额度。第四，需要重新评估专利激励系统的有效性，在物尽其用之后逐步将其淘汰。

本章的第二部分讨论了影响大学专利活动和制约技术转让的现行政策。政策缺陷和缺乏制度支持是大学技术转让率低的主要原因。为了解决这些问题，政府目前正致力于简化技术转让的审批程序。政府和大学均有责任制定并实施可操作的政策以支持技术转让。在国家层面，制定并实施《中华人民共和国促进科技成果转让法》，授予大学自主权，将消除大量制度性障碍，并简化行政程序。大学将根据国家法律调整内部政策，并激励研究人员从事技术转让。例如，学术界的知识产权专家建议采取以下措施：将技术转让作为关键绩效指标，消除相互冲突的工作要求，实施利润分配及技术报酬政策，加强制度支持，以促进技术转让和孵化初创企业，并拨出足够的资金支持研究人员对有价值的知识产权进行开发、转让、保护、维护和更新（教育部，2015）。

在实践中，推动高校创新和技术转让的关键在于使其拥有更大的自主权。因此，国家需要修正《国有资产法》，让技术转让不受制于漫长而复杂的审批过程。此外，大学需要迅速规范和执行配套的利润分配政策。

本章的最后一部分讨论了实用新型专利制度的低效率及其对外国企业申请实用新型专利的影响。企业专利活动由多种企业层面的因素共同决定（如知识产权保护体系的有效性、技术和专利选择的适用性以及固有的行为特征）。因此，鉴于企业会对技术需求做出谨慎的评估来权衡保护知识产权的各种方法，外国企业实用新型专利的低申请率不能完全归咎于对制度低效率的综合评价。自从 2008 年《国家知识产权战略纲要》实施以来，中国一直致力于建立更健全的专利监督机制，确保专利申请的质量，并加强监管、审查和对低质量专利的处理（国家知识产权局，2014b；国务院，2015b）。从知识产权制度的角度来看，实用新型专利是一项帮助发明人以低成本、短时间申请小发明专利的有效工具。根据日本和韩国的经验，中国可能不需要废除实用新型专利制度；相反，中国应继续努力提高知识产权政策的严格度并改善知识产权制度体系。预计中国的实用新型专利年度数量将有所下降（JPO，2014；KIPO，2013）。

效仿日本和韩国的成功经验，中国将通过提高激励门槛和申请要求来遏制垃圾专利的增长，提高国内技术创新的能力，克服实用新型专利制度的缺陷。

参考文献

北京市知识产权局. 北京市财政局关于印发北京市专利资助金管理办法的通知. 10 月 20 日. 参见 http://www. bjipo. gov. cn/zwxx/zwgg/201410/t20141020_32950. html.

Cao, S. 2013. Faster but Shorter versus Longer but Slower Patent Protection: Which Do Firms Prefer? Innovation Seminar, University of California Berkeley College of Engineering, Fung Institute for Engineering Leadership, https://www. funginstitute. berkeley. edu/sites/default/files/Long%20UM%20IP%20SWC%2020130808_0. pdf.

Cao, S. 2014. Speed of Patent Protection, Rate of Technology Obsolescence and Optimal Patent Strategy: Evidence from Innovation Patented in U. S., China, and Several Other Countries. Environment and Resource Economics Seminar, Department of Agricultural and Resource Economics, University of California Berkeley, http://are. berkeley. edu/fields/erep/seminar/f2014/siwei_cao_patents. pdf.

Cao, S., Lei, Z., and Wright, B. 2014. Speed vs. Length of Patent Protection: Evidence from Innovations Patented in U. S. and China. Job Market Paper, Department of Agricultural and Resource Economics, University of California Berkeley, https://are. berkeley. edu/sites/default/files/job-candidates/paper/SiweiCao_JMP121014. pdf.

倚天商务信息网. 2005. 我国出现申请专利热潮 垃圾专利比重高达50%. 11月16日. 参见 http://www. ecchn. com/20061116ecnews3847511. html.

成都市知识产权局. 2013. 成都市专利资助管理办法(2013年). 参见 http://www. cdip. gov. cn/ReadNews. asp? NewsID=11735/.

中国新闻网. 2005. 胡锦涛主席就提高中国科技自主创新能力提三要求. 6月3日. 参见 http://www. chinanews. com. cn/news/2005/2005-06-03/26/582433. shtml.

中国新闻网. 2014. 2013年国家财政科技支出为6 184. 9亿 比上年增10. 4%. 10月30日. 参见 http://www. chinanews. com/gn/2014/10-30/6734769. shtml.

教育部科技司. 2007—2013. 高等学校科技统计资料汇编. 参见 http://www. dost. moe. edu. cn/dostmoe/.

Economist. 2010. Patents, Yes; Ideas, Maybe. *The Economist*, October 14. Available at http://www. economist. com/node/17257940/.

Etzkowitz, H. 2001. The Second Academic Revolution and the Rise of Entrepreneurial Science. *Technology and Society Magazine*, IEEE, 20: 18-29.

Etzkowitz, H., and Leydesdorff, L. 2000. The Dynamics of Innovation: From National Systems and "Mode 2" to a Triple Helix of University-industry-government Relations. *Research Policy*, 29: 109-123.

Freeman, C. 1987. *Technology Policy and Economic Performance: Lessons from Japan*. London: Pinter.

Freeman, C. 1989. *Technology Policy and Economic Performance*. London: Pinter.

Freeman, C. 1995. The "National System of Innovation" in Historical Perspective. *Cambridge Journal of Economics*, 19: 5-24.

付晔, 蒋兴华, 马强. 2010. 中国传统文化对国内专利产出质量的影响分析[J]. 科技管理研究. 16: 252—256.

Fuller, D. 2015. China's Political Economy and Prospect for Technological Innovation-based Growth. In *Building Innovation Capacity in China: An Agenda for Averting the Middle Income Trap*, (ed.) A. Lewin, J. P. Murmann, and M. Kenney. Cambridge: Cambridge University Press.

Furr, R. B., and Palla, S. W. 2012. Invalidity Rate Study: China. Intellectual Property Organization.

Graff, G. D. 2007. Echoes of Bayh-Dole? A Survey of IP and Technology Transfer Policies in Emerging and Developing Economies. In *Intellectual Property Management in Health and Agricultural Innovation: A Handbook of Best Practices*, Volumes 1 and 2, (ed.) A. Krattiger, R. Mahoney, L. Nelsen, J. Thomson, A. Bennett, K. Satyanarayana, C. Fernandez, and S. Kowalski. Oxford: MIHR, and Davis, CA: PIPRA, 169-195.

Griliches, Z. 1990. Patent Statistics as Economic Indicators: A Survey. *Journal of Economic Literature*, 28: 1661-1707.

Guan, J. C., Yam, R. C., and Mok, C. K. 2005. Collaboration between Industry and Research Institutes/Universities on Industrial Innovation in Beijing, China. *Technology Analysis & Strategic Management*, 17: 339-353.

河北省知识产权局. 2007. 河北省2007年度授权专利补贴第一批达120万. 9月6日. 参见 http://www.hbipo.gov.cn/show/6212.

Hu, M.-C., and Mathews, J. A. 2008. China's National Innovative Capacity. *Research Policy*, 37, 1465-1479.

Hu, M.-C., and Mathews, J. A. 2009. Estimating the Innovation Effects of University-industry-government Linkages: The Case of Taiwan. *eContent Management*, 15 (2): 138-154.

Huang, C. 2012. Estimates of the Value of Patent Rights in China. *United Nations University—Maastricht Economic and Social Research and Training Centre on Innovation and Technology*, 48.

全国技术市场统计年度报告. 科学技术部发展计划司. 中国技术市场管理促进中心. 参见 http://www.innofund.gov.cn/jssc/tjnb/.

JPO (Japan Patent Office). 2014. Japan Patent Office annual report 2014. Tokyo. Available at http://www.jpo.go.jp/shiryou_e/toushin_e/kenkyukai_e/pdf/annual_report2014/part1.pdf.

Kim, L. 1997. *Imitation to Innovation: The Dynamics of Korea's Technological Learning*. Boston: Harvard Business School Press.

KIPO (Korean Intellectual Property Office). 2013. Statistics: Applications. Daejeon. Available at http://www.kipo.go.kr/upload/en/download/Applications.xls.

Krumm, K. L. and Kharas, H. J. 2004. *East Asia Integrates: A Trade Policy Agenda for Shared growth*. Washington, D. C.: The World Bank and Oxford University Press. Available at https://openknowledge.worldbank.org/bitstream/handle/10986/15038/280410PAPER0East0Asia0Integrates.pdf?sequence=1/.

Li, X. 2012. Behind the Recent Surge of Chinese Patenting: An Institutional View. *Research Policy*, 41: 236-249.

浙江大学管理学院知识产权管理研究所. 2015. 高校知识产权管理困境与出路:以浙江大学为例. 高校与研究所知识产权管理的国际比较.

辽宁省. 2015. 关于加快促进科技成果转化的若干意见(辽科发〔2015〕1号). 辽宁省研发信息. 1月19日. 参见 http://www.lninfo.gov.cn/uploadfile/2015/0130/20150130105102221.pdf.

Lin, M. 2011. China Bayh-Dole Act: A Framework Fundamental to Achieving the Economic Potential of China's National Patent Development Strategy (2011-2020). In *Spring 2011 Eye on China Newsletter*, Foley & Lardner LLP. April 22. Available at http://www.foley.com/intelligence/detail.aspx?int=8043.

Liu, K., Liu, C., and Huang, J. 2014. IPR in China: Market-oriented Innovation or Policy-induced Rent-seeking? Workshop on the Actual Role of IPRs in Technological and Business Innovation, School of Law, Singapore Management University, Singapore.

中共中央关于全面推进依法治国若干重大问题的决定. 新华网. 2014年10月28日. 参见 http://www.gov.cn/zhengce/2014-10/28/content_2771946.htm.

《国家知识产权战略目标与发展阶段研究》课题组. 2008. 我国的知识产权发展进入战略转型期[J]. 决策咨询通讯. 1: 45—49.

Lundvall, B.-A. 1992. *National Innovation System: Towards a Theory of Innovation and Interactive Learning*. London: Pinter.

国防部. 2015. 中共中央国务院关于深化体制机制改革 加快实施创新驱动发展战略的若干意见. 参见 http://www.mod.gov.cn/xwph/2015-03/24/content_4576385.htm.

教育部. 2015. 健全知识、技术、管理、技能等由要素市场决定报酬机制的调研报告. 教育部科技司课题组.

Moga, T. 2012. China's Utility Model Patent System: Innovation Driver or Deterrent? Washington, D. C.: U. S. Chamber of Commerce Asia. Available at https://www.uschamber.com/sites/default/files/legacy/international/files/020939_ChinaUtilityModel_2013Revised_FIN%20%281%29.pdf.

科技部. 2008. 关于印发《高新技术企业认定管理办法》的通知. 参见 http://www.most.gov.cn/fggw/zfwj/zfwj2008/200804/t20080428_61006.htm.

科技部. 2008—2013. 科技统计报告. 发展规划司.

科技部. 2010—2013. 中国科技统计数据. 参见 http://www.sts.org.cn/sjkl/kjtjdt/.

科技部. 2015. 促进科技成果转化法修正案（草案）条文. 参见 http://www.most.gov.cn/tztg/201503/t20150305_118402.htm.

每经网. 2014. 国务院通过促进科技成果转化法修正案（草案）. 11月20日. 参见 http://www.nbd.com.cn/articles/2014-11-20/877210.html.

每经网. 2014a. 2013年全国科技经费投入统计公报. 参见 http://www.stats.gov.cn/tjsj/tjgb/rdpcgb/qgkjjftrtjgb/201410/t20141023_628330.html.

每经网. 2014b. 统计局：2013年我国GDP增速7.7%. 参见 http://finance.sina.com.cn/china/hgjj/20140224/093418308381.shtml.

NBS. 2015a. Basic Statistics on Higher Education for S&T Activities. Available at http://data.stats.gov.cn/english/easyquery.htm?cn=C01/.

NBS. 2015b. Basic Statistics on S&T Activities. Available at http://data.stats.gov.cn/english/easyquery.htm?cn=C01/.

NBS. 2015c. Three Kinds of Applications for Patents Accepted. Available at http://data.stats.gov.cn/english/easyquery.htm?cn=C01/.

NBS. 2015d. Three Kinds of Patents Granted. Available at http://data.stats.gov.cn/english/easyquery.htm?cn=C01/.

Nelson, R. 1993. *National Innovation Systems: A Comparative Analysis.* New York: Oxford University Press.

NPC (National People's Congress). 2007. Law of the People's Republic of China on Progress of Science and Technology. Standing Committee. Available at http://www.npc.gov.cn/englishnpc/Law/2009-02/20/content_1471617.htm.

OECD (Organization for Economic Cooperation and Development). 1997. National Innovation Systems. Available at http://www.oecd.org/science/inno/2101733.pdf.

《人民日报》. 2006. 1978年3月18日邓小平在全国科学大会开幕式上的讲话. 1月5日. 参见 http://scitech.people.com.cn/GB/25509/56813/57267/57268/4001431.html.

《人民日报》. 2014a. 代表陈学东：考核专利数量易出"垃圾专利". 参见 http://ip.people.com.cn/n/2014/0307/c136655-24561817.html.

《人民日报》. 2014b. 两会提案：调整专利费用比例大力遏制垃圾专利. 3月7日. 参见 http://scitech.people.com.cn/n/2014/0307/c1007-24557877.html.

《人民日报》. 2015. 专利授权实际赔偿额平均8万 专家建议提高金额. 2月6日. 参见 http://ip.people.com.cn/n/2015/0206/c136655-26519125.html.

乔永忠，文家春. 2009. 国内外发明专利维持状况比较研究[J]. 科学学与科学技术管理，6：29—32.

Rosenberg, N., and Nelson, R. R. 1994. American Universities and Technical Advance in Industry. *Research Policy*, 23: 323-348.

SASAC. n.d. State-Owned Assets Supervision and Administration Commission of the State Council (SASAC) Main Functions. Available at http://en.sasac.gov.cn/n1408028/n1408521/index.html.

国务院信息中心. 2015. 辽宁省"关于加快促进科技成果转化的若干意见"新闻发布会. 参见 http://www.scio.gov.cn/xwfbh/gssxwfbh/fbh/Document/1396282/1396282.htm.

国务院法制办. 2015. 国务院法制办公室关于"职务发明条例草案（送审稿）"公开征求意见通知. 参见 http://www.chinalaw.gov.cn/article/xwzx/tpxw/201504/20150400398828.shtml.

上海市知识产权局. 2012. 上海市专利资助办法（2012年修订）. 参见 http://www.sipa.gov.cn/gb/zscq/node2/node23/userobject1ai9494.html.

SIPO (State Intellectual Property Office). 2008. Patent Law of the People's Republic of China. Available at http://english.sipo.gov.cn/laws/lawsregulations/201101/t20110119_566244.html.

SIPO. 2008-13. SIPO Annual Reports. Available at http://english.sipo.gov.cn/laws/annualreports/.

国家知识产权局. 2009. 北京市发明专利奖励办法. 参见 http://www. sipo. gov. cn/twzb/bjfmzlj/bjzl/200904/t20090420_454649. html.

国家知识产权局. 2012a. 2012 专利统计简报. 参见 http://www. sipo. gov. cn/ghfzs/zltjjb/201310/P020131025653662902318. pdf.

国家知识产权局. 2012b. 中国实用新型专利制度发展状况(全文). 参见 http://www. gov. cn/gzdt/2012-12/21/content_2295766. htm.

SIPO. 2013. Development of China's Utility Model Patent System. Available at http://english. sipo. gov. cn/news/official/201301/t20130105_782325. html.

国家知识产权局. 2014a.《国家知识产权战略纲要》颁布实施 6 周年. 参见 http://www. nipso. cn/zhuanti/zl6/.

SIPO. 2014b. The Promotion Plan for the Implementation of the National Intellectual Property Strategy in 2014. Available at http://english. sipo. gov. cn/laws/developing/201405/t20140505_944778. html.

SIWU (Suzhou Institute of Wuhan University). 2013. Wuhan University Science and Technology transfer, Licensing, and Industrialization Regulations. Available at http://www. pxto. com. cn/JiGou/dt-show. asp? Resource_ID=169566&ID=63a302d2d6598b61/.

国务院. 2003. 国务院国有资产监督管理委员会中华人民共和国财政部第 3 号令企业国有产权转让管理暂行办法. 参见 http://www. gov. cn/gongbao/content/2004/content_62922. htm.

国务院. 2006. 国家中长期科学和技术发展规划纲要(2006—2020 年). 参见 http://www. gov. cn/jrzg/2006-02/09/content_183787. htm.

国务院. 2008a. 国家知识产权战略纲要全文. 参见 http://www. nipso. cn/onews. asp? id=9592/.

国务院. 2008b. 中华人民共和国主席令第 5 号中华人民共和国企业国有资产法. 参见 http://www. gov. cn/flfg/2008-10/28/content_1134207. htm.

State Council. 2015a. Full Transcript of Policy Briefing of the State Council on March 27, 2015. Available at http://english. gov. cn/news/policy_briefings/2015/03/27/content_281475078591808. htm.

国务院. 2015b. 国务院办公厅关于转发知识产权局等单位深入实施国家知识产权战略行动计划(2014—2020 年)的通知(国办发〔2014〕64 号). 参见 http://www. gov. cn/zhengce/

content/2015-01/04/content_9375. htm.

孙佳明. 2014. 论我国垃圾专利问题[J]. 法制与社会. 20:273—281.

最高人民法院. 2015. 最高人民法院关于修改最高人民法院关于审理专利纠纷案件适用法律问题的若干规定([2015]4号). 参见 http://www.court.gov.cn/zixun-xiangqing-3244.html.

Tang, M. 2006. A Comparative Study on the Role of National Technology Transfer Centers in Different Chinese Universities. GLOBELICS (Global Network for Economics of Learning, Innovation, and Competence Building Systems) 2006, Thiruvanathapuram, India.

天津市知识产权局. 2014. 关于2014年天津市专利资助领取的通知. 参见 http://www.tjipo.gov.cn/xwdt/tztg/201405/t20140526_65322.html.

Wang, Y. 2010. China's National Innovation System and Innovation Policy: Promotion of National Innovation Systems in Countries with Special Needs. United Nations Economic and Social Commission for Asia and the Pacific. Available at http://nis.apctt.org/PDF/CSNWorkshop_Report_P2S2_Wang.pdf.

Wang, H. 2015. University's IP Institute to Aid Tech Transfer. March 25. Available at http://www.chinadaily.com.cn/m/cip/2015-03/25/content_19908289.htm.

文家春. 政府资助专利费用引发垃圾专利的成因与对策[J]. 电子知识产权, 11: 21—25.

文家春, 朱雪忠. 2007. 我国地方政府资助专利费用政策若干问题研究[J]. 工作研究, 17 (102): 23—27.

文家春, 朱雪忠. 2009. 政府资助专利费用对我国技术创新的影响机理研究[J]. 科学学研究, 27(5): 686—691.

WIPO (World Intellectual Property Organization). 2015. WIPO IP Statistics Data Center. Available at http://ipstats.wipo.int/ipstatv2/.

吴汉东. 2009. 中国知识产权法制建设的评价与反思[J]. 中国法学, 1: 51—68.

新华网. 2012. 三门:出台专利奖励政策 搞发明创造奖励10万. 参见 http://www.zj.xinhuanet.com/dfnews/2012-11/21/c_113749526.htm.

新华网. 2015. 最高法修改司法解释 明确专利纠纷案件赔偿数额. 1月29日. 参见 http://news.xinhuanet.com/legal/2015-01/29/c_1114183208.htm.

Xue, L. 2006. Universities in China's National Innovation System. United Nations Educational, Scientific, and Cultural Organization's online Forum on Higher Education, Research, and

Knowledge, November 27-30. Available at http://portal. unesco. org/education/en/files/51614/11634233445XueLan-EN. pdf/XueLan-EN. pdf.

Xue, L. 2009. Globalization of S&T in China: Current Status and New Policies. Tsinghua University. March 29. Available at http://www. oecd. org/sti/sci-tech/42719725. pdf.

Zhang, G., and Chen, X. 2012. The Value of Invention Patents in China: Country Origin and Technology Field Differences. *China Economic Review*, 23: 357-370.

浙江大学管理学院知识产权管理研究所. 2015. 知识产权转化. 高校与研究所知识产权管理的国际比较.

浙江大学. 2005. 浙江大学科技成果知识产权管理办法.

第 8 章
建设中国中小企业的创新能力

John Child

翻译：雷玮

摘要： 本章主要关注中国中小企业的创新能力。在当今的大多数国家中，中小企业特别是高科技领域的中小企业，被视为创新的重要源泉。同时，中小企业的运营面临着规模等因素的制约，这限制了它们的创新表现。关于中国中小企业形成创新能力的条件，相关研究采纳了四种理论视角框架：（1）资源基础视角；（2）制度视角；（3）网络视角；（4）企业家视角。作为结论，本章提出了政策建议以及未来研究需要关注的问题。尽管本章关注的是中国中小企业的创新，但其中的观点对其他新兴经济体亦有潜在的参考价值。

引 言

在中国等新兴经济体中，创新成为规避中等收入陷阱的重要途径。此前新兴经济体主要依靠农村剩余劳动力向非农部门转移和技术赶超实现竞争优势，但如今这一模式已难以为继，人均收入持续增长的新动力来自以创新为依托的竞争力和生产力（World Bank，2013）。

从表面上看，中国在成为创新型国家的道路上已获得实质性的进展。自 2002 年起，发达经济体研发支出占全球研发支出的比例持续下降，而中国的数据则稳步上升。若以研发总支出占 GDP 的比重计算，中国的技术赶超率则更为惊人（SPI，UNU-Merit and AIT，2014）。中国现已成为新兴经济体中最重要的研发中心，印度以一定的差距位居其后。中国和印度目前是研发服务的净出口国，其不断增强的研发实力吸引着更多研发项目的涌入（Roland Berger，2012）。中国的专利申请量也实现了类似的飞跃，尽管在 2000 年还停留在较低水平，2010 年中国的专利申请量已达到日本的 2/3 和美国的 1/2（SPI，UNU-Merit and AIT，2014）。

根据《全球竞争力报告》，中国在"创新能力"方面的排名相对高于其他主要新兴经济体。在 2014 年度的报告中，中国在数据涵盖的全部 144 个国家中位居第 40 位。这一排名高于巴西、印度和俄罗斯，仅次于南非。在 2014 年全球创新指数排名中，中国在 143 个国家中位居第 29 位，在新兴经济体中排名最高（Global Innovation Index，2014）。此外，中国还在高科技出口方面排名第一。尽管中国已是研发投入大国和专利大国，但世界排名依然显示中国的实质性创新成就和发达经济体仍有一定的差距（Cao，Li，Li and Liu，2013）。

目前中国的创新面临一些难题。首先，在航空、生物技术和节能汽车等尖端行业的研发投入需要 15—20 年的时间才能实现商业化并获得回报，而其他一些知识密集型行业如信息、技术和通信行业则可以更快产生回报。其次，中国的创新多是模仿性、渐进性的，而非根本性创新。对于量化指标的片面强调忽视了创新的质量。如刘美娜和黄灿（本书第 7 章）所指出的，国内批准的中国专利质量良莠不齐。最后，国内的科技发展制度环境存在一定的缺陷，比如关键机构间协调不足、绩效评价环节薄弱，以及政治因素制约思想的自由交流等（Cao et al.，2013）。

在中国，民营部门是创新的主要贡献力量，而大型国有企业的创新表现则令人失望。在此形势下，中小企业将成为高附加值、高科技创新的领军者，这也是发达经济体呈现出的普遍特征。本章主要关注中国中小企业的创新能力，探讨中小企业对中国未来创新的贡献，并分析它们在创新过程中可能遇到的有利及不利因素。最后提出政策启示和未来值得探讨的问题。尽管本章关注的焦点是中国,但文中观点对其他新兴经济体的创新也具有参考价值。

中国的中小企业是创新之源

中小企业能够推动创新、增加出口和扩大就业,是未来经济发展的重要推动力。在大多数国家,中小企业都是创新的关键驱动力。发达经济体中天生全球化和知识型中小企业的发展表明,创新和出口之间具有相辅相成、互利共赢的可能性(Knight and Cavusgil, 2004)。

中国大概有1 170万家中小企业,占据全国企业总数的77%。中小企业贡献了60%的GDP,缴纳了一半的总税收,并提供了超过70%的新就业岗位(Xinhua, 2014a)。在中小企业中,制造业占52.8%,其次为批发和零售业(35.2%)、建筑业(4.6%)以及交通运输和仓储业(2.6%)。中小企业拥有强大的创业能动性,包括构建支持性网络关系和营造良好的政企关系。此外,中小企业在中国已经成为一股新的社会和经济力量。由于绝大多数中小企业为民营性质,它们在经济上的成功唤起了中央和地方政府对于它们经济贡献的认可,从而进一步推动了民营企业在法律和监管架构上的合法化(Fan and Child, 2013; Nee and Opper, 2012, 2013)。

整体而言,中小企业已经成为中国科技创新的重要驱动力。根据工信部的统计数据,中小企业创造了中国65%的专利发明,占据了80%的新产品开发。参与创新的中小企业相比于同类的大型国有企业拥有更高的专利产出。放在国际市场上进行比较,尽管中国中小企业的产品创新和工艺创新仍低于欧盟平均水平,但已可以和英国以及欧盟东欧成员国的中小企业并驾齐驱(SPI, UNU-Merit and AIT, 2014)。这些成就表明,小企业也能为中国经济创新贡献重要力量(Lundin, Sjöholm, Ping and Qian, 2007)。

然而,要全力实现中小企业对创新的贡献也面临重大的挑战。中国的大多数中小企业并未参与任何基础科学和技术的创新。它们并没有很好地将智力资本转化为创新的产品和服务。中小企业的繁荣更多依赖于改进现有技术来捕捉市场新机会,由此获得渐进式创新带来的高回报率。很多中国中小企业只是大企业的供应商,或是生产非常传统的产品,例如汽车零件和包装。相比于德国、美国和日本,中国的中小企业很少有成功的利基市场(niche market)的领导者(MasterCard Worldwide,2013)。很多中小企业过去的成功得益于以低成本生产相对成熟的产品,但如今在劳动力成本上升和与更低成本的发展中经济体竞争的形势下,中小企业的成功将取决于它们进行产品创新的能力(Hofman,Newman and Deng,2014)。

综上而言,中国的小型民营企业曾经长期被视为经济中的"二等公民",但如今它们对创新的贡献已经得到重视,同时人们也认识到要发挥它们的创新贡献面临很多阻碍。中小企业尽管已经成为政府培育创新小企业政策的主要对象(Magnier,2015),但它们和大型国有企业相比依然面临着制度支持的劣势。世界银行发布的《2030年的中国》(*China 2030*)报告中指出,创造重大科研突破的政府所属科研机构,并没有强烈的动机与那些能将新技术商业化运用的企业合作,特别是和中小企业的合作(World Bank,2013)。事实上,中小企业在官方统计中某种程度上仍是"隐藏部队",并没有得到应有的认可。

影响中小企业创新的因素及其与中国的关联

影响中小企业创新"质"和"量"的因素既包括阻碍因素,也包括促进因素。由于在大多数情况下阻碍因素和促进因素互为对立面,因此我们将二者一同讨论。这些因素可以分为四类,并且每类都对应一种不同的理论视角。这四种理论视角为:(1)资源基础视角;(2)制度视角;(3)网络视角;(4)企业家视角。以下我将概述每一种理论视角的观点,并讨论它们在中国情境乃至所有新兴经济体中的体现。

1. 资源基础视角

资源基础视角认为,企业的竞争力取决于企业获取并组织资源相对于竞争对手能够保持优势的能力。这些资源是稀缺的、有价值的并且难以复制的。专有的知识和技术可以为一家企业带来潜在的竞争优势，而内在创新是知识和技术的重要源泉。同时，创新本身也取决于企业对于资金、人才和知识等重要资源的获取能力。和大企业相比，中小企业控制的资源更少，因此它们进行创新更需要从外部的学术或商业伙伴那里获得技术和市场知识，作为对企业自身能力和学习动机的补充。

金融资源不足是中小企业创新面临的重要障碍，也制约着中小企业的成长和发展。创新所需的金融资源包括创业资金、研发投入资金和员工技能培训资金。研发投入和高素质人才相结合能够提高中小企业的知识吸收能力——判断、吸纳和开发利用外部的新知识以实现可以商业化运用的创新（Cohen and Levinthal, 1990）。在中国，训练有素且富有创造力的科研人员较为短缺，加之中小企业的工作对科研人员缺乏吸引力，都阻碍了创新。这些因素制约了中小企业的知识吸收能力和利用外部买入技术获取充分收益的能力（Hou and Mohnen, 2012）。

资源基础视角与其他理论视角存在交叉，是预测中小企业创新表现的核心视角。资源基础视角和制度视角都认为，国家机构影响中小企业创新资源的获取。在中国，尽管政府计划中规定为创新提供风险资本，但银行等其他国有机构并没有提供充足的金融资源。银行更倾向于借贷给国有企业，因为它们的风险水平更低。资源基础视角和网络视角都认为，同外部企业的关系能够提供有价值的金融资源（如通过风险投资人）、技术知识（如通过和外资企业的合作）、进入新市场（如为跨国公司供应产品）以及促进创新和经验共享（如通过和当地其他中小企业的紧密联系）。最后，资源基础视角和企业家视角都认为，金融资源的获取能力能够降低中小企业决策者对创新引发个人风险的感知，同时增强对创新带来商业机会的感知。

现有研究充分探讨了中小企业创新和以出口进入全球市场之间的关系，这为资源基础视角解释中小企业创新提供了独特的视角。"天生全球化"（bornglobal）知识型中小企业的出现，表明创新和出口存在建设性结合的可能。

Love 和 Roper（2013：6）总结了创新和出口相结合带来的优势："创新和出口企业通过淘汰其他企业占领市场份额，竞争活力的激发带动了全经济范围生产率的提高。"这样的联合效益意味着中小企业的创新和出口可能是相互促进的（Esteve-Pérez and Rodríguez，2013；Ganatakis and Love，2011）。一方面，出口能够通过学习效应促进创新，国际市场的竞争压力促使企业不断开发更好的新产品和新工艺。由出口（特别是向知识密集型或高度竞争型市场的出口）带动的学习，是刺激创新的重要因素。另一方面，创新也是出口成功的基础（Anh，Jones，Nhat and Chuc，2009；Palangkaraya，2013）。拥有更好的新产品和新工艺的企业能够打入新的地域市场并参与其中的竞争。创新还能扩大国内销量，形成的规模经济进而能够再提升出口竞争力。出口-创新联动关系带来的政策启示是，通过出口刺激计划、促进中小企业同跨国公司合作等方式提高中小企业的国际化程度，有利于促进中小企业的创新。事实上，我们可以将国际化看作中小企业的一种创新，促进出口和创新的因素大多是相同的。

Hofman 等（2014）运用 9 个二位行业 43 732 家中国民营制造业中小企业的面板数据①，研究了产品创新水平的影响因素。选取了 2005 年和 2006 年的数据。作者采用中国国家统计局的方式，用企业的新产品支出占总支出的比重测量产品创新。他们的研究发现，内部和外部因素都对中国民营中小企业创新具有重要影响（Hofman et al.，2014：180）。对于多所有者的企业，融资能力对实现高水平的产品创新有显著影响。研发支出对所有企业的产品创新都有显著的促进作用。人力资本（员工人均收入）和培训支出在多数情况下也是产品创新的重要因素。出口强度（出口销售额占总销售额的比重）对产品创新水平也有一致性的影响。总体而言，这一研究有力地支持了资源基础视角对中小企业产品创新因素的探讨。

中国多数鼓励中小企业创新的官方刺激政策都以方便融资和提高积极性为

---

① Hofman 等人对中小企业的定义比通常的定义更为广泛，包括员工总数小于等于 2 000 人的企业。

导向。科技型中小企业技术创新基金（以下简称创新基金）专门为中小企业的高科技研发设立。它为内资持有股份超过50%的高新技术企业提供贴息贷款。政府还为落户在科技园区等指定区域的高新科技企业提供税收优惠。在中国，政府提供了创新所需的主要金融资源。中小企业创新的其他资金来源尚未发育，特别是风险资本的投资。银行为国有企业提供优于中小企业的贷款利率，研发活跃的中小企业往往受困于信用不足。但随着政府的倡导，融资形势正在不断改善，越来越多的银行贷款投向中小企业。

政府还认识到风险投资人作为活跃的投资者能够为中小企业提供建议和增值服务，越发重视风险投资对于鼓励自主创新的作用。国内风险投资连同外资共同构成了风险投资资金的主体。天使投资（angel investment）在美国是高成长性创业企业的重要投资来源，而在中国还是较为新兴的概念，有望成为创新型创业企业的重要融资渠道。然而，目前融资过程中还存在行政壁垒，以及有关政府部门间协作不足等问题。《中国科学、技术与创新》（STI China）报告详细介绍了多种多样的融资支持和调动积极性的措施，并评论了实际的执行状况（SPI，UNU-Merit and AIT，2014：Section 4.2.2）。Fuller在本书第6章中提及，中国本土的风险投资由国家机构主导，更愿意投资成熟的行业。因此，它们并没有为创新导向的创业企业提供充足的投资。

人力资本对创新的支持作用也得到了中国官方的重视，表现为多种多样的政府教育及培训计划。高等教育质量得到极大的提升，还制订了人才引进计划吸引海外的科研工作者和科学家回国。但是，一些人对中国大学中的思想自由存有质疑，而思想自由正是大学成为创新源泉的前提（Abrami，Kirby and McFarlan，2014）。此外，本章后面也将讲到，中国很多的中小企业对知识工作者的管理方式也会抑制他们对知识创造的贡献，不利于企业的知识吸收。

2. 制度视角

制度能够通过多种方式促进或阻碍创新。世界银行发布的《2030年的中国》报告在讲到制度方面时，建议中国"完善广泛创新所需要的制度安排，比如方便企业进入和退出、增强竞争、加强对知识产权的法律保护、提升高等教育质量、提高中小企业获得风险资本的便利性、评估政府研发支出以及规范政府采购，等等"（*China 2030*：35）。

许多国家有官方项目为创新小企业提供金融支持和激励。前文提到了在中国运行的一些官方项目。政府机构也能尽力帮助中小企业和研究机构之间以及中小企业之间建立联系，促进知识的交流以推动创新。世界银行对中国如何提高创新表现提出的一个主要建议是，由政府创建全国范围的研究网络来动员全国人才，使企业和跨国公司等技术更先进的企业建立联系。这样的国内研究网络还可以和国际研发网络相连，从而推动中国研究人员和国外同行的互动，为引进新思想和技术转让开辟通道。世界银行也认识到政府主办的科学中心和高科技园对吸引高科技跨国公司投资具有重要作用，规模较小的中国企业由此可以和跨国公司合作，并从开放式创新中获益（World Bank，2013：35；也可参见 Collinson，本书第9章）。

更进一步鼓励中小企业投资创新特别是基础创新的制度建议是加强知识产权的法律保护。最近一段时间以来，中国中小企业所有者表示出对创新投资回报不理想的担心，因为创新回报很难保护。尽管企业可能有自己的方式保护工艺创新，但是产品创新由于容易被再造从而更难得到保护（Mitussis，2010）。尽管中央和地方都采取官方措施来加强知识产权保护，但是执行滞后于规定和创新剽窃的状况仍令人担忧。正如 Vivek Wadhwa 所评价的，在中国"企业家害怕自己的想法被大玩家和政府偷走"（Wadhwa，2013）。尽管相对排名有所上升，但中国在 2014 年知识产权指数排名中仅位列中游，在 97 个国家中排名第 47 位（Property Rights Alliance，2014）。

"制度空隙"（institutional voids）这一术语被用来表示正式制度的缺陷或弱点，特别是在发展中经济体和新兴经济体中（Puffer，McCarthy and Boisot，2010）。Khanna 和 Palepu 认为，制度空隙指新兴经济体中专业化中介机构、监管系统以及产品、劳动力、资本市场中的合同执行能力缺失或不足（Khanna and Palepu，2010）。它们明显表现为"正式规定和规范同日常执行的脱节"

（Rodrigues，2013：14）。在中国，知识产权保护执法不力就是这样的一个例子。

除了制度空隙，由政府政策形塑的现有制度也可能制约中国中小企业的创新。Fuller 在本书第 6 章中详细介绍了制约中国向技术创新型和高收入国家转型的制度性因素。Zhu、Wittman 和 Peng（2012）报告了由制药、软件和集成电路等行业 41 家中国科技型中小企业所有者和高管认定的阻碍创新的制度障碍。最经常提到（67%）的制度约束是由政府机构在采购等方面优惠对待大企业（既有国有企业，也有外资企业）造成的不公平竞争。这与其他研究的结论是一致的，国有企业的强势存在阻挡了小企业的创新（SPI，UNU-Merit and AIT，2014：75）。而国有企业对中国创新表现的贡献微薄更是扩大了这一点对创新的整体负面影响。其他提到的制度因素，按提及频率排序，还包括融资渠道狭窄、具体的操作规定或明确的政策缺乏、税收过高以及支持系统不完备。

世界银行的"营商便利性"（Ease of Doing Business）指标，指影响在 189 个国家中经商便利程度的监管及其他制度特征。和中小企业创新活力特别相关的指标是创业、获得信贷和执行合同的便利程度。2015 年，中国在 10 项指标上的综合排名在 189 个国家中位居 90 位，尽管较上一年有所提升，但排名仍相对落后。中国在创业便利性上的排名较差（第 128 位），尽管较前一年已有大幅改进；在获得信贷和合同执行力上的排名略微靠前（分别第 71 位和第 35 位）。这些数据表明中国的制度环境为创新提供的支持尚不完善，并且相比于大企业而言对中小企业更为不利。

最近，埃及的一项研究表明，两个因素可能导致制度空隙，而这两个因素常见于发展中经济体和新兴经济体中（Child and Narooz，2014）。第一个因素是机构在提供服务和履行正式职责时技术不足，第二个因素是机构中的官员在提供服务时强加非正式的条件。后者包括企业在官员那里享有某些特权的非正式协议，而在大多数国家，只有大企业才可能和官员建立这样的关系。在中国，但凡是国有企业，与民营企业相比，依然被更多地干预，这体现了政治意识形态的干涉。此外，第二个因素还涉及腐败行为，官员只在有回扣或是其他好处拿时才愿意为企业提供支持。中国政府也承认这些非正式安排广泛存在，并且会扭曲包括扶持小企业创新在内的政策的执行。表现为知识产权剽窃和腐败的制度空隙对中小企业创新造成的危害，反映出中小企业所处的中国社会环境中的低信任度，并可能会阻碍创新蓬勃发展所依赖的思想和信息的公开交流。除非能够消除这样的制度约束，否则扶持中小企业创新的官方政策都会在实施中受挫。

3. 网络视角

中小企业的创新得益于它们和外部各方的关系或"网络"，这在高新科技领域体现得更为明显（Baum，Calabrese and Silverman，2000；OECD，2010）。这样的关系能够通过提供资金、技术、市场信息和新产品的潜在客户关系等方式促进创新。新兴经济体的中小企业如果将利用现有知识作为创新的目标，则它们可能在很大程度上需要依赖和跨国公司合作带来的内向技术转让。如果它们的目标是进行更为根本性的探索性的创新，那么与科研院所的上游网络关系和与重要客户的下游关系能为这类创新提供科技见解（March，1991）。尽管中小企业的根本性创新有时被描绘为单个企业家的灵光一现，但企业家创新时所用到的相关知识可能来自外部，比如他们之前在其他组织中的工作经历。此外，创新要获得商业化收益，也依赖企业家之前形成的市场关系。创新型中小企业创业往往是大学或有一定市场地位的大企业的衍生物。

网络视角引起人们对中小企业从外部获取知识的类型的关注。它提出了诸多问题，比如知识黏性（特别是其隐含性的程度）是否意味着知识的内向转移需要以信任为基础的紧密社会关系和互动，而非依赖于更为正式的交易（Szulanski，1996）。基础创新如果想获取必需的不成文的且因果关系不明的知识，特别需要中小企业的科研人员在内部形成紧密的团队协作关系，并且还要与大学和研究机构等外部知识渠道建立起紧密的本地化关系（Karlsson，Johanson，Kobayashi and Stough，2014）。在利用式创新的情况下，比如改进现有产品以增添新的功能和瞄准新的市场，所需投入的知识更可能是明确且成文的，也更容易获取。在这种情况下，最关键的外部网络是那些可以将新产品推向市场从而促进创新商业化的关系。这意味着从创新想法形成到投放市场的整个创新周期中，需要不同网络关系组合的支持（Radas and Božič，2009；Tolstoy and Agndal，2010）。

中小企业创新依靠的网络形式根据其活动领域而有所不同。Salavisa 及其同事所做的研究支持了这一观点，他们的研究基于生物技术和电信软件这两个知识密集型行业的 46 家葡萄牙年轻企业（主要是中小企业）（Salavisa，Sousa and Fontes，2012）。他们指出，知识密集型行业的创新工艺并不是同质性的，这种不同影响了企业构建创新网络的结构。生物技术企业的知识基础主要是分析性的，因而它们的创新基于新知识的创造，科学知识对它们非常重要。它们的成果往往是激进式创新。相比之下，软件企业的知识基础主要是合成性的，也就是说创新主要基于现有知识的应用，尽管有时需要通过新颖的组合。这两个行业的典型网络明显不同。例如，生物技术企业获取正式和非正式科技知识的渠道都是大学，此外它们还依靠大学获得实验室设施的使用。软件企业则从其他行业的企业，特别是它们的电信客户那里获取科技知识。其他软件企业也是非正式知识的重要提供者。生物技术企业往往依靠科技园和金融机构（如风险投资人）来获取非技术性资源。而软件企业对非技术资源的需求更低（进入壁垒更低），并且更多依靠其他企业获取这些资源。创新型中小企业获取所需知识以及其他资源所依靠的网络存在行业差异，这一点对我们之后将要讨论的创新政策具有重要意义。

大量研究结果表明，网络合作对中国中小企业的产品创新有显著贡献。Nee 和 Opper（2012）分别从两组约 700 家（90% 为中小企业）长三角企业样本中发现，"创新活动的兴起深深嵌入社会网络结构中，社会网络通过非正式的协作促进了边际创新和技术扩散"（p.225）。这些企业的创新从本质上来说一般是渐进式的，很大程度上依赖于模仿和"做中学"。到目前为止，客户是渐进式创新想法的主要来源，其他的来源包括同行业的其他企业、本企业中的员工或研发部门、技术或行业标准以及供应商。客户的投入对于工艺创新、管理创新和质量控制创新格外重要，而产品创新则更多源于会议和展销会、行业技术标准以及大学和研究机构。尽管企业大都倾向于签订正式合同来明确研发合作中双方的权利和对未来收益的分配，但在大多数情况下，这些法律合同强化了企业家之间早已建立的以信任为基础的合作。Nee 和 Opper 强调，非正式网络关系的积累能够长期提供学习和发展的机会。

  Zeng、Xie 和 Tam（2010）指出，创新过程的复杂性导致中小企业越来越多地利用外部网络。他们基于上海 137 家制造业中小企业的数据，研究了合作网络对产品创新的影响。他们发现，企业间合作，企业和技术中介、风险投资机构、行业协会等中介机构之间的合作，企业和大学研究机构之间的合作，均对产品创新水平有显著的正向影响。其中，企业和客户、供应商或竞争对手之间的合作与产品创新有特别强的联系。此外，企业和信息提供机构等政府机构的合作并没有体现出更好的产品创新表现。总体而言，这项研究的结论发现，相比企业和研究机构、大学以及政府机构间的横向合作，企业和客户、供应商以及其他企业的纵向与横向合作对于中小企业创新具有更为显著的影响。网络关系还可能通过提供新知识的渠道来推动创新，比如企业处于创新网络之中，或是和有可能发生知识转移的跨国公司结成伙伴关系。Yu、Hao、Ahlstrom、Si 和 Liang（2014）研究了 134 家相对年轻的中国高科技企业，发现那些更擅长管理好关系网的企业具有更好的产品创新表现，并且技术能力越高的企业越是如此。Xu、Lin 和 Lin（2008）关于广东中小企业的研究发现，中小企业网络自身的结构性特征，即它们的密度、互惠性和多样性，对网络中每个企业的创新能力都有积极的影响。他们的结论是，"商业网络中频繁和多样化的互动，以及网络成员间的协作互赖，能够提升一个企业的创新能力"（p.798）。

  网络关系对中小企业创新的潜在促进作用，使人们意识到要将物理"集群"作为政策目标。比如研究和科学园区的设立，就包含了鼓励科技型中小企业和研究机构之间以及中小企业之间形成紧密且持续互动关系的意图。集群能够从多方面惠及创新：促使创新成为一种规范，促进知识和相关经验的分享，吸引高素质人才，以及通过共享配套设施降低成本。经济合作组织（2009；2010）回顾了有关集群促进创新的研究并开展了案例研究，结果发现集群能够有效地促进地方的知识共享和溢出。处于同一集群有利于形成亲密的、以人际信任为基础的关系，从而能够促进知识共享；通过形成一个外在可见的创新焦点吸引跨国公司，集群还能促进中小企业和全球价值链中的大企业建立联系，而后者正是技术升级的源泉之一（参见 Collinson，本书第 9 章）；通过建立有吸引力的工作环境，集群能够吸引高素质的人才，从而提高人力资本；集群创造的社会资本能够推动信息和思想的公开交流，从而推动创新，这又会进一步提升和扩大集群的声誉。硅谷的经验表明，当地的生态系统促进了创新企业的涌现和重组，这得力于技术企业家之间通过共同进餐、运动及其他活动形成的社会网络（Saxenian，1994；Castilla，Hwang，Granovetter and Granovetter，2000）。

然而，也有人担心由强关系构成的紧密网络会因为"锁定"和路径依赖而变得越发内视并丧失适应力（Grabher，1993）。正是由于集群或其他社会单位的网络形式颇具吸引力，才可能使集群中的企业孤立于外部影响和发散性思考之外，并最终损害创新表现。内部导向和群体思维会导致认知性锁定。过于紧密乃至等级层级过高的地方网络会发展出功能性锁定。由赞助机构或地方政府等非企业主体制定的规范僵化引起的网络或集群制度化，会造成政治性锁定（Hassink and Shin，2005）。在集群之外发展网络关系能够增加知识的多样性和新颖性，从而抵消锁定对企业创新性造成的危害（Larrañeta，Zahra and Galán，2012）。

由于社会网络的优势和进入市场的便利性，集群内的中小企业在业绩上普遍优于集群之外的中小企业。然而，一项关于撒哈拉以南非洲工业集群的研究提出了一种担忧：集群的吸引力会导致过度拥挤。在激烈的竞争下资金盈余减少，加之有限空间的制约，创新可能会因此受到阻碍（Yoshino，2011）。

4. 企业家视角

中小企业往往以个体化领导为特征（Oviatt and McDougall，1994）。个体决策者在中小企业中扮演着重要角色，这意味着领导者的性格特征、创造力和智识眼光很有可能会影响他们对创新的投入程度和企业的创新表现。Schumpeter（1942）断言，企业家是创新的源泉，他们通过内在的冲动或"企业家精神"创造出资源的新组合方式，开拓新的可能性。德鲁克也将创新视为企业家活动的中心（Drucker，1985/2011）。企业家还对发起和构建支持创新的网络发挥着必不可少的核心作用。企业的"创业导向"包括风险承担性、先动性、竞争积极性和创新性等维度（Lumpkin and Dess，1996）。这表明企业决策者的创业性格会促进一个企业对创新的投入。

从企业家视角出发，三类因素使企业家能够对企业的创新产生影响。有时这些因素被合称为创业胜任力或创新能力。第一类是心理因素，关注企业家的认知和性格。通常认为，企业家的自我驱动、冒险意愿、新奇导向和认知能力越强，创新水平越高。第二类是更为社会性的因素，包括企业家的社会资本（网络关系）。国家文化或地方文化也是支持创新的社会因素，因为它们会影响企业家开展活动的价值取向，比如不同文化以不同的风险偏好和人际信任为特征。此外，在社会因素范围内，企业所有制的不同形式（比如，个体企业或家族企业）也可能促进或限制创新。第三类是潜在的影响创新行为的因素，包括企业家的管理和组织方式。

中小企业领导者的某些特质可能归入以上多个类别中。例如，企业家经验的长短和质量既可能增加他们在认知上对创新可能性及工艺的判断，同时又积累了更多的社会资本。海外经历是对创新有益的企业家经历，海外归国的企业家能够通过溢出效应促进国内企业的创新（Liu，Lu，Filatotchev，Buck and Wright，2010）。文化价值，作为一种社会性因素，可能会影响企业家个人对创新所涉及风险的取向。

尽管创业和创新之间的相互依赖关系得到了广泛承认，但是鲜有直接证据表明创业从哪些方面推动了企业的创新，或创业基于怎样的机制推动了创新（Harms, Reschke, Kraus and Fink, 2010）。缺乏证据的一个可能原因在于创业和创新实际上是同义的。研究结论普遍发现强烈的创业导向和更高水平的创新相关。例如，一项关于181个澳大利亚企业（主要为中小企业）的研究发现，当创业导向和强市场导向结合时，创业导向能预测更高水平和更高收益的新产品创新（Atuahene-Gima and Ko, 2001）。Baron和Tang（2011）在其关于美国东南部企业家的研究中发现，企业家的积极性情（"喜欢"）能激发创造力，进而预测企业生产激进式创新产品的速率。这样的关系在动态（快速变化的）市场环境中更为明显。关于中国企业的研究也发现创业导向和产品创新表现之间存在正相关关系（如 Tang, Chen and Jin, 2014）。

根据2014年的《全球创业观察》（Global Entrepreneurship Monitor, GEM）报告，中国在新创企业率和早期阶段创业活动（TEA）上的得分高于其他新兴经济体的平均水平（GEM, 2014: Table A3）。中国的TEA值占成人总人口的15.5%，在70个国家中排名第22位。中国的创业集中在私营部门，Nee和Opper（2012）认为，私营部门是推动市场经济转型和创新的主要驱动力。Fan和Child（2013）从他们的案例研究中得出结论，中国的民营企业家可以被视为"制度创业家"。

然而，正如前面所提到的，令人担忧的是中国的创新多是模仿性和渐进式的，而非根本性的创新。目前，很多中国民营企业所展现出的独特创新形式是利用现有知识。他们显示出面对市场变化的敏捷应对能力，这在很大程度上归功于组织创新，诸如有效的横向团队合作，以及将渐进式创新的流程分解为大量细小的工序以适应工程师和技术人员的能力（Williamson and Yin, 2014）。这些企业成功地将普通资源和传统知识创造性地整合出非同寻常的产品，它们在速度和性价比上的优势迎合了中国和其他新兴市场中广大的中低收入消费者（Luo and Child, 2015）。中国政策制定者当前面临的一个挑战是，如何将企业创新由渐进式水平提升到能够生产更为新颖的产品和服务的水平，特别是在生物技术、软件和先进交通等相对较新的知识密集型行业。

很多因素会制约这个目标的实现。最根本的制约因素是流行的恐惧和信任缺失，加之强烈的等级制倾向，Redding 在他所撰写的第 3 章中称之为中国社会的历史嵌入性特征。这些特征妨碍了思想和信息的开放共享，以及来自多种渠道的创新积极性，比如低级别员工的创新建议。Mitussis（2010）在一个基于披露性访谈的研究中发现，两大因素阻碍着中国浙江中小企业的创新，虽然浙江在中国正以其创业活力而闻名。第一个因素是在中小企业中典型存在的威权式的自上而下的管理结构。企业家对企业实行严格的控制，他们既不信任员工，也不信任外部环境——诸如知识产权盗用、客户名单和工艺流程泄露等时常发生。实行严格控制阻碍了创新想法自下而上的反馈，也不利于向新产品佼佼者授权。第二个因素是过于依赖中小企业领导者之间非正式的私人网络关系。这种私人的、排他的关系一定程度上也是对大环境中低信任度的应对。一方面，这种关系促进了激烈市场竞争中的适应性行为，并帮助企业从地方机构那里获得支持。另一方面，它们造成的内锁效应不利于刺激根本性创新。根本性创新的想法来源于更广阔的领域，并需要不同企业员工间的网络，而不仅仅是 CEO 之间的网络。

最后，一些证据表明中国中小企业的某些所有制和治理结构也会阻碍创新，比如缺乏外部董事（Shapiro, Tang, Wang and Zhang, 2014），或是企业由多个家庭成员共有而非由单一所有者作为企业家（Deng, Hofman and Newman, 2013）。相比于家庭所有制或分散的所有制，作为单一所有者的企业家可能具有更强的创业导向并优先发展创新。

政策建议

Breznitz（2007）详细分析了爱尔兰、以色列的政府机构如何在 IT 行业采取不同的政策，通过鼓励跨国公司和民营企业之间不同形式的互动来促进创新。尽管这些政策反映了各个国家或地区的传统和发展重心，但政策的多样性也表明促进中小企业创新可以有多种政策选择。中国目前主要的国家创新政策，介于指令性和非指令性之间。指令性的政策选定行业、地区和创新的特别类别作为扶持对象，而非指令性的政策旨在消除妨碍创新的因素，不提供顶层计划，让企业家自下自行开展创新。换言之，是创新模式的导向自上还是自下的区别（Nee and Opper，2012）。尽管中国的《国家中长期科技发展规划（2010—2020）》是自上而下的，选定了战略新兴部门开展创新且设定了目标，但是独立报告中提出的其他建设中国创新能力的建议包括，采取一些给予中小企业等自下而上的创新主体更多自由和保护的措施。

对中国政策制定者鼓励中小企业创新的建议多是强调"硬性"的有形因素（MasterCard Worldwide，2013；World Bank，2013；SPI，UNU-Merit and AIT 2014）。这些建议更多是经济和金融方面的。例如，有人建议更多地通过国内市场增长而非出口增长来刺激自主创新。但这只会进一步强化利用式技术改进的盛行，而不能发挥全球市场竞争对更为根本性的探索式创新的积极刺激作用。另一个主要的政策建议是纠正国有企业在市场权力和资源分配中的特权，因为小型民营企业整体而言拥有更好的创新表现。第三个常见的建议是中国新兴的风险投资业应更多地为中小企业提供创新所需的风险资本，以及来自风险投资家的咨询意见、市场洞见和专业协助（World Bank，2013；Williams，2015）。高级政治顾问还提出通过税收优惠政策一碗水端平来促进中小企业创新（CCTV，2015）。

在制度方面，正式的规定和支撑体制的价值观都有待做出一些改变。在正式规定方面，更有效的知识产权保护能够降低中小企业投资于基础创新的风险。此外，可以通过改进高等教育以及加强技术和职业技能来提升当前的人才质量。价值观更为基础性，在政治上也更为敏感，因而较难发生改变。但不可否认的是，高质量的科技驱动型创新最终取决于言论自由和挑战权威。

在关系网络方面，人们已经认识到中国中小企业和跨国公司合作、成为它们在全球供应链中的伙伴，能够带来先进知识转移的潜在益处。大学与产业间的联系也应该进一步加强，以便为包括进口在内的新产品及新技术改进和重造提供更为有效的手段。Zeng等（2010：191）总结道，"（提高中国中小企业创新表现的）政策举措唯有关注到促进中小企业和创新伙伴间合作的需求，才有可能真正发挥效果"。

如果改革的软性范畴依然妨碍创新，那么硬性范畴的改革更不可能是完善的。人们很少关注到"软"的心理和社会因素的政策影响阻碍着中国中小企业的创新。鉴于这些因素根植于文化中，它们并不能被快速改造。尽管很多中小企业领导者已经展现出强烈的创业导向，但创业导向在多大程度上指向高品质的根本性创新而不是对已有科技的快速改造还很难说。要提高中国企业的创业导向这一创新要素，需要一系列政策——既要降低创新的风险，又要唤起管理实践中对创新的重视。后一点包括更好地理解企业间开放交流对创新的促进作用。要鼓励低级别的员工通过建立外部网络关系来丰富企业的知识资产，这既包括员工的弱关系，也包括更为自由的内部讨论。这种思路下的发展究竟能在多大程度上克服嵌入在中国文化情境中的低信任度、强调权威、害怕丢脸以及过度依赖私人关系还有待讨论。但这无疑需要大量的培训努力，以及调动中小企业参与的积极性。我们已经认识到中国中小企业和技术先进的跨国公司紧密合作能带来好处，相应地，聘用具有国际商业和文化经验的人员也有利于打破上述文化约束。正如 Redding 在本书第 3 章中所指出的，文化的改变进展缓慢，特别是在一个国家的制度和政治体制精神不断强化当前思想及实践的情况下。

未来的研究问题

虽然大量文献研究了中小企业创新，包括在中国也出现越来越多的相关研究，但很多问题依然有待进一步研究。在最一般的层次上，我们必须要质疑中国的情境能否反映更一般化的模式，以及能否被现有理论解释。人们经常将中国和其他金砖国家或新兴经济体相提并论，但实际上它们远非同质性的类别。不同国家之间阻碍或刺激小企业创新的因素有可能是相似的——阻碍因素诸如小规模困境、资源有限、不利于获取先进知识，刺激因素诸如教育水平高和言论自由。有待进一步进行比较研究的是，在中国这些因素的组合多大程度上是由其独特的经济、政治和社会情境所决定的。未来需要更多的情境分析来探讨国家以及"软"社会-文化因素等制度要素对小企业创新的影响。

本章探讨的很多更为具体的问题也值得进一步研究。创新本身是个非常宽泛的概念，对这一概念不加区分地使用可能会导致一些重要的差异被忽视。研究中需要仔细分辨创新的不同形式，比如产品创新、服务创新和工艺创新，以及创新是探索性的、利用性的，还是二者的混合。本章提到的很多经验证据表明，不同的能动性条件适用于不同形式的创新。

因此，一个值得探索的问题是：不同类型的创新需要什么样的知识投入，以及这些知识的来源在哪里？在发达经济体中，知识型中小企业和国际知识网络相连，网络中包括先进的研究机构和大学以及其他先进要素的供应者。许多高科技和高附加值行业的中小企业就是从这些来源中衍生出来的。比如，中国等发展中经济体或新兴经济体中，中小企业需要进入这样的网络，以促进向高附加值活动的升级，由利用式转变为探索式。例如，在中国的生物技术行业，这种升级意味着从契约式研究提升为发现式研究。当前的问题是如何实现这一转变。中国是否拥有充足的网络资源？是否需要中小企业不只依赖于基本的国内知识网络，而是对接全球知识网络？

探究中国中小企业实现更高创新需要哪种网络关系的支持，有利于在未来的研究中对"网络"的概念形成更为差异化的视角。这包括了两个重要的不同方面：第一，中小企业和哪类外部行动者直接建立联系更为有利；第二，网络本身的结构决定了它拥有潜在资源的丰富程度，以及中小企业和它之间的联系如何成为获得更多资源支持的桥梁。研究发现，创新的关键性网络关系包括消费者和用户、全球供应链联系和产品网络、发展伙伴（特别是通过开放式创新的媒介），以及创新网络（既包括对生物技术企业来说的上游网络，也包括对软件企业来说的下游网络）。这些关系有可能是直接的，也有可能是通过第三方发挥作用。

值得在中国研究的一类问题是，直接的网络关系以及它们的特征（如强关系和弱关系）对创新具有怎样的功能。Mitussis（2010）提出了一个重要问题：什么样的网络能够促进中国中小企业的创新？他的研究表明，能促进创新的是充分开放、提供新机遇和新技术知识的网络，而不是那些防御性的具有降低风险功能的网络。但是，如果中国仍然为恐惧和不信任所困扰，将很难实现中小企业的网络朝这种方向的转型。值得研究的另一类问题是：网络结构本身如何影响创新能力？为了解答这两类问题，需要进行更为丰富的定性研究，在统计关联之外了解网络为创新提供有效支持机制的过程。

  未来的研究要更多地关注行业对比。尽管有的学者在之前的研究中也关注到行业对比（特别是 Pavitt，1984），但行业和中小企业创新模式之间的关联直到最近才引起重视。正如从之前讲到的生物技术和软件行业的对比发现，支持创新所需要的知识类型和非知识的资源随行业不同而不同。其启示在于支持中小企业创新的政策要考虑进这些差别。由于新兴经济体中的内生支持有限，这一观点提出了这样一些问题：新兴经济体中哪些行业提供了创新型增长的最佳机会？它们需要什么样的知识资产？从哪里可以获得这样的知识资产？

  一些行业的创新需要较高水平的制度支持。例如，许多创新型生物技术中小企业衍生自大学和研究机构，它们对基础研究投入和高素质科研人员有较高的要求。和其他很多创新型企业一样，它们依靠制度对知识产权的保护。此外，药物发现和效果证实之前的长投产准备时间对风险资本提出了很高的要求。但是，包括中国在内的很多发展中经济体不去修补制度体系中的"空隙"，但又希望促进高科技创新。这就提出了一个问题：在众多制度空隙中哪些是最急需解决的？又该如何解决？

  综上而言，提出这些问题是为了在更多领域中探寻发展中经济体（特别是中国）为何创新受阻，以及要如何成为更为创新型的经济体。根本的主题是，研究发展经济体中中小企业创新的能动性因素和发展中经济体之间的关联，以及对政策的启示。我们已经探讨出了在一定情境下创新能够更加蓬勃地发展，这定义了中国创新面临的基本挑战。

参考文献

Abrami, Regina M., Willima C. Kirby and F. Warren McFarlan 2014. Why China can't Innovate. *Harvard Business Review* 92 (3): 107-111.

Anh, Nguyen Ngoc, Nicola Jones, Nguyen Duc Nhatand Nguyen Dinh Chuc 2009. Capitalizing on Innovation for Exports by the SME Sector. *Tech Monitor*, July-August: 43-46.

Atuahene-Gima, Kwaku and Anthony Ko 2001. An Empirical Investigation of the Effect of Market Orientation and Entrepreneurship Orientation Alignment on Product Innovation. *Organization Science* 12 (1): 54-74.

Baron, Robert A. and Jintong Tang 2011. The Role of Entrepreneurs in Firm-level Innovation: Joint Effects of Positive Affect, Creativity, and Environmental Dynamism. *Journal of Business Venturing* 26 (1): 49-60.

Baum, Joel A. C., Tony Calabrese and Brian S. Silverman, B. S. 2000. Don't Go it alone: Alliance Network Composition and Startups Performance in Canadian Biotechnology. *Strategic Management Journal* 21 (3): 267-294.

Boisot, Max 1998. *Knowledge Assets: Securing Competitive Advantage in the Information Economy.* Oxford: Oxford University Press.

Cao, Cong, Ning Li, Xia Li and Li Liu 2013. Reforming China's S&T System. *Science* 341: 460-462.

Castilla, Emilio J., Hokyu Hwang, Ellen Granovetter, and Mark Granovetter 2000. Social Networks in Silicon Valley. In Chong-Moon Lee, William F. Miller, Marguerite Gong Hancock and Henry S. Rowen (eds.) 2000. *The Silicon Valley Edge: A Habitat for Innovation and Entrepreneurship.* Stanford, CA: Stanford University Press: 218-247.

CCTV 2015. Political Advisors Propose Supporting Micro, Small Firm Innovation. February 16, http://english.cntv.cn/2014/11/28/ARTI1417137839508794.shtml.

Child, John and Rose Narooz 2014. Networking by Internationalizing SMEs in the Light of Domestic Institutional Voids: A Comparison of Egypt and the UK. Paper Presented to the 30th Colloquium of the European Group for Organizational Studies, July.

Cohen, Wesley M. and Daniel A. Levinthal 1990. Absorptive Capacity: A New Perspective on

Learning and Innovation. *Administrative Science Quarterly* 35 (1): 128-152.

Deng, Ziliang, Peter S. Hofman and Alexander Newman 2013. Ownership Concentration and Product Innovation in Chinese Private SMEs. *Asia Pacific Journal of Management* 30 (3): 717-734.

Drucker, Peter F. 1985/2011. *Innovation and Entrepreneurship*. London: Routledge.

Esteve-Pérez, Silviano and Diego Rodríguez 2013. The Dynamics of Exports and R&D in SMEs. *Small Business Economics* 41(1): 219-240.

Fan, Grace and John Child 2013. A Multilevel Model of Institutional Entrepreneurship: Building a New Category of Firm in China. Unpublished Paper.

Ganotakis, Panagiotis and James H. Love 2011. R&D, Product Innovation, and Exporting: Evidence from UK New Technology Based Firms. *Oxford Economic Papers* 63 (2): 279-306.

Global Innovation Index 2014. Cornell University, INSEAD and World Intellectual Property Organization. https://www.globalinnovationindex.org/content.aspx?page=data-analysis, accessed 6 March 2015.

Grabher, Gernot 1993. *The Embedded Firm. On the Socioeconomics of Industrial Networks*. London: Routledge.

Harms, R., C. H. Reschke, S. Kraus and M. Fink 2010. Antecedents to Innovation and Growth: Analyzing the Impact of Entrepreneurial Orientation and Goal-oriented Management. *International Journal of Technology Management* 52 (1/2): 135-152.

Hassink, Robert and Dong-Ho Shin 2005. Guest Editorial: The Restructuring of Old Industrial Areas in Europe and Asia. *Environment and Planning A* 37: 571-580.

Hoffman, Kurt, Milady Parejo, John Bessant and Lew Perren 1998. Small Firms, R&D, Technology and Innovation in the UK: A Literature Review. *Technovation* 18 (1): 39-55.

Hofman, Peter S., Alexander Newman and Ziliang Deng 2014. Determinants of Product Innovation in Chinese Private Small and Medium-Sized Enterprises. In Ken Shao and *Xiaoqing Feng* (eds.) *Innovation and Intellectual Property in China: Strategies, Contexts and Challenges*. Cheltenham: Edward Elgar, 160-185.

Hou, Jun and Pierre Mohnen 2011. Complementarity between In-house R&D and Technology Purchasing: Evidence from Chinese Manufacturing Firms. UNU-MERIT Working Paper no. 2011-048. Maastricht Economic and Social Research Institute on Innovation and Technology (UNU-

MERIT).

Karlsson, Charlie, Börge Johansson, Kiyoshi Kobayashi and Roger R. Stough (eds.) 2014. *Knowledge, Innovation and Space.* Cheltenham: Elgar.

Khanna, Tarun and Krishna G. Palepu (eds.), 2010. *Winning in Emerging Markets: A Road Map for Strategy and Execution.* Boston, MA: Harvard Business Press.

Knight, G. A., & Cavusgil, S. T. 2004. Innovation, Organizational Capabilities, and the Born-global Firm. *Journal of International Business Studies* 35(2): 124-141.

Larrañeta, Bárbara, Shaker A. Zahra and González, José Luis Galán 2012. Enriching Strategic Variety in New Ventures through External Knowledge. *Journal of Business Venturing* 27(4): 401-413.

Liu, Xiaohui, Jiangyong Lu, Igor Filatotchev, Trevor Buck and Mike Wright 2010. Returnee Entrepreneurs, Knowledge Spillovers and Innovation in High-tech Firms in Emerging Economies. *Journal of International Business Studies* 41: 1183-1197.

Love, James H. & Stephen Roper 2013. SME Innovation, Exporting and Growth. ERC White Paper no. 5. Aston and Warwick Business Schools: Enterprise Research Centre, April.

Lumpkin, G. T. and Gregory G. Dess 1996. Clarifying the Entrepreneurial Orientation Construct and Linking it to Performance. *Academy of Management Review* 21 (1): 135-172.

Lundin, Nannan, Fredrik Sjöholm, He Ping and Jinchang Qian 2007. The Role of Small Firms in China's Technology Development. Research Institute of Industrial Economics, Stockholm, IFN Working Paper No. 695.

Luo, Yadong and John Child 2015. The Growth of Emerging Economy Enterprises: Acomposition-Based Perspective. Unpublished Paper.

Magnier, Mark 2015. China's Long, Slow Road to Reform. *Wall Street Journal*, 6 March: 1 & 9.

March, James G. 1991. Exploration and Exploitation in Organizational Learning. *Organization Science* 2(1): 71-87.

MasterCard Worldwide 2013. *New Wave of Growth in China: Innovation through Developing SMEs.* http://newsroom.mastercard.com/asia-pacific/files/2014/03/New-Wave-of-Growth-in-China-Innovation-through-Developing-SMEs.pdf, accessed 6 March 2015.

Mitussis, Darryn 2010. SME Innovation in Zhejiang, China: Potential Constraints to Development of Widespread Innovation. *Journal of Knowledge-based Innovation in China* 2 (1): 89-105.

Nee, Victor and Sonja Opper 2012. *Capitalism from Below: Markets and Institutional Change in China*. Cambridge, MA: Harvard University Press.

Nee, Victor and Sonja Opper. 2013. Markets and Institutional Change in China. Cornell University, Center for the Study of Economy & Society, Working Paper #68, February. http://www.economyandsociety.org/wp-content/uploads/2013/07/wp68_NeeOpper_InstitutionalChange.pdf, accessed 7 March 2015.

OECD 2009. *Clusters, Entrepreneurship and Innovation*. Paris: OECD.

OECD 2010. *SMEs, Entrepreneurship and Innovation*. Paris: OECD.

Oviatt, Benjamin M. and Patricia P. McDougall 1994. Toward a Theory of International New Ventures. *Journal of International Business Studies* 25(1): 45-64.

Palangkaraya, Alfons 2013. On the Relationship between Innovation and Export: The Case of Australian SMEs. Melbourne: Intellectual Property Research Institute of Australia, University of Melbourne, February. https://www.ipria.org/publications/wp/2013/WP313.pdf.

Pavitt, Keith 1984. Sectoral Patterns of Technical Change: Towards a Taxonomy and a Theory. *Research Policy* 13: 343-373.

Property Rights Alliance 2014. *The International Property Rights Index* 2014. Washington, D.C. http://internationalpropertyrightsindex.org/countries, accessed 9 March 2015.

Puffer, Sheila M., Daniel J. McCarthy and Max Boisot 2010. Entrepreneurship in Russia and China: The Impact of Formal Institutional Voids. *Entrepreneurship Theory and Practice* 34 (3): 441-467.

Radas, Sonja and *Ljiljana Božić* 2009. The Antecedents of SME Innovativeness in an Emerging Transition Economy. *Technovation* 29 (6-7): 438-450.

Rodrigues, Suzana B. 2013. Understanding the Environments of Emerging Markets: The Social Costs of Institutional Voids. Farewell Address, Rotterdam School of Management, Erasmus University Rotterdam, June 13, reference: ERIM: EFA-2013-002-S&E.

Roland Berger 2012. *Innovation-How the Emerging Markets are Driving the Global Innovation Agenda*. Munich: Roland Berger Strategy Consultants, September. http://www.rolandberger.com/media/pdf/Roland_Berger_8_Billion_Emerging_markets_are_driving_the_global_innovation_agenda_20121109.pdf, accessed 6 March 2015.

Salavisa, Isabel, Cristina Sousa & Margarida Fontes 2012. Topologies of Innovation Networks in

Knowledge-intensive Sectors: Sectoral Differences in Access to Knowledge and Complementary Assets through Formal and Informal Ties. *Technovation* 32 (6): 380-399.

Saxenian, AnnaLee 1994. *Regional Advantage: Culture and Competition in Silicon Valley and Route 128*. Cambridge, MA: Harvard University Press.

Schumpeter, Joseph A. 1942. *Capitalism, Socialism and Democracy*. New York: Harper and Row.

Shapiro, Daniel, Yao Tang, Miaojun Wang, and Weiying Zhang 2014. The Effects of Corporate Governance on the Innovation Performance of Chinese SMEs. Unpublished Paper.

SPI, UNU-Merit and AIT 2014. *STI China: Science, Technology and Innovation Performance of China. D9: Final Report.* http://eeas.europa.eu/delegations/china/documents/eu_china/research_innovation/4_innovation/sti_china_study_full_report.pdf, accessed 6 March 2015.

Standard Chartered, China 2014. Introducing our SME Confidence Index, 17 September. https://research.standardchartered.com/configuration/ROW%20Documents/China_%E2%80%93_Introducing_our_SME_Confidence_Index_17_09_14_03_24.pdf, accessed 5 March 2015.

Szulanski, Gabriel 1996. Exploring Internal Stickiness: Impediments to the Transfer of Best Practice within the Firm. *Strategic Management Journal* 17: 27-43.

Tang, Guiyao, Yang Chen and Jiafei Jin 2014. Entrepreneurial Orientation and Innovation Performance: Roles of Strategic HRM and Technical Turbulence. *Asia Pacific Journal of Human Resources*. doi: 10.1111/1744-7941.12053.

Tolstoy, Daniel and Henrik Agndal 2010. Network Resource Combinations in the International Venturing of Small Biotech Firms. *Technovation* 30 (1): 24-36.

Xinhua 2014. Cited in "Experts Urge Lending Innovation for Small Firms", http://africa.chinadaily.com.cn/business/2014-07/08/content_17673157.htm.

Xu, Zongling, Jiali Lin and Danming Lin. 2008. Networking and Innovation in SMEs: Evidence from Guangdong Province, China. *Journal of Small Business and Enterprise Development* 15 (4): 788-801.

Wadhwa, Vivek 2013. Chinese Can Innovate-But China can't. *The Economist Debate*, 14 November, http://www.economist.com/debate/days/view/1041, accessed 13 March 2015.

Williams, Patrick 2015. Can a Chinese State Venture Capital Fund Drive Innovation? *East Asia Forum*, February 14, http://www.eastasiaforum.org/2015/02/14/45225/.

Williamson, Peter J. and Eden Yin 2014. Accelerated Innovation: The New Challenge from China.

MIT Sloan Management Review, Summer: 27-34.

World Economic Forum 2014. http: //reports. weforum. org/global-competitiveness-report-2014-2015/rankings/.

World Bank[and the Development Research Center of the State Council] 2013. *China* 2030: *Building a Modern, Harmonious, and Creative Society*. Washington, D. C.

Xu, Zongling, Jiali Lin, Danming Lin 2008. Networking and Innovation in SMEs: Evidence from Guangdong Province, China. *Journal of Small Business and Enterprise Development* 15 (4): 788-801.

Yoshino, Yuyaka 2011. *Industrial Clusters and Micro and Small Enterprises in Africa*. Washington, D. C.: World Bank.

Yu, Bo, Shengbin Hao, David Ahlstrom, Steven Si and Dapeng Liang 2014. Entrepreneurial Firms' Network Competence, Technological Capability, and New Product Development Performance. *Asia Pacific Journal of Management* 31 (3): 687-704.

Zeng, S. X., X. M. Xieand C. M. Tam 2010. Relationship between Cooperation Networks and Innovation Performance of SMEs. *Technovation* 30 (3): 181-194.

Zhu, Yanmei, Xinhua Wittmann and Mike W. Peng 2012. Institution-based Barriers to Innovation in SMEs in China. *Asia Pacific Journal of Management* 29 (4): 1131-1142.

第 9 章
跨国合作伙伴关系是中国的创新之源

Simon Collinson

翻译：雷玮

摘要：本章研究了中国本土企业和跨国公司之间不同的合作伙伴关系，以及如何通过资产重新组合形成与创新相关的企业专用资产。我们主要关注中国的航空航天业，这一行业中的某些跨国公司受益于来自中国本土合作伙伴的"交易相关"的企业专用资产，以补偿它们作为外国企业的不利影响。作为回报，本土合作伙伴能够获得更先进的生产能力、产品开发能力和营销能力。我们分析了政府干预带来的正面和负面影响，并建议提供更精准的政府干预以改善国际合作伙伴的条件，从而在国家层面提高创新能力。

引 言

关于转型经济体增长的讨论，大多集中于宏观经济分析和政策探讨，但缺乏对增长的微观基础的充分了解。类似于 John Child 在本书第 8 章中的讨论，我们主要关注私营部门对创新的驱动作用。John Child 着眼于中国的中小企业，而我们探讨本土企业如何通过和本部设立在中国的跨国公司的合作伙伴关系发展出创新能力。

技术转让、学习和溢出效应一直以来被认为是增强企业、行业和经济体创新能力及竞争能力的主要渠道。宏观层面的增长和结构性变化，是企业内部和企业间在微观层面的互动效应加总的结果。然而，我们在这里讨论的宏观背景是指国家创新体系，对于微观层面企业能力发展的条件具有重要影响。因此，宏观层面和微观层面的共同演变，有时会如政策制定者所期待的那样带动创新能力和竞争能力的螺旋式上升，有时却出现停滞甚至反向效果。宏观政策背景、国家创新体系和创新相关能力发展的微观条件三者之间的不协调，会影响这种积极的螺旋式增长。这是发展停滞和中等收入陷阱等发展陷阱的重要原因，值得深入探讨。

这为实证研究确立了方向：关注中国在跨国合作伙伴关系中发展创新能力的本质，以及政府干预在微观发展过程中的作用。我们研究了不同类型的跨国公司合作伙伴关系如何导致合作企业中特定种类的企业资产重新组合，并形成与创新相关的所有权优势或企业专用资产。一项比较了中国本土企业和跨国公司之间（客户、供应商、竞争对手、公共研发机构等）多种合作伙伴关系（合资企业、承包和供应链关系等）的研究提供了有关证据。这个研究专门关注了企业专用资产的重新组合为合作伙伴的联合创新能力带来了重大提升。尽管一些合作伙伴关系是短暂的，但那些能够维持平衡的形成资产、能力和知识交换互惠互利的合作伙伴关系，却带来了更好的创新产出。

研究表明，行业背景非常重要，特别是在政府机构直接或间接干预国际合作伙伴关系的程度以及干预带来的影响方面。在中国，宏观如经济发展模式方面，微观如国家创新体系方面，业界人士和政策者都获得了很多经验和教训。

为了和本书的核心主题切合，我们从观察宏观经济环境开始。为了说明政策意图和落地效果之间的一些主要张力，我们关注航空航天业这一特殊的创新体系，本土企业和跨国公司的互动在航空航天业中极其重要，并且受到各级政府机构的强烈影响。

国家创新体系和中等收入陷阱

对发展中国家发展的宏观研究表明，发展中国家能够通过走成熟或发达经济体的发展路径实现"赶超"（Dantas and Bell, 2009; Kim, 1997）。类似地，研究企业能力的微观研究也认同企业得益于后发优势，在一定程度上模仿或学习拥有强大创新能力和竞争优势的企业。国家和企业都依循前人开创的发展路径，这样能避免实验和探索中固有的错误成本。它们能够更多地依靠模仿和利用他人创造的工艺创新、产品创新及服务创新实现增长。在这一发展阶段，政府可以专注于提供必要的条件，比如基础设施（交通、能源、教育）、制度（法律的和金融的）和政策（半开放贸易、特定行业激励），来补充私人投资并促进技术赶超。

亚洲（如马来西亚、泰国）、拉丁美洲（巴西、阿根廷、秘鲁）和其他地区（约旦、伊朗）的新兴工业化国家已经广泛依循了这种路径。然而，目前这些国家的发展道路却更加复杂，它们在众多关键行业达到了技术前沿，但对于最有效的发展战略和政府的角色却并不清晰。事实上，少数新兴工业化国家已经达到了发达经济体的生产力水平。

经济转型失败的一个标志是落入中等收入陷阱，即在人均收入达到发达国家水平之前出现增长放缓或停滞。中等收入陷阱中断了经济的"良性循环"——收入增加促进消费需求并带动生产，进而又提高了工资水平。中等收入陷阱出现的一个原因是，廉价劳动力以及基础设施部门的劳动力和资本的跨部门转移作为经济增长的驱动力，它们之间的关联性在下降。这并不是一个关于新兴经济体经济状况的全新观点。人们早已认识到依赖以廉价劳动力为基础的出口优势的经济体需要转型，由模仿转向创新（Kim，1997）。但最近的研究（World Bank，2013）提供了更有说服力的其他证据：(1) 很多新兴工业化国家曾拥有令人瞩目的经济增长率，但如今增长停滞，无法转型为高收入国家，这已经成为重要问题（World Bank，2013，p.12，Box 0.1）；(2) 这也是中国即将面临的重大挑战。

分析表明，要提高经济竞争力，新兴经济体需要更强的市场（看不见的手）来取代政府机构的指导作用（看得见的手）。部分原因可能在于，市场中配置稀缺资源的选择机制能够决定下一个主导性的技术平台，另外，成熟市场中对新企业蓬勃发展的支持被视为优于政府"挑选赢家"或按预先计划增长的能力。然而,"新结构经济学"最近提出了相反的观点(Yifu Lin,2012;本书第2章)。这种观点认为,由政府协调的、集中于先天比较优势领域的更为准确、有针对性的发展战略,比单纯的市场机制更容易成功。一些经验研究证据表明,在发展更好的发展中国家,聪明的政府干预能够"提高增长率,降低经济波动,并减少不平等"。全要素生产率的测量和价值链的比较分析是核心证据。本章的一个中心论点是,聪明的政府干预需要比目前更好地理解干预在微观层面对能力建设产生的实际影响。

无论我们赞同市场还是政府有计划的干预,世界银行(2013)指出的一个普遍共识是,"如果一个国家不通过创新(而是继续依靠外国技术来提高生产力),它就会落入中等收入陷阱"(World Bank,2013,p. 12,Box 0.1)。国家创新体系研究为理解试图跨越中等收入陷阱的国家所面临的宏观层面的挑战提出了一个有用的框架。这类研究将技术"赶超"和与创新相关的能力积累作为经济增长的核心,进行了从国家层面(Collinson,2009;Hobday and Rush,2007;Lundvall,2007;Bell and Pavitt,1997;Nelson,1993;Lall,1992)到企业层面(Collinson and Wang,2012;Birkinshaw,2000;Cantwell,1989;De Meyer,1992;Dosi et al.,1988)的多层分析。

创新研究往往将各层面的赶超视为流程创新和产品或服务创新共同面临的挑战。企业层面的流程创新和行业层面的商业模式创新,能提升企业以更为物美价廉的方式为现有产品增加价值的能力。产品或服务创新将更多、更好的产品和服务推向市场,增强了企业、行业和国家的竞争力。

因此,在技术前沿,创新需要企业层面的不同能力和不同的国家创新体系。在大多数发展中国家,这一挑战包括减少对他人创新的模仿、转移和逆向工程,增强自主创新能力。这一挑战依行业不同而存在差异,因为:(1)决定竞争力的技术、流程和能力在模仿或转移时的难易程度不同;(2)作为一个"快速跟随者",利用他人的创新产出获得的效益也不同。在一些行业背景下,成功的竞争策略可能依赖于有效和高效的模仿,而不是更有风险的创新。例如,比较中国电信行业和制药行业的发展就能明白以上两点的含义。

回到上面讲到的经济增长的良性循环，值得注意的是，通过提高一个国家的劳动力与创新相关的能力，可以提高劳动力为流程、产品和服务增加价值的能力。这样，劳动力变得更有价值和更为昂贵（和本地及外国雇员相比），支撑了向高收入和高消费水平的转变。这可以用赫克歇尔-俄林（Heckscher-Ohli）贸易模型来解释。最关键的一点是，在所有经济体中，推动经济良性循环并连接消费和生产的要素都是由自主创新能力发展出来的。"在各种经济活动中一步步推进知识创造"能够增强经济竞争力，并提升收入和消费。

最后，根据本书中的多章内容以及 Bruce Kogut 的一些原创性作品，我们应该注意到"全球化不再是国家之间对行业主导地位的竞争，而是对在全球商品链中增值活动的位置的竞争"（Kogut，2003）。考虑到特定位置随时间的演变，研究技术赶超和与创新相关的能力积累如何"向上"推动特定价值链具有重要意义。这相当于（在空间上）将特定的增值活动重新布置到发展出具有相对优势为某种价值链增加特定价值的地方。我认同 Bruce Kogut 的观点：跨国公司是改变这些方面的一个重要渠道（很有可能是最重要的渠道）。这也是我们之后将回归的主题。

中国情境

以上讨论大多都适用于当前转型阶段的中国。本书的其他部分提供了更为详细的分析，但一些重要的发展值得在这里进行总结。我们已经看到了全要素生产率的强势提高，在过去 10 年中保持了每年平均 3% 的水平，以及经常被提到的 GDP、贸易和 FDI 的增长势头。快速的结构变迁，体现为前所未有的在基础设施、公用事业、交通运输和房地产业上的公共和私人投资，以及伴随着高水平的对内投资和大量技术溢出出现的行业资产。但是，很多部门正在逼近技术前沿，劳动力成本不断上升，并且由于资本驱动经济增长，劳动力的跨部门转移不断下降。

中国政府鼓励企业发挥主导作用，而政府发挥促进作用。政府提出的新战略的六大支柱反映了这一点：巩固市场基础，加强创新，推进绿色发展，保障机会平等和普惠的社会保障，强化公共财政，以及促进中国和世界其他国家的互利共赢关系。

中国目前的国家创新体系对于转型有很多优势。有资金投至科学技术和研发基础设施，我们已经见证了私营和公共部门（包括基于大学的机构）研发能力的惊人发展。国际论文和引用，以及专利、许可和版权使用费等知识产权收入也相应提高。这些都基于优质的（按发展中国家标准）教育体系培养出的大量科学和工程人才，以及大批拥有海外学历和经历的回国学生。中国拥有高水平的研发和制造业FDI，对创新生态系统中的内部投资形成了补充。尽管资本市场效率较低（缺乏资本配置最大化的有效机制），众多资本渠道还是促进了创业和大企业中的新业务。创业文化，有的存在于特定区域（珠三角、浙江、福建）支持中小企业创新，有的不断发展出专家集群。

中国国家创新体系的一个重要组成部分是庞大且快速发展的制造业部门。和其他国家相比（第二次世界大战后的日本和更近的新兴工业化国家），中国前所未有地在更广泛的行业部门中更快地通过了能力发展阶段。强有力的经验证据表明，贸易和FDI更普遍地促进了升级（Bloom et al.，2014），这在中国是一个显著的特征。

为了造福当地企业，政府已经采取强有力的干预措施促进特定种类的技术转让和溢出。通过控制外国企业的投资条件，比如强制要求外国企业只能通过合资方式进入某些行业，政府将某些能力发展定为目标，并给予优先支持。

一些研究表明，创新的不同形式和不同类型的赶超有关（Wang et al.，2014）。企业层面有一些相应的证据，例如Williamson和Yin（2014）的研究提出，一些中国企业采取的"加速"创新过程的做法——通过渐进式改进其他人创造的基本产品和服务来提升速度，本身就是一种创新能力。通过创造性地重组流程、实践和能力来实现持续改进、快速商业化利用新技术或敏捷应对市场需求，是实现持续创新能力的关键。这无疑比通过创造性重组技术、零件或产品特征实现某个细分市场的暂时优势更为重要。

一些中国企业发展出的特殊的动态能力，特别适合于低成本、低收入的环境，因为它们正是从这样的环境中演化出来的（Williamson and Yin，2014）。这些能力包括有效的横向团队合作，将渐进式创新分解为更小、更简单的步骤来适应更容易获得的素质较低且更廉价的工程和技术人员。

结合这些观点和之前关于发展中国家的分析（Hobday，2007），以研发投入和专利衡量的、基于正式研发活动的创新，在中国情境中并不那么典型。构建创新能力更多的是在新情境中运用现有的技术或流程，并受到基础设施不完善、供应链发育程度低、低成本、低技能和制度空隙（正式制度规定的漏洞或缺陷；参见 John Child，本书第 8 章；Puffer et al.，2010）的主要制约。它还专注于提供面向低收入消费的低成本的产品和服务，这可能成为落入中等收入陷阱的"第 22 条军规"的一部分。企业能够自然而然发展出适应环境的创新和其他动态能力。低（或高）成本、低（或高）质量、低（或高）端产品与服务的需求和供给之间存在自我强化的循环（Collinson，2009），造成了本地企业在一定程度上的内锁或内嵌。

这要求加强对以下问题的进一步洞察：(1) 企业层面发展创新能力的来源、渠道和机制，这些是作为（加总的）国家层面发展创新能力所面临挑战的一种投入；(2) 它们因行业而异的表现方式；(3) 各类政府干预在企业层面和行业层面的影响。

重组优势作为创新能力的来源

我们现在将重点转为研究企业间的合作伙伴关系作为一种特定的与创新相关的能力来源。这将深入挖掘出本土中国企业为了提高创新和赶超能力而获取资产、技术、资源、能力的特定渠道。我们的研究也展示了中国不同的政府机构如何在特定行业部门进行干预以促进自主创新。

Bruce Kogut（2003，1993）提出，"组织原则在同一地区企业间的扩散，比在地区间和国家间的扩散更快"。但他还提出，以跨国公司为媒介，组织原则可以在全球范围内转移。他认为,"子公司不只是转移和适应当地环境,它们成为所在经济体变革和跨国合作共同发展的代理人"。这里,我们把这个过程中利用"重组优势"的子过程作为分析的关注点。

重组优势的观点源于研究外国企业如何限制或提高"自主技术能力"的文献(Collinson,2009;Cantwell and Janne,2000;Dosi et al.,1988)。经济学家们试图分解出宏观层面支撑全要素生产率增长的因素。其他视角主要关注微观层面企业的学习模式(Bell,1984;Berggren et al.,2011;Bell and Figueiredo,2012)。从微观层面到宏观层面、从定量到定性范围遍布了多种视角的研究,包括知识管理视角、资源基础视角、动态能力方式、网络分析、产业集群和全球价值链分析以及FDI扩散的研究。国际商务研究进一步探讨了重组(Verbeke,2009)或互补资产"捆绑"(Hennart,2009)对提高绩效的影响,以在更一般意义上更好地理解跨国公司合作伙伴关系的动机和影响。

一般认为,企业相互之间直接或间接学习创新,通过模仿竞争对手、与供应商合作、听取客户需求或与其他有互补资产、资源或能力的企业组成合资企业。我们从自己和别人的研究中发现,这些企业聚在一起一定程度上是由于预期的互补性。每个企业现有的资产、资源和能力组合都存在优势与缺陷,这就形成了各自的相对优势,可以进行"交易"来换取弥补自身不足的资产、资源和能力。

有必要界定一些不同种类的优势来为之后的实证分析确立框架。企业特定优势,指"企业专有的能够产生竞争优势的独特资产、资源和能力"。尽管这一术语适用于专用的服务、产品、流程和技术,但可持续的企业特定优势最终取决于资产的国际化,比如企业能够专有控制的产品知识和管理或营销能力。因此,企业特定优势与企业协调运用生产、营销或服务定制化的能力有关。在国际商务研究中,企业特定优势和国家特定优势形成对比,后者指由国家的地理区位、自然禀赋、劳动力、竞争环境、文化、政府政策、产业集群等形成的"一个国家特有的长处或优势"。

我们在这里主要关注四类企业的特定优势,表9.1反映了文献中的已有概念，并在我们的研究中得到显著性证明。分类根据两个维度：资产相关或交易相关，以及区位限制或非区位限制。区位限定性优势和国家特定优势有关，因为它们只有在特定的国家背景下才起作用。

表9.1 企业特定优势的四种类型

企业特定优势	资产相关	交易相关
非区位限定性优势适用于多种国家市场和制度背景	适用于多个国家的品牌、服务、产品、流程、技术、知识和知识产权类型	在复杂的多区位之间，创造和协调跨国公司内部高效的等级制及市场的能力
区位限定性优势只适用于特定的国家背景	只适用于一个国家背景的品牌、服务、产品、流程、技术、知识和知识产权类型	适用于本土的，并只能在特定国家背景下提供优势的知识、能力和关系

根据Collinson和Narula（2014）以及前人的研究，区位限定性的交易相关的优势包括关于制度的知识，以及制度回避、适应和（或）共同演化的关系能力（Cantwell et al.，2010；Santangelo and Meyer，2011）。

我们研究了区位特定性和资产及能力的重组如何在跨国公司及其本土中国合作伙伴中产生新的企业特定优势，如图9.1所示。

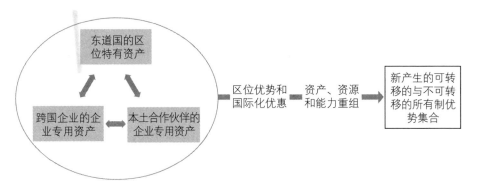

图9.1 区位特有资产和企业专用资产重组创造新所有权优势

资料来源：Collinson and Narula（2014）。

有证据表明，新兴市场中的企业主要寻求获得新的企业特定优势来配合强大的国家特定优势，并弥补企业特定优势的不足或缺失（Rugman，2009；Rugman and Doh，2008）。通过发展或获取企业特定优势，企业能更有效地同本地竞争对手竞争，但更为重要的是，它们能够发挥国家特定优势（比如廉价劳动力）和企业特定优势（比如某种技术）组合的优势参与国际竞争。"跳板"理论（Luo and Tung，2007）和"双手翻"适应（Williamson et al.，2013）也提出，来自发展中国家的跨国公司通过海外并购来提升其国际竞争力。

包括产业专业化，资源、资产、能力差距，本土旗舰企业的结构和战略，以及政府角色在内的区位环境存在很大的不同（Collinson，2013）。由于这种异质性的存在，正如我们以下所做的，有必要关注特定的行业部门。通过运用上面的框架，我们能够区分中国企业及其跨国公司伙伴发展出的创新相关优势的种类——它们是区位限定性的，还是能提供国际化（出口和 FDI）的基础？这也有利于更精准地理解政府干预的作用，以及影响企业间具体互动的更为广泛的环境因素。这反过来也可以补充、阐明或反驳仅从宏观层面分析得到的政策结论。

中国国际合作伙伴关系的研究

为了理解企业层面学习和创新能力发展的动态过程，我们开展了一项中国跨国公司合作伙伴关系的大规模研究。问卷收回了 320 家在中国运营的跨国公司（181 家美国企业，88 家欧盟企业，51 家英国企业）的回答。我们还进行了个案研究调查，对跨国公司母国和中国的经理、工程师、科学家及工厂员工进行了 105 个半结构式访谈，涵盖了 20 家跨国公司中的 30 个合资项目。

在问卷和访谈中，我们试图测量跨国公司及其本土合作伙伴在创新能力上的提高。在一定层面上，这包括了对合作伙伴关系中的共同产出（新产品、更高水平的生产率等），以及每个企业通过在整合或重组过程中分别投入的资产和能力的追踪。

问卷中34%的合作伙伴关系发生在跨国公司和本土客户企业之间。它们主要是由西方供应商对本土企业的产品生产进行支持，既供出口也供应本国市场，企业之间分享产品技术和制造技能。24%的合作伙伴关系发生在跨国公司和本土供应商之间，跨国公司进行产品技术转让，并创造新的本土和出口分销渠道。供应链合作伙伴关系在调查回答中占主导（58%），但更多的联合创新发生在跨国公司和本土供应商的合作伙伴关系中，而没有发生在跨国公司作为主要供应商和本土客户之间。样本中有30对和竞争对手形成的合作伙伴关系，它们更关注联合开发本土产品市场。这种合作侧重于共享市场，以及服务和制造创新所需的技术、设计及模式。问卷中14%的合作伙伴关系发生在跨国公司和公立研发机构之间，侧重于支持在国内市场开发新产品。合作双方共享研发专长，本土研发机构受益于教育、培训以及收入，而跨国公司获得低成本的本地知识。

这些合作伙伴关系中，组合或重组的资产和能力包括金融资源，研发相关的专业知识，创新的技巧、设计和模式，市场新路线或渠道，营销或服务专业技能，获得廉价劳动力，获得新供应商，产品制造技能及其他管理能力，以及在不同商业环境中运作的知识。这也能投射到传统国际商务研究中FDI的"资产利用型"和"资产增强型"动机。不同的合作伙伴关系反映了创新能力通过联合得到的多种改善，包括生产率提高（质量更高、成本效益、快速将产品推向市场等）、新产品开发得到改进、市场准入提高。这些改善中很多都是专门针对中国的，但也有证据表明，一些本土中国企业通过合作伙伴关系提高了国际化能力。图9.2总结了相关的研究发现，展现了不同类型合作伙伴关系带来的主要创新益处。

总体而言，我们发现跨国公司和本土企业都为合作伙伴关系贡献了一系列非区位限定性的企业特定优势，但跨国公司贡献的比例更高，体现在专用的品牌、技术或企业创新相关的产品和流程能力上。合作双方也促进了区位限定性的企业特定优势，比如有关某国市场、供应商或制度的知识。本土企业对区位限定性的企业特定优势贡献更大，用它们的本土知识换取上述提到的非区位限定性的企业特定优势。图 9.2 中的研究发现以加总的形式展现，从中我们可以看出跨国公司和本土企业从对方获得了什么。

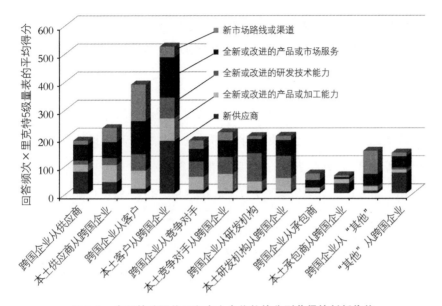

图 9.2　中国的跨国公司和本土合作伙伴分别获得的创新收益

其他的实证发现参见 Collinson 和 Narula（2014），其中还有我们编写的关于调查和基于访谈的个案研究的详细描述。个案研究有助于解释问卷调查发现的模式。它们阐明了不同行业背景下不同种类合作伙伴关系的复杂多样性，如何形塑了不同类型的互惠、资产重组和创新优势。包括政府多种干预和影响在内的复杂多样性隐藏在宏观层面的数据驱动的分析之下。因此，仅仅基于后者的政策经验教训即便不是完全错误的，也是不够准确的。

中国航空航天业的跨国合作伙伴关系

我们研究的 30 个合作项目中，有 4 个来自总部设在中国的航空航天跨国公司。这提供了极好的机会分析企业之间的互动，以及各种各样的政府干预对自主创新能力发展的影响。跨国公司运营的行业背景是这个故事的重要组成部分。

我们在一家企业的北京地区总部，对一位被派遣到中国20多年的资深西方经理进行了访谈，他在访谈中告诉我们：

> 未来15年内将会出现三大商业性航空航天企业：波音，空客，以及一家中国企业。再不久之后很可能就只剩两大商业性航空航天企业，而其中一家将会是中国企业。

他当时强调在我们开展研究的那段时间里，中国政府对发展本土航空航天业的重视程度。事实上这已经是几十年来的明确目标，其背景是中国的航空运输业客运量实现了极快的增长。客运量每年以超过10%的速度增长，在2006—2011年五年计划中需要增加1 790架飞机、49个新机场和701个航空运输项目。

中国政府一直在对民航业保持高度的控制。很多机构致力于提高运输基础设施的可靠性和效率，以及促进国内企业间的竞争性。在我们的调查中，中国民用航空局（以下简称"民航局"）是负责非军用航空业的政府机构。它合理地布局了中国的航空公司，完成了"三巨头"——中国国航、中国东航和中国南航——以及一些小航空公司的合并。

中国政府明确表达出发展本土的"中国制造"的飞机与波音和空客竞争的目标，民航局在实现这一目标中居于中心地位。中国政府长期以来一直在资助这一形象工程，并将继续支持直至其成功。但是，这一项目多久才能成功，最终产品的可靠性、安全性、实用性如何，还存有疑问。

我们在中国访谈的另一个资深英国高管讲到了"天国的阶梯"。本土航空制造业实现技术成熟需要经历三个阶段：

阶段1，"如法炮制"：本土制造商根据简单的设计进行低端（之后再进行高端的）制造。

阶段2，本土企业承担产品模块或工程包，包括进行一些重新设计和工艺创新。

阶段3，和西方国家是完全的工程合作伙伴关系，共享设计和开发，承担本地技术、质量等责任，以及风险和收益共享（供应商作为开发过程中的股东）。

空客、波音、劳斯莱斯和通用电气等外国企业已经成为这个计划的一部分。为了进入不断增长的中国国内市场，它们需要和本土的中国制造商建立合作伙伴关系。合作伙伴关系包括分包、技术转让和培训等，以提高本土飞机制造能力为明确目标。

中国航空工业第一集团（以下简称"中国一航"）和中国航空工业第二集团（以下简称"中国二航"）在其治理结构中负责中国全部的航空航天制造。中国一航主要制造大型飞机，是负责发展全部的中国制造的飞机的主要组织。国内的中国一航各企业既要跟进公共部门的议程，也要跟进私营部门的议程。因此可以将它们看作一种混合型组织而不是纯粹的国有企业（Collinson and Sun，2012）。政府代表参与了完整的合资签约过程和之后的所有采购，包括相关的技术转让和本地培训。然而，"中国"并不代表着一个统一的利益集团，地方上的对手和派系互相竞争、争夺领导地位，因此对于跨国公司而言并不存在简单的"他们和我们"的差别。和中国其他行业，甚至包括那些存在强政府干预的行业一样，"合作竞争"促进了学习。

我们在地方上遇到这样的一个例子，当地合资伙伴的董事长也是镇长。这为合资企业相比于普通外资企业带来了众多优势及约束。比如，镇长办公室和有关政府部门提供支持并给予优惠待遇。在极端的情况下，镇长办公室直接监督下的排他性协议会将其他寻求为中国合作伙伴提供要素的外国企业关在门外。面向西方企业开放的战略选择，显然受其合作伙伴权力的限制，其背后是公共部门的支持。

空客和劳斯莱斯是很好的例子，说明了我们研究期间西方航空航天企业在中国的投资规模。作为在中国投资的要求，两家企业都在西安和天津等航天集群组建了一系列复杂的产品合资企业，使得民用飞机进入不断增长的国内市场。空客每年将6 000万美元左右的工程分包给五家中国企业，预计这一数额将在未来五年内翻一番（至2014年，空客在中国的行业营业额已经超过4.5

亿美元）。在中国制造的零件包括 A32p 机翼部件、乘客侧车门和起落架部件。位于西安（西安飞机公司有 28 000 名员工）和沈阳（沈阳飞机公司有 20 000 名员工）的两大合资企业是空客在中国的运营中心。与它们合作的本土企业都是中国一航伞状组织下运营的国有企业。

劳斯莱斯为许多中国航空公司提供发动机，也拥有很多重要的合资企业，其中一家也位于西安。西安西罗航空部件有限公司（以下简称"西罗公司"）曾是西安航空发动机公司（以下简称"西航公司"）的科技合资企业，从 1997 年开始铸造涡轮喷嘴导向叶片（NGV）和涡轮叶片。2002 年，西航公司也成为劳斯莱斯认可的分类零部件供应商。其他的本土供应商还包括四川成发航空科技有限公司（供应吊环、金属片和加工品）、北京力威尔航空精密机械有限公司（供应 VSV 杆）和沈阳黎明航空发动机集团有限责任公司（供应热屏蔽环）。

空客和劳斯莱斯这些公司都转移了制造技术，并落实了一系列培训计划，在这些工厂和当地的零部件供应商中开发当地的能力。劳斯莱斯曾和民航局于 1997 年在天津成立了一家合资企业，对技术员、工程师和管理人员进行培训。自 1990 年以来，它已与民航局签署了六项培训协议，包括民航局高级管理人员发展计划。在将提高生产率作为重要目标的同时，考虑到最终产品的安全的重要性，生产组件的质量和可靠性更为重要。

我们研究最为仔细的一家合资企业致力于在本土制造翼盒，主要出口面向欧洲的组装业务。本土合作伙伴联合当地政府机构和中航工业财团提供房舍及工厂服务。它也负责采购和管理本地供应商。合作双方都提供了制造设备和工具形式的资产。成本、可得性和定制化工艺适应本地材料和（或）供应商的需求等因素，影响本土合作伙伴做出贡献的形式。

工厂层面的工艺改进和创新由多项指标来衡量。这些指标包括产出和生产率测量，比如表现为废品率（一个工厂中生产了多少废物）的降低，以及"退货"（买方因为轻微故障，例如切割机翼部分不精确而拒绝接受零部件）和"返工"（更实质性的退货，并附上质量说明作为向供应商的反馈）的减少。越来越多的质量控制小组、"精益"管理系统以及"可视性板"（visibility boards）等技术，映射出工厂车间和监控流程运作的改变，都是管理和工艺相关能力提高的指标。其他进步，如从使用 2-D 到使用 3-D 设计图纸，表明了工程、设计和产品开发的创新。所有这一切都表明，中国本土的管理人员、工程师和工厂员工如何在他们与西方同行的互动中学习。在合资企业运行的特殊流程中，通过工程技术和管理能力实现质量改进，正是中国合作伙伴缺乏而由外国跨国公司提供的重要的资产相关的企业特定优势。

重组的一个重要形式是不断改造工艺和技术以适应当地的劳动力，包括经验丰富的车间管理人员和工程技术人员以及没有经验的廉价劳动力。这就是说，能力更多不是转移来的，而是在训练或在职学习过程中以适应当地各水平的知识吸收能力而改造和重新塑造的。

现在我们知道，中国的供应商开始获得一些成功，在中国之外成为空客和波音的一级供应商。天津的两家供应商正在投标供应空客在美国的一个新总装厂；湖北阿里嘉泰飞机设备有限公司——中航工业的一个子公司，2014 年被波音公司授予买方提供设备证书（提供座椅）（China Daily USA，2014）。我们可以看到，这些企业已经发展到既能生产多种零部件，又能保证产出的质量，这使得它们成为这些西方领先企业的全球供应链的一部分。

讨 论

那么，关于中国正面临的加速知识创造和创新的挑战，以及避免停滞或在 2030 年前跨越中等收入陷阱的挑战，我们有哪些经验教训呢？在下面的讨论中，我们看一些有关的管理实践，但主要关注相关政策。

对于和在中国的跨国公司有合作伙伴关系的本土企业，我们更多了解在微观层面有助于某类资产和能力重新组合以提高创新的条件。在这个层面的研究探讨了企业如何通过"交易"利用优势和弥补不足。高级技术技能以及跨国公司拥有的其他企业特定优势被部分转移给本土的合作伙伴，以换取本地客户市场等。数据还展现了表 9.1 中的所有四类企业特定资产如何发展出多种多样的合作伙伴关系等并创造新的企业特定优势。在我们的航空航天样本中，双方共同开发出简化的工艺以适应工厂劳动力和本地供应链的能力。类似的例子还发现，适合本土创新的技术和能力的互惠结合，也能够创造企业特定优势。产生的企业特定优势中的一部分主要适用于中国本土情境，并为双方企业带来额外的国内市场优势。其他的则区位限定性更低，从而能使跨国公司通过现有的企业内部网络在其他市场发挥企业特定优势的作用，还能促进一些本土企业的国际化。

本地游戏规则

跨国公司也从中国本土的合作伙伴那里获得了交易相关的区位限定性的企业特定优势（表 9.1 中的第四种类型），来弥补它们的"外来人不利"。只有在理解中国情境的某些方面如何区别对待外国企业并造成困难的背景下，我们才能完全意识到以上所说的重要性。我们的调查以及其他一些研究表明，外国企业在中国面临的困境如何产生于两个不同的来源。首先，它们需要应对一些预期内的限制，正如它们在其他国家的市场上也会遇到的，比如缺乏工程和制造能力、供应链缺口、知识产权薄弱、复杂和昂贵的通关手续。其次，一系列预期外的、由中国情境中法律法规普遍不清晰造成的复杂性和约束（Collinson et al.，2007）。与此相关的是，中国的承包往往基于关系而不是正式的法律文件。这是形成网络关系的相互信任的基础，相比于作为正式的评价方法，制度安排更重要的是提供信誉和尽责的基础（Kriz and Keating，2010）。这些特征指向制度空隙，其含义在本书的其他地方提到过。但是，制度空隙的现有定义能否涵盖我们发现的所有方面尚不清楚。

两类因素都对跨国公司及其本土伙伴的活动产生了重要影响。然而，本地的"游戏规则"：（1）比直接的和有意的政府机构干预受到更多因素的影响；（2）是解释本土合作伙伴的知识和关系对合作伙伴关系成功的特殊重要性的主要因素。简单来说，"好"的合作伙伴有关系能克服障碍性的繁文缛节，保证成功；"不好"的合作伙伴有较少的权力（或完全没有）、知识及制度杠杆来对付官僚制的障碍。这是受访者提到的主要因素，来解释为什么一些合作伙伴关系成功地持续下去，拥有平衡的互惠关系并极大地提高了合作伙伴的联合创新能力，而其他合作伙伴关系则是短命的。

调查中的企业还指出了与合资企业有关的其他遗留问题，包括：保留某些员工和（或）高级工作人员的内部义务，不利于企业的高效运营；长期存在的和地方或中央（较少些）机构官员的关系，官员可能在企业中担任正式职务，要求获得所有权或造成其他影响；对特定供应商、承包商或其他客户的额外支付义务，尽管这在经济上是不合理的，但能换取一些优惠待遇。

在任何情境中预先估计其他企业资产和能力的价值都是很难的，但这对于建立互惠协定通过交换促进相互之间的增益具有重要意义。由正式和非正式政府干预造成的上述多种制度不清晰，在本质上是更为普遍的中国"游戏规则"，这使得跨国公司更加难以评估本土中国企业拥有的交易相关的企业特定优势。

政府干预的影响

有观点认为，中国企业的蓬勃发展是因为国家采取的行动，而印度企业的蓬勃发展则与国家的行动无关（Ramamurti，2013）。这项研究清楚地表明，这种说法过于笼统。行业、企业、合作伙伴关系不同，政府干预的动机、采用何种方法、造成何种效果也有所不同。

这项研究阐明了两大范畴的干预水平和类型的多样性。

（1）正式的，由中央、省级、市级或地级政策驱动的干预。包括指导商业行为（尤其是那些指导外国企业活动和有外国企业涵盖其中的合作伙伴关系）的一般性规定以及行业特定政策、法律、法规、税收优惠等。

（2）反映前文讨论发现的两种基本的非正式影响。首先，关于正式法律和法规的应用模糊不清。其应用很大程度上依赖于情境：谁在什么情况下对谁应用法律和法规？其次，公共部门机构或个人的干预明显违背了正式条例，包括一些形式的腐败（下面进行讨论）。

我们的一个跨国公司访谈对象向我们解释了他总结的"理解中国的三个规则"。

规则1：中国是一个高度管制的国家，人们要学习、理解、遵守数不清的规定。

规则2：中国呈现出混乱和不可预测的经营环境，环境中一切皆有可能，实际上没有任何规则。

规则3：规则1和规则2是同时成立的。

这是理解政府干预积极和消极影响的重要背景。一方面，我们发现政府行为对企业层面创新能力的发展产生了一系列的积极影响。另一方面，行业背景也存在巨大差异。

我们对航空航天业的分析，与我们研究的其他行业相比，代表了一种特殊的情况。分析表明，政府的良好参与产生了很多积极效果，强大的政府机构作为主要的守门人，限制了外国企业对区位限定性资产、能力和市场的获取。在我们的研究中，跨国公司进入中国快速增长的商业航空市场的成本更高。只有通过一系列涉及高品质制造、设计和与研发有关的大量技术及能力转移的合资企业以及本土合作伙伴关系，外国企业在法律上才有进入的可能。政府机构不仅在最初的合同中写上了这一点，并监督其进展，它们还共同投资基础设施以及管理培训的过程以提高本土行业的能力。这些机构因此密切监督新知识以及本土适用的产品和工艺创新能力的合作生产。

中航工业的治理结构与多种政策机制相协调，包括：

- 外资所有权的规定。
- 进出口配额和税收。
- 联合进行培训、行业标准制定和研发投资。
- 部件和组件本地制造的比例越来越高的要求。
- 质量和安全立法。

- 对供应链能力互补的投资。

这代表了为发展本土的行业特定能力进行有针对性的干预，正是通过结构经济学家所倡导的方式不断在中国发展世界领先的航空航天业。上述行动影响国家创新体系中与航空业相关的部分，以及促进本土创新的企业层面。有证据表明了它的成功，我们发现，合作伙伴关系通过重组以及本土供应商通过学习，实现了工艺创新（生产率、废品率、退货等）和产品创新（质量、内在的可靠性和安全性等）的极大提升。

当然，没有基准能够检验这个论点的稳健性。我们无法知道如果没有上述任何政府干预，实际情况将会如何。我们在研究中也发现了一些负面的影响。例如有人指出，中小企业（包括跨国公司和本地企业）既没有从到位的正式政策中受益（如果它们恰好有关系，有时能从非正式的干预中受益），也没有因为政府重点关注大型企业和国有企业而遭到明显歧视。这一发现反映了John Child在本书第8章中描述的情形。他展示了更广范围的研究发现并进行了引证，对中小企业创新活动的制度约束来自政府机构差别对待导致的与大企业（国有企业和外国企业）的不公平竞争。

在更一般的层面上，上述"本土游戏规则"导致的不确定性和模糊性对我们研究跨国公司产生了很多影响。很明显这是许多跨国公司在中国投资较少和（或）投资的业务功能及活动更有限的关键原因。例如，航空航天企业因为这些不确定性，比如对知识产权法规稳健性的担忧，并没有在中国建立全球研发中心。在进入市场前难以进行适当的谨慎性调查也是被访谈者提及的因素。

但我们认为最重要的影响并不是政府干预本身，而是由于上述非正式的影响缩短了我们所研究的很多合作伙伴关系的寿命。它们是造成合作伙伴关系早夭、削弱常见于持久合作伙伴关系中的资产和重组能力所产生的积极影响的一个不稳定因素。

这是调查中发现的净效应。然而，有趣的是对于提高创新能力的结果，包括积极的和消极的，都能在干预中找到特定的例子。上文提到的镇长担任当地航天合资伙伴企业的董事会主席的案例，简洁地说明了这一点。如果我们接受"透明国际"提出的"滥用被赋予的权力谋取私利"（https：//www. transparency. org/whoweare/organisation/faqs_ on_ corruption/2/）作为腐败的定义，那么这明确是一个腐败的案例。在一定层面上，它通过迫使跨国公司转移更多技术和知识产权、对本土企业的培训进行更大的投入来帮助当地企业，高级官员从中也能获得个人利益（通常是部分所有权）。但这对跨国公司的行为和合作伙伴关系的可持续性具有显著的消极影响。

整体而言，我们要说的是，基于信任基础、不受地方决策者私利目的干预影响的、保持互惠的合作伙伴关系，可以持续更长时间，并带来更大程度的联合能力发展。为了促进这一点，需要继续清除在中国的大小腐败，并提高法规和规章应用的清晰性及可预测性。这需要对游戏规则进行广泛和系统性的改变，但不一定要减少政府的干预。我们的研究结果并不支持由政府直接选择赢家，而是要发挥政府权力对市场有目的性的各种影响，以使其有利于加速发展本土的创新能力。

走向更精准的干预

如果我们采用 Bruce Kogut（2003）的帮扶框定，就可能会将上述诸多因素视为跨国公司和本地合作伙伴适应性行为的"发展瓶颈"。为发展经济而实行有针对性的干预，需要对发展约束造成的异质性影响形成更深刻的理解。它们可能是直接的或间接的，正式的或非正式的，但它们意图影响的各类情境（地区、行业、企业、技术、价值链等）会使宏观层面的、通用的、不精确的方法产生不完善的效果。

这为政府和未来的可能研究领域提供了很多经验教训。关于对政府的经验教训，我们的四个核心发现之一是需要对市场进行更精准的干预。具体来说，我们的研究发现：

- 有针对性的投资于特定种类的培训来补充技能不足，以加速发展在特定价值链中的本土能力；

- 将政府支持集中于资本货物设备，既放开对特定出口的限制，又鼓励本土技术的发展，以此来提高其他的创新相关能力（以航空航天业为例，即为精密测量仪器和其他类型的先进制造）。
- 小企业构成了本地产业供应链的重要组成部分，面对偏向性的规则仍具有非常高的适应性，要细化对小企业的扶持，并减少对它们的限制。
- 在坚持反腐的同时，要采取比一般的"老虎和苍蝇一起打"的方法更精细的方式来限制资金分配不当和围绕能力发展形成的利益结盟结构。然而，部分困难在于，干预的机制（例如市或省级政府机构作为公共部门投资的通道）有时也是侵占的机制。
- 利用公共部门采购（这在中国是有力的杠杆），通过有针对性的技术转让和培训，优待某些与跨国公司具有合作伙伴关系的本地企业。

进一步的比较研究显然是必要的，因为我们在这里主张的是形成更为精准和定制的政府干预，以加强创新能力建设。定制化政策及其在不同层级政府的应用肯定会产生成本，但也会带来收益。这些需要在投入大量精力和资源前考虑清楚。在中国的行业间和行业内、不同的地区间、不同的地方背景间，乃至不同的国际地区间进行比较，将有助于更多地揭示情境如何不同，以及地方的经济增长潜力如何因此而不同。这也揭示出现存的政府干预如何在不同维度上具有不同的影响。比较研究的开展需要概念上和实证上的进一步发展，连接学习、能力建设与创新性的微观基础，以及行业差异与国家竞争力的宏观模式。

这应当与在概念上和实证上发展更好的方式同时进行，将学习、能力建设和创新性的微观基础链接到行业变化和国家竞争力的宏观层面的模式。一方面，这意味着在进行能力建设的某个本土情境中，更深入地追踪生产率、GDP增长或出口竞争力的宏观变迁。另一方面，这也意味着测量多种不同的地方干预对形塑企业互动和学习的适应性行为的综合影响。

参考文献

Bell, M. 1984. Learning and the Accumulation of Industrial Technological Capacity in Developing Countries, in K. King and M. Fransman (eds.) *Technological Capability in the Third World*, London: Macmillan.

Bell, M. and Figueiredo, P. N. 2012. Innovation Capability Building and Learning Mechanisms in Latecomer Firms: Recent Empirical Contributions and Implications for Research, *Canadian Journal of Development Studies* 33(1): 14-40.

Bell, M. and Pavitt, K. 1997. Technological Accumulation and Industrial Growth: Contrasts Between Developed and Developing Countries, in D. Archibugi and J. Michie (eds.) *Technology, Globalisation and Economic Performance*, Cambridge: Cambridge University Press.

Berggren, C., Bergek, A., Bengtsson, L., Saderlund, J. and Hobday, M. 2011. *Knowledge Integration and Innovation: Critical Challenges Facing International Technology-Based Firms*, 2nd ed., Oxford: Oxford University Press.

Birkinshaw, J. 2000. *Entrepreneurship in the Global Firm*, London: Sage.

Bloom, N. et al. 2014. Trapped Factors and China's Impact on Global Growth. CEP Discussion Paper No. 1261, http://eprints.lse.ac.uk/60272/1/dp1261.pdf.

Boeing P. and Sandner, P. 2012. The Innovative Performance of China's National Innovation System. Frankfurt School-Working Paper Series, No. 158.

Cantwell, J. A. 1989. *Technological Innovation and Multinational Corporations*, Oxford: Basil Blackwell.

Cantwell, J., Dunning, J. H. and Lundan, S. M. 2010. An Evolutionary Approach to Understanding International Business Activity: The Co-evolution of MNEs and the Institutional Environment. *Journal of International Business Studies* 41: 567-586.

Cantwell, J. and Janne, O. 2000. The Role of Multinational Corporations and National States in the Globalisation of Innovatory Capacity: The European Perspective. *Technology Analysis and Strategic Management* 12(2):243-262.

China Daily USA. 2014. "Airbus to Use Tianjin as Delivery Hub" by Lu Haoting, 2014-06-17. http://usa.chinadaily.com.cn/epaper/2014-06/17/content_17594611.htm.

Collinson, S. C. 2013. Cross-Border M&A by the New Multinationals: Different Reasons to "Go Global". in Williamson, P. J., Ramamurti, R., Fleury, A. and Fleury, M. (eds.) *The Competitive Advantage of Emerging Market Multinationals*, Cambridge: Cambridge University Press.

Collinson, S. C. 2009. The MNE as the Major Global Promoter of Economic Development. in Collinson, S. C. and Morgan, G. (eds.) *Images of the Multinational Firm*, Ch. 4, 69-92, Oxford: Wiley.

Collinson, S. C. and Narula, R. 2014. Asset Recombination in International Partnerships as A Source of Improved Innovation Capabilities in China. *The Multinational Business Review* 22 (4): 394-417.

Collinson, S. C., Sullivan-Taylor, B. and Wang, J. L. 2007. Adapting to the China Challenge: Lessons from Experienced Multinationals, Advanced Institute of Management (AIM), Executive Briefing, London.

Collinson, S. C. and Sun, Y. 2012. Corporate Hybrids and the Co-evolution of Institutions and Enterprise in China. in Pearce, R. (ed.) *China and the Multinationals: International Business and the Entry of China into the Global Economy*, Cheltenham: Edward Elgar.

Collinson, S. C. and Wang, R. J. L. 2012. Learning Networks and Technological Capability in Multinational Enterprise Subsidiaries. *Research Policy* 41(9): 1501-1518.

Dantas, E. and Bell, M. 2009. Latecomer Firms and the Emergence and Development of Knowledge Networks: The Case of Petrobras in Brazil. *Research Policy* 38(5): 829-844.

De Meyer, A. 1992. Management of International R&D Operations. in Granstrand, O., Hakanson, L., Sjolander, S. (eds.) *Technology Management and International Business: Internationalisation of R&D and Technology*, Chichester: John Wiley.

Dosi, G. et al. 1988. *Technical Change and Economic Theory*, London: Pinter Publishers.

Hennart, J.-F. 2009. Down with MNE-centric Theories! Market Entry and Expansion as the Bundling of MNE and Local Assets. *Journal of International Business Studies* 40(9): 1432-1454.

Hobday, M. 2007. Editor's Introduction: The Scope of Martin Bell's Contribution. *Asian Journal of Technology Innovation* 15(2): 1-18.

Hobday, M., Rush, H. 2007. Upgrading the Technological Capabilities of Foreign Transnational Subsidiaries in Developing Countries: The Case of Electronics in Thailand. *Research Policy* 36:

1335-1356.

Kharas, H. 2009. *China's Transition to a High Income Economy: Escaping the Middle Income Trap*, Brookings Institution, Washington, D. C.

Kim, L. 1997. *Imitation to Innovation: The Dynamics of Korea's Technological Learning*, Boston: Harvard Business Review Press.

Kriz, A. and Keating, B. W. 2010. Business Relationships in China: Lessons About Deep Trust. *Asia Pacific Business Review* 16(3): 299-318.

Kogut, B. 2003. From Regions and Firms to Multinational Highways. Chapter 10 in Kenney, M. and Florida, R. (eds.) *Locating Global Advantage: Industry Dynamics in the International Economy* (Innovation and Technology in the World Economy), Stanford: Stanford University Press.

Kogut, B. 1993. *Country Competitiveness: Technology and the Organization of Work*, New York: Oxford University Press.

Lall, S. 1992. Technological Capabilities and Industrialization. *World Development* 20(2): 165-186.

Lin, J. Y. 2012. *New Structural Economics*, Washington D. C.: World Bank.

Lundvall, B. A. 2007. National Innovation Systems-analytical Concept and Development Tool. *Industry and Innovation* 14(1): 95-119.

Lundvall, B. A. 1992. *National Systems of Innovation: Towards a Theory of Innovation and Interactive Learning*, London: Pinter.

Luo, Y. and Child, J. 2015. *The Growth of Emerging Economy Enterprises: A Composition-based Perspective.* Unpublished Paper.

Luo, Y. and Tung, R. 2007. International Expansion of Emerging Market Enterprises: A Springboard Perspective. *Journal of International Business Studies* 38(4): 481-498.

Nelson, R. R. 1993. *National Innovation Systems: A Comparative Study*, New York: Oxford University Press.

Puffer, S. M., McCarthy, D. J. and Boisot, M. 2010. Entrepreneurship in Russia and China: The Impact of Formal Institutional Voids. *Entrepreneurship Theory and Practice* 34(3): 441-467.

Ramamurti, R. 2013. The Role of International M&A in Building the Competitive Advantage of Indian Firms. in Williamson, P. J., Ramamurti, R., Fleury, A. and Fleury, M., (eds.) 2013. *The Competitive Advantage of Emerging Market Multinationals*, Cambridge: Cambridge University Press.

Ramamurti, R. and Singh, J. V. (eds.) 2009. *Emerging Multinationals in Emerging Markets* Cambridge: Cambridge University Press.

Rugman A. M. 2009. Theoretical Aspects of MNEs from Emerging Markets. Chapter 3 in Ramamurti R., Singh J. V. (eds.) *Emerging Multinationals in Emerging Markets*, Cambridge: Cambridge University Press.

Rugman, A. M. and Collinson, S. C. 2012. *International Business* (6th edition), Harlow: FT Pearson/Prentice Hall.

Rugman, A. M. and Doh, J. 2008. *Multinationals and Development*, New Haven, CT: Yale University Press.

Santangelo, G. D. and Meyer, K. E. 2011. Extending the Internationalization Process Model: Increases and Decreases of MNE Commitment in Emerging Economies. *Journal of International Business Studies* 42: 894-909.

Verbeke, A. 2009. *International Business Strategy: Rethinking the Foundations of Global Corporate Success*, Cambridge: Cambridge University Press.

Wang, F., Fu, X. and Chen, J. 2014. Differential Forms of Technological Change and Catch-up: Evidence from China. *International Journal of Technology Management* 11(2): 1-25.

Williamson, P. J., Ramamurti, R., Fleury, A. and Fleury, M. (eds.) 2013. *The Competitive Advantage of Emerging Market Multinationals*, Cambridge: Cambridge University Press.

Williamson, P. J. and Yin, E. 2014. Accelerated Innovation: The New Challenge from China. *MIT Sloan Management Review*, Summer 2014. http://sloanreview.mit.edu.

World Bank and the Development Research Center of the State Council, the People's Republic of China 2013. *China 2030: Building a Modern, Harmonious, and Creative Society*. http://www.worldbank.org/content/dam/Worldbank/document/China-2030-overview.pdf.

第10章

全球创新：中国企业的优势与挑战

Yves Doz　Keeley Wilson

翻译：张烨

摘要： 目前有关中国的领先企业进行全球化创新的程度以及采用什么策略和整合过程去实现全球化创新的研究还很少。我们认为，国内市场的规模和特点、中国企业加速国际化进程连同它们在技术和实力上的竞争劣势促使中国企业采取特殊的、不同于西方跨国公司的全球化创新策略。我们从一个整合的视角，综合战略、组织和管理等方面的要求，提出进行全球化创新的必要性，并指出中国跨国公司在此方面的不足。我们进一步分析提出，一方面，中国跨国公司将并购的国外企业纳入自身全球化创新网络将面临重重障碍；另一方面，相比于发达经济体中的跨国公司，中国跨国公司具有内在固有的优势。鉴于中国因其跨国公司的规模和快速发展而成为重要的全球竞争者，我们提出未来关于中国跨国公司全球化创新进程的研究方向。

全球化对于跨国公司组织和管理其创新活动的方式影响深远。过去的研究从最优组织结构、知识流、能力开发（Prahalad and Doz, 1987; Bartlett and Ghoshal, 1989; Cantwell and Janne, 1999; Doz, Santos and Williamson, 2001; Govindarajan and Trimble, 2012; Doz and Wilson, 2012）等方面对发达经济体中

跨国公司从本地到区域再到全球化整合的创新发展过程进行了论述。20 世纪 90 年代以来，亚洲地区中的新加坡、韩国等较小的东亚国家也走上了和几十年前发达经济体中跨国公司一样的发展轨迹，再一次证实了通过提高技术、管理和组织运作的能力使企业从本地创新发展到全球创新的策略（Mathews and Zander，2007）。但是，根据我们的观察，中国的领先企业，由于一些特殊的因素——庞大而相对封闭的国内市场、落后的本地资源以及快速的国际化——的影响，走上了不同的全球化创新发展的道路。在本章中，我们分析中国企业在升级创新能力从而放大异质性知识带来的竞争优势方面所面临的优势和挑战。我们首先分析中国企业采取不同发展策略的原因，进而强调此策略对于企业管理和组织所带来的影响。在此基础上，为了更好地理解中国企业的全球化创新进程，我们提出了未来的研究方向。

中国企业和全球化创新：挑战传统智慧

从传统意义上来讲，本土企业受到国内环境的刺激，从而生产新产品、提供新服务、建立新的商业模式去满足市场的需求（Vernon，1966；Porter，1990）。在下一个阶段，这些基于本土的创新被输出或者得以许可进入国外市场。综合发挥成本优势、响应当地顾客的要求、克服交易障碍、保护知识产权等多方面的考虑，在这个阶段，本土创新企业主要会投资国外的制造业。当本土企业不断发展壮大后，基于多元化以及进入新市场、获得新能力等新的需求，它们将会进入第三个阶段。在这个阶段，本土企业逐渐采用了多元本地化或者跨国的组织架构（Bartlett and Ghoshal，1989），围绕其在本国建立的强大的知识枢纽，将自身的全球创新活动有效整合进来。尽管这样的结构带来了在本土获得的国际比较优势，但它仍然是以本国为中心的创新模式。

在这一节点上，创新的主要特点是知识流动方向的单一性，即从总部或是领头子公司流向其他子公司（Zander and Kogut，1995；Bartlett and Ghoshal，1989）。但是，基于在个体市场上发展的独特技能（包括对特定技术的知识积累和对当地生态系统的了解的增加),以及客户新要求的不断产生(包括低成本、节俭型创新等),地方子公司成为某些领域的专家,进而对传统的知识流方向产生调整的需要:总部或领头子公司不再是关键知识的源头,它们也需要向地方子公司学习。与此同时,不断形成的多中心的网络促进了知识在子公司之间的流动。

创新不断从中心化向分散化发展。21世纪初以来,起初对制造业、后来对工程业以及其他行业来说,人口的变化、行业的合并、科技的复杂化、数字化、不断兴起的新兴市场以及离岸外包的兴起等因素,导致创新需要更加分散化和多样化的知识。在这样的大背景下,20世纪"以科技为依托的创新"范式正在为21世纪在整合各个领域知识的基础上进行创新的范式所取代。知识整合获得的好处远远超过知识的创新。这将对组织和创新管理产生重大的影响。不管是以母公司为依托还是以本国为依托的方式都不足以整合分散在不同地方的知识。进行全球化整合的方式正在发展,它将打破企业、文化的边界,以工具和流程为依托去创造更强的信息交流、接受能力和合作。

相比于对发达经济体中跨国公司的全球化创新的研究来说,对中国跨国公司进行国际化创新这一新兴现象的研究还相对较少(Awate et al.,2015,Di Minin et al.,2012)。从事这一领域研究的学者面临非常多的挑战,诸如缺乏对国家政策如何影响企业战略制定的清晰认识、缺乏企业层面和国家层面的客观数据以及缺乏接触到目标企业的途径等。尽管存在这些障碍,我们通过对中国的一些先进企业,例如华大基因、海尔、华为、三一集团、联想、中兴等企业的观察研究,发现它们并没有遵循依托母国资源发挥本土优势的策略;相反,在结合本国市场特点和能力条件的基础上,它们开辟了一条独特的发展道路。

将中国全球化创新模式与世界其他地区创新模式进行区分的第一个因素在于中国国内市场的规模和特点。激烈的市场竞争、中等市场顾客的巨大需求以及快速的经济发展促使以顾客为中心的创新体系的产生。但是,中等市场的顾客还没有形成对定制化和高端技术的需求,而只需要产品能满足需要(Zablit and Chui，2013）。在极其微薄的边际利润和满足顾客需求目标的驱使下，中国企业逐渐习惯于从顾客身上发现隐性需求，然后快速开发新产品和服务来满足这些需求（Veldhoen et al.，2012）。

第二个因素是中国全球化进程的高速发展。这种高速发展在国家政策层面是由于2000年提出的"走出去"的发展战略。这项政策不仅给中国企业兼并外国企业给予政策上的许可，而且鼓励它们向国外发展、获得更多的资源，从而不仅仅促使中国企业甚至还促使整个国家逐渐向价值链的顶端发展。这项政策对中国海外并购的发展有着深远的影响，在2013年就创造了689亿美元的产值。在企业层面，中国跨国公司并没有等到企业已经足够壮大再开始国际化，而是借助中国向国际化发展的潮流，通过并购的方式不断发展，直接走上了国际化的发展道路。

除了将海外并购作为发展平台以外，雄心勃勃的中国企业还将全球化进程投向发达国家市场，从而克服了第三个因素的不足，即由于国内落后的科技、营销和管理而带来的竞争劣势（Rui and Yip，2008；Abrami et al.，2014）。尽管传统的跨国公司都是先以母国为依托来发展自身科技，然后再分散化创新活动，但是中国的跨国公司通常有意将自己的创新活动扩张到国外以获取关键性的战略资源和先进的创新能力，进而发展自身的差异化优势（Child and Rodrigues，2005；Deng，2007）和克服在国内的限制（Luo and Tung，2007）。例如，三一重工在2009年投资1.44亿美元在德国建立研发和制造中心。两年后，公司对外宣称将斥资2 500万美元在美国建立新的研发中心。除了使公司能够接触到世界级的先进技术、先进人才、供应商和通用标准之外，三一重工还可以销售标有"美国制造"和"德国制造"标签的产品，从而避免"中国制造"与低劣质量的联系。

面对极具挑战的国内市场、快速的国际化进程以及国内技术资源不足带来的竞争劣势，中国企业在创新全球化的过程中只能采取不同策略。与传统模式相比，中国企业首先进行的是海外投资，借此来学习以弥补自身的缺陷，而不是只依托母国的资源。中国企业在选择国外兼并对象时，通常会选择与本企业在相同行业中有着成熟的技术和稳固的品牌的企业。通过兼并相似且成熟的企业，这些企业及其产品的知识可能更为外显性及模块化（定义明确的子系统和构成要素），中国企业将减少学习的负担和兼并的风险。通过我们的观察，中国企业在兼并国外企业的过程中，通常会保留国外企业的管理团队。例如，三一重工收购德国普茨迈斯特公司后，立刻给普茨迈斯特公司的管理团队延续了5年的合同。海尔、华为也是一样，在兼并了国外企业后，保留了原来的管理团队，只对国外企业进行轻监管。这样的方式避免了由中国管理人员管理国外企业所带来的水土不服、导致破坏兼并价值的风险，同时也能更好地向被兼并的国外企业学习先进技术、营销策略和管理经验。

除了可以接触到先进技术和经验之外，一旦在国外建立了自己的研发中心，中国企业将更加看重向新市场的客户学习，这种知识渗透进入价值链，导致反向能力升级（Fu，2015）。中国全球化创新模式的这一方面与传统模式有一定的相似之处：从国外市场上获取的知识并没有和总部或创新网络节点的知识进行交换整合后为全球提供产品，相反，这些新知识得到保留，并主要用来通过改进产品或服务从而为当地市场上的顾客提供更好的产品。对三一重工而言，欧洲市场的产品创新主要来自其在德国的研发总部，而在美国的子公司主要专注于美国市场。这种学习方式也同时表现出中国企业在创新方面存在的一个劣势，即不能整合分散的知识资源。尽管本书第9章提到中国企业已经很成功地同西方跨国公司合作，但值得注意的是，这些合作都是发生在与中国大环境相似的地方，并且仅限于对技术的学习而不是原始的创新。

尽管张志学和仲为国在本书第13章中也提到中国在加强创新上面临的诸多问题，但我们认为，同发达经济体中相似的企业相比，中国大企业在开展国际化创新方面存在很多优势。它们不会对过去的创新模式产生路径依赖（Awate et al.，2015），或是为了保留企业的历史创新印记，沿用之前高成本的创新方式而不顾目前的知识要求。中国跨国公司的子公司分布广泛，通过向不同市场中的顾客以及不同地区的子公司学习，中国跨国公司弱化了总部或是母国的主导地位，从而克服了全球化创新进程中的一大障碍。

尽管现在看来，中国企业的灵活性和敏锐性会带来持续的竞争优势，但优势的发挥与否取决于中国企业能否应对有效组织和管理整合性全球创新网络的挑战。有效的全球创新网络基于两个主要原则而建立：第一，每一个节点提供独特和不同的知识；第二，不同节点上的知识能够高度融合。

到目前为止，中国企业在整合与本企业核心知识基础紧密相关的新知识进行创新方面做得很好，但是在整合不同类别的知识进行创新方面还有很多不足（Li-Ying et al., 2014）。事实上，John Child 解释了中国的国有企业，作为经济体中拉动创新的重要力量，是怎样避开与所在领域较远的知识而主要专注于模仿和渐进式创新模式的。中国的国有企业倾向于兼并成熟的、模式化的、拥有相似技术的企业，这样它们就可以方便地向国外子公司学习技术，从而直接用于提高母公司的产品和服务。但是，这种策略并不能真正帮助企业提高整合较为远端的、依赖于情境的、非常不同的前沿知识的能力。而这种整合能力正是推动日本从 20 世纪 80 年代至今，从区域创新者转变为全球创新者的重要力量。

中国企业要想从灵巧的模仿者变为熟练的创新者和知识整合者，就必须思考怎样战略性地优化它们的创新能力以及通过加强沟通合作而提高自身对知识的吸收能力。为此，有必要研究中国企业采用怎样的组织架构、流程以及文化去促进总部与子公司之间的知识流动，以及在这中间知识是怎样被处理和整合的。这类研究非常有价值，将帮助我们深刻理解中国企业的全球化创新模式，也将告诉我们中国企业要怎样进一步升级自身的创新能力，从而更好地发挥全球整合创新的优势。

优化创新足迹

在国际化的第一个阶段，中国领先企业进行创新的逻辑是从国外获取先进的技术和能力，以克服自身固有的弱点。但这一逻辑在多大程度上可以应用到国有企业身上却不得而知。不像韩国，国家同样制定五年发展规划，这些规划指引国家的大财阀制定战略进行投资。但在中国，国家政策对国有企业战略的影响并不十分透明。当中国的领先企业们已经超额完成它们的追赶战略并追求全球创新后，它们将日益面临建立并维持一个创新足迹的挑战，这种创新足迹就是要避免重复和冗余，坚定地在创新过程的每一个阶段专注于价值创造。

创新网络中的每一个节点都必须创造独特的价值。它们需要补充已经存在的创新活动、贡献不同类别的知识和技能去创造新的产品和服务。采用这种方式的一个典型企业是华大基因。华大基因的每一个创新网络中心都可以提供异质性的知识，从而增强了集团的整体实力。华大基因美国总部坐落于美国马萨诸塞州剑桥市，总部所在的地方是一个生物技术研究集群的中心，包括学术研究机构、制药企业以及与华大基因合作的医院。华大基因收购的美国的Complete Genomics 公司位于加利福尼亚州的山景城，这不仅让集团接触到DNA 测序机器的设计和制造过程，而且还使其接触到了硅谷的高科技企业集群。除此之外，华大基因与加利福尼亚戴维斯大学的农学院合作，共同研究复杂的植物基因组学。在老挝这个以农业为经济支柱的国家，华大基因专注于生命科学研究，用它们的基因库，结合传统的选择育种方法，去培育更好的、对当地经济发展很重要的食物，比如大米、谷物、鱼等。香港的基地，借助其强大的英语能力、地理位置优势以及历史上作为中国对外开放门户的经验，成为华大基因的全球信息沟通中心和物流中心。

在成本控制和快速发展（包括循环周期、科技进步和市场增长）的双重压力下，企业的创新活动更应该积极地、有策略性地被组织起来，这对中国企业来说尤为重要。在过去的十年中，中国企业的全球化主要靠收购拥有成熟技术的外国企业。但是在未来，重大的创新很可能来自相邻行业或者新的知识集群。这将重塑行业地图，使现有的授权、管理、内部和外部链接发生重大变化。

全球最具创新性的企业通过在具有独特的社会或地理特征、支持循环实验的加速学习环境的地区建立小型研发中心，来不断学习和跟进新知识的发展。这些研发中心的目的就是要挑战企业和行业的传统，从而迫使它们研究新的视角，进而产生新的知识或知识组合。中国企业一向不喜欢谈论正在进行的创新活动，由此我们可以推断，中国的先驱企业，除了如海尔、华为这样少数的企业外，其跨国公司并没有将建立创新热点作为它们的创新战略。然而，中国企业发展创新的速度却在提醒它们必须思考怎样尽快接触最前沿的知识、发展更加广阔的战线，而不是仅就某一方面努力（诸如华为招募在赫尔辛基的前诺基亚软件工程师们去建立新的移动操作系统）。因此，对中国企业创新战略的研究不仅对中国企业来说非常有价值，对政策制定者来说也非常有价值。

发达经济体中的跨国公司面临的管理创新方面的挑战，对中国企业究竟有多大的相关性，必须进行研究之后才能得出结论。首先，创新网络很难协作，分布在不同区域的创新团队之间更有可能相互竞争而不是相互合作。合作的壁垒包括：不愿意尝试新方法、相互之间不理解、担心丢失工作、语言障碍以及对来自不同文化或者竞争区域的人的不信任。这些问题如果不能开诚布公地解决，必将导致企业的创新战略难以实施。其次，创新基地可能遭受严重的"封闭综合征"，因为它们没有足够的与本部创新系统沟通交流的通道，从而不能实现增值。西方的一些企业在日本就遭遇了这样的问题。因为它们没有足够的背景知识以及联系人与日本合作方和高校等建立有效的连接，也没有雇用优秀的日本工程师。最后，在某地建立永久的、昂贵的创新中心，仅仅在知识是相对复杂的、系统的、扎根于当地文化和规范、高度分散且只有在当地进行一系列的学习才能习得的时候才有意义。否则，就可以进行相对便宜的和有弹性的短暂学习，远行到知识所在地学习，通过中间人学习或者选择其他的开放资源学习。

加强交流和吸收能力

如果不能进行创新网络的整合，那么全球创新就没有任何意义。但是也不能一刀切，不能直接将总部创新网络的管理、汇报、激励机制强加给分网络节点，因为它们面临着完全不同的环境并在网络中扮演着完全不同的角色。

不同的知识具有不同的特点，为了避免知识产生"黏性"从而被禁锢在某个区域内，我们不仅要系统地对知识进行编码，还要建立复杂知识持有者之间的联系（比如建立实践社区，或者将在不同项目中和不同背景下的经理人在区域间进行借调）。但是，在分散的网络中实现最优化的交流仍然面临很多系统的障碍：第一，人们更倾向于和自己熟悉的人进行交流，缺乏与外部小组进行交流的动力；第二，区域与区域之间的文化差异以及在价值链中位置的不同也是交流的障碍；第三，在区域间传递复杂的、内容独立的知识时保证信息不失真非常困难；第四，如果集团没有透明的文化氛围，合作和吸收能力仍然会很弱。

基于目前创新全球化的状况，中国的跨国公司可以通过建立强大的沟通网络实现与之前的竞争者的比较优势。发达经济体中的企业的总部因其固有的"设计者思维"而受到损失，它们相信母国相对于其他国家来说更具优势，因而知识的传递只能是单向的，即从母公司到子公司。相反，中国跨国公司的全球化创新是建立在另一个前提上的，即向发达经济体中的子公司学习。至于中国企业能否将这样的双向学习关系推广到整个创新网络中，使得创新网络的每个节点都能够取得联系，取决于它们能否建立一个互惠的文化去支持知识共享的流程、工具和机制。有一些企业似乎正在朝着这个方向走。以海尔为例，它在国外的研发中心直接与其在印度的软件中心进行合作。

如果我们有足够的工具和合作的氛围，那么进行显性的、通用的知识分享就水到渠成了。然而，分享超过地区范围、根植于地区的隐性知识，则更具挑战性。在这一点上，中国跨国公司具有另一个优势。传递、吸收、整合复杂的知识往往依赖有双重知识背景的经理人，他们必须对不止一种文化了解得非常深入。他们必须具有文化敏感性，对不同文化在行为和规范方面的细微差别了解深入，具有更深的洞察力和更强的能力去对具有地方特殊性的知识进行去情境化，从而使其能够在区域间进行传递。大量的海外华人和归国华侨在中国跨国公司的全球网络联系过程中充当了重要的桥梁作用，他们分享并融合了复杂知识的多样性和差异。据统计，自2008年以来，政府对海归人才的积极政策吸引了大约20 000个高层次人才归国（Wang，2013）。他们大多从事科学研究、计算机和高等教育工作。据统计，国家重点实验室70%的主管和中国科学研究院 80% 的研究员都有海外留学的经历。除此之外，越来越多的中国学生在国外学习。之前的统计数据表明，2/3 的中国留学生在他们所学习的国家永久性定居，但近年来西方国家经济的下行和中国机会的增加，让中国留学生回国的人数持续增加——仅 2014 年，就有 365 000 人次回国（Zhao and Sun, 2015），尽管国内对海归人才要求的高薪和他们获得更多的研究资助的怨愤持续增长。

优化合作

合作对于全球化竞争非常关键：第一，只有与跨地域的、不同专业方向的企业进行合作，才能够接触和融合不同的知识，进而建立创新的途径。成功的合作需要的不仅仅是有效的知识分享工具以及利用有多元化背景的经理人，更为重要的是相互的信任与尊重。合作的双方必须有共同的文化背景认知和行为，了解彼此的承诺、能力以及正直度。但是，基于地域和文化的差别则会阻挠信任的形成（Jarvenpaa and Leidner, 1999；Ferrin et al, 2006；Doney et al, 1998）。遗憾的是，对于中国跨国公司总部与其在海外的分支公司的信任建立的定性研究却很少。但是，根据一些研究者之前的研究经验而获得的证据表明，中国跨国公司总部的高层管理团队对于战略目标的解读与分支机构高层团队对于战略目标的解读存在差别，反映出总部与分支机构之间缺乏信任和稳定性，这会影响合作的有效性。尽管中国跨国公司在建立以多地域的创新网点为依托的跨国型组织方面非常成功，但是在向全球化整合发展的道路上却面临着重重阻力，而这需要在创新手段和企业文化方面进行根本性的改变。

在过去十年中逐步发展起来的另外一种关于创新的合作方式是与外部合作伙伴共同思考、共同创新、共同传播，这与过去和供应商或合资企业共同发展的方式不同。不断增加的知识复杂度、专业知识的扩散速度以及不断增加的创新成本和风险，迫使企业突破自己的组织边界去寻求新知识和新能力。需要再次强调的是，信任在企业选择与其他企业形成学习联盟的过程中扮演着重要的角色。

有些中国企业自身通过变得更加开放、透明、具备创新精神等方式证明自己是很好的合作伙伴,从而跨越了信任壁垒。以华大基因为例,它作为人类基因组计划的参与者,要与遍布世界各地的研究机构、医院、制药公司等进行合作。其他一些中国企业则希望通过雇用高学历、可靠的管理团队与外国合作伙伴建立信任关系。但是其管理团队中很少有人会在子公司中工作很长时间,因此通过这样的方式是否能够真正建立信任关系仍然存在疑问。

Redding 和 Child 在本书第 3 章、第 8 章中指出,不信任和强烈的等级关系是中国社会的显著特点。在此基础上产生的不愿意与自己关系网络之外的人合作的文化阻力、对知识产权的保护不够以及法律系统的不完善等严重阻碍了中国企业进行更加开放式的创新。除此之外,Chiu、Liou 和 Kwan 指出(本书第 14 章),不断高涨的民族主义潮流也会阻碍中国企业向国外企业学习的愿望,它们甚至也不愿意向自己的子公司学习。这些文化的和社会政治方面的阻力产生了十分关键的问题:在缺乏信任的基础上,中国企业将怎样评价和学习潜在合作者所具有的知识?它们能与国外企业建立以创新为中心的战略共识吗?中国企业在多大程度上可以接受国外的跨国公司作为合作伙伴?作为潜在的创新合作者,中国企业会被西方企业认为是除了日本和韩国之外的最优合作者吗?中国企业怎样发现愿意与自己成为合作伙伴的外国企业,并与它们建立信任关系?一些外国企业具有很好的技术资产并愿意分享或出售,却也正在挣扎。如何发现并与这些国外企业建立信任关系?但是,关于中国企业怎样与外国企业建立创新方面的战略联盟以及中国企业是否有能力使这样的战略联盟很好地运转等重要问题的相关研究十分缺乏。

研究方向

本章的重点在于就公司在进行全球化创新过程中的战略、组织以及管理要求等建立一个整合的视角,分析中国跨国公司在这些方面的现状,强调中国快速发展的企业的天然优势并指出它们目前面临的特殊挑战。尽管学者们在全球化管理、研发管理和组织行为研究等方面提出了许多有深度的看法，在基于对美国、欧洲、日本、韩国的跨国公司进行分析的基础上提出了全球化创新的内在复杂性，但是对于中国的跨国公司为什么以及怎样对自己的创新活动进行全球化扩张的研究仍然非常缺乏。由于中国的国际地位以及中国跨国公司的快速发展，我们提出了未来的几个研究方向以弥补之前研究的空白。

中国的企业到底要在多大程度上向国外扩张创新活动以克服在本国缺乏实力和人才的问题还有待讨论。据博斯管理咨询公司（Booz and Company）的分析，虽然中国的大学生人数增加的速度很快，从 2000 年的 300 万发展到 2010 年的将近 1 200 万，但是缺乏世界级的科学家与工程师，再加上研发能力薄弱，会让中国到 2020 年面临研发人才短缺的危机。根据 Huang 和 Bosler（2014）的研究，尽管中国大学本科毕业生的数量在不断增加，但是他们的平均质量却在下降。然而，在过去的十年中，中国支持和鼓励中国留学在外的高端人才，特别是科学和工程方面的人才回国发展的政策，使中国领先的研究院的研究实力有了很大的提高。上海交通大学进行的学术排名表明，2014 年中国有六所大学进入全球学术研究排名前 200 位，有三所大学进入全球学术研究排名前 150 位。尽管 Freeman 和 Huang（2015）指出中国没有世界排名前 100 的大学，中国的大学距离成为世界一流的大学还很远。

还有许多关于兼并、发展、保留等对中国未来发展有重要影响的问题有待解决：中国目前或是在未来能够产生足够数量的世界级科学家和工程师来支持中国创新发展的需要吗？在激烈的全球性人才竞争背景下，中国目前很难吸引到非中国籍的研发人员——那么应该采取怎样的策略去应对这样的状况呢（韩国目前也面临这样的问题，但是由于政治和文化的不同，中国能采取同样的策略吗）？怎样才能吸引海外华人回国？他们真的能对提高中国的创新水平发挥重要的作用吗？在人力成本很低的背景下，中国企业应怎样提高自身的创新生产力？中国企业在它们的国外子公司中能够留住人才吗？如果不能，当这些核心人才走了之后，它们还能够汲取到关键知识吗？还是这些国外资产会随着时间的推移而不断贬值？

　　理解不同国家在文化规范和行为方面的差异，对于解释企业如何进行学习、如何合作以及怎样传递知识有着重要的作用。将中国同情境丰富的日本文化和情境贫乏的美国文化进行比较可以发现，文化是建立最优的学习和合作模式的基础。在文化丰富的环境中的企业，在合作中通常是更好的学习者，它们不仅关注显性的可以直接交流的知识，还关注那些没有交流分享但可能会很重要的隐性知识。中国企业并没有像日本企业那样从强烈的民族情结的思维中获利。忠诚对于中国企业来说只是地区性的，或者仅仅存在于家庭、朋友和私人关系中，从而导致整个大环境变得并不是太好。

　　从我们的观察来看，当在海外投资的时候，中国的跨国公司大多喜欢投资那些拥有成熟技术的、居于领先地位的企业。从很多方面来讲，对于发展得很快并致力于全球化的企业来说，这样的做法比较违背常理，因为没有创新的产品、流程或是商业模式，这样的做法可能会输掉市场份额给反应更加灵活的竞争对手。我们认为，中国跨国公司的做法体现出它们缺乏创新能力：中国企业直接接触的是可以作为独立实体出售的关于完整的产品或是模块化系统方面的专项技术和能力，而不是获得能够真正提高创新能力的资源。尤其是当这项产品在本国市场上并不处于优先地位的时候，它们更会这样做。海尔在德国研发了洗盘机，但是它并没有将这项技术迁移到中国。我们会存在这样的疑问：在高附加值的领域，中国企业到底是不是一直在开发前沿的知识？如果答案是肯定的，那么它们是怎样对知识进行迁移的？以及它们是怎样在多中心的组织架构下进行学习的？

　　中国企业目前的组织架构使人不禁产生疑问：它们是如何向自己的子公司学习的？它们是如何向不同地域的客户学习的？学习到的新知识能否在企业中得到广泛的传播，还是仅限于在当地企业传播？以日本企业为例，在外国的研发中心和在本国的研发中心之间经常存在冲突（Asakawa，2001）。中国企业能够通过已有的操作流程，或是有意建立新的学习网点，或是雇用外部的顾问或机构来了解新市场、学习新知识吗？同时整合由中国发源的知识和由外国发源的知识的经验的缺乏，增加了中国企业在组织和管理知识流方面的难度。相反，对于那些三国合资的跨国公司来说，在很长的一段时间内，知识流的传递方向与中国的跨国公司相比是相反的，而且是多方向的。处在边缘位置的知识最先进入补充本国的知识，这样循序渐进的过程使得当初处在边缘位置的网点变成关键网点。如果没有这样不断发展的过程，中国企业能否快速开启有效的创新历程并且建立有利于创新的全球化网络？

结 论

在不到 20 年的时间里，年轻的、雄心勃勃的中国跨国公司逐渐成为各行各业冉冉升起的新星。由于没有历史创新经验、文化和总部对知识流动的控制，中国的跨国公司可以选择建立合适的架构、文化、创新轨迹、交流模式、合作方式等去超越那些历史悠久的竞争者。一开始就着眼于建立全球整合的创新能力能够给中国企业长久的灵活性和敏捷性，使它们能够不断预测和满足变化的消费者需求、接触到最新的知识和技术、融合不同的知识去满足创新的需要，进而形成竞争对手难以复制的核心竞争力。

为了达到这样的目标，中国的跨国公司仍有许多挑战需要克服：中国的跨国公司令人惊叹的发展速度是由充满活力的、有决心和远见卓识的先驱们推动发展的，他们的接班人是否还能使企业保持原有的发展速度仍未可知。尽管中国企业在创新的发展速度和成本控制上取得了很大的进展，但是目前还没有具备开发真正具有创新性的产品和服务的能力。鉴于创新不可避免地变得更具合作性且更加基于生态系统，中国企业需要证明自己是真正的商业企业，而不是政府的工具，也并非从合作中获取不成比例的好处，从而获得世界上潜在合作者的信任。最后，像日本的跨国公司和韩国的财阀那样，中国跨国公司也需要建立消费者信任、可靠并且具有创新性的品牌。

参考文献

Abrami R. M., Kirby W. C. & McFarlan F. W. 2014. Why China can't Innovate. *Harvard Business Review*, March.

Asakawa, K, 2001. Organizational Tension in International R&D Management: The Case of Japanese Firms. *Research Policy* 30(5): 735-758.

Awate, S., Larsen, M. & Mudambi, R. 2015. Accessing vs Sourcing Knowledge: A Comparative Study of R&D Internationalization between Emerging and Advanced Economy Firms. *Journal of International Business Studies* 46(1): 63-86.

Bartlett C. A. & Ghoshal S. 1989. *Managing Across Boarders: The Transnational Solution*. Cambridge, MA: Harvard Business School Press.

Bonaglia, F., Goldstein, A., & Mathews, J. 2007. Accelerated Internationalization by Emerging Markets Multinationals: The Case of the White Goods Sector. *Journal of World Business* 42: 369-383.

Cantwell J. & Janne O. 1999. Technological Globalisation and Innovative Centres: The Role of Corporate Technological Leadership and Locational Hierarchy. *Research Policy* 28(2-3): 119-144.

Child, J., & Rodrigues, S. B. 2005. The Internationalization of Chinese Firms: A Case for Theoretical Extension? *Management and Organization Review* 1: 381-410.

Deng, P. 2007. Investing for Strategic Resources and Its Rationale: The Case of Outward FDI from Chinese Companies. *Business Horizons* 50: 71-81.

Di Minin, A., Zhang, J. & Gammeltoft, P. 2012. Chinese Foreign Direct Investment in R&D in Europe: A New Model of R&D Internationalization? *European Management Journal* 30(3): 189-203.

Doney P. M., Cannon J. P. & Mullen M. R. 1998. Understanding the Influence of National Culture on the Development of Trust. *Academy of Management Review* 23(3).

Doz Y., Santos J. & Williamson P. 2001. *From Global to Metanational: How Companies Win in the Knowledge Economy*. Cambridge, MA: Harvard Business School Press.

Doz Y. D. & Wilson K. 2012. *Managing Global Innovation: Frameworks for Integrating Capabili-*

ties Around the World. Cambridge, MA: Harvard Business Review Press.

Ferrin D. L., Dirks K. T. & Shah P. P. 2006. Direct and Indirect Effects of Third-Party Relationships on Interpersonal Trust. *Journal of Applied Psychology* 91(4): 870-883.

Freeman, R. B. & Huang, W., 2015. China's "Great Leap Forward" in Science and Engineering. copyright Elsevier. Available at http://scholar.harvard.edu/freeman/publications/%E2%80%9Cchina%E2%80%99s-great-leap-forward%E2%80%9D-science-and-engineering%E2%80%9D.

Fu, X. 2015. *China's Path to Innovation*. Cambridge University Press.

Govindarajan V. & Trimble C. 2012. *Reverse Innovation: Create Far From Home, Win Everywhere*. Cambridge, MA: Harvard Business Review Press.

Huang Y. & Bosler C. 2014. China's Burgeoning Graduates-Too Much of a Good Thing? *The National Interest*, January 7.

Jarvenpaa S. L. & Leidner D. E. 1999. Communication and Trust in Global Virtual Teams. *Organization Science* 10(6): 791-815.

Li-Ying, J., Wang, Y. & Salomo, S. 2014. An Inquiry on Dimensions of External Technology search and Their Influence on Technological Innovations: Evidence from Chinese Firms. *R&D Management* 44(1): 53-74.

Luo, Y., & Tung, R. 2007. International Expansion of Emerging Market Enterprises: A Springboard Perspective. *Journal of International Business Studies* 38(4): 481-498.

Mathews J. A. & Zander I. 2007. The International Entrepreneurial Dynamics of Accelerated Internationalisation. *Journal of International Business Studies* 38: 387-403.

Prahalad C. K. & Doz Y. L. 1987. *The Multinational Mission: Balancing Local Demands and Global Vision*. London: The Free Press.

Porter, M. E. 1990. *The Competitive Advantage of Nations*. New York. Free Press.

Rui, H. & Yip G. S. 2008. Foreign Acquisitions by Chinese Firms: A Strategic Intent Perspective. *Journal of World Business* 43(2): 213-226.

Veldhoen S., Mansson A., McKern, B., Yip G. & Kiewiet de Jonge M. 2012. Innovation China's Next Advantage? 2012 China Innovation Survey. Benelux Chamber of Commerce, China Europe International Business School (CEIBS), Wenzhou Chamber of Commerce and Booz & Company Joint Report.

Vernon, R. 1966. International Investment and International Trade in the Product Cycle. *The Quarterly Journal of Economics* 80(2): 190-207.

Wang H. 2013. China's Return Migration and its Impact on Home Development. *UN Chronicle* 1(3).

Wilson K. & Doz Y. D. 2011. Agile Innovation: A Footprint Balancing Distance and Immersion. *California Management Review* 53(2): 6-26.

Zablit H. & Chui B. 2013. The Next Wave of Chinese Cost Innovators. *BCG Perspectives*, January 23.

Zander U. & Kogut B. 1995. Knowledge and the Speed of the Transfer and Imitation of Organizational Capabilities: An Empirical Test. *Organization Science* 6(1): 76-92.

Zhao, X. & Sun X. 2015. Returning Graduates Face Tight Domestic Job Market. *China Daily*, 18 March.

第 11 章

创新的全球来源及分拆：新兴国家的机遇和挑战

Silvia Massini Keren Caspin-Wagner Eliza Chilimoniuk-Przezdziecka

翻译：郑 玮

摘要：本章聚焦于分拆的创新过程带来的利用创新的全球来源这一新兴趋势，以及这些趋势对组织、创新和发展中国家的意义。通过对印度和中国的创新体系以及包括知识产权政策在内的政策的对比，提供关于中国是否在创新的全球资源方面正在超越印度的洞察。另一个相关的趋势是近年来兴起的在线知识中介人、众包和对 STEM 人才需求的利用，这一趋势具有重要意义。本章基于不同国家在制定促进、刺激、支持创新活动从发达国家迁移到本国的制度和政策的主动性及有效性上的差异，揭示了这些趋势在新兴国家的不同演化。创新的全球来源是新兴国家成长的助推器，还是发达国家在充分利用新兴国家中的 STEM 人才的同时，阻碍了这些国家自身的经济发展？这一重要问题值得探讨。

引 言

在过去的十年中，企业的用工需求已经不再局限于常规的业务活动（如呼叫中心、标准的 IT 支持），而需要更多的战略性、高附加值的活动和职能，涉及从人力资源、法务、软件开发、市场营销，到与创新相关的服务，如研发、工程服务和产品设计等诸多方面。这些变化引发了两大趋势——企业的去整合（dis-integration）和创新过程的外部化，以及在全球在线市场上技术人才从业的自由化趋势。这两大趋势引发了雇员与雇主在技术和知识工作上以及雇佣实践和偏好上的转变。

第一个趋势包含了与创新相关的活动，从传统的企业边界内的活动，逐渐通过外包或多种市场渠道的安排解决问题（Arora et al.，2014；Malone et al.，2003）。早在1985年，美国的大型企业就开始减少甚至消除以内部合作的方式从事研发活动，取而代之的是拓展研发和知识的外部采购（Mowery，2009）。在2007年到2009年间，49%的推出新产品的美国制造业企业从外部来源获得创新成功，如利用基于市场的许可、收购、外包服务协议、合资企业或合作研发等（Arora et al.，2014）。2010年至2012年间，欧盟28国中1/3的创新型企业通过外部资源获得了创新，其中半数以上的大型企业（员工数大于250人）采用了外部资源（Eurostat，2012）。

创新活动的全球来源可能是由于西方企业越来越难以招聘到精干的本土STEM人才所导致的。持有特殊专业人员/临时工作签证（H1B类签证）的技术劳工的移民配额自2000年升至185 000人后，2003年降到65 000人。在欧洲国家中，STEM人才的短缺由人口老龄化和高水平工程人才的稀缺两方面的原因共同导致。面对日益凸显的全球性人才需求，发展中国家提供了广泛的创新服务——从常规的支持活动到更具创造力和创新性的解决方案。

第二个趋势涉及企业利用基于网络的中介平台进行人才雇佣的活动，这样不仅是为了解决创新过程中的具体问题，也是为了吸引那些具有创造力的人才。大型的在线平台如Upwork（前身是Elance和Odesk）和Freelancer.com提供了各种各样的工作，而更加细分性的平台（如InnoCentive和TopCoder）则是为了解决更加复杂而具体的问题。这些平台驱动了STEM劳动力市场、组织运作的方式以及知识型工作和创新的实现方式的结构性改变。

本章聚焦于利用创新的全球来源的新兴趋势——创新过程的去整合和外部

化，分析了中国、印度等新兴国家面临的机遇和挑战，同时讨论最近出现的在线知识中介、众包和对 STEM 人才需求的利用。本章描述了这些变化在新兴国家的演化，体现各国在制定促进、刺激、支持创新活动从发达国家迁移到本国的制度和政策的积极性及有效性上的差异。一个制度演化的实例是印度和中国的国际产权（IPR）法规的变化。本章描述了在创新活动分拆为标准的实践的过程中，包括中国在内的新兴国家所面临的机遇和挑战。①

创新的全球来源

包括创新在内的商务服务的离岸外包，涉及商务职能、过程和项目向国外的迁移；外包则是指将之前在组织内进行的商务职能、过程和项目改为从第三方获得服务。离岸服务强调活动在本国以外进行，而外包服务强调活动超越企业边界。离岸服务也可以在企业边界内发生，如对跨国公司来说，可以从海外子公司获取等。这关乎"创造还是购买"的经典问题，同时将选择扩展到了全球层面。外包可以是从本国购买服务（国内外包），也可以是从国外购买（国际外包或是离岸外包）（见表 11.1）。外包（不论是国内的还是国际的）和国际内包（通过完全拥有海外的运营）都包含了商业过程的去整合和再设计，通常需要重组内部活动。

表 11.1 来源模型

	内包（企业自营）	外包（卖方）
国内	国内内包	国内外包
国际/离岸	离岸内包（全资子公司）	离岸外包

---

① 值得注意的是，一些率先分拆创新和产品设计过程的公司开始转为整合这些活动。例如，苹果公司买回集成电路（IC）的设计权，将多种知识型工作内部化；谷歌公司从向 Ideo 等顶尖的产品设计咨询公司购买，转为内部完成一些设计工作。

创新的全球来源改变了创新过程，但并不会完全改变研发活动，只是会转移其中的简单部分，通过将一些相对简单的支持性任务分配给低人工成本国家的技术人员来解决。待相关的能力、学习、关系和信任发展起来之后，再朝高附加值的活动迈进。可以从海外研究网络（ORN）调查中看到海外创新活动的类型。这项调查搜集了作答者用自己的言语描述的离岸外包项目，包括设计自动化、工具设计、模拟、起草与建模、工程服务中的工程分析、新材料和新过程的研发、代码改进、新技术的研发，以及产品设计活动中的原型设计和系统设计。

随着人们意识到外部来源对创新的价值，企业外部创新战略在 20 世纪 70 年代开始萌芽。然而，研发活动的彻底外部化与传统观念中企业需要保持核心能力（Prahalad and Hamel, 1990）、平衡内部研发（以保持吸收能力（Cohen and Levinthal, 1990））和外部知识获取的观点相悖。与使用外部顾问和外部合作者不同，研发活动的外包是指将外部活动与内部过程彻底分离。此外，目前创新外包的规模和广度也为企业管理创新的结构性变化提供了证据。

大型跨国公司在国外从事创新活动已经持续了相当长的时间，多是通过海外直接投资建立全资研发中心。研发活动的国际化在过去 20 年中发展得尤为迅速（Cantwell and Mudambi, 2005; Gassman and von Zedwitz, 1999, 2002; Howells, 2012; Narula and Zanfei, 2004）。

20 世纪 90 年代，研发方面的海外直接投资大多只发生在少数的高度工业化国家中，即所谓的"金三角"（Triad；指美国、欧洲、日本）。美国企业是建立海外研发中心的探路者，它们最早在欧洲，然后到日本，进而发展为到少数其他国家（主要是加拿大、澳大利亚和亚洲几个国家）进行投资。欧洲企业首先投资于其他欧洲国家，然后是美国、日本，最后发展到有限的少数几个国家。日本在研发方面的海外直接投资在 80 年代早期从美国、欧洲，急速扩展到世界其他国家，并在 80 年代末至 90 年代期间显著增长。截至 2011 年，美国企业在研发方面的海外直接投资总额近 730 亿美元（包括附属地和非附属地），较 2003 年增长了 1.5 倍（NSF, 2011）。

企业为了实现自身在国外环境中的价值最大化而采用与创新相关的海外直接投资。这些资产利用（asset-exploiting；Dunning and Narula，1996）或基地资源利用（home base-exploiting；Kuemmerle，1999）的研发战略主要根据当地市场（特别是在诸如中国等新兴经济体需求旺盛的市场环境中）来调整产品。将研发中心建立在工厂附近，有利于知识和产品原型从母国向本地工厂的转换，特别是对知识积累迅速的高科技产业更为有利。此外，企业会授权本地事业部投资于特定的研发能力（Murtha et al.，2001）。这些资产扩展型（asset-augmenting；Dunning and Narula，1996）或基于母国基地的扩展型（home-base augmenting；Kuemmerle，1999；Cantwell and Mudambi，2005）的研发活动使企业更贴近于海外的研发环境，容易获取当地知识，同时利用当地的研发资源丰富母国的知识体系（Cantwell，1995；Dunning 1993；Florida，1997；Howells，1990）。传统上，海外研发活动为知识从研究型大学、公立研究机构及创新的竞争者那里外溢到研发和制造网络提供了可能。因此，选择到哪里从事海外研发活动是十分重要的战略决策。

在新一轮的海外创新大潮中，对目的地的选择似乎已经忽略了地理距离因素。随着信息和通信技术的发展，数字化时代中欠发达、低成本国家中涌现出大批人才（Dossani and Kenney，2007）。信息和通信技术的高速发展为企业通过跨国外包、研发群体和实验室向海外迁移的方式，去掉中间环节并实现创新过程外部化创造了条件（Howells，1990，1995）。同时，创新的全球来源通过外包合同的方式愈加依赖外部的服务提供者。在这种情况下，企业的潜在动机也发生了改变。利用全球化的创新来源的决定日益替代了基于母国发展的能力（Lewin et al.，2009）。

研发过程的去整合导致跨国公司技术发展的新的地理区划，同时也为中小企业提供了新机遇（Lynn and Salzman，2009；Massini and Miozzo，2012）。中小企业能够克服资源短缺等限制，进而与大企业获得同等的研发机会。

Eurostat 的数据显示（见表 11.2），大型企业（员工数大于 250 人）参与创新合作的比例远大于中小企业（小型企业：员工数在 10 到 49 之间；中型企业：员工数在 50 到 249 之间）。通常情况下，欧洲企业之间进行创新合作（20.12%）比同欧洲外的企业进行创新合作（4.78%）更容易。欧洲企业在同体制环境欠发达国家（如印度和中国）合作时会面临更大的挑战。对各种规模的企业而言，在中国和印度进行的创新合作仅约占同美国进行创新合作的 2/3。

表 11.2 按制造业企业（欧盟 28 国平均）及企业规模分类的创新合作，2010—2012

单位：%

按员工数分类的企业规模	企业与行业内企业间的合作	参与任何一种类型的合作的企业	参与任何一种类型的创新合作的企业				
			与国家合伙人	与欧盟、欧洲自由贸易联盟或是欧盟候选国的合伙人	与中国或印度合伙人	与美国合伙人	与除欧盟、欧洲自由贸易联盟、欧盟候选国、美国、中国和印度外的其他国家的合伙人
所有企业	14.73	32.93	28.75	20.12	3.21	4.94	4.78
10—49	8.10	26.89	22.81	13.57	1.49	2.16	2.80
50—249	18.74	39.04	32.19	26.17	3.08	5.64	5.15
250 及以上	41.51	57.93	52.02	47.04	11.76	18.66	16.30

资料来源：Eurostat. 2012. *Community Innovation Survey*。

创新全球化来源的供给侧

越来越丰富的来自世界各地的专业化的创新和知识服务供给方为不同规模的企业在低成本国家获取资源提供了广阔的机会。

服务提供者也逐渐由提供大宗化的、低成本的商业服务发展到为不同行业提供定制化的、高度竞争性的商务服务（Manning et al., 2008）。经验丰富的客户在新兴国家中寻求高附加值的服务。与此同时，服务提供者通过向多个客户提供捆绑式服务，因规模经济和范围经济而获利。如图 11.1 所示，低成本的亚洲国家和欧洲（西欧和东欧）的服务提供者的数量在 2007—2012 年间迅速增长，一定程度上超过了北美的提供者。

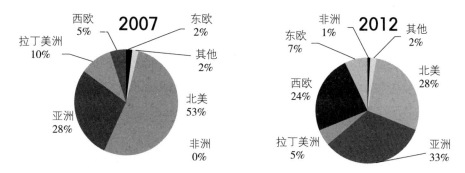

图 11.1　按地区分类的服务供应方分布，2007—2012

资料来源：Offshoring Research Network，*Service Provider Surveys* 2007-2012。

服务提供者一直在投资于能力建设从而保持强大的竞争优势。中国的服务提供者特别致力于发展最先进的能力，创设卓越中心并提升效率，在这些方面的投入力度比其他国家大得多（Offshoring Research Network，*Service Provider Survey* 2010）。

对创新活动（如研发、工程和产品设计等项目）来源地的更加详细的分析表明，创新活动主要集中在印度，其次是中国（见图 11.2 至图 11.4）。其他新兴国家和发达国家，在特定的创新活动上表现出专门化：（1）巴西、俄罗斯、墨西哥提供研发；（2）墨西哥、菲律宾和波兰提供工程服务；（3）墨西哥和波兰提供产品设计。

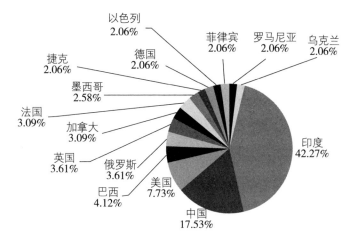

图 11.2　研发过程的地区分布，2012（前 15 名的地区在总数中的占比）

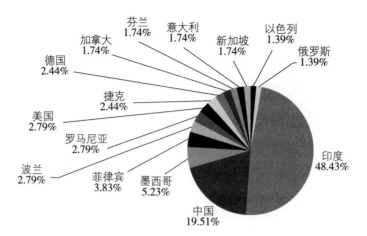

图 11.3　工程过程的地区分布，2012（前 15 名的地区在总数中的占比）

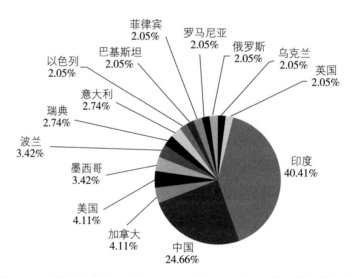

图 11.4　产品设计的地区分布，2012（前 15 名的地区在总数中的占比）

资料来源：Offshoring Research Network, *Service Provider Survey*, 2012。

比较离岸迁移到印度和中国的创新项目，Offshoring Research Network 的数据表明，虽然印度近二十年在软件开发方面（包括应用开发和维护）保持着吸引力，但中国在研发、工程服务和产品设计的高附加值项目上的吸引力正与日俱增（见图 11.5）。

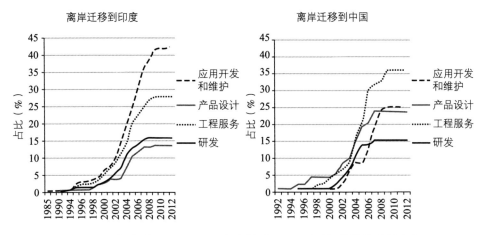

图 11.5 印度（1985—2012）和中国（1992—2012）的海外过程变化

资料来源：Offshoring Research Network, *Service Provider Survey*, 2012。

在全球化创新来源背景下，中国正赶超印度？

海外商务服务在印度的普及归因于印度在 IT 业和软件业上的卓越表现，这与人们对于发生在千年之交的千年虫的顾虑有关。伴随着 IT 业的迅速成功，印度的商务服务供应产业快速增长，同时催生了诸如 Infosys、TCS 和 Wipro 等大企业，这些企业在全球服务提供方面甚至能与西方顶尖企业相抗衡。印度自 2000 年以来，在经济上的跳跃式发展吸引了分析师、投资人、企业界和其他新兴国家的关注。

然而，近几年来印度的经济增长和创新发展速度并没有得以持续。印度的 GDP 增长从 2007 年的 9.8% 降至 2014 年的 5.0%（World Bank Report, 2014）。印度在全球创新指数排名中下降了 53 位，从 2007 年的第 23 名降至 2014 年的第 76 名（Global Innovation Index, 2014）。在印度，每年仅有 0.25% 的大学毕业生选择继续攻读博士学位，而仅有不到一半的人最终完成博士阶段的学习（Kurup and Arora, 2010）。尽管印度在 2010 年的"创新十年"运动的倡导下，推行了一系列培养创新能力的工程，但在 Times Higher Education（2014）对研究型大学的排名中，没有一所印度的大学跻身前 200 名，只有印度科学研究所排在科学类大学的前 151—200 名、工程类大学的前 101—150 名，印度科学研究所特别以化学专业（前 51—75 名）和计算机科学（2013 年排在第 51—75 名，而 2014 年降至第 101—150 名）见长。数学专业的前 200 名中，印度的大学并没有跻身其中（ARWU，2014）。除印度科学研究所外，印度的大学与世界一流大学仍有较大差距。

在创新方面，中国的起步晚于印度。但在经济发展的早期阶段创新就得到了重视，而且采取了更为高效的策略，至少体现在研发投资方面。中国的"211""985"等工程为创建一流大学投入了大量资金，这些学校在科学技术领域的成果发布取得了举世瞩目的成就，同时也从根本上提升了国家的知识储备和吸收能力（Zhang et al.，2013）。尽管这些成果的完全转化尚需时日，但不可否认中国在推动科技和创新能力上冲劲十足。

表 11.3 印度和中国的创新体系及政策

	印度	中国
经济/贸易自由化	1972 年，软件出口计划 1976 年，软件进口自由化 1984 年，"新计算机政策" 1986 年，软件进口许可政策 20 世纪 90 年代，金融完全自由化——贸易和 FDI 涌入的自由化 1995 年，加入世界贸易组织	1978 年，开放政策 2005 年，加入世界贸易组织 依赖进口技术和 FDI 以及高科技出口（如办公设备、电视机和通信设备），占 2005 年出口总额的 30%
科技政策	20 世纪 90 年代，建立印度软件科技园，用以发展通信基础设施建设及低成本网络（National Telecom Policy，1994）	自 2006 年起推行进取型战略规划，以成为全球领先创新国家、"创新导向型社会"、发展"本土的""自主"创新为目标（"985"项目） 加强知识产权保护的立法和实施 2010 年推行的中华人民共和国国家专利发展战略是政府引领的对本土创新的鼓励政策

续表

	印度	中国
教育政策	20世纪70年代，推行印度理工学院（IIT）方向的专业硕士项目；科技专业的学生必须熟练掌握计算机编程能力 20世纪80年代，推行高等教育政策，为2007年开始的"十一五"规划储备科技毕业生 为国外企业提供定制化服务	自1999年起，高等院校的扩招政策 自2001年起，学生从三年级开始接受法定英语教育
外包产业政策	为国外企业提供定制化服务 基础设施建设的发展	2009年，21个城市被授权为服务外包基地*

* 这一行动是按照林毅夫的建议，由国务院制定行业政策，但由市场决定该行动的生存和发展。中国大连作为日本和韩国的主要服务方却被排除在21个城市之外。其中的原因可能包括英语能力的欠缺，员工的高离职率，企业不愿意在培训和人力资本上增加投入，特别是为取得ISO认证的投资（详见Weidong Xia and Mary Ann Von Glinow，本书第12章）。

在全球创新活动的STEM人才上，中国在科学及工程方面庞大的人才队伍在新兴和发展中国家中首屈一指，特别是大学生队伍（2013年毕业生达131万人）。在2004—2013年间，获得本科及研究生学位的毕业生每年增长约12%。

在庞大的科学及工程毕业生增量的推动下，中国的世界一流研究人员数量也名列前茅（见图11.6，其中的数量以西班牙为基准，2000年=100）。

但是，培训和教育的质量引起了人们的担忧。例如，仅有10%—20%的中国大学毕业生进入跨国公司工作，一方面是因为大学生的英语能力普遍有限，另一方面是因为中国企业的发展吸引了大量人才（Farrell et al.，2006；Schaaf，2005）[1]。此外，发展中国家的优秀大学生倾向于选择西方国家的大学继续深造，尽管国家采取了一系列吸引人才回流的政策，但是多数人还是选择留在国外（Lewin and Zhong，2013）。

---

[1] 尽管这些大学生可能达不到国际水平，但他们也是提升本土企业能力的中坚力量，这对于企业长远竞争力的积累十分重要。

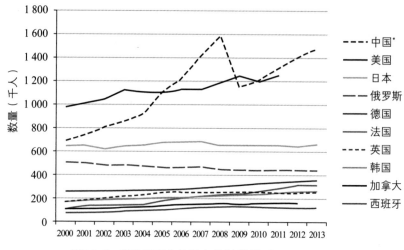

图 11.6 所选国家中的研究者**数量（2000—2013）

资料来源：OECD iLibrary；UNESCO。

* 2000—2008：根据 iLibrary OECD 的统计，数据不完全符合 OECD 的规范。2013 年的前 10 名。

** OECD 和 UNESCO 定义的"研究者"是指企业及研究协会的专业人员，致力于创造新知识、产品过程、方法和系统。

外国企业在新兴国家从事创新活动的程度和质量，在新兴国家本国能力的发展上扮演着重要角色，创新活动能促进接收国创新能力的提升和知识的增长。在过去的五年中，全球研发投入（包括内部研发和外部购买）在地理分布上发生了变化。Battelle and R&D Magazine 报道称，北美（美国、加拿大和墨西哥）和欧洲的全球研发占比下降——北美从 2009 年的 40% 下降到 2014 年的 31%，欧洲从 2009 年的 26% 下降到 2014 年的 22%。同一时期，亚洲的全球研发投入占比从 33% 增长到 40%。然而，这一增长几乎都归功于中国的研发投资，购买力平价已经增长至美国的约 60%。① 通常的认识是，新兴国家

---

① FDI 的统计数据可能会低估整体的研发投资，因为当一家美国企业在中国建立研发中心时，研发投入不会记入海外研发资金。FDI 的记录代表了投资人的主要活动。例如，一家从事快消品行业的企业的进入会被记入制造行业的 FDI（2014 Global R&D Funding Forecast, Battelle and R&D Magazine, December 2013）。

仅会在创新活动上投入有限资源，而主要依赖于海外公司的研发中心来发展创新能力。与此相反，中国近年来在创新上的努力有目共睹，国内研发总投入从2005年的550亿美元增长到2013年的2 578亿美元，自2005起平均复合增长速率达20%。不难预测，到2022年，中国的研发总金额将会超过美国。这些境内研发投入中仅有少数（23亿美元）来自境外资本（见图11.7和图11.8）。

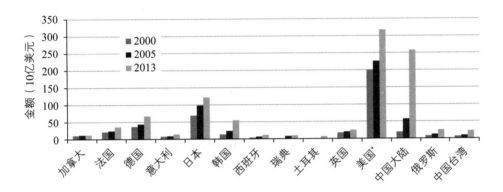

图11.7　境内研发支出总额（购买力平价-当前价格）

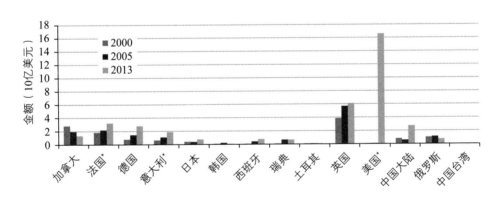

图11.8　境外企业在境内的研发支出总额（购买力平价-当前价格）

*2012年数据。

定义：数据包括所有部门（企业、政府、高等教育及非营利组织）的境内研发支出：(i) 全部资金来源，(ii) 来自境外企业的资金。

资料来源：OECD iLibrary。

从研发强度（研发投入在 GDP 中的占比）可以看出，中国在提高创新能力上有清晰的战略。图 11.9 描绘了 2003 年（1.13%）到 2013 年间研发强度的变化，当研发活动的投入占 GDP 的 2% 左右时，就基本达到了欧盟 15 国的平均水平，即与法国和荷兰相当。图 11.9 显示了研发强度的显著增长，加强了中国成为全球创新基地这一判断的可靠性。

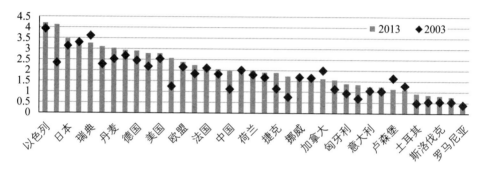

图 11.9　研发强度（GERD 在 GDP 中的占比），2003，2013

资料来源：OECD，iLibrary。

图 11.10 报告了美国企业 2004—2011 年间在印度和中国的研发投入，印度始终居于高位，而差距呈缩减趋势。欧洲企业在中国的研发投资呈现类似趋势，2010—2012 年间增加了 2 倍，达到美国企业的 10 倍（Eurostat）。

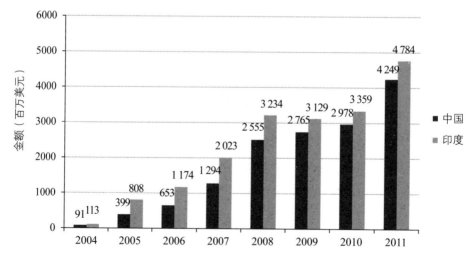

图 11.10　对中国和印度的美国主要控股行业研发的企业及其他非联邦资金

资料来源：NSF。

专利活动，特别是国际合作带来的专利增加①，是下文要探讨的重点内容。专利成果是分析知识产权保护法的改进效果、开放政策的影响和借用国外资源发展本国创新能力的重要因素。2013年，印度获美国专利商标局授权专利1 878项，获欧洲专利局授权专利182项，远远落后于中国——获美国专利商标局授权专利5 694项，欧洲专利局授权专利848项。②

外国所有的专利在印度的专利总量中占有很大比例，从20世纪90年代的60%达到2010年和2011年的90%。同一时期，外国人在中国所有专利中的占比也呈现上升趋势，从90年代的30%左右，上升到2000年的50%—60%，近年来提高到了约70%（见图11.11）。这一变化可能是由近20年来知识产权保护法规的强化和执行力度导致的，尽管这与传统儒家文化对公共所有权的反对相背离。对于印度是全球创新的主要贡献者，还是仅仅高度依赖外国研究成果的问题需要更加深入的分析，本章在此不进行过多讨论，这或许需要更多的时间来观察并分析近来的动态。可以看出，外国拥有的专利在两个国家表现出不同的分布情况，中国企业在研发投入上远超过印度企业。印度的一部分高科技公司只是外包公司，它们仅负责创新工作的一小部分具体任务，专利属于其他公司或是没有专利。

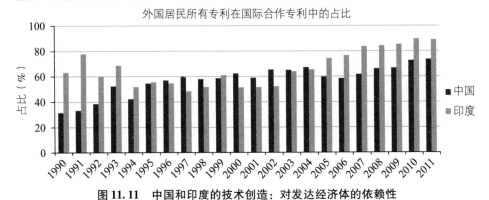

图11.11　中国和印度的技术创造：对发达经济体的依赖性

资料来源：OECD Stat; Science, Technology and Patents—International co-operations in patents。

---

① 详见本书第8章的内容。

② 资料来源：OECD, iLibrary，根据申请居民所属国家的记录。

事实上，世界银行发展指数发布的专利申请数据表明，中国居民拥有无可非议的专利占有率。同印度相比，中国在建立以知识和技能为基础的国家优势方面表现出强大的创新与发明潜力（见图11.12）。

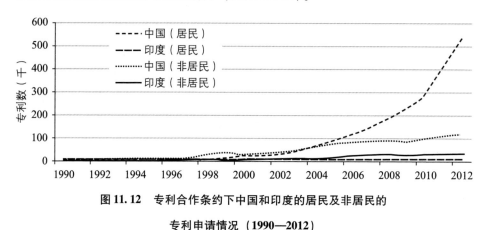

图 11.12　专利合作条约下中国和印度的居民及非居民的
专利申请情况（1990—2012）

资料来源：World Bank, *World Development Indicators*。

就具体国家的技术专门化而言，中国在2003—2013年间相比于其他国家在多个技术领域获得了相当数量的专利。图11.13表明，以2003年所有国家、所有技术领域的专利数为基准，中国在全部领域都获得了最快的增长，特别是在信息、通信和技术（ICT）领域，专利申请数增长了超过16倍（从2003年的652项增长到2011年的10 793项），印度增长了4倍（从2003年的150项增长到2011年的662项）。中国在信息、通信和技术领域的能力已明显超过印度，将成为21世纪主要的信息、通信和技术服务提供地。①

总之，在商务服务来源全球化的大潮中，印度和中国都取得了巨大的成功，特别是在近20年的创新过程中，两个国家都经历了经济和技术的飞速发展——印度比中国率先在IT和软件行业取得了成功。这些成就是必然的，因为印度和中国设计和实施了多方面的倡议来建立、提高和保持创新能力，制定

---

① 值得说明的是，这些数据记录的是专利合作条约下注册的专利，这些专利在全球范围内得到终生保护，同时符合国际标准，可以在世界各国引用。

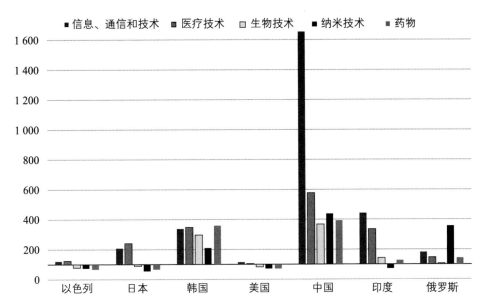

图 11.13 特定技术领域不同国家在专利合作条约下的专利申请情况——2011 年相比于 2003 年的变化情况（2003 年 = 100）

注：国家指代的是投资人所属的国家；按时间顺序。

资料来源：OECD iLibrary；Dataset：Patents in technology。

了从教育到科学技术的全面政策。然而，相比之下中国在发展技术能力方面更具战略性，其跨国公司在国际经济中已占有一席之地。中国在本土科学和技术投入上的积极性吸引了西方企业的创新合作，双方共同实现宏伟计划，如 2010 年实施的国家专利发展战略，就旨在促进本土创新，目标是到 2020 年国家专利数增加 4 倍。知识产权保护法规的推行及开放政策共同推动中国在成为创新先锋的正确道路上不断前进。过去的 30 年中，中国知识产权保护法规的实施仍不完善，没有充分调动研究者申请具有实用价值和市场潜力的专利的积极性，保证知识产权保护法规有效推行（Cheng and Huang，2016，本书第 7 章）的相关行业政策（Fuller，2016，本书第 6 章）显得十分必要。

尽管印度的外包公司颇具竞争性，它们也并没有通过发展技术专利培养自身的能力与中国抗衡。印度的研究机构的确具有高水平的表现，但没有培养出大量顶尖的研究员并且留住那些高端人才。这种趋势下，印度很难取得前沿的创新成果。相比之下，中国在发展一流的科学技术类大学、促进在国际上发表科技文章、鼓励中国优秀学者留在国内或吸引海外人才回国等方面取得了很大成功。不过，人们对于中国在英语教育政策上的有效性仍存在顾虑，中国在学习成为创新方面的国际玩家的同时，如何保持传统儒家文化（反对公共所有制）和价值观，从而使得自己在全球经济中成为一个另类角色并限制在社会科学领域的充分参与和争论，这二者之间存在冲突。

对 STEM 人才需求的在线市场的兴起：解决创新问题和分布性创新人才的平台

西方国家为了解决本土人才短缺及高成本的问题，它们的企业开始尝试通过网络中介平台来寻求企业需要的人才和问题解决方案，这些连接世界各地的网上平台有效地帮助企业识别和雇用高水平、低成本的创新人才。近年来快速发展的就是众包，它通过调集最小的、远程的知识库来发现解决具体问题的方案（Maskell，2014）。这些聪明人往往受雇于第三方，能够通过分布式在线解决的方式，帮助年轻的单站点企业并促进它们搜寻知识和解决问题。尽管这些平台——可以被看作简单的搜索引擎——还在雏形期，但一些知名的大企业（像宝洁、葛兰素史克、微软和思科）也常常通过它们解决具体的问题，替代了全职员工的工作。

企业先前在知识和解决方案搜索上的成功经验会形成思维定式，有可能导致错误的方向。企业前期的内部探索可能并不成功，但这一努力的过程使它们对问题的理解更加深入，从而学会如何分解问题再通过众包寻求解决方案。与分布式的知识所有者就问题的细节进行沟通十分困难（Maskell，2014）。成功的解决方案通常需要采用与企业所掌握的知识相去甚远的多方面知识。如何将问题的提出者与解决方案的提供者有效匹配，很显然是个挑战。

在线中介平台带来了 STEM 劳动力市场始料未及的结构调整，远程但容易获得的在线专家群体以一种全新的生活方式迅速成长起来。这一现象改变了组织运营方式、知识管理方式和创新的完成方式。

STEM 人才在线市场的迅速发展由多种因素导致，包括供应和需求的推动、管理实践以及环境和制度在影响企业采用创新性组织结构和新尝试上的共同演进。下文主要考虑六个方面的主要推动力：

1. 信息、通信和技术的发展为在线合作和在线中介平台的成熟奠定了基础。具体地，在线的开放自由平台汇集了开发 Linux 等开源软件的程序员（诸如谷歌的安卓、Redhat、Apache 和 MySQL 正是通过整合开源应用战略来开发公司产品的），这些人才通过项目需求合同的方式在 Guru．com、Upwork．com 和 Freelancer．com 等领先的全球互联市场上工作（Malone et al.，2003）。

2. 全球来源的长期历史。从最早的制造业，到商务服务业（包括 IT 和创新服务等），再发展到现在的在线自由职业者，企业界始终在学习和发展分拆能力，即将工作专门化、外部化。这一变化过程与随之积累起来的能力使通过在线获取 STEM 人才成为趋势。

3. 大量有经验的技术人员从正式雇佣关系中的脱离。很多技术人才不再选择传统意义上的雇佣关系，相反，他们倾向于就具体项目与需要自己的企业签订服务合同（Barley and Kunda，2004）。

4. 美国的人才短缺。美国的 STEM 人才短缺驱动企业在全球范围内找寻人才。正如前文所提到的，Lewin 等（2009）报告了企业通过大幅度增加创新活动的全球来源来应对 2003 年美国国会颁布的特殊专业人员/临时工作签证移民指标的骤减情况，从而获得持续的技术人才供给。

5. 技术型初创企业的增加。自 20 世纪 90 年代后期起，一大批迅速成长起来的创业者和互联网初创企业以全新的方式加速了新产品的发展，他们通过雇用在线的自由职业者来控制成本（通常是在背后的风险投资人的推动下）。初创企业在网络环境中产生，因而也更愿意通过远距离关系来共同运营。

6. 成本节约和劳动力套利。企业往往积极尝试新的方式来提高效率，如通过重新审视核心员工的价值，或是通过临时雇佣的形式采取新的严格的人头编制策略。同时，临时工比例的增加会节省企业的福利津贴开支，企业通过劳动力套利的方式聘用低成本人才。

相关的平台和用户数量都增长得十分迅速。2015年9月，仅从事STEM领域中介活动的在线平台就多达140家。以其中一家为例，从2012年7月到2014年1月的18个月中，平台上提供的工作数目和公司市值都已翻番，该平台提供了总数超过400万份的工作（项目），总价值超过40亿美元（所有工作种类，而不仅限于STEM类的工作）（Elance website，February 2014）。另一个大型平台Freelancer.com，到2015年5月已获得来自世界各地的超过1 500万注册用户（包括自由职业者和雇主）。在线人才交易平台产业的经济价值总额约在15亿美元到50亿美元之间。

快速发展的开放雇佣方式为新兴国家提供了广阔的机会。找工作唯一要做的就是连上网络，通过雇主的打分和评价来建立在线声望（如同亚马逊、易贝和阿里巴巴的模式）。对Elance数据的分析表明，前十名的自由职业者都来自发达国家（美国、澳大利亚、英国、加拿大、阿联酋、新加坡、以色列、德国、荷兰、新西兰），而70%的自由职业者来自发展中国家和新兴国家（印度、乌克兰、巴基斯坦、俄罗斯、菲律宾、罗马尼亚、中国）（Elance website，Global Online Employment Report，2013）。这一现象究竟会推动发展中国家就业和薪酬的提高，还是由于本土创新资源短缺而阻碍了本国发展，答案尚不明确。

中国目前在这一全球化现象中仍然扮演着次要角色。表11.4采用某大型平台的数据对比了印度和中国的情况（从2011年到2013年）。尽管中国和印度的人口规模相近，但印度拥有的注册STEM自由职业者数量是中国的23倍多（印度为2 604 413，中国为109 561）。语言的差异可能是限制全球在线市场中中国自由职业者占比的原因之一。另一个原因可能是印度拥有更多的STEM方面的人才，而中国的这些人才相比于印度更容易获得本国的就业机会。

表 11.4　中国和印度自由职业者的情况*

	印度	中国
全部项目		
活跃的自由职业者数量	3 696 349	133 544
被雇用的自由职业者数量	305 919	16 281
被雇用的自由职业者占比	8%	12%
雇主数量	9 522	921
项目数量	305 919	16 281
平均项目酬劳（美元）	249	297
活跃的自由职业者在全国总人口中的占比	0.29%	0.01%
总人口数（2014）	1 267 401 849	1 393 783 836
STEM 项目		
活跃的自由职业者数量	2 604 413	109 561
被雇用的自由职业者数量	207 322	13 543
被雇用的自由职业者占比	8%	12%
雇主数量	9 522	921
项目数量	207 322	13 543
平均项目酬劳（美元）	265	330
STEM 项目在国家总项目中的占比	70%	82%

* 数据来自某在线市场 2011—2013 年的记录；人口数据来源：Worldometers（www.Worldometers.info，2015.9.5）。

在所有项目中，中国承接的项目中 STEM 项目占比（82%）高于印度（70%），平均项目报酬为 330 美元，而印度为 265 美元。这表明中国自由职业者所做的工作具有更高的价值。被雇用的自由职业者占比（在国家注册总数中的比例）方面，中国同样高于印度（分别是 12% 和 8%），这表明在线的中国自由职业者相比于印度成本更低或是声望更高。

总体而言，在线人才市场提供的全球化创新生态系统为中国提高收入、推动创业提供了更多机会。但是，语言的障碍不容忽视，中国需要在英语能力上加大投入以达到国际标准。作为典型的美国企业，Freelancer China 通过建立中文平台来克服沟通障碍。它们专门面向中国的自由职业者提供项目管理服务。超过 20 万名中国的 IT 专家根据需求提供在线软件开发服务，同时全程控制项目进展。然而，大量的优秀技术人才向国外企业的输出可能会阻碍中国本国创新项目的发展，而这些项目从长远来看将会为中国创造更大、更持久的价值。

结　语

对创新来源的全球化现象及相关的新兴趋势的深入理解，需要结合企业海外创新战略和西方国家中 STEM 人才的结构化短缺的复杂背景。当前情况下，新兴国家竞相吸引创新和知识密集型的高附加值的投资、服务合同以及加速 STEM 在线人才平台的发展。在这一动态过程中，以下五点启示和挑战值得进一步讨论。

1. 对中小企业创新的启示：服务提供产业的发展带来了服务提供者之间的激烈竞争，而竞争会促进服务的多样化和差异化。小型的服务提供者为那些容易被大型提供者忽视的小企业服务。中小企业相比于大型企业仅有有限的资源来拓展海外业务，在利用全球来源的趋势下，中小企业可以降低用人成本，集中实力强化内部资源，加快市场拓展的速度。通过在线合作工具和网络平台，中小企业可以节省差旅开销和其他海外运营的隐性成本。在线 STEM 人才社区为中小企业（事实上是各种规模的企业）提供了无限的机遇，企业开始考虑以在线的方式从低成本国家购买服务。未来的研究应该着重于探究这一新机遇对中小型企业创新成果的实际影响（如企业创新能力更强、进入市场更快、成本更低等），以及雇主通过在线平台都获得了哪些具体的好处。

2. 组织能力的挑战：去整合的创新过程给过程管理和内部核心能力及外部边缘能力的平衡带来了挑战。一个主要的方面是如何发展高效的组织结构，通过管理人才将全球化的外部人才与内部的知识和创新过程完美整合。未来的研究应特别关注企业该采用哪些新的或是调整性的组织结构、过程和能力，以便充分挖掘全球化来源趋势的潜在利益。去整合的创新过程将如何影响组织内部的互赖关系？需要采取何种协调整合机制来重组这些分拆的创新环节，从而再次用于其他的组织过程和职能？哪些能力的组合（如选择能力、整合能力和协调能力）能够实现最大价值的成果，这些能力随着时间如何演化？

3. 创新能力的挑战：知识密集型服务提供者在提供高度定制化商业服务方面正变得非常专业化，因而他们希望加入到高附加值的研发项目中。这些服务提供者多分布在如印度和中国这样的新兴国家，他们是创新领域中潜在的有力竞争者。此外，对外部开发知识的过度依赖可能导致企业自身吸收能力和独立创新能力的降低。如果为了应对人才短缺而大量采用外部人才，企业将如何持续培养吸收能力？

4. 知识产权的挑战：对国际化合作创新的依赖引发了另一个问题，即企业及国家层面的知识产权的所有权问题。从企业层面看，知识产权是企业技术战略的核心，拥有极高的价值。从国家层面看，那些有高度商业化价值的技术专利是国家竞争优势的重要方面。因此，企业需要推行哪些有效的策略来避免知识产权外泄的风险？企业的战略将如何影响国家层面对知识产权的发展和所有权？同样，国家的知识产权政策又将如何影响企业战略？

5. 对新兴经济体的启示：在一些新兴经济体中，由采掘业等巨大的资本投入和制造业中的劳动力套利而带来的高速增长已逐渐趋缓。例如，中国正经历着农村劳动力转移的终止及人口的老龄化趋势。经济增长的一个重要推动力就是创新。创新的全球化来源趋势及需求导向的雇佣关系（通过在线人才市场）是由发达国家的企业从世界各地发掘人才的诉求引发的。这就导致了一个值得探讨的问题，发达国家的企业最终会在新兴经济体中充分利用 STEM 人才，因而阻碍了这些发展中国家的经济和技术发展，还是相反，随着企业创新中心的国际化，知识外溢和能力转移效应促进本国的创新发展。同时，STEM 人才的在线市场的发展可以帮助本土创业者快速地、低成本地检验其想法的可行性。未来的研究需要回答这一问题，究竟境外在线市场是经济发展的助推器，还是会因为 STEM 人才的对外输出给本土创新发展带来风险。

对于这些问题的深入探讨将会帮助企业和政策制定者更好地实践和发展创新战略。

参考文献

2014 Global R&D Funding Forecast, *Battelle and R&D Magazine*, December 2013.

Arora A., Cohen, W. M., Walsh, J. P. 2014. The Acquisition and Commercialization of Invention in American Manufacturing: Incidence and Impact. NBER Working Paper, No. 20264 Issued in June 2014.

Barley S. R., Kunda G. 2004. *Gurus, Hired Guns, and Warm Bodies*. Princeton, NJ: Princeton University Press.

Cantwell, J. 1995. The Globalisation of Technology: What Remains of the Product Cycle Model, *Cambridge Journal of Economics* 19: 155-174.

Cantwell, J. A., R. Mudambi 2005. MNE Competence-creating Subsidiary Mandates, *Strategic Management Journal* 26(12): 1109-1128.

Cohen, W., Levinthal D. 1990. Absorptive Capacity: A New Perspective on Learning and Innovation, *Administrative Science Quarterly* 35: 128-152.

Dossani, R., Kenney, M. 2007. The Next Wave of Globalization: Relocating Service Provision to India. *World Development* 35(5): 772-791.

Dunning J. H. 1993. *Multinational Enterprises and the Global Economy*. Wokingham, UK and Reading, MA: Addison Wesley.

Dunning, J. H., Narula R. 1996. The Investment Development Path Revisited: Some Emerging Issues, in J. H. Dunning, R. Narula (eds.) *Foreign Direct Investment and Governments*, London: Routledge, s. 1-41.

Elance.com Elance website-Global Online Employment Report for 2013 (2-24-14).

Farrell, D. and McKinsey Global Institute. 2006. *Offshoring: Understanding the Emerging Global Labor Market*. Boston, Mass: Harvard Business School Press.

Florida, R. 1997. The Globalization of R&D: Results of a Survey of Foreign Affiliated R&D Laboratories in the USA, *Research Policy* 26: 85-103.

Fuller, D. 2015. China's Political Economy and Prospect for Technological Innovation-based Growth. Chapter 7 in *Building Innovation Capacity in China: An Agenda for Averting the Middle Income Trap* (ed.) A. Y. Lewin, J. P. Murmann, and M. Kenney. Cambridge: Cambridge University Press.

Howells, J. 1990. The Location and Organisation of Research and Development: New Horizons. *Research Policy* 19(2): 133-146.

Howells, J. 1995. Going Global: The Use of ICT Networks in Research and Development. *Research Policy* 24(2): 169-184.

Howells, J. 2012. The Geography of Knowledge: Never So Close but Never So Far Apart, *Journal of Economic Geography* 12(5): 1003-1020.

Huang C., Cheng M. L. 2015. Transforming China's Intellectual Property System to Stimulate Innovation. Chapter 8 in *Building Innovation Capacity in China: An Agenda for Averting the Middle Income Trap* (ed.) A. Y. Lewin, J. P. Murmann, and M. Kenney. Cambridge: Cambridge University Press.

Kuemmerle, W. 1999. The Drivers of Foreign Direct Investment into Research and Development: An Empirical Investigation, *Journal of International Business Studies* 30(1): 1-24.

Kurup, A., Arora, J. 2010. Trends in Higher Education: Creation and Analysis of a Database of PhDs (NIAS Report No. R1-2010). Project Report. NIAS, 2010.

Lewin, AY., Massini, S., Peeters, C. 2009. Why Are Companies Offshoring Innovation? The Emerging Global Race for Talent. *Journal of International Business Studies* 40(6): 901-925.

Lewin, A. Y., Zhong, X. 2013. The Evolving Diaspora of Talent: A Perspective on Trends and Implications for Sourcing Science and Engineering Work. *Journal of International Management* 13(1): 6-13.

Lynn, L., Salzman, H. 2009. The New Globalization of Engineering: How the Offshoring of Advanced Engineering Affects Competitiveness and Development. *Economics, Management and Financial Markets* 4(1): 11-46.

Malone T. W., Laubacher R., Scot Morton M. S. 2003. *Inventing the Organizations of the 21st Century*. Cambridge, MA: The MIT Press.

Manning, S., Massini, S., Lewin, A. Y. 2008. A Dynamic Perspective on Next-Generation Offshoring: The Global Sourcing of Science and Engineering Talent. *Academy of Management Perspectives* 22(3): 35-54.

Maskell, P. 2014. Accessing Remote Knowledge-The Roles of Trade Fair, Pipelines, Crowdsourcing and Listening Posts, *Journal of Economic Geography* 14(5): 883-902.

Massini, S., Miozzo, M. 2012. Outsourcing and Offshoring of Business Services: Challenges to Theory, Management and Geography of Innovation. *Regional Studies* 46(9): 1219-1242.

Mowery, D. C. 2009. Plus ca Change: Industrial R&D in the "Third Industrial Revolution". *Industrial and Corporate Change* 18(1): 1-50.

Narula R., Zanfei, A. 2004. Globalisation of Innovation: The Role of Multinational Enterprises in: Jan Fagerberg, David Mowery, and Richard R. Nelson (eds.) *Handbook of Innovation*, Oxford University Press.

Prahalad, C. K., Hamel G. 1990. The Core Competence of the Firm. *Harvard Business Review*, May-June, 79-91.

Schaaf, J. 2005. Outsourcing to India: Crouching Tiger Set to Pounce, Deutsche Bank Research.

Xia W., VonGlinow M. A. 2015. Leapfrogging India IT Outsourcing Industry: Institutional Barriers Facing Chinese IT Outsourcing. Chapter 12 in *Building Innovation Capacity in China: An Agenda for Averting the Middle Income Trap* (ed.) A. Y. Lewin, J. P. Murmann, and M. Kenney. Cambridge: Cambridge University Press.

Zhang H., Patton D., Kenney M. 2013. Building Global-class Universities: Assessing the Impact of the 985 Project. *Research Policy* 42: 765-775.

统计数据来源：

Eurostat. 2012. *Community Innovation Survey*.

National Science Foundation. 2011. *Business R&D and Innovation Survey*.

OECD. 2014. *Dataset-Science Technology and Industry Outlook*.

OECD. 2012. Main Science and Technology Indicators, *OECD Science Technology and R&D Statistics* (database); doi: 10.1787/data-00182-en.

Offshoring Research Network, *Service Provider Surveys* 2007-2012.

World Bank, *World Development Indicators*.

UNESCO

第 12 章

超越印度：中国商业服务外包产业面临的制度障碍

夏卫东　Mary Ann Von Glinow　李英侠

翻译：涂海银

摘要：全球外包业不仅在规模上快速增长，而且价值链也从下游的制造业向上游的服务业延伸。尽管中国已经将打造一个有竞争力的商业服务外包产业作为国家优先发展事项，并进行了大量的投资，但在服务外包市场上想要获得竞争优势，尤其是超越印度这个竞争对手，依然需要付出很多努力。我们认为中国需要充分认识到在此努力过程中其已经落入了下游外包陷阱。制度因素已经导致中国商业服务外包产业的创新与全球市场变革背道而驰。第一，我们将回顾全球外包市场的演变历程，为理解中国的制度因素及其对中国商业服务外包产业发展道路的影响提供一个背景环境。第二，我们将从外包产业的发展道路和市场定位两个方面对中国与印度进行对比。第三，我们将探讨中国商业服务外包产业发展的制度障碍，以及这些障碍是如何伴随中国的三次经济转型而产生的。第四，我们针对中国服务外包企业参与全球产业竞争必须考虑的五个领域提出了具体建议。最后一部分将对本章做一个总结。

全球外包业的发展历程

全球外包业的出现和增长反映了持续的产业升级及产业价值链上专有活动的再定义与再分配。外包使得企业能够获得开展商业活动所需要的能力，而不需要拥有或者管理产生这些能力的相应资源。如表 12.1 所示，为了理解中国的制度因素及其对中国商业服务外包产业发展道路的影响，我们列出了外包的不同类型和在商业活动持续的从下游向上游转变过程中作为副产品的全球外包业的发展。全球外包业的发展有两个重要的特征。

表 12.1　全球外包业的发展历程

	制造业外包（下游）20 世纪 70 年代后期	商业服务外包（上游）		
		信息技术外包（ITO）（下游）20 世纪 70 年代后期	业务流程外包（BPO）（中游）20 世纪 90 年代后期	知识流程外包（KPO）（上游）21 世纪初
职能外包	客户已经定义好的结构化制造流程	客户已经定义好的与信息技术有关的结构化流程 分类举例： IT 研发（集成电路和电子电路的研发，测试平台的研发，电子商务平台的研发，IT 服务研发） 软件开发（确定需求，逻辑设计，结构设计，编码，集成，测试，定位，文档） 软件系统的操作和维护（商务应用/ERP 系统） IT 基础设施的操作和维护（计算机和网络）	客户已经定义好的 IT 支持的数据/信息密集型业务流程 分类举例： 客户内部业务流程（例如，工资，会计，人力资源） 客户的客户关系管理流程（例如，呼叫中心，营销） 客户的供应链管理流程（例如，供应商挑选，合同管理，订单处理过程）	信息技术支持的知识密集型/基于创新的流程 分类举例： 研究（知识产权，法律过程，研究与咨询） 开发（工业设计，工程设计） 研发服务（医药研发，动画和新媒体，其他产品研发，检验和测试研发）

续表

	制造业外包（下游）20世纪70年代后期	商业服务外包（上游）		
		信息技术外包（ITO）（下游）20世纪70年代后期	业务流程外包（BPO）（中游）20世纪90年代后期	知识流程外包（KPO）（上游）21世纪初
客户外包的原因（目的/驱动因素）	产业升级 成本 劳工	产业升级 降低成本 劳工 与信息技术有关的商业活动的效率	产业升级 能力扩展（辅以成本降低） 信息技术推动的虚拟经营活动的效率	产业升级 变革/创新（辅以能力扩展与成本降低） 信息技术推动的虚拟知识活动的效率
客户管理外包关系的方法	以公平交易为基础	以公平交易为基础	战略联盟	协作（伙伴关系）
客户和供应商的角色	客户定义需求（大脑） 供应商实施（被动应激者）	客户定义需求（大脑） 供应商实施（被动应激者）	客户定义最初的愿景/需求（大脑） 供应商调整（前摄行动者）	协同创造/协同发展/协同创新 客户（大脑） 供应商（大脑）
供应商的商业模式	规模经济 低利润率	规模经济 低利润率	基于能力的模式（规模经济/范围经济） 中利润率	基于创新的模式（范围经济/知识，灵活） 高利润率

第一，外包业的不同发展阶段表现出不同的路径和特征。制造业外包与商业服务外包迥然不同。在商业服务外包阶段，从下游的信息技术外包（information technology outsourcing，ITO），到中游的业务流程外包（business process outsourcing，BPO），再到上游的知识流程外包（knowledge process outsourcing，KPO）的持续转移依然存在。其中，信息技术外包集中于与信息技术有关的活动，业务流程外包集中于信息技术推动的业务流程活动，知识流程外包集中于信息技术推动的知识流程活动。即使在这些分类的每一种类型中，它们各自从下游活动向上游活动的转移依然持续进行。

第二，下游活动向上游活动的转移不仅需要外包商具有适应新的流程的能力，而且需要对以前用来支撑下游流程能力的基础设施进行升级，以便能够支撑上游的流程。基础设施的升级不仅需要对诸如技术、设备、通信和运输系统的硬件的升级，也需要对诸如制度、文化、技能和流程等软件基础设施进行改造。软件基础设施的改造相对于硬件基础设施的转变更加困难，也明显地需要更长的时间。

中国和印度：外包产业的发展道路和市场定位

过去40多年，印度已经成为顶尖的商业服务外包目的地。当中国致力于从制造业外包到商业服务外包扩展其竞争优势的时候，超越印度就成了其外包产业的目标。中国和印度过去40年都经历了重大的国家经济改革及增长，同时也伴随着不同的发展道路和市场定位。就整个经济发展和增长而言，中国比印度更迅速。根据世界银行的数据，2013年，中国的GDP（9.24万亿美元）和人均GDP（6 560美元）分别是印度的5倍（1.875万亿美元）和4.5倍（1 570美元）。① 然而，2013年，印度②的服务外包产业占据了全球离岸外包市场份额的55%（860亿美元），而中国③所占有的市场份额（28%，454亿美元）大概是印度的一半。从2008年到2013年，中国的离岸外包每年落后印度大约400亿美元。至于服务外包业的市场份额和全球竞争力，两个国家之间存在系统性的差距（Asuyama, 2012; Lo and Liu, 2009）。

在商业服务外包方面，中国追赶上印度的困难根植于两国的系统性差异，而这些系统性差异来源于在全球大规模产业升级过程中两个国家不同的经济发展道路和经济活动价值链的再定位。从1949年中华人民共和国成立，到1978年中国实施开放的政策、启动经济的改革和发展，中国一直致力于从农业化向

---

① 世界银行，http://data.worldbank.org。
② 印度数据的来源：www.nasscom.org。
③ 中国数据的来源：中国服务外包研究中心. 中国外包产业发展报告（2014）。

工业化转变。在早期阶段，中国主要通过模仿基于中央计划和工业化的苏联经济发展模式，致力于建立起传统的、以制造业为基础的经济。1978年，中国可以提供大量的廉价劳动力和未经开发的土地，但是缺少财政资源和先进技术。通过实施鼓励FDI和技术转让的经济改革政策（大部分来源于邻近的亚洲国家），中国建造了大量的制造业基础设施，拥有了制造能力，成为世界工厂；实际上，中国GDP的增长大部分来源于制造业。

与此同时，20世纪70年代后期，全球外包市场增长超越集中于下游制造业的模式而将上游商业服务外包含进来。造成这一转变的原因是发达国家开展的产业价值链向高附加值的服务业升级的运动。与中国早期致力于建立制造能力的经济改革和发展相比，通过利用新兴的商业服务外包市场的机会，印度经济的发展开始于完全不同的价值定位。印度独特的时机和机遇归功于两个因素：第一，印度将劳动力从农业转移到制造业有很大的困难。有大量的管理和技术毕业生从印度理工学院及印度管理学院毕业。但是很多毕业生发现，他们在国内这种对制造业人才需求较少的环境下很难找到合适的工作。第二，在同一时期，发达国家的企业正在与因全球大部分企业信息技术能力低下而导致的"千年虫危机"进行斗争。诸如美国和英国这样的发达国家在与危机进行抗争的时候发现，它们自己并不能提供足够多的IT人员，而印度有着大量的未就业的IT专业人员，并且这些人员精通英语且熟悉西方国家的文化。所以，双方的互补性需求创造了信息技术外包的机会。因此，印度并没有采取像中国那样的发展道路——从下游劳动力密集型制造业外包逐步进行产业升级，而是根据全球市场的变化参与商业服务外包。服务业也就成了印度GDP的主要来源，而不是像中国那样，制造业成为其GDP的主要来源。

两者发展道路的不同，尤其是进入商业服务外包产业价值链不同阶段的时间不同，使得中国在获得商业服务外包行业竞争力的时候面临的障碍更加突出，更不用说超越印度了。本质上，中国在发展商业服务外包的过程中一直落后印度一步，这个差距对中国商业服务外包产业产生了一个系统性下游陷阱。20世纪70年代后期，中国开始为建立大规模的制造业外包能力制定政策，并推进国家基础设施建设，而与此同时，印度已经开始实施必要的国家政策，建立必要的基础设施以期建立大规模的信息技术外包服务能力。20世纪90年代后期，当中国外包焦点从制造业转向基于信息技术的商业服务时，印度已经建立起了成熟的信息技术外包产业，并且已经在全球市场上占据了一席之地。印度占有美国和欧洲的大部分市场份额，并已经从基于规模的信息技术外包向高附加值的业务流程外包扩展。所以，鉴于中国试图利用同样的"低成本的世界工厂"模式建立大量的以规模为基础的信息技术外包能力，印度已经开始基于范围经济构建新的能力以将其产业扩展到商业服务外包价值链。21世纪初期，当中国试图追赶上业务流程外包市场的时候，印度已经获得了相当大的全球业务流程外包市场份额，并且向上游的知识流程外包进行扩展。除了由于进入时间和产业结构所造成的系统性路径依赖障碍之外，中国还面临着克服进入成熟商业服务外包市场高壁垒的挑战（Lewin，2013）。考虑到全球外包业的需求主要是以诸如美国、英国这样说英语的国家为主，中国还面临着一个明显的障碍，那就是员工对英语不够精通和明显的文化距离。商业服务外包领域的高附加值的活动需要高水平的专业能力和非技术技能，以及高度成熟的ISO流程管理，而很少有中国商业服务外包企业具备这种能力。除此之外，诸如知识产权和其他的政治法律挑战对中国进入全球服务外包市场也产生了很多严重的障碍。这些进入壁垒是很高的，因为如表12.1所示，作为外包活动的焦点，价值链从制造业到信息技术外包、业务流程外包、知识流程外包，客户和供应商之间的关系变得更具战略性，紧密耦合在一起。因此，新进入者想要打入这一市场就更加困难。所以，中国商业服务外包产业所面临的下游陷阱问题比我们想象中的更具系统性、更难突破。我们认为这些下游陷阱大部分是由于制度因素造成的，而这些制度因素决定了中国商业服务外包发展的道路和结构。为了逃离这个下游陷阱，必须对关键性制度因素进行转型变革。

中国商业服务外包发展的制度障碍

中国产业升级的演进与经济发展道路受到政府以五年为基础的中央规划和控制的深刻影响。基于在整体上影响经济的方方面面以及每个具体的企业的激励和惩罚政策,这种制度环境依靠从上到下的强控制治理结构,在无论是促进还是阻碍国家经济和产业发展的过程中都扮演着至关重要的角色。在不同的市场环境下,中国制度决策过程的核心都是一个受控制的经济实验主义,这种经济实验主义伴随着政治和意识形态上的实用主义。随着国家经济发展的焦点从一种范式,即制造业外包,扩展到另外一种新的范式,即商业服务外包,在前一范式有效的政策和决策过程实际上可能变成下一范式的障碍。从 1949 年开始,中国经历了三个不同阶段的经济结构调整和产业升级,而这三个阶段的制度决策结构和过程始终是一样的。

(1) 第一阶段:1949 年至 1978 年,闭门专制的经济实验主义

1949 年至 1978 年间,中国经济的发展都是由从上到下的中央计划完全控制的。这一时期经济发展道路的特征是"命令—控制"式的政策决定过程和完全的政治经济联盟。这种联盟是在封闭的环境下,由政府控制的意识形态运动和经济实验,包括著名的"人民公社经济"、"大跃进"(1958—1960)和"文化大革命"(1966—1976)(Heilmann and Perry, 2011)。传统上,政策的制定都要经过政策分析、政策规划,然后在实施之前以法律的形式具体化;与传统的政策制定过程不同的是,在这个阶段中国政策的实验都是先通过实践去创新,然后再起草通用性的法律法规(Heilmann, 2008)。这种政策实验可以用"由点及面"来反映(Heilmann and Perry, 2011)。首先设立一个"试点",然后根据成功的案例和经验构建一个"经验模式",最后再大范围地对此模式进行推广。特别是,一些特殊政策的制定,都是通过试点,然后根据"经验模式"的结果选择实施(Florini, Lai, and Tan, 2012)。在闭门专制的实验时期,制度政策和决策因素使得中国在世界上落后了,并因此造成了显著的经济

和技术差距。

（2）第二阶段：1978年至2000年年初，开门的多元/务实的经济实验主义（致力于发展大规模的以制造业为基础的外包产业）

自1978年实行开放的政策以后，中国经济经历了前所未有的高速增长，而这也从根本上改变了中国在全球经济中的角色和定位。中国通过将中央计划（强有力的监管指令以及金融激励政策）和市场经济（市场竞争和私有化）联合起来，创造了一种独特的制度环境，共同决定了国家经济增长和各个工业部门的发展。自1978年以后，中国的经济发展道路以实验主义和实用主义为主要特征（Florini，Lai，and Tan，2012；Heilmann，2008）。这种新的务实的社会主义最著名的表述就是邓小平的"不管黑猫白猫，能抓住老鼠就是好猫"和陈云的"摸着石头过河"。

在国家经济发展中，尽管"由点及面"仍然是政策的基础，但与1978年以前相比，1978年之后，由于在传统的实验主义的基础上增添了实用主义，中国经济的发展呈现出更加多样化和更加本土化的情境。1978年以前，国家政策制定的方式都是在全国范围内实行"经验模式"和开展"意识形态运动"，而从来不考虑全国各地社会、文化、地缘经济环境的差异。与此相反，1978年以后的实用主义允许实验主义某种程度上的灵活性和非正式性。国家"由点及面"的试点方法开始认识到环境的多样性和地区的差异性，以及在适应国内和全球环境持续发展过程中的动态不确定性。新的方法反映了在实施"经验模式"政策的时候需要进入具体的情境中学习并给予不同的地方一定的自主权，以便更好地根据当地的情况进行尝试、协调，并做出具体的阐释和相应的决策。因此，尽管在应用这些经验方法的时候，政府依然保留着最终的决策制定和监督的权利，但多重并行的决策和协调过程共同存在，包括在不同地区，各级政府根据不同的情境进行试点和实行经验模式。因此，中国经济政策的制定和实施没有形成统一的过程，反而呈现出复杂的包容的形态。这个务实的实验主义的过程以多重并行的政策和非正式性为特征，允许在政策实施过程中进行情境化的解读和调整（Chen and Ku，2014；Zhu，2014）。

在 1978 年和 2000 年年初，中国的经济改革和快速发展主要由大规模制造业外包所驱动的时候，这些制度性的实用实验主义政策非常有效。中国的产业政策使得中国快速工业化，经济持续增长；因为这些政策促进了私营部门的发展，使得私营部门可以利用国家的比较优势和后发优势。

（3）第三阶段：21 世纪初，在第二阶段很有效的制度因素成为中国从以制造业为基础的外包向以服务业为基础的外包转移的障碍

21 世纪初，中国把国家建成了世界工厂。到现在为止，中国完善的基础设施使其获得了比较优势，这些比较优势不仅基于低廉的劳动力成本，而且基于巨量的财政资源和重要的制造能力。随后，中国政府开始推动企业向全球产业价值链的前端移动以扩大服务业和以科技为基础的出口。随着政策焦点的改变，政府减少和取消了原来对制造业的促进、保护和补贴的激励。结果导致大量的中小制造企业倒闭，因为它们在失去这些激励后，没有能力应对不断上升的成本。与此同时，政府制定了与原来相似的先前时期用来建立国家制造业基础的政策，开始对建立大规模的服务业和科技产业的出口进行提升、保护和补贴。

政府关于商业服务外包的政策包含了多个横向的政府部门/机构和多个纵向的从中央到地方的政府机构，这就使得各个层级的政府会根据不同地区的利益相关者对政策做出解读并实施。因此，当政府利用规划和激励工具来管理商业服务外包产业各个方面的时候，各个层级的不同政府就形成了一个复杂的动态政策网络。在决定中国外包产业的结构和发展道路的过程中，有三项里程碑式的政府举措起到了关键作用。

第一项重大举措是 2000 年国务院发布的第 18 号文件，是建立和发展以信息技术为基础的服务业的一个转折点。中国"创造"了一个术语"信息化"，来表达其想要利用信息技术推动产业升级的努力。基于一系列重要的战略原则，国务院发布了第 18 号文件，宣布集中通过信息化的手段推动工业化、利用工业化促进信息化；将信息产业的发展放在一个优先的位置上，大力推动信息技术的应用，采取新的路径进行工业化，迅速地提高国家生产力。第 18 号

文件试图清晰地描述一个愿景、一系列指导原则和发展以信息技术为基础的服务业的新路径。

第二项重大举措是被称作"千百十"的工程，致力于从 2006 年开始，落实国务院的目标，也就是在第十一个五年规划（2006—2010）期间建立若干个国家商业服务外包基地。为了实施这个战略愿景，商务部和信息产业部开始实施"千百十"工程，该工程旨在利用 3—5 年的时间，投资超过 1 亿元人民币建立 10 个服务外包基地，吸引 100 家全球 500 强跨国公司将其服务外包业务转移到中国，培育 1 000 家取得国际资质的中国服务外包企业。这个倡议驱使各个政府部委以及相应的省级和地方政府分支机构积极地共同推出了各种政策及措施，促进商业服务外包的发展。

第三项重大举措就是指定了 21 个外包服务示范城市以及在 2006—2010 年建立了 84 个服务外包示范基地。2006 年，大连成为第一个被商务部和信息产业部指定的外包服务示范城市——旨在建立一个针对附近亚洲国家，尤其是日韩的外包服务基地。国家和地方政府都出台及实施了一系列政策，为中国大规模和快速建立商业服务外包产业提供了强有力的财政支持。中央规划的发展方式要求所有示范城市针对它们不断增长的目标和实施措施的战略规划都要得到认可及批准。表 12.2 列出了示范城市在接下来 3—5 年的目标和当地政策的解读及实施的措施。

对中央政府示范城市的举措和相应的地方政府政策的解读、目标和实施措施的分析可以发现一些严重的问题。这些问题说明了由制度性的政策和政策制定过程所导致的系统性障碍。

第一，尽管政府的目的是想将国家的经济发展从制造业向服务业扩展，但是隐含在政府政策之中的整个政府的心态和方法依然与原来一样，并未发生改变。政府依然使用的是"由点及面"的试点政策，整个焦点依然是主要投资发展厂房设备和基础设施，而没有首先考虑软件基础设施的结构性差异。这些结构性差异包括思想的转变，劳动力缺乏外语技能、专业技能和非技术性技能，企业缺乏成熟的高度标准化的流程，知识产权缺乏保护，国家教育系统的

表 12.2 示范城市 3—5 年的目标和政策

城市	收入	产业规模	劳动力,就业	当地的意见和政策举例	当地的激励措施举例
北京	300 亿人民币, 72% 的 GDP, 70% 的劳动力, 10% 的年增长率	吸引 500 家新企业 (150 CMM3 (能力成熟模型), 30CMM5), 1—2 家员工规模超过 10 000 的企业; 30—50 家员工规模超过 1 000 的企业	200 000 个服务外包职位, 50 000 个新雇用的大学毕业生, 培训 50 000 名大学生, 100 000 个新工作		特殊培训基金, 新雇用大学生费用返还 15%, 奖励高技能人才, 国际认证基金, 自我管理进出口/出口的权利, 软件出口 4% 的补贴, CMM 认证基金
天津	300 亿元人民币 (15 亿美元) 的出口	吸引 1 200 家新企业 (70 CMM3, 30 CMM5), 1—2 家员工规模超过 10 000 的企业; 50 家员工规模超过 1 000 的企业	160 000 个服务外包职位, 100 000 个新雇用的大学毕业生, 培训 120 000 名大学生, 140 000 个新工作	天津关于推动服务外包发展的意见; 天津经济开发区关于促进服务外包发展的暂行条例; 天津高技术产业园区华苑产业园 (外环) 的奖励投资办法; 集成电路产业发展的税收优惠政策; 天津市政府关于加速软件产业发展的通知和自由贸易区服务外包产业发展指南	

续表

城市	收入	产业规模	劳动力，就业	当地的意见和政策举例	当地的激励措施举例
上海	1 200 亿元人民币（15 亿美元）的出口	500 家新企业	200 000 个服务外包职位，100 000 新雇用的大学毕业生，培训 50 000 名大学生，100 000 个新工作	上海市政府关于鼓励服务外包产业发展的意见书，印发了几项政策；意见书转发和实施了财政部、国家税务局与海关总署关于软件和集成电路产业发展的税收优惠的意见	
重庆	8 亿美元的服务外包出口	10 个新的顶级的服务外包跨国企业，20 家用于国际资质的大中型外包企业		对重庆软件和信息服务外包企业的认证和管理措施（试点，关于加速发展重庆软件和信息服务外包产业的暂行条例；重庆市政府发布了吸引中高级软件人才的优惠政策等	企业通过了中华人民共和国商务部服务外包等级认证和年出口额超过 500 000 美元的，最高可获得 100 万元人民币的奖励
大连	500 亿元人民币（28 亿美元）出口	4—6 家年收入大于 10 亿元人民币的大型企业，50 家知名的大连软件品牌	140 000 个服务外包职位，100 000 新雇用的大学毕业生，培训 50 000 名大学生，100 000 个新工作	大连市人民政府关于加速发展大连软件产业的意见书的规定，大连引进软件人才的意见书；鼓励软件产业发展的特殊分配基金；大连软件企业管理信息服务产业保护个人和信息的规定	

续表

城市	收入	产业规模	劳动力, 就业	当地的意见和政策举例	当地的激励措施举例
深圳	1 800 亿元人民币, 27% 的年增长率; 60 亿美元的软件出口, 30%的年增长率		300 000 个软件外包职位	关于加速深圳服务外包产业发展的公告; 决定为快速和可持续的高新技术产业发展优化区域创新系统; 为高新技术产业发展提供进一步支持的管理条例; 关于培育高新技术人才和引进人才的管理条例; 为发展高新技术提供进一步支持的措施	
广州	2010 年的服务外包收入要达到 2005 年的4倍	8 个外包服务集群, 30 家跨国服务外包企业, 100 家获得国际认证的企业(2 家企业年收入超过 10 亿元人民币, 2 家企业拥有超过 5 000 名员工)	60 000 名服务外包行业的专业人才	关于加速在广州发展服务外包的意见书和中国广州服务外包示范基地的行政措施; 关于加速发展服务业的意见书; 广州关于高新技术成果转移项目的认证措施; 广州关于鼓励海外毕业生来广州工作的管理条例; 广州科技基金分配和管理措施; 通告转发了广州发改委关于强力推动广州金融业发展的意见	10 亿人民币用来促进信息技术外包业务流程外包投资, 人才引进培训, 示范园区建设和企业总部的发展

续表

城市	收入	产业规模	劳动力,就业	当地的意见和政策举例	当地的激励措施举例
武汉	500亿元人民币(5亿美元)的出口	吸引800家新企业(100 CMM3,20 CMM5),2—4家拥有超过5 000名员工的企业,10家拥有超过1 000员工的企业	培训80 000名大学生,100 000个新工作	武汉科技企业孵化器的管理措施;省政府关于加速发展软件产业的意见书;市政府关于进一步鼓励软件产业发展的意见书;实施加速软件产业发展优惠政策的意见书;关于省政府发布的几项促进软件产业和集成电路产业发展政策的通告;市政府关于加速构建和发展高新技术创新服务中心的通告	设立专项基金,对企业新雇用大学毕业生的费用退还15%,每年1亿元人民币用来进行资格认证,开拓国际市场,人员培训;对通过了软件外包资格认证的企业提供100 000元人民币的奖励和额外的补贴,优惠的土地价格和租金
哈尔滨		若干大型和实力较强的企业高端服务外包专业人员,一个大型的服务外包产业园区,一个服务外包培训中心,一通用的服务外包测试平台企业软件测试平台			

续表

城市	收入	产业规模	劳动力,就业	当地的意见和政策举例	当地的激励措施举例
成都	800 亿元人民币(5 亿美元)的出口,45% 的年增长率	拥有超过 3 000 名员工和营业收入超过 10 亿元人民币的企业	200 000 个服务外包职位	成都市政府关于服务外包产业发展的意见书;在高新技术开发区发展软件产业的优惠政策(试行);成都软件产业发展的政策和意见书关于加速外包产业发展的意见书	2 亿元人民币用来实施外包人才培训的计划
南京	400 亿元人民币(50 亿元人民币)的出口,40%的年增长率	吸引 150 家新企业(100 CMM3,20 CMM5),3 家员工规模超过 10 000的企业,20 家员工规模超过 1 000 的企业	200 000 个服务外包职位,50 000 个新雇用的大学毕业生		30 亿元人民币用于对国际服务外包基础设施的发展,优惠政策和奖励的实施。政府根据绩效奖励主导的国际服务外包企业。雇用收入超过 5 000 人,在国际服务外包中获得 1 000 万美元收入的企业获得 1 亿元人民币的奖励。雇用超过 2 500 人,在国际服务外包中的年收入超过 500 万人民币的企业获得 5 000 万元的奖励。雇用超过 500 人,在国际服务外包中的年收入超过 1 000 万美元的企业获得 200 万元人民币的奖励。在国际服务外包业务中赚取 100 万美元至 1 000 万美元的年收入,增长超过 30% 的企业将奖励 50 万至 100 万元人民币

续表

城市	收入	产业规模	劳动力,就业	当地的意见和政策举例	当地的激励措施举例
西安	600亿元人民币		300 000 个服务外包职位		对外包企业的支持和优惠政策,包括基本的工作条件,如网络通信,工作区配置等;系统化的专业服务,加人力资源供应培训和培训等,包括贷款补贴,认证补贴,企业需要的基金奖励等,从而进一步推动西安服务外包产业的发展
济南	4 000 亿元人民币(5 亿美元),40% 的年出口增长率	吸引150家新企业(6 CMM5),5家员工规模达3 000—5 000的企业,20家员工规模超过1 000的企业	100 000 个服务外包职位,35 000个新雇用的大学毕业生	关于促进服务外包产业发展的意见书;关于服务外包企业和培训机构认证的措施(试点);济南服务外包专项基金的临时行政措施;济南市政府关于加强专利工作与专利评估措施的意见书(临时)	对新大学毕业生以及无工作经验的应届大学毕业生和中等职业学校毕业生每人2 000元的补贴,不得超过培训费的50%或每人2 000元的标准。对新员工的职前培训,不得超过培训费的60%或每人3 000元的标准。对于定制的人员培训,应向服务外包企业提供适当的补贴。济南为不同层次的服务外包企业提供激励:年出口额在100万美元到300万美元之间的企业奖励5万人民币;年出口额在300万美元到500万美元之间的企业奖励10万人民币;年出口额在500万美元到1 000万美元之间的企业奖励20万人民币;年出口额1 000万美元以上的企业奖励30万人民币。在每年的1月份,奖励措施根据海关统计的上一年的实际出口额发出。此外,服务外包贡献奖为5万元至20万元人民币,奖励企业为吸引服务外包所做出的杰出贡献

第12章 超越印度：中国商业服务外包产业面临的制度障碍

续表

城市	收入	产业规模	劳动力,就业	当地的意见和政策举例	当地的激励措施举例
杭州	19.24亿美元（10亿美元的出口）	吸引100家新企业（5 CMM5），1—2家拥有10 000员工的企业	50 000个服务外包职位，50 000个新雇用的大学毕业生，培训30 000名大学生，20 000个新工作	杭州市人民政府关于服务外包发展的意见书；杭州市人民政府关于促进品牌发展的指南；关于软件企业认证和年度审计的标准化流程的通告；杭州服务外包产业专项基金管理条例（试行）；关于建立科技创新服务平台的管理条例；关于促进创新型企业财政担保的临时措施；杭州市人民政府关于知识产权开发和保护及引进高端人才的意见书	合肥市政府从预算中分配5 000万元人民币为促进服务外包业的发展提供强有力的财政支持，尤其是主要的服务外包企业。人力资源培训、公共服务、津贴服务、信息产业和科技部认证和国际认证。这些也都是被商务部、信息产业和科技部设立的基金支持的。政府也为符合条件的服务外包企业的出口提供财政支持。除此之外，对新兴的、已经被科技权威部门根据国家条例认证的高科技企业提供税收优惠和所得税15%的减免
合肥	100亿人民币（5亿美元的出口）	吸引100家新企业（50 CMM3）	50 000个服务外包职位		

续表

城市	收入	产业规模	劳动力，就业	当地的意见和政策举例	当地的激励措施举例
南昌	2010年：100亿元人民币（80亿信息技术外包和20亿业务流程外包）；2015年：400亿元人民币（300亿信息技术外包和100亿业务流程外包）		70 000（2010年）和250 000（2015年）个服务外包职位	服务外包企业的优惠政策，服务外包产业发展的政策，服务外包发展支持基金的政策，在南昌对服务外包劳动力进行培训提供支持基金的行政办法	不仅在其预算上分配与国家支持基金等量的资金，而且在2008年设立了一个基金，为服务业企业在员工雇用、房租、认证和出口方面提供金融支持。除此之外，基于国家标准，已经发布了支持基金的管理办法，为企业和培训机构开展服务外包劳动力培训提供补贴
长沙	300亿元人民币（1亿美元）的出口	吸引1家顶级的服务外包跨国企业，20家大中型通过国际资格认证的外包企业	100 000个服务外包职位		为鼓励服务外包的发展，长沙市政府设立了一个特殊的外包领导小组，制定了优惠的政策，诸如促进中小型高科技企业、卡通动画产业、新材料产业和大学工业园区发展的金融政策和税收优惠
大庆	50亿元人民币（2010年），150亿元人民币（2015年）	150（2010年）和300（2015年）个服务外包企业			将为服务外包企业提供以下激励：免除住房租金，为员工交流、认证和培训提供补贴，提供优惠贷款，解决员工问题

第 12 章 超越印度：中国商业服务外包产业面临的制度障碍

续表

城市	收入	产业规模	劳动力，就业	当地的意见和政策举例	当地的激励措施举例
苏州	150 亿元人民币（10 亿美元）的出口	吸引世界 500 强中的 50 家服务外包企业，吸引世界 100 强的服务外包供应商转移至苏州园区，拥有 1—2 家排名前十的信息技术外包/业务流程外包企业	60 000 个服务外包职位，每年培训 5 000 名员工	苏州产业园区以科技为基础的服务外包企业定制化的税收优惠政策；关于在苏州产业园区促进以科技为基础的服务企业发展的政策；关于促进苏州产业园区服务外包产业发展的政策；关于苏州产业园区以科技为基础的服务企业管理认证的政策；	从 2006 年 7 月 1 日开始，已经获得高新技术认证的国内外以科技为基础的服务企业，企业所得税减免 15%。已经获得认证的高新技术企业，在缴纳企业所得税时，真实的合法工资允许扣除。从 2006 年 1 月 1 日开始，以科技为基础的服务企业，员工教育经费在企业同一年度内总工资 2.5% 以内的，在企业缴纳所得税时允许扣除
无锡	30 亿美元	吸引 20 家著名的企业到无锡，3 000 家服务外包企业（2 000 家软件外包，500 家程序外包，500 家动漫外包）；100 家员工规模超过 2 000 的企业；5 家员工规模超过 5 000 的企业；1—2 家员工规模超过 10 000 的企业	200 000 个服务外包职位（150 000 个一线中端员工和 100 000 个大学毕业生）	关于促进国际服务外包产业在无锡发展的三年行动规划；关于加速无锡服务外包产业发展和无锡 2007 年服务外包产业发展目标的意见书	将建立额外的国家基金以充实国家基金支持服务外包的发展。本地基金和国家基金按照 1:2 的比例配备。额外的基金主要用于支持认证、人力资源培训和服务外包企业公共平台的构建
厦门	30%的年增长率				

系统性问题等。大量的政府投资主要集中于21个示范城市，大量的高技术园区采用的依然是大规模的制造业集群模式。尽管省、市、地区层面的政府被要求根据自己的财政资源和对政策的解读来实施中央政府的倡议及政策，但中央政府不仅设定了目标，而且控制着大量的财政资源和激励措施。实际上，各级政府成为大量的工业不动产的投资者和开发商，为了吸引企业进驻这些厂房，不得不提供高额的激励。因此，政府政策并没有集中发展有竞争力的产业结构和关键的软件基础设施，以进入全球商业服务外包市场进行竞争，最终只是开发了大量土地和厂房设备。政府政策仍然是通过大量的激励、补贴和保护措施来填满与管理这些实体空间及设备；这直接造成了很多企业，即使在本地或者全球的实际市场收入并没有增长的情况下，其规模依然不断增大并能维持下去。

第二，政府依然在采取基于五年规划系统的同样的发展方式，政府政策反映的远大目标只是单独地基于供给而没有考虑市场定位和需求方面的可能性。这个特点同样适用于大部分规划，从中央政府的五年规划到各个水平层面和垂直层面上政府大量的复杂网络规划，直接体现在"千百十"工程和示范城市的举措以及地方政府的目标及实施措施上。例如，如表12.2所示，除了大连和上海，很多示范城市在接下来的3—5年，都设立了雄心勃勃的外包收入增长目标，但并没有考虑需求方面的因素。例如，目标市场和顾客；在提供服务外包活动时，如何进入这些市场以建立一个协同发展的业务关系；软件基础设施的改革；以及产业竞争力等。大连已经建立了致力于服务日本和韩国的信息技术外包服务基地，这是因为大连和日本地理上的相近性、语言优势和历史文化的相似性。上海也已经建立了大规模的金融服务外包基地。示范城市的战略规划大部分都是利用人口、人均收入和地理政治边界作为预测收入增长的依据。政府明确的举措和政策反映了其市场位置以及希望通过建立数量众多、规模较大的企业来追赶印度的愿望。示范城市雄心勃勃的劳动力和就业增长目标也反映了政府希望通过建立大量的服务外包企业来解决城市就业问题的愿望。由于供给的政策导向，从企业的数量和从事劳动的员工人数来说，示范城市和园区已经建立起了巨大的产能。但是，由于服务外包市场的高进入壁垒，很少有企业具有能够成功进入全球服务外包市场的能力和竞争力。所以，中国的服务外包产业，尽管名义上在企业数量和员工人数上已经赶上甚至超越了印度，但市场份额和市场收入却依然落后于印度。

第三，因为政府的政策集中于在短期内建立大规模的外包产业，因此产业结构依然处于外包价值链的下游。政府的决策过程很少在建立大规模的高科技园区与大量的工业用地之前考虑定位以及发展合理的比较优势和产业结构。21个示范城市同时扩大了它们服务外包企业的产能，而没有考虑行业差异、企业定位与竞争力。因此，资源被严重浪费了：为了达到规模扩大的目标和吸引企业入驻，示范城市和园区推出各种激励措施在全国有限供给的合格经理人员和专业人士中吸引人才。行业的高流失率导致企业不愿意对有意义的培训和员工发展项目进行投资，而这又反过来进一步加重了企业所面临的竞争力挑战。几家大企业已经占据了大部分的外包合同和收入。它们只集中于低附加值的技术产品或服务，因为它们没有能力从下游向上游服务外包转变。行业中的大部分企业都很小，拥有有限的资源、能力和市场竞争力，严重地依赖于政府政策的保护和补贴。没有大量的激励和政府如此多类型资源的支撑，很多企业甚至都不可能存活下来。

政策发展建议和未来的研究方向

中国如果不能解决由制度因素造成的系统性壁垒，就不可能建立起世界级的外包服务产业。这样做需要考虑全球外包市场的不同阶段、比较优势和核心能力之间的关系，而这些都是中国服务外包企业在不断发展的全球市场上竞争所必备的能力。在整个国家经济从制造业向服务业、科技业，最终向知识和创新型经济转变的背景下，改革不仅需要政策上直接推动新产业和企业的发展，还需要对制度和产业基础设施进行改进。

考虑到中国制度因素改革的复杂性以及可能造成的影响，商业服务外包的建立需要大量的工作来进行理论探讨，为政策制定者和企业管理者提供指南。因此，我们提出五个未来研究的关键领域：（1）转变观念；（2）简化政府政策制定和实施的过程；（3）重新定义比较优势；（4）重新设定投资的优先方向；（5）产业结构和企业竞争力的转变。

（1）转变观念

首先，经济发展的焦点从制造业的低端价值链向以创新为基础的服务业高端价值链扩展需要观念上的转变，认识到需要各种各样不同的政策制定结构和能力。在经济改革和发展的第一阶段，准备建立制造业基地的时候，中国认识到了其低成本和高质量劳动力的比较优势，但缺乏资金和技术的劣势。其后，中国创造和实施了实用的"由点及面"的试点政策，使得不同的经济特区能够利用当地独特的经济/劳动力优势以及与海外华人的联系吸引 FDI 和技术转让。工业园区和经济特区的发展促使强制造业集群的出现，资源给予型的激励直接支持了制造业企业的增长（Liu, Weng, Mao, and Huang, 2013）。但是，如果不能认识到全球服务外包市场不同阶段所需要的比较优势和竞争能力的不同，同样的政策机械地叠加在一起，并不能建立起国家层面的商业服务外包产业和创新能力。观念转变需要从以制造业为基础发展基础设施的思维方式，转变为以服务为基础的外包业，硬件和软件同时发展的思维方式。观念的转变是一个复杂的过程，期间需要大量的研究以弄清楚哪些改革是必需的，怎样实施，以及不同的利益相关者的期望。

（2）简化政府政策制定和实施的过程

务实的实验主义政策在中国建立以制造业为基础的快速的经济发展过程中运行得很好，克服了中央计划僵化的、放之四海而皆准的方法。但是，在某种程度上，过去 40 年以实用主义为主导的中国政策制定和实施方式形成了新的文化——政府政策如此具有一般性，以至于任何代表不同利益的对政府政策的解读都具有其内在的必要性、可能性和合理性。重复的和经常混乱的分配，使得大量资源被浪费，而这都是对错综复杂的利益相关者妥协的结果；这些利益相关者往往都是机会主义者，存在利益冲突。因为政府横向上代表着不同部委/

部门，纵向上代表着从中央到省、市和地区，所以政府通过政策和激励措施干预着商业服务外包产业和企业的所有方面。这种干预通过宽松的实用主义进一步加重。政策制定和实施的过程本身就已经变成了一个需要耗费大量资源的任务，更重要的是，导致产业和企业发展道路的背离。决策程序已经变成了一个消耗资源的闭环回路：越多的政府干预，决策制定和实施过程就变得越复杂，就越需要务实主义，而越务实主义就越需要政府干预来管理这个过程。不同层面上的政府存在着竞争（纵向的不一致和利益冲突），不同的国家机构间也存在着部门竞争（横向的不一致和利益冲突）（Van De Kaa，Greenven，and Van Puijenbroek，2013）。政府的政策制定和实施过程需要改革。只有这样，政府政策的优先发展方向才能重新调整，以建立重构商业服务外包产业所需要的软件基础设施。

（3）重新定义比较优势

为了成功地进行产业结构的升级，国家需要发现合理的比较优势（林毅夫，2015）。就像中国从以制造业为基础的外包向以服务业为基础的外包转变一样，中国必须重新定义自己的比较优势（劣势）。在过去 40 年的快节奏中，中国和全球外包市场已经发生了变化。中国在设立雄心勃勃的服务外包目标之前，必须在不断发展的全球服务外包市场的环境下，重新考虑其比较优势的基础，而不是依赖于传统的基于供给能力的构建。例如，中国已经积累了大量的财政资源和技术基础，已经形成了快速增长的消费市场。政府的规划和控制系统使得中国在计划及实施大规模的经济改革的过程中具有很高的效率。与此同时，创业必须以市场竞争为基础。中国在全国范围内已经建立了先进的交通、物流和通信基础设施。但是中国不再有低劳动力成本和低商业成本的比较优势，因为老百姓的生活水平提高了，房地产的成本提高了。因此，这些低成本就不能作为构建中国商业服务外包产业竞争力的战略基础。在亚洲，中国比较优势的一个来源是它与亚洲国家在语言和文化上的相似性，尤其是与日本和韩国。特别是，大连已经建立了良好的市场竞争声誉，获得了日本和韩国商业服务外包市场的大量份额。这些都证明了中国拓展新的发展领域有着巨大的潜力。但是需要进一步研究以确保基于比较优势的评估所制定的政策在这些领域内是合适的。

（4）重新设定投资的优先方向

因为外包的焦点已经从制造业转向服务业，所以基于流程的知识和创新成为满足客户需求的上游价值链的补充能力。像这样的服务流程知识和创新的发展需要一系列从制造业中获取的不同的资源和能力，因此它们的发展需要知识型人才和适当的研发基础设施（Abrami，Kirby，and McFarlan，2015；Fan，2014）。因此，政府政策的制定需要考虑市场需求和竞争力。政府应该集中于软件基础设施的投资而不是投资于物质性的基础设施，这些软件基础设施都是建立真正符合全球市场趋势的有竞争力的外包业所必需的。软件基础设施包括开发人力资源技能、改革教育系统、改善商业环境、提高专业资格标准认证等关键领域。

员工糟糕的英语水平阻碍了中国服务外包企业的发展。除此之外，由于独生子女政策和以应试为动力的高等教育体系，大学毕业生并不具备在高增值的商业服务外包产业中所要求的全面的批判性思维和经验。Bie 和 Yi（2014）指出：高等教育的系统性问题不仅是大众教育发展中价值观悖论的结果，也是政策制定和实施过程中冲突的来源。中国教育系统所培养出来的人才和竞争性商业服务外包产业所要求的能力之间存在巨大的鸿沟。这样的改革需要在各个层级的政府和不同的产业中进行多维度的转变，需要长期艰难的协调。

虽然中国物质性的基础设施，像交通和通信网络，已经得到了巨大的改善，但是商业环境依然落后。中国的商业服务外包面临的一个重大挑战就是客户感知到的风险和在商业及法律环境中缺少信任所带来的高交易成本。普遍的与关系（个人联系）和贿赂有关的商业及政府行为已经使得西方国家的客户与中国企业做生意很困难。因为他们必须处理好做生意和遵守法律、道德和职业责任之间的关系。这些客户也担忧知识产权缺乏保护和不确定性的网络和数据安全。因此，除非中国改善其商业环境，否则它不可能期望其商业服务外包企业能够在全球市场上有效竞争。

与印度企业在企业流程标准持续专业化和资格认证上进行大量投入形成鲜明对比的是，中国企业普遍不愿意在职业发展上进行投资，因为中国企业的员工流动率非常高。中国企业普遍缺乏完善的专业认证服务，也缺少能够达到被国际标准认可的企业层面的管理和支付流程资格认证的要求。

（5）产业结构和企业竞争力的转变

尽管产业的产能和服务外包合同的数量显著增长，但是服务外包企业却因为通货膨胀、劳动力和房地产成本的增长、高额的交易成本等原因致使利润很低。为了能够繁荣发展，中国的商业服务外包企业需要从低附加值的下游活动向高附加值的中游和上游活动转变（Lo and Liu，2012）。

随着企业向价值链上游移动，对创新、战略管理和合作伙伴发展的需要就变得越来越重要。如果政府的政策继续鼓励企业仅仅在下游的活动中增长，这些企业就没有动力去创新，因此也不会形成创新能力。考虑到低利润率和不断提高的成本，中国企业仍然面临着短期内存活和长期投资转变的挑战。盲目地扩张规模会产生意想不到的负面效果，因此，中国服务外包企业应该通过寻求新的补充性的市场来增长，而不是为了维持下去而致力于规模扩张。

中国商业服务外包产业作为一个整体，需要更加合理的市场多元化和相应的竞争力组合。当前，在示范城市、模范园区和企业之间并没有实现充分的差异化发展，都从事着普遍的模仿和对同一客户激烈的竞争。因此，即使产业的产能显著提升，整个市场竞争力和盈利能力并未改善。如何确定合理的产业结构，同时为不同的示范城市、模范园区、企业制定协调性的战略还需要研究。产业结构和协调性战略需要根据城市、园区和企业的差异化与互补性能力来确定，以提高整个产业的竞争力。

逃离下游陷阱依然需要重新思考谁是最具潜力的顾客，谁是最关键的竞争者。中国商业服务外包企业（90%以上都是中小型企业）的一个最大的挑战就是如何更多地在欧洲和美国发掘中小企业客户并提高签约的成功率。与此相对应的却是，欧洲和美国中小企业客户面临的关键挑战是发现、评估，然后与中国商业服务外包提供商签约。印度的工厂模式针对传统的大市场是有效的，但对中小企业客户的市场并没有用，中小企业客户的市场中，合作与协同创新模式更加合适。这为中国商业服务外包企业提供了一个宝贵的机会去定义和发展独有的能力，以能够占有新兴的欧洲和美国中小企业客户的市场。与客户建立和维持良好的关系，通过离岸外包的安排不断创新是新的竞争力的来源。

中国商业服务外包企业在进入并与顾客保持以信任为基础的长期客户关系上面临着很多障碍。大部分企业都倾向于把更多的注意力放在获得合同上，而不是通过知识获取形成核心竞争力。员工倾向于把个人利益置于企业利益之上。中国企业进入欧洲和美国市场的变通方法包括：（1）兼并与收购海外公司；（2）海外派遣员工建立分公司；（3）参加中国政府组织的贸易和展览会。但是，结果远远不能让人满意。关键是需要明白如何在美国客户的需求和中国企业的离岸服务外包能力之间架起沟通的桥梁，建立机制以减少复杂的和无效率的中间过程。

结　语

过去 40 年，中国在经济改革和发展过程中已经展现了创造性的适应能力，这也让中国的经济能够快速增长，并成为全球经济的一个主导力量。大部分的快速增长都是通过政府的政策实现的，这些政策在早期 FDI 和技术转让的帮助下，促进了中国低成本、高质量、劳动密集型制造业能力的积累。但是，随着中国寻求以提供服务为基础的经济，它就必须转变以前用来建立制造业基础设施和能力的政策制定过程与思想，以便更好地适应服务业的发展。转型的失败制造了制度陷阱，已经阻碍了商业服务外包的进步和对印度的追赶。就像林毅夫（2015）建议的那样，为了成功地摆脱低价值产业陷阱，中国必须改革和升级软件基础设施，包括进行制度、文化、经济和教育方面的改革，以支持商业服务外包产业的升级。在讨论中国为什么不能创新时，Abrami、Kirby 和 McFarlan 说："我们认为问题不是中国人的智力和创新能力，这些都是无限的；问题在于中国的中学、大学和商业在运行中所处的政治世界，这是很受限制的"（2014：111）。作为对这一观点的回应，我们发现，中国商业服务外包产业在形成超越印度这个竞争对手所需的市场竞争力方面显得无能为力，这同样受到制度因素的限制。我们希望我们的研究能够激发和推动对中国商业服务外包产业政策制定与焦点的深入讨论及研究。除非这里提到的改革能够实施到位，否则，在商业服务外包领域，中国想要超越印度，机会渺茫。为了在这个竞技场上获得成功，中国需要重新考虑在软件和硬件基础设施上的重心。

参考文献

Abrami, R. M., Kirby, W. C., and McFarlan, F. W. 2014. Why China can't Innovate? *Harvard Business Review* 92(3)：107-111.

Asuyama, Y. 2012. Skill Distribution and Comparative Advantage：A Comparison of China and India. *World Development* 40(5)：956-969.

Bie, D. R., and Yi, M. C. 2014. The Context of Higher Education Development and Policy Response in China. *Studies in Higher Education* 39(8)：1499-1510.

Chen, T. J., and Ku, Y. H. 2014. Indigenous Innovation vs. *Teng-long Huan-niao*：Policy Conflicts in the Development of China's Flat Panel Industry. *Industrial and Corporate Change* 23(6)：1445-1467.

China Outsourcing Institute 2014. Report on China Sourcing Development.

Fan, P. 2014. Innovation in China. *Journal of Economic Surveys* 28(4)：725-745.

Florini, A., Lai, H., and Tan, Y. 2012. *China Experiments：From Local Innovations to National Reform*. Washington, D. C.：Brookings Institution Press.

Heilmann, S. 2008. Policy Experimentation in China's Economic Rise. *Studies in Comparative International Development* 43：1-26.

Heilmann, S., and Perry, E. 2011. *Mao's Invisible Hand：The Political Foundations of Adaptive Governance in China*. Cambridge, MA：Harvard University Asia Center.

Lewin, A. Y. 2013. Providers in China and USA：Preliminary Comparison. Duke University Outsourcing Research Network Study, Durham, NC.

Lin, J. Y. 2015. New Structural Economics：The Third Wave of Development Thinking and the

Future of the Chinese Economy. In *Building Innovation Capacity in China: An Agenda for Averting the Middle Income Trap* (editors: Arie Lewin), Cambridge University Press.

Liu, R., Weng, Q., Mao, G., and Huang, T. 2013. Industrial Cluster, Government Agency and Entrepreneurial Development: A Case Study of Wenzhou City, Zhejiang Province. *Chinese Management Studies* 7(2): 253-280.

Lo, C. P., and Liu, H. J. 2012. Why India is Mainly Engaged in Offshore Service Activities, While China is Disproportionately Engaged in Manufacturing? *China Economic Review* 20: 236-245.

Niosi, J., and Tschang, F. T. 2009. The Strategies of Chinese and Indian Software Multinationals: Implications for Internationalization Theory. *Industrial and Corporate Change* 18(2): 269-294.

Van De Kaa G., Greenven, M., and Van Puijenbroek, G. 2013. Standards Battles in China: Openingup the Black Box of the Chinese Government. *Technology Analysis and Strategic Management* 25(5): 567-581.

Zhu, X. 2014. Mandate versus Championship: Vertical Government Intervention and Diffusion of Innovation in Public Services in Authoritarian China. *Public Management Review* 16(1): 117-139.

第 13 章
中国企业组织创造力的障碍*

张志学 仲为国

翻译：张鸿

摘要： 随着中国经济下行和市场竞争日趋激烈，很多企业难以保持其增长速度。我们认为那些企业曾经的"成功秘诀"将成为它们创新的障碍。为了跳出这样的发展陷阱，中国需要激发企业领导者们的企业家精神，企业必须通过领导力和企业家精神的结合，提升组织创造力和促进创新，从而确保企业能够通过提升组织能力促进技术和管理创新，最终获得持续竞争优势。我们以腾讯和华为的案例来论述我们的观点。

引 言

自 20 世纪 70 年代末开始经济改革以来，中国经济在过去的 30 年中保持着年均 9.5% 的 GDP 的增长（见 Lin，2016，本书第 2 章）。这一快速增长主要源于农业就业人口向工业就业人口转移带来的廉价劳动力，以及政府在基础设施上的大规模投资。随着中国 15—59 岁劳动力数量的减少，人口红利的枯竭使得世界第二大经济体面临着严重的下行压力：GDP 年增长率在 2014 年跌至

---

* 本研究获国家自然科学基金（项目负责人：张志学，项目号：71372023；项目负责人：仲为国，项目号 71572005）资助。

7.4%，这是自 1990 年以来的最低值。政府已经将 2015 年的官方增长目标降为 7%，这是过去 25 年来最低的年均增长目标，而且政府号召人们做好面对经济下行的准备。"新常态"一词被用来概括未来的中国经济形势：经济增速将放慢，从过去的高速增长转向中高速增长，驱动经济增长的将不再是要素和投资，而更多的是创新；经济结构也将随着时间的推移而不断优化。

这一转变要求中国企业适应新的环境，通过开发新产品和提供新服务提高企业竞争力。更加开放的市场经济将要求更多的行业对更多类型的企业开放，其中就包括本土民营企业和外国企业。与改革开放初期的那些年大部分行业的产品和服务供不应求不同，现在很多行业的大部分企业需要提供具有竞争力的产品和服务。换言之，市场已经从供给导向转变为需求导向。为此，企业必须通过满足消费者需求来获得市场份额。消费者要求企业开发差异化的产品和服务，然而大部分企业从过去 30 年大规模的市场需求和快速的经济增长中获利，由于它们已经习惯于建立在低成本战略上的成功路径，因此能否通过创新开发差异化的产品和服务仍有待观察。

企业怎样适应快速变化的环境、摆脱发展陷阱是一个关键而现实的问题。在这一章里，我们首先回顾了中国企业的基本增长模式，指出大部分企业的发展受高市场需求和总体经济的快速增长驱动。领导者在企业成长和业务增长中扮演了尤其重要的角色，因此我们考察了过去 30 年中国商业领袖的理念和他们商业实践中的总体风格。接着，我们讨论了中国企业组织创新的诸多障碍。一些中国企业在促进组织创造力和企业创新上有所建树。我们以华为和腾讯的案例来说明这些成功企业是怎样演化到今天的状况的。最后，我们针对中国企业在创造力和创新上存在的问题给出了一些解决方法。

中国企业的增长模式

在过去的 30 年中，中国企业的增长一方面受巨大的国内市场驱动，另一方面受政府投资驱动。第一种增长模式表现为企业从巨大的市场需求中攫取利益,用一句俗话说就是"吃市场"。庞大的人口产生的巨大需求,使得很多行业很轻易地得以爆炸式增长。

中国企业的第二种增长模式表现为利用政府促进发展,这就是"吃政府"。在经济转型过程中,商人与政府官员的紧密联系并不鲜见。由于地方政府官员的晋升在很大程度上取决于当地经济的发展(Sun, Wright, and Mellahi, 2010),因此地方政府有动力为企业提供支持和资源。根据 Zhang 和 Lin (2014)的研究,官员有很强的动机促进当地经济发展以提高税收,以及最大化他们的政绩从而获得提拔。相邻地区的政府官员在一些经济指标上展开竞争,包括地区经济增长速度、就业率、工业总产值和税收。为了招商,他们通过基础设施投资、对特定行业提供优惠政策以及对企业提供财政支持或税收减免来提供支持。中央政府和地方政府均涉足经济活动,从而导致企业与政府的密切联系。虽然这些联系有助于促进中国经济发展(Zhang, 2014),但也阻碍了企业通过市场竞争形成自己的核心竞争力。

尚德公司(Suntech)2000 年由施正荣建立,曾经一度成为世界太阳能光伏电池的领导者,该公司就是第二种增长模式的典型例子。由于各级政府的持续支持,尚德在早年间曾获得了巨大的成功,并于 2005 年在纽约证券交易所上市。但是,2008 年全球范围的金融危机重挫了中国光伏行业的出口。尚德由于过度扩张投资开始下滑,最终在 2013 年 3 月 18 日宣布破产。颇具讽刺意味的是,尚德的美国对手 FirstSolar 始终坚持市场导向创新的增长模式。FirstSolar 公司使用碲化镉作为半导体材料生产面板与使用晶体硅技术的尚德等企业竞争。生产碲化镉模块更为便宜,但转化率较低。为此,FirstSolar 发展其核心技术,同时持续提高转化率。它在研发上投入巨大,使得它能够在过去的 10 年中以每年超过 0.5 个百分点的速度提高转化率。虽然尚德和其他中国光伏企业凭借着政府的支持大肆扩大产能,2009 后它们却迅速衰退了。FirstSolar 取代尚德成为世界上最大的光伏生产商。

总之,虽然中国企业在过去的 30 年间从巨大的市场、完善的基础设施和廉价的劳动力中获益,但是它们中的大多数却没有为眼前竞争更加激烈的商业环境做好创新的准备。我们发现了解释这个现象的两个主要原因。首先，企业持续着机会驱动或者资源驱动的商业模式，企业在技术、设计和质量的提升上仍然将利用式策略凌驾于探索式策略之上。因为消费者渴望获得科技含量高、设计优良、质量高的差异化而非低成本的产品和服务，所以很多企业正在丧失它们的竞争优势。其次，对赚快钱的依赖降低了企业进行创新的动力。很多中国企业也许没有意识到，市场导向是在竞争中生存的关键（Narver and Slater, 1990）。

企业领导者的理念

高层管理者深刻地影响着企业，因而企业的创新战略与企业领导者的价值观和理念等息息相关（Lefebvre, Mason, and Lefebvre, 1997）。在这里，我们将讨论中国企业领导者的特点以及他们对企业创新战略和创新的影响。由于国有企业领导者从长远看关心的是自身的政治升迁，因此他们具有官员式的理念。与此相反，很多民营企业家为了追求在短时间内快速获利，因而很少关注产品和服务的质量，也很难开发创新性的产品和服务。造成这一状况的原因是，他们考虑到社会政治环境的不确定性，以短期规划来保护个人利益。以上这两种理念都会阻碍组织创新。

自20世纪70年代末期经济改革开始以来，政府颁布和推动了一系列的政策及制度变革以刺激经济增长，其中就包括扩大不依靠政府的自主就业以及绩效工资。受到"让一部分人先富起来"政策的鼓舞，很多农村和城市地区的人辞去在国有企业的工作，下海经商，希望能够赚取市场利润。他们中的大部分人做的是商品贸易生意。因为产权无论在法律上还是实践中都还不完善，商人们总体上对自己的私有财产缺乏安全感，因此他们无法也不愿意从长远的角度考虑问题和做出长期规划；相反，他们养成了追逐快速获利的习惯。

中国开始从计划经济向市场经济转型之时，很多必要的规则和规范并不完备。面临转型期不确定和变化的政策，企业家必须适应复杂环境的变迁，并处理由于制度不完善而带来的问题。外部环境不允许他们集中注意力于企业战略定位、产品开发和创新。在不完善的法律体系下，政府官员有权裁决一桩生意是否合法，或是决定是否在促进当地经济发展的名义之下提供资源和支持。民营企业家必须依赖与官员的私人关系避免制裁或者获取支持。受"关系就是生产力"理念的驱使，大量的中国企业家为了开展商业活动采取策略性社交的战略。管理者拥有越多的社会网络关联，他们的企业就能够取得越好的绩效（Peng and Luo，2000）。因为民营企业相比国有企业处于劣势，所以民营企业家们将更多的精力放在社会关系上（Xin and Pearce，1996）。Redding（2016，本书第3章）讨论了"依赖个人主义作为他们行为的主要保证"的瓶颈和代价。向政府官员交纳政治租金为官员体系所认可甚至鼓励（Zhang and Lin，2014）。国家统计局的一份报告指出，参与调查的66.7%的企业提到它们的生意遇到过不合理的征税、不合理的收费和不合理的罚款；54%的企业表示它们遇到过当地政府官员的寻租行为（Zhang and Lin，2014：104）。在本书中，Fuller（2016，本书第6章）和Lin（2016，第2章）都谈到降低这些交易成本的必要性。因为企业家们投入了太多精力发展和维持与官员的关系，以及采取一种短期规划视野来保护其既得利益，所以很多企业家在提高企业的产品和服务上投入的注意力不够，也不能了解顾客的需要（Zhang and Lin，2014）。

中国的市场经济体系有着"以公有制为主体，多种所有制并存"的特点。国有企业归国家所有，并通过国资委和省、市、县各级国资委管理。国资委以政府代理人的身份成立，在中央和地方层面代表国家行使股东权益（Naughton，2008），其职责包括国有资产保值增值、国有企业改革和转型以及从国有企业中收取国家资产的股利分红（Walter，2010）。在国资委的领导和监督下，国有企业的管理者需要实现财务绩效指标，并根据达标情况获得奖励。此外，因为他们的任命和未来的职业路径由中组部决定，所以国有企业高管需要像官员一样服从国家的政策。事实上，一些国有企业高管缺乏在市场环境下工作的经验，也缺乏管理企业的知识和技能。虽然一些具备市场导向技能的年轻管理者加入了国有企业（Boisot，Child，and Redding，2011），但他们通常缺乏像民营企业家那样的动力去促进企业创新。因为创新意味着承担风险，而国资委要求国有企业完成财务指标，因此很多国有企业高管没有动力和勇气投资于创新活动。事实上，为国有企业设定的绩效标准并不严苛，国有企业完全可以从长期发展考虑分配资源从事创新。而且，有远见的国有企业高管可以依靠诸如游说、信息披露和团结支持者等政治活动处理与政府有关的事情，就如西方企业主动影响公共政策来鼓励、保护和支持创新（Hillman，Keim and Schuler，2004；Sawant，2012）。然而，在快速获取回报和风险规避的思想指导下，加上遵循上层指令的深刻烙印，大部分国有企业高管在发展企业技术创新上鲜有建树。

总体而言，中国企业家对创新的理念与西方企业家不一样。因为很多机会源于制度空缺，中国企业领导者将他们的注意力放在利用这些机会而不是探索新颖的创新活动上。这一结论反映的历史现实是在市场化改革之前商品、产品和服务的极度缺乏，以及改革开放之后被压抑的巨大需求的爆发。在此环境下，企业可以通过复制在其他国家已有的东西和"拿来主义"取得巨大的成功，而无须进行任何创新活动。这一理念被政府政策进一步强化。基于创新可以来源于自上而下的中央计划的观念，中央和地方政府发布了很多激进的政策促进创新。因此，"自主创新"有意取代"改革开放"政策成为首要的发展战略。因为企业领导者们已经具备了敏锐的察觉国家意图的能力，为响应国家政策，他们的企业选择一些看起来创新（例如实用新型专利）而实际上并没有实质性创新的项目，以获得大量的政府补助（董晓庆等，2014）。这一问题在国有企业中尤其严重，因为国有企业的高管在成功完成政治任务后将被提拔，并获得政府的官方奖励。

总之，国有企业的领导者致力于满足国家设置的产出指标，而民营企业的领导者机会主义地从创新运动中攫取快速回报。这两种理念都危害了中国企业的实质性创新。

组织创造力的阻碍

组织创造力和创新能够让企业创造一些新的东西。正如 Thiel（2014）所生动描述的那样，创造新东西是从 0 到 1 的过程。然而，对很多中国企业来说，第一步是从负到 0 的过程。这里，我们并不是说 0 是重大创新的机会，而是说它为实施组织创造和创新提供了无障碍的空间。虽然大部分中国企业认识到创新的重要性和必要性，但它们仍然在负的边缘上挣扎。受限于大量的障碍，包括阻碍创新导向惯例形成的组织惯性、地方保护主义和市场分割、企业家精神在不同区域的不均等、组织管理创新能力的缺乏以及具备创造力人才的短缺。接下来将一一讨论这些组织创造力的障碍。

阻碍创新导向惯例形成的组织惯性

计划经济的传统和发展不完备的制度环境对中国企业有着深刻的影响：它们倾向于创造关系导向的惯例而不是市场导向的惯例（Peng, 2003）。因为相信在创新领域自上而下命令的有效性，企业通过追随外部社会政治环境奖励的战略来保证自身的生存和成长。虽然政府推动的自上而下的运动（例如改革开放政策、自主创新）释放了大量的资源，但是只有能够帮助完成政府产出计划的企业才能获取这些资源。政府对于国有企业领导者的吸引力在于国有企业中的政治竞争，对于民营企业领导者的吸引力在于党员身份和人大代表身份。例如，成功的官员会被提拔为上市公司的高管（Morck, Yeung, and Zhao, 2008），而民营企业家会积极寻求政治任命（Li and Liang, 2015）。所有的这些都使得依赖政府和依赖关系开展商业活动几乎制度化了（Tsui et al., 2004）。

这一关系导向的发展战略会导致锁定（lock-in）效应，阻碍创新导向惯例的创造。惯例是组织能力的基石，惯例根据环境变化系统化地产生和调整是企业动态能力的核心（Lewin, Massini, and Peeters, 2011：82）。但是，计划经济的惯性使得中国企业产生了如何满足政府需要以及参与到社会关系中的特定而异质的组织知识集和惯例,这些与创新导向的惯例恰恰不同。文献中早已清晰地指出具有不同导向的企业在处理市场或顾客需求时表现不同(Kogut and Zander, 2000),管理者在计划经济体制中形成的心智模式在向市场导向的思维和行为的转变中存在困难(Child and Markoczy, 1993; Kriauciunas and Kale, 2006)。因为创新导向的惯例是组织能力的微观基础,所以缺乏这样的惯例将使得中国企业形成内部和外部吸收能力以及进行创新尤为困难(Lewin et al., 2011)。

地方保护主义和市场分割

中国的地方保护主义和市场分割给贸易造成了阻碍,并且不利于专业化(Bai et al., 2004)。Poncet(2005)估算,中国1997年跨省交易费用相当于46%的关税。虽然一些学者发现中国市场变得越来越一体化(例如,Bai et al., 2004; Xu, 2002),近期的实证研究却表明跨省的交易费用依然存在并显著阻碍了经济的发展(方军雄,2009;黄赜琳和王敬云,2006)。地方保护主义和市场分割最鲜明的特点是,经济改革导致了一个分割的国内市场和受地方官员控制的"地方封地"(Young, 2000)。这一现象的根源在于干部考核体系,它决定了地方政府官员的职业升迁并驱使他们拥有短期思维模式。

虽然经济增长绩效在干部考核体系中的权重下降了,但是整个体系并没有发生根本性变化。事实上,国务院颁布的一项新的规定明确指出将地方政府做出的创新绩效纳入干部考核体系。因为政治竞争并未停止,省与省之间的贸易壁垒也未消除,我们预见政府官员将运用一切可能的手段展开晋升竞争,不过把创新当作另一个工具而已。因此,在创新绩效上的竞争可能不会对组织创造力和创新的实质发展产生帮助。换言之,因为政府官员在推动创新运动中扮演的重要角色,为了更容易得到晋升的机会,他们更可能做一些能够被评价和被上级官员看到的事情,而不太可能致力于建设一个对企业开展创新活动大有裨益的环境或者生态系统。再提一句,地方保护主义和市场分割将促使政府官员关注他们所在区域的增长,持有创新资源作为其竞争更高职位的筹码。因此,中国企业仍难以充分利用全国范围的资源来创新，并仍需要依赖政府来获取这些创新资源。

不同地区企业家精神的不均衡

在当今的知识经济时代，由于科学劳动分工，知识是在分散的社区中产生的（Kogut and Metiu，2001）。企业家精神是组织创造力和创新最关键的因素之一，因为它能够促进知识在每个社区中产生，并促进知识跨社区的协同（Sawhney and Prandelli，2000）。然而，企业家精神在中国不同地区是极为不均衡的。一些学者或许会将这一现象简单归因于区域间不均衡的社会经济发展。与此相反，我们认为中国的历史文化遗产有着深远的影响。首先，企业根植于不同的区域，浸淫在不同的历史文化底蕴之中。例如，广东和江苏是中国经济最发达的两个省份，在2015年第一季度有着最高的区域生产总值。早在明清时代（始于14世纪60年代），江南地区（长江以南，江苏省）就形成了专注于制造业的经济发展模式。从19世纪40年代开始，珠江三角洲（以广东省为中心）依托基于出口的模式。显然，不同的商业体系孕育了有着不同价值取向和能量的企业家群体。其次，不同的地区有着不同的发展轨迹。在改革开放的进程中，江苏创造了苏南（江苏南部）模式：在制造业中崛起的乡镇企业推动着当地经济的发展，而广东产生了出口导向型经济。

区域间这些不同的历史遗产和发展轨迹使得企业家精神至少在两个方面分布不均衡：企业家精神的空间分布以及企业家精神内部的注意力附着点。第一，企业家精神在区域间分布不均，因为地区不同的要素禀赋和一些地区在改革开放中鼓励一部分人先富起来。表13.1通过一些基础数据展示了与企业家精神相关的要素在代表性区域间的差异。

企业家精神在不同区域有着不同程度的增长。例如，根据企业家调查系统2009年的调查结果（样本包含5 920名企业的CEO），当政府改变其角色推动市场化时，企业家精神在中国东北地区（包括黑龙江、吉林、辽宁省）企业的CEO中相比其他地区增长得多很多。相比之下，当技术变化很快时，企业家精神在东部和中部企业的 CEO 中增长较多。此外，目前缺乏供这些 CEO 展开交流的平台。这一分离使得企业难以从这些在不同认知环境中工作的 CEO 间的交流和潜在合作中获得协同效益。如果这种交流能够发生，企业将更加富有创造力。

表 13.1　代表性地区在与企业家精神有关的要素上的差异

省（自治区、直辖市）	市场化指数	减少地方保护	法律环境	知识产权保护	中介的可用性	区域文化多元性
中国	7.34	7.46	7.91	11.68	5.35	4.39
东部	9.49	8.17	12.37	26.07	6.20	3.05
西部	5.42	6.40	4.93	3.43	4.31	18.26
内蒙古	6.27	7.87	5.32	1.05	3.27	15.00
陕西	5.65	7.21	5.88	5.74	6.23	1.48
宁夏	5.94	4.63	4.66	3.53	3.68	19.30
甘肃	4.98	7.23	4.86	1.09	3.60	7.00
新疆	5.12	7.18	4.98	1.78	5.35	26.99
青海	3.25	2.86	3.51	1.16	2.12	21.33
西藏	0.38	0.10	0.18	1.74	5.17	63.62
四川	7.56	8.54	7.39	10.11	4.96	1.19
重庆	8.14	7.94	7.6	10.36	5.13	2.09
云南	6.06	8.46	5.44	1.66	5.92	16.66
贵州	5.56	6.46	4.47	1.58	3.89	18.49
广西	6.17	8.36	4.88	1.31	2.36	25.97
江苏	11.54	9.30	18.72	49.01	6.08	0.67
广东	10.42	11.08	13.99	32.68	6.55	3.26
上海	10.96	6.69	19.89	53.04	10.00	1.18

注：东部地区包括北京、天津、河北、辽宁、上海、江苏、浙江、福建、山东、广东和海南；重庆和上海是直辖市。

资料来源：人口、人均 GDP 以及大学教育数据从国家统计局发布的《2011 年中国统计年鉴》获得；市场化指数（2009）、减少政府对企业干预（1997—2009 年平均值）、减少地方保护（1997—2009 年平均值）、行业协会的作用（2008）、法律环境（2009）和知识产权保护（2009）基于国民经济研究所开发的指数（樊纲、王小鲁和朱恒鹏，2011）；地区文化多元性基于中国第六次全国人口普查数据，通过少数民族人口占总地区人口的比例计算得到。

其次，对增长不同方面的强调对组织创新有着显著影响。江苏省的企业家们强调技术创新驱动，而广东省的企业家们关注贸易和出口驱动。虽然两种企业家精神都使企业得以增长，但是关注点的不同（制造相比于贸易/出口）使得企业在组织创造和创新上存在很大差异，这一差异在动态环境中将尤为显著。如图13.1所示，在2008年金融危机发生以前，广东有着比江苏更多的专利。但是，2008年以后，金融危机明显打击了广东以贸易出口为导向的经济。虽然金融危机是否打击了广东省的创新活动依然是一个有待检验的经验问题，但我们或许有理由推测强调制造的企业家精神的历史传统是江苏能够成为中国最具创新性的省份的重要原因之一。缺乏对创新关注的企业家精神将显著降低企业领导者创新的动力，进而降低整个企业的创新投入（Ahuja, Lampert, and Tandon, 2008）。

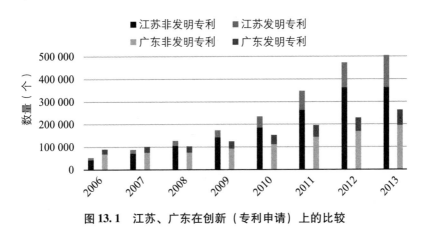

图13.1　江苏、广东在创新（专利申请）上的比较

缺乏管理创新的组织能力

为了进行组织创造和创新，企业必须组织起来充分利用其资源的竞争优势（Sirmon, Hitt, and Ireland, 2007），此时管理创新的组织能力显得尤为重要（Teece, Pisano, and Shuen, 1997）。管理创新的组织能力体现了企业怎样通过恰当的组织结构、管理和薪酬体系把投入转化为产出（Van de Ven and Poole, 1995），它起码包含三个基本要素：结构和系统，资源调配，以及组织

学习和知识管理工具。中国企业在组织能力的某些方面存在或多或少的无效率问题。

第一，组织结构和系统需要根据创新的类型来设计（Crossan and Apaydin, 2010）。然而，很多中国企业源于制造业模式（例如原始设备制造，即贴牌生产），所以它们的组织结构和系统关注的不是创新而是制造效率，而且它们发现很难快速而顺利地转向创新模式。此外，管理和激励体系很大程度上依赖于私人关系而不是正式规则，这将导致不同部门各持己见、互不了解，使得跨部门的协作变得困难，从而不利于创新（Dougherty, 1992）。

第二，资源调配体现了组织能否有效地将有价值的资源用于创新。在经济快速增长的环境中，中国企业没有将资源投入到创新中，而是利用冗余资源攫取快速回报。很多企业采取了非相关多元化战略（例如进军房地产行业），以快速获得相应的收益（Zhou and Delios, 2012）。因为这样的资源调配与创新并无关系，所以企业没有建立起选择创新项目、提高资源调配效率和管理创新组合的组织能力。

第三，创新依赖于系统性的组织学习和知识管理工具，例如规范的创意制造工具、与大学的外部联结、这些联结的质量、规范的信息收集以及顾客沟通次数和频率（Crossan and Apaydin, 2010）。很多中国企业既不引入规范的知识管理工具来支持创新过程，也不建立研究开发平台来组织创新活动。此外，虽然一些企业可能建立了知识管理系统，但是中层管理人员并没有动力去充分利用这一系统，自上而下的战略执行思维依然主导着他们的行动模式。组织创新能够给企业带来根本性的变化，但是中层管理人员由于社会心理因素而抵制这些，他们担忧这些变革的合法性（Huy, 2011）。中层管理人员习惯性地揣摩上司言谈举止中透露出来的关于其动机、目的和能力的线索（Huy, Corley, and Kraatz, 2014）。当中层管理人员确信他们的老板利用他们只是为了自己的职位升迁时，他们的态度和判断将变得消极并夹带着情绪，他们将抵制创新活动的实施。这样的结果是，基于自上而下的战略实施的组织创新注定是要失败的。

具备创造力相关技能人才的短缺

基于组织创造力和创新的成分理论（componential theory），三种个人特质影响着组织创造力（Amabile，1988）：领域相关的技能（专长、技术能力和在某些领域天生的才干），创造力相关的过程（灵活的认知风格、对经验保持开放心态等性格、进行启发式创造性思维的能力和持续工作的风格），以及自我激励。然而，大部分中国企业的员工缺乏这些成分的一种或多种。更具体地说，中国企业缺乏具备创新相关技能的人才。中国教育关注的更多是考试而不是科学探索，中国文化推崇一致和服从而不是辩论和批判性思考。因此，中国人相比西方人在创新工作上表现不佳。Niu 和 Sternberg（2001）发现在拼贴画和铅笔画练习中，中国大学生的作品相比美国的大学生在创造性和艺术性方面要逊色很多。以上这些观点与我们看到的事实吻合，那就是：虽然在过去的十年，中国学者和公司在发表科学论文和注册专利上取得了很大的进步，但是相比美国同行，他们发表的高影响力的研究论文和注册的高质量专利仍然很少。

缺乏具备创新相关技能的人才或许反映了传统中国文化对员工认知风格的影响。事实上，Cheng（1999）认为传统中国文化或许不利于产生西方所谓的组织创造力。其他的一些研究表明个人主义文化相比集体主义文化更利于创造力的发展（Morris and Leung，2010）。例如，Leung et al.（2014）发现中国员工倾向于维护面子和保持良好的人际关系，这减少了他们产生、完善和实现创新想法的行为。最近，魏昕、张志学和陈晓萍（Wei, Zhang, and Chen, 2015）发现中国文化的两个特征：表面的和谐和权力距离，阻碍了组织成员通过进言来提高组织绩效和改正错误。如成分理论所预测的那样，个人特质成分以类似乘积的方式影响组织创造力，因此缺乏创新性的人才将危害组织创造和创新。

中国企业提高组织创造力的实践

中国技术行业在过去的十年变化很大，很多企业成为本地市场上的龙头企业，并致力于开发尖端创新科技。一些企业在开发新产品上取得了一定的成功，甚至参与了全球市场竞争。接下来我们用腾讯和华为的案例来说明中国企业怎样跨越组织创造力的障碍，发展自身的组织能力促进创新活动。

腾讯建立具有竞争优势的生态系统

中国在互联网世界中是被屏蔽墙包围的花园。诸如谷歌（Google）、脸书（Facebook）和推特（Twitter）等很多著名企业的产品都被屏蔽在中国市场之外。虽然这样的屏蔽政策为本土互联网企业提供了发展壮大的有利环境，但是只有少量企业获得了成功。其中，腾讯在 2015 年 4 月 13 日的市值为 2 062 亿美元，从一个模仿者逐渐成为一家创新和成功的企业。在快公司（Fast Company）2012 年和 2013 年发布的世界最具创新力公司 50 强榜单中，腾讯公司分别位列第 8 位和第 16 位。从模仿 ICQ 的即时通信软件 QQ 开始，腾讯已经将自己的产品和服务拓展到所有互联网用户可以使用的一系列社交平台。整合社区资源形成一个生态系统是腾讯最强大的竞争优势所在。它辖下的社交平台包括 QQ、QQ 空间、腾讯微博、朋友网、微信和在线游戏。

腾讯付出了诸多的努力以消除创新上的障碍，提高组织进行创新的能力。首先，作为一家较早的互联网应用的民营企业，腾讯不必困扰于那些阻碍创新的组织惯例和惯性。从最开始，与电信企业通常全部或部分为国有不同，腾讯和其他中国互联网企业是私人所有的。政府无心帮助这些民营企业发展壮大，甚至视其危害了自身利益。事实上，腾讯的 CEO 马化腾和其伙伴在公司上市前多年的奋斗中，没有获得来自政府及其相关机构的任何帮助。正因为如此，腾讯能够完全把控自己的发展。这使得腾讯没有关系导向的惯例，而是形成了市场导向的惯例。例如，高管向一线员工传达的最重要的信条是"一切以用户价值为依归"。用户最终决定了产品的价值，腾讯只需要做让用户满意的事情。

其次，互联网帮助腾讯避免了因为地方保护主义和市场分割导致的困难及阻碍。在互联网上，腾讯在服务用户上几乎没有遇到什么阻碍。官员无法用腾讯去帮助他们在晋升上竞争。此外，腾讯建立起了一个巨大的平台，它帮助不同地区有着不同企业家精神的管理者们有效沟通。因此，腾讯可以充分利用不同类型企业家精神的协同效应。

再次，腾讯开发出了一种独特的创新和管理创新的方法。公司形成了重视产品经理的强文化。在超过 200 个部门的总经理中，超过 80% 是从产品经理提拔上来的。重视产品经理的文化的核心在于持续创新。企业鼓励员工在实践中学习，邀请用户参与促进学习，以及在需要的情况下重复这一过程。此外，腾讯保持着分权的研发结构，这一扁平结构使得研发人员可以探索产品可能的方向。在研发团队层面，研发人员与用户碰面以确保快速检测和确认产品设计方向与用户价值相一致。在部门层面，管理人员协同不同产品团队的努力以便同时进行探索式和利用式的创新。

最后，腾讯在内部培养创新性人才来支持企业快速的增长。例如，企业建立了"人才梯队建设系统"，在每个部门内培养人才。在这个系统中，团队中最多不超过 5 人承担管理职责，其余的团队成员必须在一定的领域具备专长。腾讯为将员工训练和培养为需要的领域中的专家付出了很大的努力。

除了开发出诸如在线社交网络 QQ 这样的创新产品，腾讯还建立了开放公共平台来吸引小企业，并用企业风险投资基金来支持平台上的企业发展。2011年，腾讯发布了一种手机文字和语音信息沟通产品——微信，这一产品在 2014 年第四季度已经拥有了 5 亿活跃用户。

华为建立支持创新的组织能力

华为在快公司 2010 年和 2011 年发布的世界最具创新力公司 50 强榜单中分别位列第 5 位和第 18 位，在与很多全球巨头的竞争中收获了来自用户的赞誉，并被视为中国最成功的全球化企业。华为的业务包括电信网络、运营和咨询服务、企业设备和移动电话。其产品和服务已经进入了超过 140 个国家，服务着 45 个全球前 50 规模的电信运营商。2013 年年底，华为 150 000 名员工中有 46% 的人在分布在全球各地的 21 个研发机构中从事研发工作。华为 2014 年在研发上投入了 65 亿美元，占其年收入的 13% 以上。

为了消除创新上的障碍和提高组织创新能力，第一，华为形成了自己既基于关系又基于市场的战略。例如，为了与国际巨头竞争，华为曾与地方邮电局建立了合资公司，这帮助其产品得以迅速进入当地电信网络。从2004年到2014年，华为每年在研发上的投入持续超过其销售收入的10%，这些年来研发投入累计超过306亿美元。此外，华为评价管理人员领导力的首要指标是与用户打交道的技能，体现出很强的用户导向。关系导向的惯例帮助华为获得了各利益相关者的支持，包括政府、社区和供应商，而市场导向的惯例有助于华为满足用户的需求。

第二，为了应对地方保护主义和市场分割带来的挑战，华为采取了一种叫做"农村包围城市"的策略：华为首先在20世纪80年代将PBX交换机销往旅馆和小企业，在1993年将其C&C08系统控制的电话交换机投放市场，这一产品是当时中国市场最先进的交换机。通过在小城市和农村地区销售电话交换机和为用户提供快速的服务，华为很快赢得了国内市场并占据了被国外电信制造商控制的主流市场的一席之地。从2004年开始，华为采取了国际化战略，例如在包括印度、瑞典、美国和澳大利亚在内的海外建立研发中心。

第三，为了实现跨地区的企业家精神的协同，华为主要依靠自身的内部信息系统和战略领导力。所有的部门和地区子公司被要求收集区域信息，识别商业机会。然后，基于集中的信息系统，华为可以在整个公司层面吸收这些信息。除了正式的结构设计，华为还运用人事流动和轮岗作为非正式的机制来激发不同管理者之间的交流和沟通。

第四，华为形成了一套独特的创新和管理创新的方法。华为采取的是创新追随战略，将目标定位于完善已有的产品来更好地满足用户需求，而不是第一个制造出新产品。从1998年到2003年，为了向那些已经展开创新的公司学习，华为与IBM签订了管理咨询服务合同，在管理和产品开放结构上进行了重大转型。此外，华为还通过与拥有市场势力的利益相关者保持求同存异的关系，寻求技术拥有者和市场拥有者的结合。华为与这些利益相关者分享创新利益来换取一部分市场。例如，华为与马来西亚电信公司（TM）旗下的全资子公司 TM R&D 开展联合研发，共同为马来西亚固定电话和无线电话开发铜缆接入与 4G 网络技术。通过联合实验室的合作，合作双方共享了研究设施和知识，此外，华为通过这种方式还降低了自己的研发成本。在华为内部也在进行整合，研发工程师需要参与到销售和营销中去，而销售人员需要参与研发活动。华为会提拔在市场一线表现卓越的员工。所有的员工都需要与用户直接打交道。华为坚信，只有一线员工才能真正了解市场需求，从而为企业创新指明正确的方向。

第五，自 20 世纪 90 年代末以来，华为大规模地招揽人才，包括来自中国一些大学的高校毕业生，某些学校整个专业的毕业生甚至都成了华为的员工。新员工被安排到紧张的项目工作中，在向他人学习中积累专长。华为的组织创造力和创新很大程度上来源于大规模的人才引进，为员工提供参与重要项目的机会，以及对在开发用户需要的产品上获得成功的员工给予奖励。

在过去的 10 年中，很多业界人士和学者尝试分析华为成功的秘密。我们认为华为没有什么秘密。虽然中国很多企业从巨大的市场中获得了收益，但华为付出了很多努力了解和识别用户真正的需求，而这些需求并没有被已有的服务和技术满足。自 20 世纪 90 年代末创立起，华为就训练它的销售团队帮助用户了解自身的需求然后向其推荐合适的解决方案，而大部分中国企业只是一味鼓励其销售人员采取一系列激进的销售手段。为了开发解决用户问题的技术方案，华为意识到必须进行研发投入。因此，华为远离了我们在前文中提到的会阻碍组织创新的模式，即追求快速获利，没有从利润中拿出足够的钱进行研发投入。

腾讯和华为成功的关键

表 13.2 总结了腾讯和华为两家企业促进组织创造力的策略。其中一个关键的共同点是它们的市场导向创新战略，与用户保持着密切的关系，并对用户要求做出快速回应。华为的用户导向服务战略使其产品在用户中大受欢迎。在腾讯，产品是基于用户体验和需求开发出来的，对这一点的重视，我们从腾讯

CEO 马化腾亲自担任公司的首席体验官（Chief Experience Officer）就可见一斑。虽然这些企业实践在创新的跨国公司已经屡见不鲜，但是很少有中国企业能够做到这些。

表 13.2 腾讯和华为促进创新的策略总结

创新的障碍	提高组织能力、促进创新的策略	
	腾讯	华为
制度环境		
地方保护主义和市场分割	利用互联网和在线社交网络占据全国市场	"农村包围城市" 国际化扩张
不同类型的企业家精神	在线交流平台以实现互补性的协同效应	集中的信息系统 人员流动和轮岗
企业特征		
惯例的惯性	市场导向惯例	关系导向惯例加市场导向惯例
缺乏组织能力	强产品经理文化 连接用户的扁平结构 快速迭代	创新追随战略 整合技术所有者和市场所有者 提拔一线员工
缺乏人才	人才梯队建设系统	大规模招聘年轻人才并给予他们培养自身专长的机会

培养企业家精神和提高管理水平

现在我们为中国企业提供一些促进组织创造力和创新的建议。

过去 30 年的企业实践表明，民营企业总体而言在商业经营中更加有效率和有效果。因此，从宏观层面看，放权让私营部门发挥更大的作用将为促进创新释放很大的活力。研究发现，企业家文化和推崇创业的社会文化会影响经济表现（Shane，1993）和经济增长（McClelland，1961）。因此，建立一个有利于创业的社会环境很重要，过去两年政府颁布的政策为民营企业提供了新的机会，而政府在这方面仍大有可为。

正如在第一部分讨论的那样，为了保持下一个 10 年的增长，民营企业家和商业领袖需要改变他们的商业策略，从机会驱动和资源基础的模式转向创新驱动的增长。为了实现这一目标，商业领袖必须转变思维方式和理念，全力投入到促进组织创造力上。而这一过程的关键在于培养企业家精神。

企业家精神的本质在于企业家既能够识别市场需求，又能够开发出创新性的产品和服务满足用户需求。因此，企业家不仅需要了解变化的市场和用户，具备洞察用户需求和发现新机会的能力，还需要能够获取必要的资源把洞察和机会转变为实实在在的产品与服务。近距离观察行业特点、监控和留意行业变化、主动预测趋势及采取行动都是必要和有帮助的。只有那些发自内心对自己所从事的事业感兴趣、充满热情，对将给行业、市场和用户带来的变化有着远大视野的人才能完成这一工作。此外，为了开发出能满足市场需求和用户需要的产品和服务，企业必须拥有具备产品开发必要的知识、技能和能力的员工，提供充足的资源支持他们的开发活动。然而，拥有合格的员工和充足的资源并不能保证产品创新。我们鼓励领导者参与到持续的尝试中，聆听用户的反馈，激励员工投身于创新工作，促进利益相关者间的知识和技能交流。要完成这些工作，领导者不仅需要建立支持创新的组织文化和促进组织学习的体系，还需要激励员工释放他们的创造力。企业家精神和领导力对组织创造力和创新都非常重要。高层管理者是否在形成公司战略时对创新投入足够的关注显得尤其重要（Ocasio and Joseph，2005）。然而，很多中国企业家在一个机会驱动的时代形成了自己的思维惯性，很多人习惯于基于因为压抑的需求释放而快速增长市场的商业模式，因此，商业教育和培训有必要帮助他们培养打造创新企业的技能和导向。

商业领袖还要推动整个组织的创新。主流的管理原则和通用的运营实践已经被证明能够用来有效建立组织能力。为了提高组织创造力和创新，企业起码要做到以下这些：第一，领导者需要让组织成员认识到，创新驱动战略是实现增长的唯一选择。他们需要具备危机感和改变员工思维方式的紧迫感。第二，企业需要做出系统性的组织变革以促进创新，包括围绕创新重塑组织结构和系统，投入资源到创新上去，建立知识管理工具箱，在不同层面建立组织学习惯例。第三，企业需要提供相关领域的知识和创新相关技能的培训，以帮助员工发挥他们的创造力，这是组织创新的基础。

总而言之，中国政府已经开始为企业创新和提高竞争力提供一个更加自由的环境，并成立了"国家创新体系"以促进创业。创新障碍的阻碍效应有望随着时间的推移而逐渐下降。资金和风险投资可以为创业者提供强大的支持。然而，企业能否建立起自己的创新能力不仅取决于组织结构和激励机制的改革，更重要的是企业家要具备改变理念的决心、投入于创新的热情和勇气、领导组织变革的能力、培养具有创造力员工的意愿以及对持续投资于创新的坚持。

参考文献

Ahuja, G., Lampert, C. M., and Tandon, V. 2008. Moving Beyond Schumpeter: Management Research on the Determinants of Technological Innovation. *Academy of Management Annals* 2 (1): 1-98.

Amabile, T. 1988. A Model of Creativity and Innovation in Organizations. *Research in Organizational Behavior* 10(1): 123-167.

Bai, C. E., Du, Y., Tao, Z., and Tong, S. Y. 2004. Local Protectionism and Regional Specialization: Evidence from China's Industries. *Journal of International Economics* 63(2): 397-417.

Boisot, M., Child, J., and Redding, G. 2011. Working the System: Toward a Theory of Cultural and Institutional Competence. *International Studies of Management and Organization* 41(1): 62-95.

Cheng, S. 1999. East-West Differences in Views on Creativity: Is Howard Gardener Correct? Yes, and No. *Journal of Creative Behavior* 33: 112-125.

Child, J., and Markoczy, L. 1993. Host-country Managerial Behavior and Learning in Chinese and Hungarian Joint Ventures. *Journal of Management Studies* 30(4): 611-631.

China Statistical Yearbook. 2011. National Bureau of Statistics of China, Beijing.

Crossan, M., and Apaydin, M. 2010. A Multi-dimensional Framework of Organizational Innovation: A Systematic Review of the Literature. *Journal of Management Studies* 47(6): 1154-1191.

董晓庆,赵坚,袁朋伟. 2014. 国有企业创新效率流失研究[J]. 中国工业经济,2: 97—108.

Dougherty, D. 1992. Interpretive Barriers to Successful Product Innovation in Large Companies. *Organization Science* 3(2): 179-202.

攀纲,王小鲁,朱恒鹏. 2011. 中国市场化指数[M]. 北京: 经济科学出版社.

方军雄. 2009. 市场分割与资源配置效率的损害——来自企业并购的证据[J]. 财经研究, 9: 36—47.

Fast Company. 2013. The World's Top 10 Most Innovative Companies in China. http://www.fastcompany.com/most-innovative-companies/2013/industry/china/.

Fuller, D. 2015. China's Political Economy and Prospects for Technological Innovation-based Growth? In *Building Innovation Capacity in China: An Agenda for Averting the Middle Income Trap* (ed.) A. Lewin, J. P. Murmann, and M. Kenney, 〈PP〉. Cambridge: Cambridge University Press.

Hillman, A. J., Keim, G. D., and Schuler, D. 2004. Corporate Political Activity: A Review and Research Agenda. *Journal of Management* 30(6): 837-857.

黄赜琳,王敬云. 2006. 地方保护与市场分割:来自中国的证据[J]. 中国工业经济, 2: 60—67.

Huy, Q. N. 2011. How Middle Managers Group-focus Emotions and Social Identities Influence Strategy Implementation. *Strategic Management Journal* 32(13): 1387-1410.

Huy, Q. N., Corley, K. G., and Kraatz, M. S. 2014. From Support to Mutiny: Shifting Legitimacy Judgments and Emotional Reactions Impacting the Implementation of Radical Change. *Academy of Management Journal* 57(6): 1650-1680.

Kogut, B., and Metiu, A. 2001. Open-source Software Development and Distributed Innovation. *Oxford Review of Economic Policy* 17(2): 248-264.

Kogut, B., and Zander, U. 2000. Did Socialism Fail to Innovate? A Natural Experiment of the Two Zeiss Companies. *American Sociological Review* 65(2): 169-190.

Kriauciunas, A., and Kale, P. 2006. The Impact of Socialist Imprinting and Search on Resource Change: A Study of Companies in Lithuania. *Strategic Management Journal* 27(7): 659-679.

Lefebvre, L. A., Mason, R., and Lefebvre, E. 1997. The Influence Prism in SMEs: The Power of CEOs Perceptions on Technology Policy Andits Organizational Impacts. *Management Science* 43(6): 856-878.

Leung, K., Chen, Z., Zhou, F., and Lim, K. 2014. The Role of Relational Orientation as Measured by Face and Ren Qing in Innovative Behavior in China: An Indigenous Analysis. *Asia Pacific Journal of Management* 31(1): 105-126.

Lewin, A. Y., Massini, S., and Peeters, C. 2011. Microfoundations of Internal and External Absorptive Capacity Routines. *Organization Science* 22(1): 81-98.

Li, X., and Liang, X. 2015. A Confucian Social Model of Political Appointments Among Chinese Private Entrepreneurs. *Academy of Management Journal*, forthcoming.

Lin, J. Y. 2015. New Structural Economics: The Third Wave of Development Thinking and the Future of the Chinese economy. In *Building Innovation Capacity in China: An Agenda for Averting the Middle Income Trap* (ed.) A. Lewin, J. P. Murmann, and M. Kenney, 〈PP〉. Cambridge: Cambridge University Press.

McClelland, D. 1961. *The Achieving Society*. Princeton, NJ: Van Nostrand Reinhold.

Morck, R., Yeung, B., and Zhao, M. 2008. Perspectives on China's Outward Foreign Direct Investment. *Journal of International Business Studies* 39(3): 337-350.

Morris, M. W., and Leung, K. 2010. Creativity East and West: Perspectivesand Parallels. *Management and Organization Review* 6(3): 313-327.

Narver, J., and Slater, S. 1990. The Effect of a Market Orientation on Business Profitability. *Journal of Marketing* 54: 20-35.

国家统计局.2011.第六次人口普查数据公告.

Naughton, B. 2008. SASAC and Rising Corporate Power in China. *China Leadership Monitor* 24: 1-9.

Niu, W., and Sternberg, R. 2001. Cultural Influence of Artistic Creativity and Its Evaluation. *International Journal of Psychology* 36(4): 225-241.

Ocasio, W., and Joseph, J. 2005. An Attention-based Theory of Strategy Formulation: Linking Micro-and Macroperspectives in Strategy Processes. *Advances in Strategic Management* 22: 39-61.

Peng, M. W. 2003. Institutional Transitions and Strategic Choices. *Academy of Management Review* 28(2): 275-296.

Peng, M., and Luo, Y. 2000. Managerial Ties and Firm Performance in a Transition Economy: The Nature of a Micro-macro Link. *Academy of Management Journal* 43: 486-501.

Poncet, S. 2005. A Fragmented China: Measure and Determinants of Chinese Domestic Market Disintegration. *Review of international Economics* 13(3): 409-430.

Redding, G. 2015. China's Hollow Center and the Impact of Invisible Societal Forces on Its Intended Prosperous Evolution. In *Building Innovation Capacity in China: An Agenda for Averting the Middle Income Trap* (ed.) A. Lewin, J. P. Murmann, and M. Kenney, 〈PP〉. Cambridge: Cambridge University Press.

Sawant, R. 2012. Asset Specificity and Corporate Political Activity in Regulated Industries. *Academy of Management Review* 37(2): 194-210.

Sawhney, M., and Prandelli, E. 2000. Managing Distributed Innovation in Turbulent Markets. *California Management Review* 42(4): 24-54.

Shane, S. 1993. Cultural Influences on National Rates of Innovation. *Journal of Business Venturing* 8: 59-73.

Sirmon, D. G., Hitt, M. A., and Ireland, R. D. 2007. Managing Firm Resources in Dynamic Environments to Create Value: Looking Inside the Dlack Box. *Academy of Management Review* 32(1): 273-292.

Sun, P., Wright, M., and Mellahi, K. 2010. Is Entrepreneur-politician Alliance Sustainable During Transition? The Case of Management Buyouts in China. *Management and Organization Review* 6(1): 101-121.

Teece, D., Pisano, G., and Shuen, A. 1997. Dynamic Capabilities and Strategic Management. *Strategic Management Journal* 18(7): 509-533.

Thiel, P. 2014. *Zero to One: Notes on Startups, or How to Build the Future.* New York: Crown.

Tsui, A. S., Schoonhoven, C. B., Meyer, M. W., Lau, C. M., and Milkovich, G. T. 2004. Organization and Management in the Midst of Societal Transformation. *Organization Science* 15(2): 133-144.

Van deVen, A., and Poole, M. 1995. Explaining Development and Change in Organizations. *Academy of Management Review* 20(3): 510-540.

Walter, C. 2010. The Struggle over Ownership: How the Reform of State Enterprises Changed China. *Copenhagen Journal of Asian Studies* 28: 83-108.

Wei, X., Zhang, Z.-X., and Chen, X.-P. 2015. I will Speak up if My Voice is Socially Desirable: A Moderated Mediating Process of Promotive Versus Prohibitive Voice. *Journal of Applied Psychology* 100(5): 1641-1652.

Xin, K., and Pearce, J. 1996. Guanxi: Connections as Substitutes for Formal Institutional Support. *Academy of Management Journal* 39: 1641-1658.

Xu, X. 2002. Have the Chinese Provinces Become Integrated Under Reform? *China Economic Review* 13: 116-133.

Young, A. 2000. The Razor's Edge: Distortions and Incremental Reform in the People's Republic of China. *Quarterly Journal of Economics* 114 (4): 1091-1135.

Zhang, J., and Lin, S. 2014. Business and Government. In *Understanding Chinese Firms from Multiple Perspectives* (ed.) Z.-X. Zhang and J. J. Zhang, 51-79. New York: Springer.

Zhang, Z.-X. 2014. The Growth Path of Entrepreneurs. In *Understanding Chinese Firms from Multiple Perspectives* (ed.) Z.-X. Zhang and J. J. Zhang, 81-118. New York: Springer.

Zhou, N., and Delios, A. 2012. Diversification and Diffusion: A Social Networks and Institutional Perspective. *Asia Pacific Journal of Management* 29(3): 773-798.

第 14 章
中国创造力和创新的制度与文化背景

赵志裕　刘世南　关欣仪
翻译：郭　理

摘要：培育创新特别是突破式创新，是发展中国家面临的一大挑战。我们对 120 多个经济体近期在一系列创新成果（包括观点创新的流畅性、当地经济影响以及全球新知识吸收速率）中的表现进行了跨文化的分析。基于这些分析，我们发现了一些可能限制发展中国家提升突破式创新能力的主要制度性与文化性因素。我们的分析对主要依靠改善人力资本（例如，在大学教育中的投资）及招募全球人才（例如，吸引有才能的海归人士）来促进突破式创新的方式的有效性提出了质疑。我们试图利用这些发现解释中国在增强突破式创新能力上所受到的制度性与文化性限制，并强调创造一个保护个体权利、阻止团体中心主义并鼓励跨文化学习的制度与文化环境的必要性。

引　言

创新特别是突破式创新的发展，是对发展中国家的一大挑战。本章我们首先将审视自 20 世纪 70 年代以来中国经济快速发展的主要驱动力，并论证中国在 2030 年遭遇中等收入陷阱前要维持长期增长需要技术上的进步。

接下来，我们讨论中国增强其根本性创新能力的制度与文化限制。我们对

120多个经济体近期在一系列创新成果（包括观点创新的流畅性、当地经济影响以及全球新知识吸收速率）中的表现，进行了跨国的数据分析，发现了一些可能限制发展中国家特别是中国提升其突破式创新能力的主要制度性与文化性因素。

我们认可中国采取了很多积极措施，为提高大学质量开展了一些计划（例如，"211""985"工程）以提升其人力资本，并且开展了宏大的全球人才招募计划（例如，千人计划）。然而，我们的分析却对主要依靠人力资本改善和全球人才招募来推动突破式创新的有效性提出了质疑。运用这些发现，我们分析中国在增强其突破式创新能力上所受的制度性与文化性限制，论述创造一个保护个体权利、阻止团体中心主义并鼓励跨文化学习的制度与文化环境的必要性。

尽管中国自1978年以来在经济发展中取得了巨大的进步，但依然是发展中经济体（见本书第2章）。中国经济能否在2030年后摆脱中等收入陷阱，实现持续增长？林毅夫（本书第2章）认为是可能的，因为一些亚洲经济体（例如，中国大陆、中国台湾、韩国）已经开发出一种可持续经济发展的新范式（新结构经济学），使得市场成为资源分配的主体，同时通过国家调控优化增长结构。

然而，随着对中国经济快速增长根源的深入探讨，我们对中国未来增长过度乐观的估计开始产生怀疑（Fuller，本书第6章）。重要的是，中国快速增长的一些条件（例如，高投资率、劳动力超额供给）是难以复制的。1978年以前，由于中央计划经济固有的低效率缺陷，中国无法充分发挥其生产效能。到了1978年，中国开始由中央计划经济转变为开放的市场经济，国家经济效率得到提升，在现有投入水平下得到的回报更高，因而在1986年到1995年贡献了86%的经济增长（Lau and Park，2007）。尽管国家储蓄率仍然很高，中国劳动人口却已达到了顶峰。Lau（2014）估计未来20年中国经济仍然具备由有形资本驱动增长的空间。然而，中国长期经济增长的主要动力将是由创新与技术进步所带来的无形资本的扩张。

如果确实如此，那么研究促进或阻碍中国创新特别是根本性或突破式创新的因素是很合时宜的。本章着重讨论限制中国增强突破式创新能力的制度性与文化性限制因素。讨论这些限制因素之前，我们先来区分创新的不同类型。

创新的类型

创新是一个多维度的概念。研究者（Cornell University，INSEAD and WIPO，2013）曾将一个国家的创新成果分为六种类型：知识创造，知识影响，知识扩散，无形资产，创新的商品和服务，网络创造力。知识创造指的是创造新的想法或应用的流畅性，由本国专利申请、实用新型申请及研究出版物的标准化总数来衡量。知识影响指的是创新所带来的经济及商业价值，由每个知识工作者的 GDP 增长率和新业务密集度等指标来衡量。知识扩散指的是一个国家的创新成果被其他国家采用的程度，由高科技出口、特许权使用费及许可证费用等指标来衡量。无形创造性资产包括商标注册及信息与通信技术。创新的商品和服务包括视听及相关服务、专题片与其他创新产品。网络创造力是指顶级域名、维基百科的编辑和 YouTube 视频，等等。

已有的数据表明了 120 多个经济体 2013 年在六个类型的创新成果方面的表现（Cornell University，INSEAD and WIPO，2013）。我们把六个类型的产出作为聚类分析中的输入项，把经济体分为四个组别。如图 14.1 所示，组 1 和组 2 由低收入经济体组成。组 1 中的样本经济体包括阿尔巴尼亚、柬埔寨和肯尼亚，组 2 中的样本经济体有印度尼西亚、贝宁和马里。组 3 中是快速增长的发展中经济体，包括中国内地、印度、俄罗斯、巴西和智利。组 4 中包括美国、新加坡、日本、德国等发达经济体。

由于在经济增长中的重要性不同，各经济体在知识创造、知识影响和知识扩散几个方面也有差别，我们对此很感兴趣。知识创造衡量的是一个经济体的创新总量，知识影响衡量新产品及服务的经济价值，知识扩散衡量的是新产品及服务在全球创新产业中的影响力。

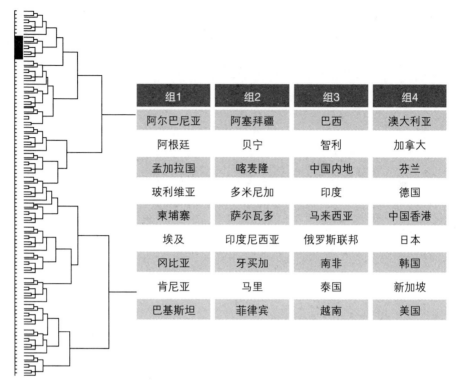

**图 14.1　根据在由 2013 年全球创新指数定义的六类创新产出中表现的异同，
分为四类经济体，表中列示的经济体是四类经济体中的代表**

这三种创新类型是正相关的。例如，生产创新成果（如苹果电脑）并拥有很大的全球影响力的经济体（如美国）往往能产出更多具有高本地经济价值的新产品与服务。但是，并非所有创新成果都具有高本地经济影响力或全球影响力，也并非所有高本地经济影响力的产品都具有全球影响力。

例如，在中国，政府承认应当从模仿驱动型创新转变为突破式创新。李克强总理在 2014 年世界经济论坛上宣布，中国决心要加快科技增长，而且中国的研发投入已经接近美国的 42%。然而，目前为止，中国虽然在不同形式的渐进式创新上非常成功，包括成本创新（产品设计、生产或交付流程、能够降低生产或交付成本的技术或材料），过程创新（为生产或交付现有产品或服务而创建新的流程），以及应用创新（以新的方式结合现有产品、服务或技术来制作一个新的产品），却几乎没有创造出对世界而言真正创新的产品，或拥有全球影响力的技术（Yip and McKern，2014）。张志学和仲为国（本书第13章）指出，中国企业常常通过模仿和引进外国具有高经济价值的技术和商业模式，而不是创造具有全球影响力的新技术来扩展自身能力。

对于一个曾以模仿驱动型创新取得成功的国家来说，由渐进式创新向突破式创新的转变并不容易。从企业层面来看，研究表明，长时间生产渐进式创新产品的公司转而生产突破式创新产品的可能性较小（Dunlap-Hinkler and Mudambi，2010）。在这些企业中，已树立的规范更能支持渐进式创新而阻碍突破式创新。同样，已垄断一代技术的企业往往不能在新一代技术中有所突破，这也是由于企业的规范侧重于对已经大获成功的产品及服务进行渐进式改善（Christensen，2000；也可参见张志学和仲为国，本书第13章）。

如图14.2所示，三种创新成果中，组4中的经济体表现得最好，而组1和组2中的经济体表现最差。有趣的是，尽管组3中的经济体在知识创造和知识影响上的表现好于前两组，但在知识扩散上的表现却与前两组一样。看上去，快速增长的发展中经济体已开始在知识创造和知识影响领域赶上发达经济体，但在对突破式创新要求更高的知识扩散上却鲜有进步。

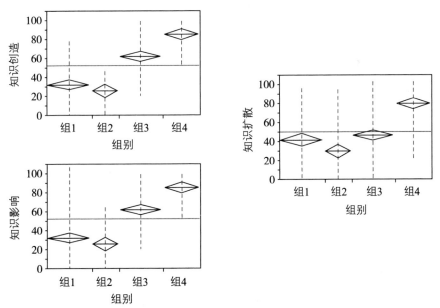

图14.2 基于2013年国际创新指数数据，四类经济体在知识创造、知识影响和知识扩散中表现的差异

人力资本与制度支持的作用

人力资本和制度支持是预测国家创新表现的两组因素（Kwan and Chiu, in press）。人力资本指的是有助于应变与经济增长的人的知识、技能、专业性和能力（Coleman, 1988）。近期经济合作与发展组织的跨国研究（OECD, 2013）发现，发达国家在人才管理上的商业投资贡献了平均生产力增长的20%—34%。另一份跨国研究（Dakhi and de Clercq, 2007）发现，人力资本水平高的国家拥有更多专利（知识创造的一项衡量标准）和更多高科技出口（知识扩散的一项衡量标准）。同样，Bendapudi、Zhan和Hong（2015）在其跨国研究中报告，一个国家小学和中学教育的质量（由国际学生评估项目来衡量）与其在创新产出中的排名是正相关的。国际创新指数（GII）将在国家层面上对人力资本的衡量纳入其中，包括在教育上的花费，学校教育年限，在阅读、数学与科学上的评估，中学里的学生-教师比率，高等教育入学率，研究与开发费用，以及研究人员数量等。

制度支持包括保护表达的自由、知识产权及财产权的法律与政治制度（Kwan and Chiu, in press）。制度支持推动了制度信任，这被界定为预期到一些有组织的系统的行为是可预测的，并且具有良好的声誉。体制的信任可以促进形成新的网络联系和知识共享，从而带来质量更好、数量更多的创新产出。来自多重来源的纵向数据表明，在遥远的过去由非独裁政治机构统治的社会中制度信任是普遍存在的（Tabellini, 2008）。国际创新指数可以从国家层面衡量对创新的制度支持。这种衡量体系包括政治稳定性、政府效能、新闻自由、监管质量、法治和商业自由等变量。

Kwan和Chiu（in press）使用了国际创新指数衡量人力资本和制度支持，指出拥有高质量人力资本的国家在知识创造中有更好的表现。对创新的制度支持并不能预测知识创造的表现情况。因此，缺乏强有力的制度支持的国家也可能通过保留、发展本地人才和吸引全球人才来增加创新成果的数量。此外，制度支持和人力资本对知识影响有积聚效应。这一发现的含义是，如果这些国家能够增加他们的人力资本，即使对创新的制度支持薄弱的国家仍然可能生产有相对较高的经济价值的产品和服务。鉴于中国的创新体制较弱，这一发现与中国息息相关（见下文）。

最后，一国要拥有全球影响力，高质量的人力资本和强大的制度支持都应具备（也可参见 Child，本书第 8 章）。如果快速发展的国家缺乏对创新的制度支持，那么单纯依靠对教育改善和研发人才的大力投资，只能增强知识创造和知识影响，而不能改善知识扩散。图 14.1 组 3 中的许多经济体就缺乏对创新的制度支持。这些经济体对人力资本质量的投资也许能帮助它们在知识创造和知识影响上赶上发达经济体（组 4），但却无益于知识扩散。

创新的制度约束

之前的分析强调了制度支持对增强拥有全球影响力的突破式创新能力的重要性。一些学者曾就中国突破式创新发展的制度约束做出评论。这些限制包括财政资源分配效率低下、无效的国家干预市场（Fuller，本书第 6 章）和对知识产权的保护不足（刘美娜和黄灿，本书第 7 章）。

国家控制可能是中国 20 世纪 70 年代末期经济快速增长的一大原因。为了完成从封闭的中央计划经济向开放的市场经济的快速转变，俄罗斯果断放弃了强制性的中央计划并完全依赖于新推出的自由市场。这一快速转变非常粗糙。中国的执政者认识到中国在 20 世纪 70 年代末期还缺乏制度支持，于是采取了"共赢"的改革方式，推出企业自主经营和建立市场经济试验区等政策，并继续执行现行的中央计划（Lau，2014）。这一双轨制确保了从现行中央计划中受益的群体不会在市场经济中受到损失。双轨制的成功要求国家拥有权威与权力来制定、修改和实施经济政策。

矛盾的是，这种为中国顺利的经济转型做出了贡献的策略随着中国经济的增长却成了麻烦。Fuller（本书第 6 章）指出，双轨制的一个负面影响是，大量信用如漏斗般流向效率低下的国有企业，造成资金的不良配置。Fuller 说道："一些国家行为扭曲了市场，使之偏向有政策支持的企业，这反映了财政偏袒……中国面临着如何放开拖累了经济发展的财政与支持系统，而这一系统曾培育了党与国家内部既得利益者的权力集团。"

中国需要的是能够支持突破式创新的制度资本。与该观点一致的是，一项近期的跨国研究（Aiyar, Duval, Puy, Wu and Zhang, 2013）表明，制度因素是中国经济增长最严重的威胁，可能导致中国落入中等收入陷阱。在一项对中国 280 家高科技企业的研究中，Gao、Gao、Zhou 和 Huang（2015）发现非正式与正式的制度资本都对中国突破式创新有积极影响。正式的制度资本对根本性创新的影响在国有企业及复杂市场中的表现特别明显。

人力资本的制度约束

一个国家要增强其具有全球影响力的创新能力，需要同时拥有对创新的制度支持和人力资本。如果缺乏对创新有力的制度支持，则对人力资本的投资可能也无法为突破式创新带来相应的改善。

中国政府通过"211"工程和"985"工程对增强科技人才质量起到了积极作用。"211"工程于 1995 年开始实施，其目标有：（1）培养高水平专业人才支持国家社会与经济发展；（2）提高重点大学及学科的水平。"211"大学获得了中央财政的大力支持，以完善其教学与科研的基础设施和实验设备，发展有战略意义的学科以及发展高等教育的社会服务系统（例如，图书馆系统）。"985"工程是为了帮助入选的大学在 2020 年以前达到世界水平。两所大学（北京大学、清华大学）是这一计划的领军学校。截至 2010 年，共有 39 所大学进入了"985"工程。

这些工程的结果不一而足。中国评价大学主要看世界排名。在 2014 年世界大学学术排名中，中国内地有三所大学进入前 101—150 名，分别是：北京大学、上海交通大学和清华大学。然而，世界前 100 名中没有中国内地的大学。依靠世界排名评判大学的一个意料不到的后果是，中国大学对卓越的追求多是模仿而非创新,这表现在引进中国的教育项目的数量远远多于中国输出到国外去的项目的数量(Li and Chen,2011)。

有趣的是,中国"211"与"985"工程的成功还伴随着海外留学人数的增长。在 1996 年到 2008 年间,中国学生留学总数从 20 905 人增加到 179 800 人(Gong and Li,2010)。中国学生出国留学比外国学生来华留学要多,一部分原因是外国大学乐于接收"211"工程和"985"工程大学的学生。矛盾的是,"211"工程和"985"工程的成功加剧了中国人才枯竭的问题。

尽管"211"工程和"985"工程提高了中国大学的国际声誉并增强了中国科技人才的质量,但 Li 和 Chen(2011)指出了这两项工程的两项缺陷。第一,这些工程一味地用丰厚的薪酬、先进的建筑和实验室设备吸引明星教授,并片面强调出版物以及快速成果的产出,忽略了建立支持突破式研究的机构和科研文化。第二,缺乏学术自由、大学自治和高校科研的制度支持。事实上,是由国家选定"985"工程大学,同时中央政府对这些学校实施了强有力的管控。国家对高校国际化的控制是非常严格的。

除了建设世界一流大学,中国政府还推出招揽全球人才的项目。其中一个例子就是中央组织部为增强人力资本而引回曾留学海外者的"千人计划"(TTP)。根据 Zweig 和 Wang(2013)对"千人计划"的详细分析,在"千人计划"开始前,中国科学院曾同样为了增强人力资本而实施了"百人计划"(HTA)。入选"百人计划"的海外中国科学家们得到了丰厚的启动资金、薪酬和科研队伍的带头人资格。大约同时,100 余个城市在高新科技园区为海外企业家建立了孵化器,提供有吸引力的经济与投资便利,并为回国企业家提供税收优惠。"百人计划"的作用有限,因为有些问题不可避免:(1)海归人员抱怨要花大量时间发展个人关系;(2)在中国开展业务的归国企业家要处理与当地政府的关系。

"千人计划"希望在 4—5 年内吸引 2 000 名世界级教授回到国内大学。"千人计划"基于"三宽"原则:宽心、宽容和宽宏。这一项目希望引进的人才包括:(1)著名外国大学或研究机构的教授;(2)著名跨国公司或金融机构中的高级专业人员;(3)拥有知识产权或掌握核心技术的企业家。归国人员能够得到有吸引力的安置费、健康保险和报酬。然而,学术类归国人员对拨款及奖励的分配很失望:他们认为这在很大程度上取决于个人关系。这些分析使 Zweig 和 Wang(2013)产生了疑问:如果没有建立法律规则、产权、开放透明的政府,铲除腐败,以及进行其他良好的管理等制度性变革,科学文化能否发生改变。与 Zweig 和 Wang 的观察一致,Kenney、Breznitz 和 Murphree(2013)也发现,在发展中国家,只有在当地企业家和政府建立了创新的制度基础后,归国企业家才能在高科技产业中发挥重要作用。

创新的文化约束

文化多样性对创造力和创新的影响

前文的分析表明,拥有有力的创新制度支持的国家更可能吸引和发展全球人才。一个国家全球人才的质量由 2013 年全球人才竞争力分类指数(Lanvin and Evans,2013)来衡量,它与由 2013 年国际创新指数制度支持分类指数衡量的创新制度支持水平紧密相关($r=0.82$,$N=101$)。这一结果表明,对创新有强大制度支持的国家也更可能成为多元文化人才的国际中心。对创新有强大制度支持的国家也更能吸引来自外国跨国公司的合作(MNEs;参见 Collison,本书第 9 章)。

文化多样性对创造力和创新的积极影响已经在个人、企业和文化层面得到了验证。在个人层面,实验和调查研究(Leung and Chiu,2010;Leung,Maddux,Galinsky and Chiu,2008)指出,身处广泛多元文化环境中的个人在标准化的创造力测试中表现更好。这种现象在个体表现得更开放(Leung and Chiu,2008)以及不急于在解决问题时找到标准答案(Leung and Chiu,2010)的情况下更加明显。单一文化的个体在控制性实验中体验到外国文化中的想法和行为后,这些个体比控制条件(无外国文化体验)下的对照组在创新性任务中表现更佳。事实上,这种简短的多元文化体验对创造力的有利影响持续了一周

（Leung and Chiu，2010）。外国文化体验的影响在并行展现本地与外国文化时尤为强烈（Leung and Chiu，2010）。当不同文化并行出现时，文化间的差异会受到关注（Leung et al.，2008）。认识到文化差异后，个体会思考他们从自己的文化中获取的知识是否还有用。尽管这种体会可能会产生认知失调等不好的情绪，但它也能激励个体解决文化间的明显差异，并通过综合不同文化传统中的想法和行为来创造新知识（Cheng and Leung，2013；Cheng，Leung and Wu，2011）。

在公司层面，Collison（本书第9章）讨论了中国企业与西方跨国公司跨文化合作的潜在利益。Dunlap-Hinkler 等（2010）将1992—2002年间来自98家企业的1 699份食品与医药管理局新申请分为渐进式创新和重大突破，他们发现，由跨文化的合资企业或企业联盟研发的产品更可能是重大突破的创新。对中国183家高科技企业的研究也表明，外部学习能促进突破式创新的发展（Bao，Chen and Zhou，2011）。在国家层面，研究表明文化多样性对创新成果的积极作用比创新投入还要大（Zhan，Bendapudi and Hong，in press）。

群体中心主义的负面影响

然而，文化多样性带来的创造力与创新是有限的。在个人层面，人们可能抗拒外国文化的进入，担心这会使内部文化受到侵蚀或毒害（Chiu，Gries，Torelli and Cheng，2011；Torelli，Chiu，Tam，Au and Keh，2011）。

在公司层面，Collison（本书第9章）发现，在中国，跨国公司与本国企业的合作通常较短，这是由于缺乏互信和互惠上不平衡。在国家层面，Zhan 等（in press）发现，尽管跨文化多样性与更高的创新产出有关，但这种正相关在民族极端化程度高的国家是弱化的。

因此，了解文化多样性何时能促进、何时又会阻碍创造力与创新是很重要的。来自多种渠道的证据表明，群体中心主义有很大的限制影响。群体中心主义是指：（1）认为自身是群体的一部分；（2）夸大群体内部与外部的差别；（3）高估群体内的同质性。研究表明在个人层面，当个体有强烈的群体身份感时，跨文化体验不会促进创造力（Leung and Chiu，2010）。当人们需要肯定其群体身份时也往往会拒绝外国文化的进入（Torelli et al.，2011）。

在公司层面，强烈的群体文化认同也与拒绝跨文化收购有关，特别是当外国跨国公司要收购群体文化的标志性品牌时（Tong，Hui，Kwan and Peng，2011）。在国家层面，各民族有着明显的文化隔阂时，创新产出的水平会更低（Zhan et al.，in press）。

中国的群体中心主义

群体中心主义可能是影响中国创新能力的重要因素。跨文化与文化心理学的研究发现了儒家文化相对强调集体主义（相对于个体的目标，更趋向于看重群体的目标）的强烈证据（Lehman，Chiu and Schaller，2004）。集体主义也是社会主义的核心价值观。尽管中华人民共和国早年进行过反孔运动以及市场经济在20世纪70年代后期兴起，但研究表明中国仍然非常强调集体价值观和做法。例如，中国的组织强调和谐的集体主义价值观，并避免多数派与少数派间的冲突（Leung，Brew，Zhang and Zhang，2011）。尽管中国劳动力市场的社会流动性、居民流动性及工作流动性有所提高，中国人要在越来越有活力的劳动力市场上找到并保住工作，建立与保持强大的社交关系这一集体主义做法仍是非常重要的（Bian and Ang，1997）。中国经济的增长及中国共产党通过"中国梦"复兴集体主义的行动，也使民族主义乃至超级民族主义（认为中国会成为世界超级大国的集体主义想法）有所发展。"中国梦"的推行是为了增强中国软实力。这可能增强国人的集体主义自豪感，降低市场经济中利己主义所带来的社会瓦解的风险及给予政权合法性（参见 Callahan，in press）。

中国群体中心主义的兴起可能阻碍创新能力的发展。上面提到，通过文化间学习，跨文化体验和文化多样性能带来产生新想法的灵感。但是，中国严重的并且还在发展的群体中心主义可能引导公民坚持中国文化传统并放弃乃至抵制从外国文化中寻找灵感。

群体中心主义和团队创造力

对团队创造力的研究还发现了群体中心主义对创造力的另一个潜在的不利影响。儒家文化对集体主义的强调，使得一些学者质疑儒家文化中成长的个人能否进行有创造力的思考（Mahbubani，2009）。过去关于在创造力与创新的国家间差异的研究得出了不同的结果（参见 Chiu and Kwan，2010），一派认为强调个体主义的国家创造力更高（Goncalo and Staw，2006；Niu, Zhang and Yang，2007），另一派则认为个体主义文化对创造力没有影响（Saeki, Fan and Dusen，2001）。例如，Niu 等（2007）发现，来自西方文化（美国、欧洲）的人在一些创造力测试中比来自亚洲文化（如中国、日本）的人表现更好。但是，在一项跨文化研究中发现，在有关托兰斯创造性思维图形测试中，尽管美国人比日本人产生了更多抽象及复杂的想法，但这两组人在想法的数量上并无差别。另外，两组人的想法的原创性都一样（Saeki et al.，2001）。

可能有人会说这些研究没能发现个体主义对创造力的主要影响，因为它们在创造力的实验测试中比较的文化太少（通常只有两种）。如果研究来自有代表性的样本国家和大范围的创新产出的创新数据，就会发现文化个体主义对创造力的显著影响。正如前面所说，全球创新产出分类指数（Global Innovation Output Sub-Index）（Cornell University, INSEAD and WIPO，2013）中有 142 个国家的大量创新产出的数据。把国家作为分析的单位，不同国家间，在控制各国收入这一变量后，创新产出与个体主义是正相关的（$r = 0.63$, $p < 0.0001$）。这一结果与 Erez 和 Nouri（2010）指出个体主义文化比集体主义文化更有创新性的研究报告是一致的。

尽管个体主义国家的创新产出更多，但过去的研究没能在个人创造力的标准化衡量中发现相应的国家差异。一个原因在于，集体主义价值观对个体创造力的影响很小。然而，当人们在团队中工作时，集体主义就会影响创新产出。研究表明，尽管原创性和效用性都是评估想法或产品创造力的标准，但个体主义文化会强调原创性，而集体主义文化更强调效用性（Erez and Nouri，2010；

Morris and Leung，2010）。例如，一项跨文化研究（Bechtoldt，De Dreu，Nijstad and Choi，2010）发现，当要求两个不同国家的团队尽力做好时，荷兰团队想到了更多的原创性想法，而韩国团队想到了更多有用的主意。相对于个体在传统创新任务中想出原创性想法，这些文化差异在团队选择方案以便进一步发展和实施时表现得更为明显（Li，Kwan，Liou and Chiu，2013）。这是因为团队选择进一步发展与实施的方案时，其成员可能会考虑团队或国家偏好的规范。因此，群体和文化规范对团队层面的方案选择的影响要大于在个人层面对想出方案的影响。

一项研究（Liou and Nisbett，2011）为这一想法提供了证据，这项研究对比了美国人和中国台湾人在一项产品设计任务中的表现。当要求他们独自为新设计提出想法时，美国人和中国台湾人的想法在原创性上是一样的。然而，当要求他们在小组中讨论团队成员的想法并选出一些作为进一步的发展方案时，美国团队选出的方案比中国台湾人选出的更具原创性，另外，被中国台湾人放弃的想法要比被美国人放弃的更具创造性。结果表明，美国团队更可能选择相对创新的想法来进行未来发展，尽管美国人与中国台湾人在提出原创性想法上的能力是一样的。

群体中心主义和整合性研究

解决重要的复杂问题（例如污染）要求对多元视角的知识和观点做创新性的综合分析（学科间研究），也需要将创新产出的研发与商业化相结合（跨学科研究）。快速发展的经济体毫无疑问地都对学科间及跨学科研究进行了大量投资。一些国家建立了政府资助的研究机构（例如新加坡的 A-STAR 和中国台湾的工业技术研究院）来推动学科间的合作，并为研发与商业化搭桥。

然而，个人要想跨越不同学科或不同职能并不容易。每个学科都像是一种文化，有自身的知识传统和评判知识有用性的标准（Chiu，Kwan and Liou，2013）。跨越学科的界限就像跨越文化边界。群体中心主义再一次在跨学科或跨职能结合中扮演了重要角色。实验表明，当需要跨学科的综合知识来解决设计问题时，来自某一学科（如工程、设计、商务）的大学生自然而然地会更关注与本学科有关的信息。当学生们深深地认为每个学科都有独特本质和不可改变的特点时，这种现象尤其明显。有着强烈的学科中心主义的学生在创作设计时倾向于选择由自己领域的专家提出的想法（而不是由其他学科领域的专家所提出的想法）（Chiu et al., 2013）。

工业技术研究院（以下简称工研院）的使命是促进台湾学科间和跨学科研究。在工研院，数以千计的知识工作者在数百个不同学科间接受训练，共同努力创造出适销对路的创新成果，而不同学科及职能群组之间的冲突也不少。我们在工研院做的研究表明，支持学科中心主义的知识工作者在学科间团队中往往会有更多人际和身份冲突。他们在团队中的合作能力通常也较差，对工作的满意度也较低（Chiu et al., 2013）。

对工研院的调查研究和对学生创新团队的过程研究都表明，多文化主义的信念（polyculturalist belief）能够减轻学科中心主义对创造力和创新的不利影响。多文化主义认为，尽管学科间在文化上有所不同，但各学科文化间的互动是非常频繁的（Morris, Chiu and Liu, 2015）。这种多文化主义的看法弱化了群体中心主义并鼓励向其他文化学习。过去的研究表明，当人们有从其他文化中学习的动力时，他们在体验过外国文化后，在创造力中的表现会得到提高（Maddux, Adam and Galinski, 2010）。我们对工研院的研究数据也表明，支持多文化主义的知识工作者在学科间团队工作时往往较少产生人际或角色冲突，他们的工作满意度也更高。跨学科学生创新团队成员如果都支持多文化主义，他们的团队往往就能做出创新设计（Chiu et al., 2013；也可参见 Gilnow and Xia 关于多背景主义作为中国 IT 外包克服制度障碍的方式的讨论，本书第 12 章）。

总的来说，儒家文化的传统、共产主义信念、兴起的民族主义和国人认为中国正成为超级大国的想法，都可能造成中国在个人、团队和组织层面对群体中心主义的偏好。这种群体中心主义的偏好不利于文化间学习并继续鼓励在创新中更看重实用性而非原创性的规范，这可能会阻碍国家创新能力的增强。

我们之前讨论了如果中国想要增强其突破式创新能力，需要建立支持创新的制度的必要性。然而，隐藏于对创新的制度支持背后的主要是个体主义价值观（例如，言论自由、保护个人所有权）。中国严重的群体中心主义表明，除了政治原因，国人的价值观与创新文化不兼容也可能是导致建立创新支持制度的改革遭遇阻力的原因所在。

总而言之，我们的分析表明仅仅改善中国的人力资本并不足以促进突破式创新。事实上，鉴于现行的制度与文化环境，没有制度与文化环境的基础性转变，通过世界级大学工程或全球人才招募计划等活动不足以为中国的科技领域带来重大变革。

纵向集中主义

许多在"千人计划"中归国的学术和商务人士希望对归国人员放宽该计划的承诺（Zweig and Wang, 2013）。然而现实是，归国人员在国内必须面对现实，关于资金和研究方向的重大决策都是由资深的学术组织、政府及党的行政机关决定的。归国人员可能不太适应国内的学术与商业环境中这种自上而下的决策结构。

跨文化心理学者把这种集体主义的做法归纳为纵向集体主义——在群体中，群体与个人的地位有先后顺序的一种群体主义（参见 Chiu and Hong, 2006）。纵向集体主义与横向集体主义不同，在横向集体主义中，群体成员在群体中是平等的，并首先要促进群体成员间积极的相互依赖。

中国的纵向集体主义对于其增强自身的创新能力有重要启示。前面说过，中国已经进行了大量的创新投资，例如为增强大学的研究能力推行的"985"工程和"211"工程。随着中国大量投资建设重点实验室和政府与大学实施的各种全球人才招募计划，中国的科研生产力在过去十年得到了极大的提升，中国的大学也获得了更多的国际认可。争取更高的世界排名（研究机构地位的象征）已经成为中国的大学和研究机构创新的主要动力。为争取研究机构的地位展开的竞争也推动了中国大学雇用著名的"千人计划"中的归国人员，因为雇用他们也能为其带来地位和声誉（参见 Zweig and Wang, 2013）。机构间对地位的竞争可能会让大学对排名给予过度的重视，这是一个弊端。这些指标（如学校里诺贝尔奖的获得人数）可能与大学研究活动的知识、经济与社会影响力仅有微弱的关系。其他指标可能使得研究的各种资源偏向于被主流国际杂志广泛接受的热点主题，而不是推动研究者从理论和实践上研究真正重要的中国现象，以大大推动知识边界的扩展。

纵向集体主义在中国的盛行也会影响中国组织的沟通结构。例如，在垂直管理结构中，中层管理者有两个作用。首先，上层做出决策后通过中层管理者传递给下属。再者，下属把中层管理者看作自己的保护人，向他们表达自己的期望。简言之，中层管理者能接触到上层和下级的信息。这种管理结构在中国非常普遍，特别是在国有企业中（Menon, Sim, Fu, Chiu and Hong, 2010）。

一方面，中层管理者处于综合不同层次管理者信息并提出创新性、综合性解决方案以推动组织发展的最佳地位。另一方面，中层管理者可能为要处理的大量复杂信息所淹没，有时既达不到上层的要求也达不到下级的期望。为了处理好大量复杂信息，负荷过重的中层管理者可能采用组织中广泛接受的处理信息与关系的策略，而不是进行创新（Chiu, Morris, Hong and Menon, 2000）。中国组织中的这种纵向集体主义对组织创新的影响需要进一步研究。

结 论

我们在本章中认为，中国在过去的 35 年中通过优化其现有的有形资产已经实现了快速的经济增长，这种经济增长的方式在接下来的 20 年间仍然有效。然而，中国的长期增长取决于其无形资本的发展，这种发展是通过技术的进步和人力资本的提升实现的。对跨国公司的纵向数据分析结果表明，人力资本质量的提高能够增加国家知识创造的数量，并增强创新对本地经济的影响。为了促进有全球影响力的创新，各国都需要加强对创新的制度支持。

我们以这个视角对中国提升其创新能力的战略进行评估。我们的分析表明，中国采取了积极主动的方法，通过积极努力地提升大学标准和吸引国际著名的华人科学家、企业家回国建立其人力资本。尽管如此，由于历史、政治和文化方面的原因，中国的制度改革一直很慢。我们认为，中国缺乏对创新的制度支持，这将限制其人才招募计划的作用。我们还认为，强大并不断增长的群体中心主义也可能限制中国学习外国文化并从文化多样性中受益的能力，这种群体中心主义是随着中国文化传统、当代政治意识形态和民族主义的兴起而出现的。群体中心主义也加强了优先考虑创新的实用性、较为轻视原创性的文化趋势，创造了一个关注改进式创新而不是突破式创新的趋势。我们进一步讨论了纵向集体主义，即另一种对中国创新能力建设有潜在影响的文化约束。这一讨论引出了一个假设，即许多中国组织的纵向管理结构可能已经造成了中层管理人员的认知超载，阻碍了组织创新。

我们通过这次分析认为，靠中国自己建设人力资本不足以发展其变革创新的能力。至少在创新领域，中国需要改变制度和文化环境。一个从根本上创新的中国需要支持商业自由和言论自由，并且保护个人所有权的制度；同时还需要一种承认横向个体主义的价值观和淡化群体中心主义并支持多元文化主义的文化。

创新和经济增长需要制度与文化变革的观点能够在将来的调查中加以检验。首先，在中国，各个企业、城市、地区/省份在三种创新类型（知识创造、知识影响和知识扩散）中的表现是不同的。这也许能够评估城市、地区/省份不同类型的创新表现与经济增长之间并发的、可预测的联系。这样的研究结果将使得调查人员能够估测不同类型的创新对经济发展的影响。

其次，人力资本的质量和创新的制度支持在各个企业、城市、地区/省份也各不相同。评估收入增长与人力资本不同组成部分和各企业、城市、地区/省份的制度支持之间的联系有多大，可以使研究者得以检验人力资本与制度支持对创新表现的共同影响。这类研究的结果也使得研究者能够识别驱动创新的人力资本和制度支持的具体组成部分。也可进行类似的研究以评估群体中心主义和纵向集体主义在企业、城市、省份/地区层面对创新的影响。

假设关系中的预测在实验中是可以被操纵的。例如，人力资本可以通过与任务相关的特定知识和工作团队成员拥有的技能的平均水平和多变性来操纵。制度支持可以通过一个工作组中非正式与正式的制度资本质量来操纵。纵向集体主义可以通过引进组间竞争来操纵。群体中心主义可以通过改变团队中组内身份的高低来操纵。因此，实验研究可以模拟在创新任务中被操纵的预测因素对团队绩效的影响。例如，在控制实验中，为了模拟群体中心主义和纵向集体主义对创新的影响，研究者可以指导不同水平的特定人力资本团队进行创新设计的任务，并观察群体中心主义和纵向集体主义的实验操作会如何降低团队绩效。我们乐观地认为，这些研究结果将会提升我们的知识——这些知识聚焦于中国体制及文化对技术进步的限制。

参考文献

Aiyar, S., Duval, R., Puy, D., Wu, Y., Zhang L. 2013. Growth Slowdowns and the Middle-income Trap. IMF Working Paper.

Bao, Y., Chen, X., Zhou, K. Z. 2011. External Learning, Market Dynamics, and Radical Innovation: Evidence from China's High-tech Firms. *Journal of Business Research* 65: 1225-1233.

Bechtoldt, M. N., De Dreu, C. K. W., Nijstad, B. A., Choi, H.-S. 2010. Motivated Information Processing, Epistemic Social Tuning, and Group Creativity. *Journal of Personality and Social Psychology* 99: 622-637.

Bendapudi, N., Zhan S., Hong Y-Y. 2015. Quality of Education does not Always Guarantee Creative Output: The Moderating Role of Cultural Values. Working Paper, Nanyang Technological University.

Bian, Y., Ang, S. 1997. Guanxi Networks and Job Mobility in China and Singapore. *Social Forces* 75: 981-1005.

Callahan W. A. in press. Identity and Security in China: The Negative Soft Power of the China Dream. *Politics*.

Cheng, C-y. Leung, A. K-y. 2013. Revisiting the Multicultural Experience-creativity Link: The

Effects of Cultural Distance and Comparison Mindset. *Social Psychological and Personality Science* 4: 475-482.

Cheng, C-y., Leung, A. K-y., Wu, T. Y. 2011. Going Beyond the Multicultural Experience-creativity Link: The Emotional Pathway Underlying Dual-cultural Activation and Creativity. *Journal of Social Issues* 67: 806-824.

Chiu, C-y., Gries, P., Torelli, C. J., Cheng, S. Y-Y. 2011. Toward a Social Psychology of Globalization. *Journal of Social Issues* 67: 663-676.

Chiu, C-y., Hong, Y. 2006. *Social Psychology of Culture*. New York: Psychology Press.

Chiu, C-Y., Kwan, L. Y-Y. 2010. Culture and Creativity: A Process Model. *Management and Organization Review* 6: 447-461.

Chiu, C-y., Kwan, L. Y-y., Liou, S. 2013. Culturally Motivated Challenges to Innovations in Integrative Research: Theory and Solutions. *Social Issues and Policy Review* 7: 149-172.

Chiu, C-y., Morris, M., Hong, Y., Menon, T. 2000. Motivated Cultural Cognition: The Impact of Implicit Cultural Theories on Dispositional Attribution Varies as a Function of Need for Closure. *Journal of Personality and Social Psychology* 78: 247-259.

Christensen, C. C. 2000. *The Innovator's Dilemma*, New York: Harper Collins.

Coleman, J. S. 1988. Social Capital in the Creation of Human Capital. *American Journal of Sociology* 94: S95-S120.

Cornell University, INSEAD, WIPO 2013. *The Global Innovation Index* 2013: *The Local Dynamics of Innovation*. Geneva, Ithaca, and Fontainebleau.

Dakhi, M., de Clercq D. 2007. Human Capital, Social Capital, and Innovation: A Multi-country study. *Entrepreneurship and Regional Development* 16: 107-128.

Dunlap-Hinkler, D., Kotabe, M., Mudambi, R. 2010. A Story of Breakthrough versus Incremental Innovation: Corporate Entrepreneurship in the Global Pharmaceutical Industry. *Strategic Entrepreneurship Journal* 4: 106-127.

Erez, M., Nouri, R. 2010. Creativity in a Context: Cultural, Social, and Work Contexts. *Management and Organization Review* 6: 351-370.

Gao, Y., Gao, S., Zhou, Y., Huang, K-F. 2015. "Picturing Firms" Institutional Capital-based Radical Innovation Under China's Institutional Voids. *Journal of Business Research* 68: 1166-1175.

Goncalo, J. A., Staw, B. M. 2006. Individualism-collectivism and Group Creativity. *Organizational Behavior and Human Decision Processes* 100: 96-109.

Gong, F., Li, J. 2010. Seeking Excellence in the Move to a Mass System: Institutional Responses and Changes in Chinese Key Comprehensive Universities. *Frontiers of Education in China* 5: 477-506.

He, Y. 2007. History, Chinese Nationalism and the Emerging Sino-Japanese Conflict. *Journal of Contemporary China* 16: 1-24.

Kenney, M., Breznitz, D., Murphree, M. 2013. Coming Back Home after the Sun Rises: Returnee Entrepreneurs and Growth of High Tech Industries. *Research Policy* 42: 391-407.

Kwan, L. Y-Y., Chiu, C. Y. in press. Country Variations in Different Innovation Inputs: The Interactive Effect of Institution Support and Human Capital. *Journal of Organizational Behavior*.

Lanvin, B., Evans, P. 2013. *The Global Talent Competitiveness Index* 2013. Singapore: INSEAD.

Lau, L. J. 2014. What Makes China Grow? Hong Kong: Institute of Global Economics and Finance, the Chinese University of Hong Kong.

Lau, L. J., Park, J-S. 2007. Sources of East Asian Economic Growth Revisited. Working Paper, Department of Economics, Stanford University, Stanford, CA.

Lehman, D., Chiu, C-y., Schaller, M. 2004. Culture and Psychology. *Annual Review of Psychology* 55: 689-714.

Leung, A. K-y., Chiu, C-y. 2008. Interactive Effects of Multicultural Experiences and Openness to Experience on Creativity. *Creativity Research Journal* 20: 376-382.

Leung, A. K-y., Chiu, C-y. 2010. Multicultural Experiences, Idea Receptiveness, and Creativity. *Journal of Cross-Cultural Psychology* 41: 723-741.

Leung, A. K-y., Maddux, W. W., Galinsky, A. D., Chiu, C-y. 2008. Multicultural Experience Enhances Creativity: The When and How? *American Psychologist* 63: 169-181.

Leung, K., Brew, F. P., Zhang Z. X., Zhang Y. 2011. Harmony and Conflict: A Cross-cultural Investigation in China and Australia. *Journal of Cross-cultural Psychology* 42: 795-816.

Li, C., Kwan, L. Y-Y., Liou, S., Chiu, C-y. 2013. Culture, Group Processes and Creativity. in Yuki and Brewer (eds.) *Culture and Group Processes*. New York: Oxford University Press.

Li, M., Chen, Q. 2011, Globalization, Internationalization and the World-class University Movement: The China Experience. in King, Marginson and Naidoo (eds.) *Handbook on Globaliza-*

tion and Higher Education. Cheltenham, UK: Edward Elgar.

Liou, S., Nisbett, R. E. 2011. Cultural Difference in Group Creativity Process. Paper presented at the annual meeting of the Academy of Management, San Antonio.

Maddux, W. W., Adam, H., Galinsky, A. D. 2010. When in Rome⋯Learn Why the Romans Do What They Do: How Multicultural Learning Experiences Enhance Creativity. *Personality and Social Psychology Bulletin* 36: 731-741.

Mahbubani, K. 2009. *Can Asians Think*? Marshall Cavendish.

Menon, T., Sim, J., Fu, J. H-Y., Chiu, C-y., Hong, Y-y. 2010. Blazing the Trail and Trailing the Group: Culture and Perceptions of the Leader's Position. *Organizational Behavior and Human Decision Processes* 113:51-61.

Morris, M. W., Chiu, C-y., Liu, Z. 2015. Polycultural Psychology. *Annual Review of Psychology* 66: 631-659.

Morris, M. W., Leung, K. 2010. Creativity East and West: Perspectives and Parallels. *Management and Organization Review* 6: 313-327.

Niu, W., Zhang, J., Yang, Y. 2007. Deductive Reasoning and Creativity: A Cross-cultural Study. *Psychological Reports* 100: 509-519.

Organization for Economic Cooperation and Development (OECD) 2013. *Supporting Invention in Knowledge Capital, Growth and Innovation*. OECD.

Saeki, N., Fan, X., Dusen, L. V. 2001. A Comparative Study of Creative Thinking of American and Japanese College Students. *Journal of Creative Behavior* 35: 24-36.

Tabellini, G. 2008. Institutions and Culture. *Journal of the European Economic Association* 6: 255-294.

Tong, Y-y., Hui, P. P-Z., Kwan, L. Y-Y., Peng, S. 2011. National Feelings or Rational Dealings? The Moderating Role of Procedural Priming on Perceptions of Cross-border Acquisitions. *Journal of Social Issues* 67: 743-759.

Torelli, C. J., Chiu, C-y., Tam, K-P., Au, A. K. C., Keh, H. T. 2011. Exclusionary Reactions to Foreign Cultures: Effects of Simultaneous Exposure to Cultures in Globalized Space. *Journal of Social Issues* 67: 716-742.

Wagner K., Taylor A., Zablit, H., Foo, E. 2014. *The Most Innovative Companies* 2014: *Breaking Through is Hard to Do*. Boston: Boston Consulting Group.

Wu, Y. , Yang, Y. , Chiu, C-y. 2014. Responses to Religious Norm Defection: The Case of Hui Chinese Muslims not Following the Halal Diet. *International Journal of Intercultural Relations* 39: 1-8.

Yip, G. McKern, B. 2014. China's Many Types of Innovation. *Forbes Asia*.

Zhan, S. , Bendapudi N. , Hong, Y-y. in press. Re-examining Diversity as a Double-edged Sword for Innovation Process. *Journal of Organizational Behavior*.

Zweig, D. , Wang, H. 2013. Can China Bring Back the Best? The Communist Party Organizes China's Search for Talent. *China Quarterly* 215: 590-615.

第 15 章
重构跨文化管理的研究

Rosalie L. Tung

翻译：杨时羽

摘要：管理学界对文化以及文化的不同维度与组织绩效之间关系的讨论方兴未艾。然而，大部分现有研究都受制于以下四类假设：空间的同质性；文化距离会系统性地引发种种消极结果；文化距离对组织的消极作用是同质的，并不受组织具体优势的影响；可以将个人层面的评价进行加总形成测量文化的指标。本章以中国为例，着重讨论了文化差异的维度模型存在的种种问题。面对跨文化研究当前的困境，本章为未来的研究指出了三个方向：第一，为比较管理研究建立更全面的模型；随着文化差异维度模型的出现，这一方向的研究不被重视。第二，重新界定文化差异和文化距离这两个概念。第三，发展情境性的文化智力。本章也讨论了跨文化研究对中国本土公司和外资公司人力资源管理的实践启示。

引 言

虽然 Hofstede 的文化维度模型受到了一些批评，但毋庸置疑，他于 1980 年出版的著作《文化的后果：与工作相关价值观的国际差异》具有很大的影响力。人们对文化及其影响——主要是文化距离是否会影响跨国组织的绩效

（参见 Kogut and Singh，1988）——产生了极大的兴趣，这使得文化相关研究呈指数增长。

Stahl 和 Tung（2015）对最重要的国际商务学术期刊 *Journal of International Business Studies*（JIBS）24 年间发表的研究论文做了内容分析，结果发现 21% 的研究探讨了文化差异对组织绩效的直接或间接影响。这些文章讨论的内容有，企业是否倾向于和国外企业开展合作、合作的成败、总部的政策和举措是否能成功转移到处在不同文化情境下的海外分公司中。

与亚洲国家尤其是与中国有关的跨文化研究十分流行。亚洲经济在世界经济中的地位日益提高，同时也有越来越多的西方人选择到亚洲国家旅行以便学习和了解当地的文化，这使得管理学界对亚洲文化如何影响国际商业实践产生了浓厚的兴趣。

本章将首先简要梳理跨文化（跨国研究或许更为恰当）研究的发展历程，然后对文化研究做一个总体回顾。其中，以中国为例的发展中国家将是分析的重点。本章将指出，虽然文化研究领域取得了许多进展，但研究者们目前仍然面对着和几十年前相同的困局，挑战和难题主要来自空间同质性的假设。本章将在稍后的部分对阿里巴巴和华为这两家极负盛名的中国企业的领导风格进行对比及分析，以强调空间同质性假设的谬误所在。最后，本章将讨论如何对跨文化管理进行重新定义，并着重分析以下两种情境下的人力资源管理实践：第一，跨国公司在中国的运营；第二，中国企业在"国际化"政策下的海外投资。

跨文化研究的发展历程

在 Hofstede 开创性的研究之前就已经出现了跨国研究。Tung（1986）指出跨文化的比较管理学研究有四种主要的理论方法：其一，社会经济方法；其二，环境的方法；其三，行为的方法；其四，折中的方法。下文简要分析上述四种方法。

社会经济方法。Harbison 和 Myers（1959）对 23 个国家的管理实践进行了研究，认为不同国家之间管理实践的差异是源于经济发展的阶段和速度不同。他们假定，随着工业化进程的发展，各国的管理观念将越来越趋同。中国就是证明社会经济环境对管理实践和政策产生影响的最佳示例。在中国 1977—1978 年的改革开放政策之前，整个国家的管理实践规范可以概括为中央计划。国家直接给企业下达指令、全权负责资源调配，盈利都归国有，企业管理者无须为盈亏负责。国家强调收入平等，因此除了"道德鼓励"的原则之外，人们缺乏超额完成生产任务的动力（Tung，1981）。文化大革命时期（1966—1976），灾难性的政策和市场机制的缺位让中国经济在毛泽东去世后处在崩溃的边缘，共产党也面临毁灭性的打击。在邓小平开展市场化改革并打开国门引入外资之后，中国经济几乎以世界上最快的速度持续增长了 35 年，成为世界第二大（或第一大）经济体，享有世界最大规模的外汇储备，并成为美国的最大债权国。

在 1977—1978 年之前的社会经济环境下，中国绝不可能在短时间内取得如此令人惊叹的发展成就。尽管 Harbison 和 Myers 认识到了社会经济环境对塑造管理实践的重要作用，但他们的模型并不能解释在特定国家中组织间的差异。例如，该模型并不能解释为何并非每个中国的初创企业都能取得和阿里巴巴一样的成就。Harbison 和 Myers 模型的第二个局限在于，它假设处在相同工业化/经济发展阶段的国家中的企业会有相似的管理风格和管理实践。对经济合作与发展组织国家的简要回顾表明，尽管美国和日本同在世界上工业化最为发达的国家之列，两国的管理风格和管理实践显然是截然不同的。简言之，Harbison 和 Myers 的研究范式仅仅分析了距离所研究的现象较远的宏观社会经济环境，而未考虑其他可能的影响因素。因此，他们的模型并未就组织功能如何影响组织结果/绩效这一问题提出或检验任何假设。

环境的方法。Farmer 和 Richman（1965）希望通过在模型中纳入更多的外部环境相关变量（教育，社会，政治，法律，经济）来弥补 Harbison 和 Myers（1959）的理论的局限性。类似于目前制度环境的相关研究（参见 Kostova and

Zaheer, 1999; Dow and Karunaratna, 2006), Farmer 和 Richman 所关注的变量范围更广。虽然我们承认在模型中纳入更为全面的外部环境相关变量是十分有益的，但这种做法仍然忽视了组织内部的相关因素。与此相反，区分了公司特有优势（FSAs）和国家特有优势（CSAs）的对外直接投资理论（例如 Rugman and Verbeke, 2001），以及 Jay Barney（1986）的资源基础理论（RBV）都考虑了在特定国家中组织内在的或独有的因素。这些理论着重分析的是企业的比较优势而非国家的比较优势。

总之，虽然 Farmer 和 Richman 的模型相较于 Harbison 和 Myers 的更为完善，但他们的研究范式仍然隐含了一种假设，即管理者是被动的，他们受到环境的制约并对环境做出反应。他们没有考虑到现实情况下，管理者可以通过采用种种战略影响组织过程从而积极地改造某些环境变量。

行为的方法。Haire、Ghiselli 和 Porter（1966）聚焦于探索人们的价值观、信念、态度、认知是如何影响团队行为、决策制定以及组织绩效的。Hofstede（1980）提出的价值观维度模型是另一种行为的方法。虽然对人们的心理特质进行分析十分重要，但这种方法忽视了社会环境因素的影响。不仅如此，这种视角也隐含了空间同质性的假设，即在同一国家和地区的人具有相同的文化价值观。

折中的方法。折中的方法涵盖了不同层面的变量：社会、组织以及个人。折中的方法研究的例子包括 Negandhi-Prasad（1975）的模型和 Tung（1986）提出的比较管理学系统模型。在 Tung（1986）的模型中，组织氛围是关键变量。

在 Negandhi-Prasad（1975）的模型中，假设一个组织的管理哲学和环境因素会共同影响该组织的管理实践。该模型强调了管理者认知的作用，因此能够解释为什么同一国家中组织之间存在差异；这一方法很好地反映了现实情况。他们的模型也区分了组织的经济绩效和非经济绩效，因此考虑到了组织能够"控制"的因素（例如工作满意度、组织承诺等）和不能控制的因素（例如通货膨胀率、汇率等）。然而，他们的模型只分析了变量之间的单向关系。

Tung（1986）的比较管理学系统模型在不同层面上分析了组织氛围这一核

心变量。组织氛围（OC）是指"（组织中的个体）所感受的或经历的总体的环境结构"（Litwin and Stringer，1968：196）。鉴于组织氛围的整体性，它可以包含宏观环境的变量（国家层面）、中观环境的变量（企业层面）以及微观变量（个人层面）。因此，组织氛围在概念上可以在三个层面上进行分析。由于它是一个基于认知的测量，因此把它用于比较管理学的系统模型中有助于解释在同一国家、处在相同制度环境下的不同组织的差异。考虑到组织间的差异大小有可能并不逊色于国家间的差异大小，允许组织存在异质性的研究范式或框架显然要更符合实际（Tung，2008a）。

随着 Hofstede 的价值观维度的提出，比较管理学模型的进一步发展和完善的努力多少有些停止。此后，维度模型在跨文化研究中占据了主导地位。换言之，跨文化研究的焦点已经从比较管理学转向了价值观维度模型的应用，因为后者能更迅速直观地描述某种文化。不仅如此，Kogut-Singh（简称 KS 指数）的引入为人们测量两种或多种文化提供了更简明、易用的工具，从而加速了价值观维度模型的发展。

为何需要重构跨文化管理的研究？

Hofstede 的维度模型和 KS 指数的引入使得主流的国际商务/国际管理文献中关于文化的研究迅速增加。但文化差异的维度模型和测量指数有着严重的局限性。例如，对研究所关心的现象解释力较弱（Hakanson and Ambos，2010）。Tung 和 Verbeke（2010）将跨文化研究的种种局限总结为四副遮蔽现实的面具：第一，假设"同一国家的空间是同质性的"；第二，文化距离"将系统性地引发种种消极结果"；第三，假设"国家间的文化距离对所有企业都有相同的影响，这种影响不受企业自身特性的左右"；第四，"将个人层面的测量进行加总作为测量文化距离的指标"，不过，这种操作是可疑的。下文在有关中国的跨文化研究情境下对每一副面具都进行了讨论。

面具1:"同一国家的空间同质性"

Tung(1993)比较了国家间多样性(研究的焦点是国际管理)和国家内部多样性(研究的焦点是关系人口学和种族关系),研究结果表明,虽然这两类多样性有所不同,但它们在许多方面也有相似之处。例如,Tung(1998)指出,Berry(1980)基于加拿大内部移民提出的四种新文化适应原型也十分适用于北美在其他地区的外派人员。Berry基于"新文化的吸引力"(是$_1$,否$_1$)以及"保持己方文化的需求"(是$_2$,否$_2$)这两个维度提出了少数族裔文化成员与主流文化融合的四种原型:融合(是$_1$,是$_2$),同化(是$_1$,否$_2$),分离(否$_1$,是$_2$),边缘化(否$_1$,否$_2$)。将这一模型用于分析外派人员的绩效,融合型的绩效最高(Tung,1998)。同样的结论也适用于前往加拿大的移民(Berry,1980)。

相似地,Tung(1993)指出,Tannen(1990)针对美国男性和女性交流模式差异(即"genderlect")的研究结论在日本文化中也同样适用。基于对美国男性及女性交流模式及风格的深入分析,Tannen(1990)发现,相比男性而言,女性是更好的倾听者,她们倾向于维持和谐且对"无声的语言"更为敏感。Tung(1993)指出,典型的日本人展现出Tannen所提出的女性化特质,而典型的美国人则展现出更多的男性化特质。

由于以下几大因素的作用,国内多样化程度越来越高:移民,人才流动,人才争夺战,多种族和双文化背景/多文化背景人口的增多。下文逐一简要分析这些因素。

移民。美国和加拿大有来自世界各地的移民。以加拿大为例,在多伦多和温哥华一类的主要城市,约40%的人口属于移民或移民的后代(Tung and Baumann,2009)。传统上,美国和加拿大移民的主要来源地是欧洲。近年来,虽然拉美裔(作为一个少数族裔)人数超过华裔,但越来越多来自中国的移民开始涌入美国。

人才流动。在前全球化时代,"人才流失"和"人才获取"被广泛用于描述人口的流失（对外移民的结果）和流入（移民涌入的结果）。Saxenian（2002）提出"脑力循环"（brain circulation）一词，来描述全球化背景下人才暂时离开原国到海外以获取更好的教育资源和工作经验，然后回到出生国（COO）以谋求发展机遇的现象。Saxenian（2002）发现，硅谷有相当比例的初创企业是由中国和印度移民发起的。为了更好地把握出生国的发展机会，许多这样的初创企业都同时在出生国和硅谷开展业务。Kenney、Breznitz 和 Murphree（2013）研究了三个经济体（中国台湾，中国大陆，印度）的信息、通信和技术产业，结果发现有海外背景的从业者是西方向东方技术和管理专业知识转让的重要媒介。

这种在职业生涯的不同时段生活在不同国家的模式常见于家境殷实者，尤其是在亚洲。一项对巴克莱银行的高净值个人的研究发现，其中 57% 有海外生活背景，另外 20% 曾经生活在"三个或以上"国家（*The Rise of the Global Citizen*？2014）。然而，这些享有巨大财富的人退休后大多都选择回到出生国。这使得国家内部的多元化程度提高了。

此外，很多跨国公司都雇用了有海外背景的中国人回到中国分部工作。具有高度专业技能的人群越来越乐于从海外回到自己的出生国，这呼应了 Tung（1998）对无边界职业生涯的研究。不仅如此，随着中国市场的国际地位日益提高，越来越多有高潜力和高职业追求的外国人也选择到中国工作一两年以获得有价值的国际工作经验。这些变化反过来提高了中国的内部多元化程度。

人才争夺战。McKinsey 在 1998 年提出了"人才争夺战"的概念，它是指工业化国家和发展中国家常常争夺同一批人才（Chambers, Foulon, Handfield-Jones, Hankin and Michaels, 1998）。几十年来从海外涌入中国的投资以及中国的跨国公司在近期的对外投资引发了国际市场对人才空前的需求。虽然中国是世界上人口最多的国家，但它面临着"丰富中的稀缺"这一矛盾。也即，缺乏专业技能的人群就业不足，而高技术岗位却招不到人（Farrell and Grant, 2005）。为解决这一问题，中国制订了一系列中长期计划以致力于将"人口红利"转化为"人才红利"（Wang, 2010）。这些计划中的一个重要元素就是吸引有专业技术的海外华人回国工作。

鉴于这些计划还在起步阶段,目前评估它们的效果还为时尚早。归国华人主要分为两类:国家公派出国和自费出国。第一类人群中 32% 最终选择回国(Zweig, Chen and Rosen, 2004)。第二类人群中有 96.1% 留在海外("2010 年更多的中国留学生选择回国",2011)。

中国媒体将归国的华人称为"海归",而我将这类人群称为"前东道国国民"(ex-host country nationals, EHCNs)(Tung and Lazarova, 2006),因为他们的族裔背景和所居住地(在此例中也即中国)的人群一样,但由于他们长期在海外工作和生活,他们的价值体系和工作需求与那些从未走出国门的中国人非常不同。显然,"前东道国国民"的回国也将丰富中国国内的多样性。

双种族和双文化/多文化者。据估计,目前美国 15% 的婚姻是跨种族的(Taylor, Wang, Parker, Patten and Motel, 2012)。虽然这些跨种族家庭的后代并不一定有双重文化背景,但来自父母双方的影响还是会使他们对不同文化背景的行为方式和价值体系的差异更为敏感。综合考虑跨种族婚姻、人才流动、移民、无边界职业生涯、全球化以及企业对全球视野重要性的日益强调(Tung, 2014a),我们可以肯定,具有双重文化/多重文化背景的人群数量正在迅速增长。

综合来看,以上这些趋势对特定国家内空间同质性的假设形成了巨大挑战。比如,Tung、Worm 和 Fang(2008)就发现北京(首都)人、上海(商业中心)人、广州(中国最南方的城市,临近香港)人和成都(中国西部重镇)人的谈判风格十分迥异。虽然结论的普适性有待商榷,但该研究发现北京人政治倾向较强,较为官僚化;上海人更精明,更有商业头脑,更强调底线;广州人更具有开拓精神,对政治和意识形态的敏感度较低;成都人则较为传统。相较于东部沿海地区,成都进入国际商业舞台的时间较晚,因此成都人的谈判风格类似于十年前的东部沿海人。

除了地域差异,代际差异也十分显著。例如,20 世纪 80 年代以后出生的中国人的价值观和态度相较于 80 年代以前生人就十分不同,后者生长于一个物质匮乏、政治斗争频繁的环境中（Egri and Ralston, 2004）。类似地，Tung 和 Baumann（2009）发现，生长在中国的中国人、加拿大华人、澳大利亚华人这三个群体对金钱和储蓄的态度非常相似，而与加拿大华人和澳大利亚华人相比，这两个国家的白种人则在对待金钱和储蓄的态度上十分不同。此外，文化并不是静态的，尤其在那些发展中国家，整个社会在各个方面都正在发生剧变（参见 Tung, 2008a）。

既然在同一国家内部都有如此大的多样性，那么毋庸赘言，同质性假设在那些处在同一地区的国家、有相同价值传统的国家、地理上接近的国家中更难成立。在国际商务/国际管理文献中，有一批研究聚焦于讨论儒家文化集群（即受到儒家文化影响的国家，例如中国、日本、韩国）。例如，Nisbitt（2003）提出亚洲和西方国家之所以不同是源于人类认知的差异，他在研究中对这些差异进行了描述。Tung（2014b）将之视为亚洲研究的某种危险。

面具2：文化距离"将系统性引发种种消极结果"

Stahl 和 Tung（2015：1）对 1989—2012 年间发表在 JIBS 上的研究进行了内容分析，结果发现对文化距离提出消极假设（也即，文化距离会带来种种问题和挑战）的文章是提出积极假设文章的 17 倍。在实证研究中，这一数字是 15 倍。这表明相较于理论探讨，在管理实践中文化距离所带来的消极结果较少。此外，Stahl 和 Tung（2015）将 21 年间发表的研究分为三个阶段，结果显示对文化距离的消极假设随着时间的推移而减少。

基于已有的数据，Stahl 和 Tung（2015）很难断定他们的发现究竟说明研究者们对文化距离存在消极判断的倾向（即偏见），还是跨文化情境的现实情况确实以问题和挑战为主。他们的研究提醒人们注意两个重要的事实。第一，虽然实证研究中消极假设文章的数量是积极假设文章的 15 倍，但是在这些做出消极假设的文章中，47% 的结果发现文化差异和结果变量之间存在正向的/模糊的/无法得出结论的关系。第二，几个元分析的结果显示，文化差异和绩效相关的结果变量之间的关系要么很弱，要么无法得出结论。总体而言，结果取决于具体的情境因素（Stahl and Tung，2015）。

以中国为例，KS指数显示，中国和许多西方国家，例如美国、德国、法国之间的文化差异很大。Tung（2015）提出了一个尖锐的问题：如果文化距离确实会不可避免地带来误解和失败，为什么那么多世界知名的成功跨国公司还要大张旗鼓地在中国扩张业务、进入中国市场呢？

正如Tung（2008a）所指出的，"文化差异或文化距离必然导致问题"这一假设在很大程度上是源于同质性的观念，即人们更偏好于和与自己相似的人相处（Lazarsfeld and Merton，1954；Ibarra，1992）。如果上述观点成立，那么一个自然的推论是，在中国开展业务的跨国公司里，只有华裔能够有效地管理中国本土员工。然而，事实恰恰相反——有证据表明，中国本土员工更加欢迎与他们不同的管理者（Carr，Rugimbana，Walkom and Bolitho，2001；Tung and Lazarova，2006）。换言之，在某些情况下，事实恰好是同质性假设的反面，也即"反谐振"（inverse resonance）。

总体来看，以上发现表明只聚焦于某一类因素（在此例中，即文化差异）难以解释组织间差异。也就是说，理解和测定文化特点和文化差异是解释组织间差异的必要不充分条件。

面具3： 假设"国家间的文化距离对所有企业都有相同的影响，这种影响不受企业自身特性的左右"

正如Rugman和Verbeke（2001）所指出的，在考虑国家特有优势的同时也不能忽视公司特有优势。公司特有优势也包括"分公司特有优势"。在中国情境下，公司特有优势包括跨国公司在进入中国市场时有效利用海外华人的知识，并在中国有效开展业务的能力。在侨居国外的人口中，华人的数量是最大的，并且这一数字还在不断增长——中国已经成为目前世界上最大的移民来源国（Zhou，2015）。Tung和Chung（2010）发现了"移民效应"的证据，也即，由华裔创立或在关键岗位雇用了华裔的企业，在进入中国市场时更倾向于采用高承诺模式（即股权投资）而非通过出口或颁发特许经营权。这一发现呼应了 Chand 和 Tung（2011）的研究。他们发现，在跨国商业交易中，海外华人常常扮演着边界拓展者的角色，帮助在出生国和居住国之间建立信任。许多海外华人在对华交往方面有着丰富的知识和经验，对于想要进入中国市场的外国跨国公司以及想要进行海外投资的中国企业而言，他们都具有极大的价值。

面具4："将个人层面的测量进行加总作为测量文化距离的指标"，这种操作是可疑的

鉴于人们对价值观维度和 KS 指数本身的局限性提出了越来越多的批评意见，目前有一大批学者选择在研究中纳入制度距离（Dow and Karunaratna，2006；Berry，Guillen and Zhou，2010）。制度距离致力于更广泛地捕捉影响组织绩效的外界环境因素，例如政治制度、政治风险、知识产权保护、区域一体化水平等，但制度距离仍然不能全面地反映所有可能的影响因素。这不仅仅是一个研究设计问题，而关乎跨文化研究的核心："国际商务和管理学者们的研究究竟想取得什么成果？是在变量之间建立统计上显著的关系，还是真正理解跨文化和跨制度情境下管理者的选择及组织所取得的经济绩效？"（Tung and Verbeke，2010：1270）显然，真正的目标应该是后者。如果是这样，那么无论我们如何改善描述环境因素的指标，都不足以达成这一目标。为了更好地理解跨国公司的管理实践和策略以及它们与绩效之间的关系，也许国际商务/国际管理学者们应该回归到一个久经搁置的研究方向——为比较管理研究开发更全面的模型。

跨文化管理的未来研究方向

对跨文化情境下管理实践异同的研究由来已久，本章回顾了其中的比较管理模型的发展历程。随着 Hofstede 的价值观维度模型和 KS 指数的提出，比较管理模型的发展陷入了停滞。这部分地解释了为何关于文化差异如何影响企业绩效和其他结果变量的研究常常得出彼此矛盾的结果。因此，可以说 Karlene

Roberts 在她的经典作品《找到大象》（1970）中就跨文化研究所提出的疑惑在 45 年后的今天依然存在。Roberts（1970）认为，跨文化研究之所以产生诸多不一致的发现，是因为人们在研究跨文化管理实践的差异时，采取的是一种零散的而非整合的视角。正如六个印度盲人摸象的寓言，如果每个人都基于自己对大象局部的解读和认知对大象进行描述，那么他们自然无法得出一致的结论。Roberts 的类比呼应了 Schollhammer（1969）的看法，他将比较管理理论描述为"丛林"，研究者不同的观察视角决定了他们得出不同的结论。

诚然，Hofstede 的维度模型和制度差异指标推动了跨文化研究的发展。但是，Tung 和 Verbeke（2010：1270）所提出的挑战——"在跨文化和跨制度情境下真正理解组织的管理实践及经济绩效"——依然存在。

为应对这一挑战，本章就推进这一研究领域的发展提出三个方向。它们包括：第一，回归到建立更全面的比较管理模型；第二，对文化差异和文化距离进行重新界定；第三，发展情境性的文化智力。下面我们在以中国为例的发展中国家情境下对三个方向逐一进行简要讨论。

开发更全面的比较管理模型

无论是经济体制因素还是社会文化环境因素，使用单一类别的因素来解释组织管理实践和绩效都有种种局限及问题，本章已经对它们做了讨论，此处不再重复。一个系统化的比较管理模型，例如 Tung（1986）所提出的模型，应该同时考虑影响组织过程产生的制度环境变量和组织环境变量（例如，产业、企业战略愿景、企业战略、组织结构）。这些因素会反过来作用于组织成员个人层面的变量（例如年龄、性别、关于其他文化/国家的经验和知识），进而影响到组织绩效（经济绩效和非经济绩效）。

以中国为例，由于大部分的非国有企业成立时间较短（即成立于20世纪80年代和90年代），这些企业所采取的战略很大程度上是企业所有者或创始人管理哲学的反映。以华为为例，它由任正非于 1987 年创办，目前是世界上最大的通信设备制造商。任正非曾是中国人民解放军的技术员，而华为从一个小型初创企业成长为全球知名企业所采用的战略体现了任正非的军人背景。例如，任正非成功地借鉴了毛泽东"农村包围城市"的思想，在培训新员工时也很注重意识形态教育。任正非之所以采用"农村包围城市"的战略，是因为他认识到一开始就瞄准东部沿海地区高度发达的市场是极为困难的。因此，他一开始选择了进驻偏远地区的市场。在开拓海外市场，尤其是欧洲市场时，任正非采用了几乎一模一样的策略。华为首先将产品引入东欧的低端市场，随后才进入西欧的高端市场（《华为：低调任正非的长征》，2011）。任正非也相信使用意识形态教育在员工身上注入"狼性"（适应环境、本能驱动）十分重要。所有新员工都要经过六个月的培训以充分融入企业军事化风格的文化。任正非对个人隐私的注重也反映了他的军人背景——他从不接受任何媒体采访，不管是当地媒体还是国际媒体。

阿里巴巴是由马云创立于1999年的一个电子商务公司。马云曾是一个英语老师，并没有任何工程或计算机教育背景。马云坦陈他"从来没有写过一行代码，从来没有向一个顾客推销过产品"（Mellor, Chen and Wu, 2014）。和任正非不同，马云是一个热力四射且外向的人，他乐于接受媒体采访。在一次晚会上，他甚至戴了一个莫霍克风格的铂金色假发、鼻环，涂着黑色唇膏演唱了埃尔顿·约翰的《今夜爱无限》（《狮子王》主题曲）。马云所追求的战略、他的管理风格，以及阿里巴巴所吸引的员工都和华为十分不同。中国其他知名成功企业的领导风格和管理哲学，例如联想、百度、中兴和腾讯，则居于华为和阿里巴巴之间。

华为先抢占低端市场后进入高端市场的战略和海尔公司的正好相反。海尔是世界上最大的家电生产商，它所采取的战略是"先难后易"。海尔的创始人张瑞敏曾说，中国企业面对海外市场绝不能生畏却步。他把在中国经营的外国企业比作羊与狼当中的狼。他号召其他中国企业家也采用类似的战略——"如果我们选择当羊，我们就会任人宰割……如果我们成为狼，我们就能和对手竞争"（"Chinese CEO Advises on Competition Strategies", 2001）。

在先进入低端市场还是高端市场这一问题上，小米的战略和华为的一致。

小米在 2011 年 8 月首次推出第一款智能手机，此后迅速地占领了印度、印度尼西亚和菲律宾市场，成为世界上第三大智能手机销售商。

如果 KS 指数所隐含的空间同质性假设成立，那么中国非常成功的企业的组织文化、管理风格和管理实践应该没有任何差异。

虽然上文提及的中国企业在商业上取得了成功，但我们仍然要问，它们是否有创新能力？比较管理研究的系统化研究视角或许也有助于回答这一重要问题——是什么构成了一个组织的创造力和创新能力，中国截至目前所取得的发展是否体现了任何创新？在某种程度上，上文提及的中国企业所生产和制造的产品、所提供的服务并未体现任何尖端技术。在当前的中国，关于是否有创新的争论正在进行，一个新的词语"山寨"被用于描述一种普遍的商业行为——模仿别国的品牌、仿制别国的商品。山寨产品首先出现在手机上。根据《金融时报》的报道，世界 20% 的 2G 手机都是山寨产品。自此，山寨现象广泛地出现在广告业、产品名称以及娱乐业中。事实上，北京大学的一名中国研究生化名 Steven Zuckerberg 发表了一篇题为《整个中国就是一个山寨》的社论。当被问及为何要使用一个外国人名为化名时，他表示，这是因为中国人更重视外国人的观点（Osnos，2009）。

Kal Raustiala 和 Chris Sprigman 是两名来自美国的法律教授，他们做了深入调查并出版了《山寨经济：模仿如何激发创新》（2012）一书。该书详尽地记录了许多产业中的模仿现象，包括时尚产业、烹饪界以及足球界。他们认为，山寨现象不会扼杀创新，反而会激发创新。以时尚产业为例，山寨现象使得淘汰加速，缩短了时尚周期。当 Oprah Winfrey 问美国的知名时尚设计师 Ralph Lauren 如何在 40 多年中都保持在时尚前沿时，他回答"模仿。45 年来不断地模仿。这就是我的秘诀"（Raustiala and Sprigman，2014）。在烹饪界，来自世界各地的知名厨师都赞同"真正颠覆性的烹饪必然是基于对已有的东西的发展"（Raustiala and Sprigman，2012：190）。虽然身为律师的 Raustiala 和 Sprigman 十分强调知识产权的必要性，但他们断言，模仿是有益的，因为伟大的创新通常都是以旧有事物为基础的。他们指出，开源操作系统正成为一种不断增长的趋势，而这种趋势是非常有益的。

用相同的思路分析中国的山寨现象，可以看到山寨有助于中国企业跃过发展的鸿沟，弥补此前落后的几十年，迎头赶上工业化国家高度创新的企业。也即，像狼一样参与竞争，而不是像羊一样任人宰割。然而，我们并不知道一个国家是否能靠模仿长期保持其竞争力。虽然未来是不可预测的，但中国政府已经意识到了创造力和创新对于国家可持续发展的重要性，并采取了相应的多重措施鼓励创新：第一，加大研发投入；第二，在各个层面上提高教育水平；第三，继续公派人员到海外学习深造；第四，吸引世界各地的人才来华就业，尤其是大量的受教育程度高的海外华人。种种举措很有可能取得预想的成功。2015年3月上旬，中国政府出台了"互联网+"计划。阿里巴巴和腾讯快速地响应了这一政策，开展了多种线上创新活动，例如为当地政府和商业孵化器提供信息技术服务。

值得注意的是，当日本和韩国刚开始发展本国技术时，也出现了大量对外国的模仿。中国有着很强的发明和创新传统，例如，火药、造纸、指南针、科举制。在适宜的环境条件下，中国明朝出现了郑和下西洋。《1421：中国发现了美洲》一书的作者Gavin Menzies断言，郑和比哥伦布发现美洲大陆的时间早了几十年。中国国家主席习近平提出了"一带一路"战略，通过打通中亚、南亚和澳大利亚的通路以增强中国与世界经济区域的联系。习主席显然有清晰的愿景、强大的魅力和坚定的意志去唤醒中国休眠了几个世纪的创造力。在中国领导下的亚投行（Asian Infrastructure Investment Bank，AIIB）已经召集了超过50个合作伙伴，包括一些受到美国阻拦的国家，例如英国和澳大利亚（Tung，2015）。习主席的雄心也使中国在南极洲频繁地开展活动，把中国人的足迹带到了世界尽头。

影响国家创新的因素、构成创新的要素都可以用比较管理的系统模型加以分析。为了找出比较管理的系统模型的相关变量，更重要的是，为了理解这些变量之间的复杂关系，研究者们将在很大程度上依靠定性分析，而非目前主流的定量分析。

重新定义文化差异和文化距离的概念

Stahl 和 Tung（2015）就如何更好地理解跨国文化、更好地分析有关文化差异的消极或积极影响的矛盾结果提出了建议。他们呼吁对多样化和文化距离这两个概念进行重新讨论并重新发展操作化测量。首先，他们建议以 Harrison 和 Klein（2007）提出的多样化类型中的分离、多样、差异（separation, variety and disparity）三个维度为基础来重新界定文化距离这一概念。虽然 Harrison 和 Klein（2007）所提出的类型用于研究国内多样化（例如，由不同文化背景、不同种族/族裔的成员组成的美国工作团队），但"分离"也能用于衡量地理距离以及价值观和态度的差异，"多样"可以用于分析跨文化互动的本质和类别，"差异"可以用于分析发展中国家人员和发达国家人员的互动，或者多数派和少数派的互动。综上，这三个维度有助于厘清何种类别的多样化会带来何种类别的结果以及它们之间的互动关系（Stahl and Tung, 2015）。

如前所述，有大量的中国人在海外或中国的西式高等教育机构学习、在海外工作生活，或在中国的外资企业工作，他们的价值观和态度可能与中国本土国民差异很大。因此，以上两类人群的工作期望、薪酬设计、领导-下属关系，以及绩效考评都可能截然不同。自然地，"一刀切"的人力资源管理方式很可能在不同背景的人群中产生不同的结果。

不仅如此，随着越来越多的外国人选择到中国工作，中国国内的多样化程度越来越高。相比本土员工和"前东道国国民"，这一类人群在上述提到的人力资源管理方面也会有很大的不同。在"走出去"政策的指导下，中国雇主不可避免地要学习应对海外员工不同的认知和态度。正如 Leung 和 Morris（2015）所指出的，西方员工对中国雇主可能会有更多的质疑，无论他们在组织层级中有着何种头衔和职位。

发展情境性的文化智力

越来越多的研究强调情境的重要性。例如，多情境化（polycontextualization)(von Glinow, Shapiro and Brett, 2004),情境性智力(Bennis, 2009; Khanna, 2014),或在研究中考虑情境变量(Leung, Bhagat, Buchan, Erez and Gibson, 2005; Tung and Verbeke, 2010; Leung and Morris, 2015)。例如,Tung 和 Verbeke(2010:18)指出,"在脱离具体情境的情况下,文化距离与管理实践或经济绩效之间不会有任何直接的、可以推广的联系"。

在很多方面,情境智力,或更具体地讲情境性文化智力,并不是一个新概念。过去,这些情境因素通常被统称为权变因素。在管理学和国际管理学文献中,权变理论已经发展得较为成熟。例如,Fred Fielder(1967)提出了领导力的权变理论,认为领导风格是否有效取决于领导-下属关系、任务结构以及领导的职权。Tung(1981)提出了外派人员选任和培训的权变研究范式,指出选择驻外工作人员的最优标准和培训的最佳方式取决于以下几个因素:第一,这项外派工作在多大程度上要求员工和当地人打交道(例如,CEO、市场部经理);第二,在外国驻留的时间长短(短期商务旅行还是持续三年的工作合同)。

找出能够回答"以何种方式、在何种情况下影响结果变量"(Leung et al., 2005:368)的权变/情境/具体环境因素,能使我们更好地理解跨文化情境下的管理风格和管理实践、特定战略的效力以及组织绩效。当温斯顿·丘吉尔爵士 1931 年 12 月在纽约遭遇车祸时,根据 Warren Bennis(2012)的描述,意外的发生并不是由于丘吉尔的愚蠢或肇事司机的粗心,而是由于丘吉尔忘了美国的车辆是靠右行驶的,这和他已经习惯的英国的交通规则正好相反。在上面的例子中,我们应该提出的问题并不是"为什么会存在差异",而是"究竟是什么差异造成了事故的发生"。

综上所述,本章提出我们应该对跨文化研究进行重构。本章为未来研究所指出的方向并非坦途,因为这些方向和目前研究国际商务或国际管理的学者已经熟悉的范式十分不同。然而,为了使业界和学界更充分地理解跨文化情境下的管理问题的复杂性与种种细微差别,以及这些问题是如何影响组织绩效的,我们必须要敢于大步迈向新的研究方向。

参考文献

Barney, J. B. 1986. Organizational Culture: Can it be a Source of Sustained Competitive Advantage? *Academy of Management Review* 11(3): 656-665.

Bennis, W. 2009. *Becoming a Leader*. New York: Basic Books.

Bennis, W. 2012, August 20. Mastering the Context. Bloomberg. com. http://www.bloomberg.com/bw/articles/2012-08-20/mastering-the-context Accessed March 1, 2015.

Berry, J. W. 1980: Social and Cultural Change. In Triandis H. C. and Brislin R. W. (eds.) *Handbook of Cross-Cultural Psychology* 5: 211-279. Boston: Allyn & Bacon.

Berry, H., Guillén, M. F., & Zhou, N. 2010. An Institutional Approach to Cross-national Distance. *Journal of International Business Studies* 41: 1460-1480.

Carr, S. C., Rugimbana, R. O., Walkom, E. & Bolitho, F. H. 2001. Selecting Expatriates in Developing Areas: "Country-of-origin" Effects in Tanzania? *International Journal of Intercultural Relations* 25: 441-457.

Chand, M. and Tung, R. L. 2011. Diaspora as the Boundary-spanners: The Role of Trust in Business Facilitation. *Journal of Trust* 1(1): 104-126.

Chambers, E. G., Foulon, M., Handfield-Jones, H., Hankin, S. M., & Michaels, E. G. 1998. The War for Talent. *McKinsey Quarterly* 3: 44-57.

Chinese CEO Advises on Competition Strategies. 2001, October 23. *China Daily*. http://www.china.org.cn/english/2001/Oct/21056.htm, Accessed May 1, 2015.

Dow, D., & Karunaratna, A. 2006. Developing a Multidimensional Instrument to Measure Psychic Distance Stimuli. *Journal of International Business Studies* 37(5): 578-602.

Egri, C. P., & Ralston, D. A. 2004. Generation Cohorts and Personal Values: A Comparison of China and the U. S. *Organization Science* 15(2): 210-220.

Farmer, R. N. & Richman, B. M. 1965. *Comparative Management and Economic Progress*. Homewood, IL: Richard D. Irwin.

Farrell, D., & Grant, A. 2005. *Addressing China's Looming Talent Shortage*. London: McKinsey Global Institute.

Fiedler, F. E. 1967. *A Theory of Leadership Effectiveness*, New York: McGraw-Hill.

Haire, M., Ghiselli, E. E., & Porter, L. W. 1966. *Managerial Thinking: An International Study*. New York: Wiley.

Hakanson, L., & Ambos, B. 2010. The Antecedents of Psychic Distance. *Journal of International Management* 16(3): 195-210.

Harbison, F. & Myers, C. A. 1959. *Management in the Industrial World: An International Analysis*. New York: McGraw-Hill.

Harrison, D. A., & Klein, K. J. 2007. What's the Difference? Diversity Constructs as Separation, Variety, or Disparity in Organizations. *Academy of Management Review* 32(4), 1199-1228.

Hofstede, G. 1980. *Culture's Consequences: International Differences in Work-related Values*. Beverly Hills, CA: Sage.

Huawei: The Long March of the Invisible Mr. Ren. 2011, June 2. *The Economist*. http://www.economist.com/node/18771640 Accessed March 1, 2015.

Ibarra, H. 1992. Homophily and Differential Returns: Sex Differences in Network Structure and Access in an Advertising Firm. *Administrative Science Quarterly* 37(3): 422-447.

Kenney, M., Breznitz, D., & Murphree, M. 2013. Coming Back Home after the Sun Rises: Returnee Entrepreneurs and Growth of High Tech Industries. *Research Policy* 42: 391-407.

Khanna, T. 2014. Contextual Intelligence. *Harvard Business Review*, September, 59-68.

Kogut, B. & Singh, H. 1988. The Effect of National Culture on the Choice of Entry Mode. *Journal of International Business Studies* 19(3): 411-432.

Kostova, T. & Zaheer, S. 1999. Organizational Legitimacy under Conditions of Complexity: The Case of the Multinational Enterprise. *Academy of Management Review* 24(1): 64-81.

Lazarsfeld, P. & Merton, R. 1954. Friendship as Asocial Process: A Substantive and Methodological Analysis. In M. Berger (ed.) *Freedom and Control in Modern Society*. New York: Van Norstand: 18-66.

Leung, K., Bhagat, R. S., Buchan, N. R., Erez, M., & Gibson, C. B. 2005. Culture and International Business: Recent Advances and Their Implications for Future Research. *Journal of International Business Studies* 36: 357-378.

Leung, K., & Morris, M. W. 2015. Values, Schemas, and Norms in the Culture-behavior Nexus: A Situated Dynamics Framework. *Journal of International Business Studies*. Advanced Online publication.

Litwin, G., & Stringer, R. 1968. *Motivation and Organizational Climate*. Cambridge, MA: Harvard University Press.

Mellor, W., Chen, L. Y., & Wu, Z. 2014, November 9. Ma Says Alibaba Shareholders Should Feel Love, not No. 3. *Bloomberg. com*. http://www.bloomberg.com/news/articles/2014-11-09/ma-says-alibaba-shareholders-should-feel-love-not-no-3 Accessed March 1, 2015.

More Chinese Overseas Students Return Home in 2010. 2011, March 11. *Xinhuanet. com*. http://news.xinhuanet.com/english2010/china/2011-03/11/c_13773804.htm Accessed March 15, 2011.

Nisbitt, R. 2003. *The Geography of Thought: How Asians and Westerners Think Differently…and Why*. New York: Free Press.

Negandhi, A. R., & Prasad, S. B. 1975. *The Frightening Angels: A Study of U. S. Multinationals in Developing Countries*. Kent, OH: Kent State University Press.

The Rise of the Global Citizen? 2014. U. K.: Barclays PLC.

Raustiala, K. & Sprigman, C. 2012. *The Knockoff Economy: How Imitation Sparks Innovation*. New York, N. Y.: Oxford U. Press.

Raustiala, K. & Sprigman, C. 2014, September 8. Piracy Fuels the Fashion Industry. *New York Times*. http://www.nytimes.com/roomfordebate/2014/09/07/who-owns-fashion/piracy-fuels-the-fashion-industry Accessed September 9, 2014.

Roberts, K. H. 1970. On Looking at an Elephant: An Evaluation of Cross-cultural Research Related to Organizations. *Psychological Bulletin* 74(5): 327-350.

Rugman, A. & Verbeke, A. 2001. Subsidiary-specific Advantages in Multinational Enterprises. *Strategic Management Journal* 22: 237-250.

Saxenian, A. 2002. Brain Circulation: How High-skill Immigration Makes Everyone Better Off. *The Brookings Review* 20(1): 28-31.

Schollhammer, H. 1969. The Comparative Management Theory Jungle. *Academy of Management Journal* 12(1): 81-97.

Stahl, G. K. & Tung, R. L. 2015. Towards a More Balanced Treatment of Culture in International Business Studies: The Need for Positive Cross-cultural Scholarship. *Journal of International Business Studies*, Advanced Online Publication.

Tannen, D. 1990. *You Just don't Understand: Women and Men in Communication*. New York: Harper Collins.

Taylor, P., Wang, W., Parker, K., Passel, J. S., Patten, E., & Motel, S. 2012. *The Rise of Intermarriage*. Washington, D. C.: Pew Research Center.

Tung, R. L. 1981. Patterns of Motivation in Chinese Industrial Enterprises. *Academy of Management Review* 6: 487-494.

Tung, R. L. 1986. Toward a Systems Model of Comparative Management. In Farmer, R. N. (ed). *Advances in International Comparative Management*, Vol. 2. Greenwich, CT: JAI Press Inc., 233-247.

Tung, R. L. 1993. Managing Cross-national and Intra-national Diversity. *Human Resource Management Journal* 32(4): 461-477.

Tung, R. L. 1998. American Expatriates Abroad: From Neophytes to Cosmopolitans. *Journal of World Business* 33(2): 125-144.

Tung, R. L. and Larazova, M. B. 2006. Brain Drain Versus Brain Gain: An Exploratory Study of Ex-host Country Nationals in Central and East Europe. *International Journal of Human Resource Management* 17(11): 1853-1872.

Tung, R. L., Worm, V., & Fang, T. 2008. Sino-Western Business Negotiations Revisited-30 Years after China's Open Door Policy. *Organizational Dynamics* 37(1): 60-74.

Tung, R. L. 2008a. The Cross-cultural Research Imperative: The Need to Balance Cross-national vis-à-vis Intra-national Diversity. *Journal of International Business Studies* 39(1): 41-46.

Tung, R. L. 2008b. Do Race and Gender Matter in International Assignments to/from Asia Pacific? An Exploratory Study of Attitudes Among Chinese and Korean Executives. *Human Resource Management* 47(1): 91-110.

Tung, R. L., Worm, V., & Fang, T. 2008. Sino-Western Business Negotiations Revisited-30 Years After China's Open Door Policy. *Organizational Dynamics* 37(1): 60-74.

Tung, R. L. and Baumann, C. 2009. Comparing the Attitudes Toward Money, Material Possessions and Savings of Overseas Chinese vis-a-vis Chinese in China: Convergence, Divergence or Cross-vergence, vis-a-vis "one size fits all" Human Resource Management Policies and Practices. *International Journal of Human Resource Management* 20: 2382-2401.

Tung, R. L., & Verbeke, A. 2010. Beyond Hofstede and GLOBE: Improving the Quality of

Cross-cultural Research. *Journal of International Business Studies* 41(8): 1259-1274.

Tung, R. L. and Chung, H. F. L. 2010. Diaspora and Trade Facilitation: The Case of Ethnic Chinese in Australia. *Asia Pacific Journal of Management* 27(3): 371-392.

Tung, R. L. 2014a. Requisites to and Ways of Developing a Global Mind-set: Implications for Research on Leadership and Organizations, *Journal of Leadership & Organizational Studies* 21 (4): 229-337.

Tung, R. L. 2014b. Research on Asia: Promise and Perils. *Journal of Asia Business Studies* 8 (3): 189-192.

Tung, R. L. 2015. Opportunities and Challenges Ahead of China's "New Normal". *Long Range Planning*. In press.

Von Glinow, M. A., Shapiro, D. L., & Brett, J. M. 2004. Can We Talk, and should We? Managing Emotional Conflict in Multicultural Teams. *Academy of Management Review* 29(4): 578-592.

Wang, H. Y. 2010. *China's National Talent Plan: Key Measures and Objectives*. November 23. Washington, D. C.: Brookings Institute. http://www.brookings.edu/research/papers/2010/11/23-china-talent-wang. Accessed January 25, 2011.

Zhou, L. 2015, March 19. More Wealthy Chinese Set to Flood US Investor Visa Scheme: Think Tank Report. *South China Morning Post*. http://www.scmp.com/news/china/article/1742325/more-wealthy-chinese-set-flood-us-investor-visa-scheme-think-tank-report?utm_source=edm&utm_medium=edm&utm_content=20150320&utm_campaign=scmp_today. Accessed March 19, 2015.

Zweig, D., Chen, C., & Rosen, S. 2004. Globalization and Transnational Human Capital: Overseas and Returnee Scholars to China. *The China Quarterly* 179: 735-757.

第 16 章

中国创新的挑战：总结与反思

Arie Y. Lewin　　Martin Kenney　　Johann Peter Murmann

翻译：沈睿

摘要：本章回顾了近四十年来中国经济的飞速增长，以及政策制定者在中国向高收入经济迈进过程中面临的复杂任务。尽管目前没有人能准确预测中国经济会持续增长还是会滑落到中等收入水平，但今后越来越清晰的是，对中国发展创新经济的能力持乐观还是悲观的看法，哪一种才是正确的。衡量中国发展最好的途径就是追踪一些显著指标，编制一个"中国创新能力增长仪表盘"。我们提议的指标包括：知识产权系统的有效性，研发资源配置的有效性，对国外研发资产的有效利用；流向国有企业的资源比例，全新式创新的比例，顶尖学术期刊论文的比例；创办新企业的便捷性；初创企业和中小企业的融资水平；中国大学的自主权；制度化的信任。

我们的想法在构思、编辑、修订本章节的过程中不断清晰，希望读者们也同我们一样。但我们需要回归以下两个有关中国未来的问题：第一，中国能否在过去的经验和优势的基础上再次创造新的成就，并超越过去，还是像 Gordon Redding 在第 3 章中所争论的，会受到历史的束缚，限制未来的发展？第二，中国能否成功地建立一个本土经济发展模型，还是"被迫"遵循西方自由发展模型中那些似乎能推动所有经济发展的基本原则？最开始的几章指出了基本的争论，并展示了林毅夫依据中国现状提出的乐观的新结构经济方法（第2章），以及 Gordon Redding（第3章）和 Douglas Fuller（第6章）表达的对经济停滞的消极预期。作为编者，我们没有预先设定从乐观或从悲观的角度看待该问题，而是平等地对待它们。我们以及所有章节的作者们一致认为，在过去的50年，中国变化的速度非常之快，并且不管向着哪个方向，在未来20年还会保持高速的发展。

对中国而言，转向创新驱动型经济对迈入更高的经济增长轨迹、实现高收入经济而言十分必要。最终，创新型经济的意义并不亚于建立一个能够释放并更好地利用中国人民创造潜力的系统。学者们的大量研究证据表明，并没有任何内在原因阻碍了中国人的创新（见 Morris and Leung, 2010；以及本书第14章）。中国科学家、作家、音乐家、商人等在西方的成功也证实了这一点。正如第13章和第14章中所言，这表明任何创新的阻力一定与制度、组织、文化、规范或价值观有关。同时，只有处于当前的发展阶段，我们才会考虑中国是否能够成为一个创新驱动型经济的问题。只有当满足大部分人口的需求不再是当务之急时，我们才可能投入大量资源、人才和时间来追求创新型经济。创新过程本身就是一种冒险，由于失败的可能性很大，处于贫困之中的社会无法承担这种风险。我们所有作者都一致认为，中国现在处于能够且必须实现、鼓励并奖励承担"创新者风险"行为的节点。

当今的中国在很多方面都充斥着各种各样的矛盾，我们甚至很难去理解它。这并不奇怪。历史上或许没有一个国家在如此短的时间内经历了快速而彻底的工业和技术变革。仅仅在50年前，中国还是一个孤立的、以农业为主的、经济普遍贫困的落后国家。经济结构单一，完全被政府的五年计划调控着。仅有少数专家对中国开展研究，中国的商业并没有引发大家的兴趣。那时，想让中国具备创新的能力是不可想象的。

如今情况已经发生了显著的变化。正如我们这本书中许多章节所论述的，中国的政治经济展现出了对外来技术极强的吸收能力，以及适应变化时令人惊讶的可塑性和实用主义。毫无疑问，中国的工程师、科学家和经理人拥有一系列的发明与创新，但他们还不足以使中国成为创新的领导者。这本书中提出的基本问题就是，中国能否过渡到创新型经济，显然已成为中国和全球政策制定者、管理者关注的一个重要问题。

在许多方面，中国的政策制定者面临的情况纷繁复杂，值得我们同情。这种复杂性随着经济的发展只会呈倍数增长。中国是近14亿人口（占全球人口的20%）的家园，拥有一个洲的地理范围，生产活动覆盖从农业到使用世界最先进技术的高端制造。中国面临的一些矛盾是非常棘手的。例如，经济学家鼓励中国增加消费，然而整体资源消费的增加，尤其是当每个中国人在石化燃料上的消费与美国人持平时便会加剧全球气候变化。这意味着，为了地球的利益，中国和世界上的其他国家必须找到创新的方法，来发展经济而不增加石化燃料等能源的使用。此外，中国面临着许多其他的挑战，例如，一个迅速老龄化的社会，大量的流动人口，越来越大的社会福利和医疗保健压力。这些问题都需要创造性的解决方案。中国还需要降低管理和官僚的交易成本，提高机构信任以降低对个人信任或者说是 Redding 在第 3 章中提到的个人主义的嵌入性的依赖。随着中国经济越加复杂，劳动力分工越细、反馈循环越多，中央计划及其实施将变得更难把握。

即使是这本书的核心话题——创新，也充满了矛盾。虽然创新使得社会更有效率，但它也会导致失业。其中，Eric Brynjolfsson 和 Andrew McAfee（2014）发现，随着电子和软件工程的进步，在未来社会中，"机器"将取代人类几乎所有的低技术含量的工作。这不是一个空洞的威胁：拥有100万中国员工的电子产品装配商富士康的 CEO 预计，到2020年机器人将取代30%的劳动力（Kan，2015）。如果说中国是世界的工厂，那么当大部分车间都自动化时将会发生什么？中国将不得不去寻找还没有实现自动化的领域，就像西方国家在过去200年间所做的那样。即使在西方，很多人也会担心自动化摧毁的就业机会比它创造的机会更多。就此情况在中国以及世界上的其他国家将如何表现出来，人们众说纷纭。

我们可以看到眼前的一片片乌云：债务饱和经济、行业产能过剩、金融市场"非理性繁荣"、环境污染、地缘政治局势紧张、腐败问题……从好的方面说，我们可以看到企业、大学以及政府的领导人已经意识到了这些具有挑战性的问题。中国的领导人们在尝试应对这些挑战（可参见十三五规划（2016—2020），等等；世界银行和中国国务院发展研究中心，2013）。中国人也意识到了这些挑战，并且支持政府去努力解决这些问题。虽然没人能准确预测中国最终将采取何种路径解决这些问题，但我们确定的是，这会影响到所有人。如今，通过大规模的贸易流动和世界上的其他国家紧密相连，中国也彰显出了其扮演一个政治大国角色的渴望（参见 Leonard，2012）。

在未来若干年，我们将会愈发清晰地看到，对中国发展创新型经济的能力应该持乐观还是悲观的看法。在这本书的整合和定稿过程中，我们已经得出结论，衡量中国创新进步的一个简洁有效的方式就是追踪几个重要指标。我们提出了以下这些指标，可能会对我们编制"中国创新能力增长仪表盘"有所帮助。

知识产权系统的有效性：中国是否采取了相关政策措施来建立知识产权制度，鼓励和奖励采用全球最佳实践的创新？

刘美娜和黄灿撰写的第 7 章清晰地指出，中国专利局将太多专利授予了不重要的甚至是不存在的发明。政府对低层辖区和研究组织的定额任务，加上申请专利的补贴，使得无数"垃圾"专利通过了申请。宽松的审查程序使得这一问题进一步恶化。事实上，这种状况可能会减少可以商业化成真正意义上的创新的高质量发明。

研发资源配置的有效性：中国是否采用了全球同行评审的最佳实践和竞争性的研发资源配置？

尽管中国在减少研发自动分配以及采用更透明、更具竞争性的同行评审过程方面取得了重要进展，但政府依然影响着中心方向，例如 16 个大型项目计划的开展（第 1 章中的讨论）。与此同时，为了建立一个繁荣的本土研发环境，中国还需要付出持续的努力。

流入国有企业的资源比例：中国是否持续进行国有企业改革？

国有企业规模一直以来都让中国执政者很苦恼。许多国有企业失去了原有的社会、政治和经济价值。这些企业往往是官僚主义的、效率低下的，即使获取大部分的研发资源，也很难提供高质量、创新的产品。让这些企业进入到市场竞争中能鼓励它们动员大量资产、提升竞争力。考虑到国有企业在国家战略中的角色，政府可能希望保留一些国有企业。但总体而言，流向国有企业的资源需要减少。

创立新企业的便捷性：中国是否消除了在创立新公司过程中的行政障碍和行政之外的障碍？

近期的研究表明，成功的中国企业的所有者和管理者花费了过多的时间及精力来与各级政府维持关系，主要是因为"个人主义"的嵌入性实践和特殊主义的流行做法（批准现有规则和程序之外的例外实践或颁布一次性特殊规则）。衡量在减少行政障碍方面的进展的指标包括：获得业务许可证的时间，行政审批的数量，取消的规则数，裁决行政索赔的速度和频率，以及全新的、独立的甚至可以制裁政府部门和个人官僚行为的行政法院的效率。

初创企业和中小企业的融资情况：中国是否面向技术创业企业和中小企业开放了银行贷款及政府拨款的渠道？

与国有企业拥有大量财务资源渠道的状况相反，初创企业和中小企业往往很难从银行或其他途径获得融资（见第6章和第8章）。阿里巴巴最近建立的聚集家庭储蓄并贷款给中小企业的实体是在克服这个障碍上的一项举措。但仍不能确定的是，政府会在这条路上走多远，会设计哪些具体的机制来保障这些有前途的技术创业企业和中小企业能获得财务资源以支持创新。

全新创新的比例：中国是否有越来越多的企业提供能够参与全球市场竞争的创新型产品和商业模式？

中国已经拥有了一些极具创新性的企业，比如百度、华为、腾讯、大疆科技（世界领先的民用无人机制造商）。中国也已经有了一个重要的、由风险投资支持的高科技产业。重要的问题是，这个产业能否持续增长并支持新的创新型企业。此外，在多大程度上这些企业能够创造出一些产品——不同于仿冒其他地区、将成功建立在中国政府的保护之上的产品？最后，许多风险投资支持的中国企业推行的都是对市场而言全新的商业模式，而不是基于对世界而言全新的创新科技。在美国，例如在硅谷，有着全新商业模式的企业不断出现，比如脸书。同样，在大学实验室里开发的复杂的新技术的衍生品往往是全新的创新和商业的源泉。

对国外研发资产的有效利用：中国企业能否利用它们获得的外国研发资产？

正如我们在 Yves Doz 和 Keeley Wilson 所撰写的第 10 章中所看到的，中国企业已经在海外建立了研发机构并且收购了越来越多有重要技术资产的外国企业。成功构建创新型国家的一个指标是，企业将从外国资本中获得的知识吸收、内化、整合到自身全球运营（包括本土运营）中去的能力。第二个指标是，在此知识库的基础上革新产品和技术的能力，而不仅仅是渐进式的改进。

中国人在领先科学期刊上发表文章的比例：中国有多少科学作品发表在顶级国际期刊上？

正如我们在第 1 章所述，中国科学出版物的数量急剧增加。中国在科学和工程上的提升可以从两个角度衡量：一是中国科学家和工程师在顶级国际期刊上发表作品以加入国际对话的程度，二是他们发表的作品通过被引用而被认可的程度。大学研究水平在国际排名上的上升应该能反映出创新的成功，虽然会有些滞后。

中国大学的自主权：中国是否增加了大学的自主权，使得它们能够更好地在技术革新的全球市场上竞争，应对机遇和挑战，为高等学位毕业生们做更好的准备？

中国的大学直属于教育部、省级政府，或者一些专业性的大学直属于某个特定的部委。这种官僚式的控制约束了大学的实验能力。这些实验的障碍意味着，新的研究机会得到的反馈平均而言会很有限。最重要的是，这限制了新的大学面对开放的高等教育系统带来的知识创造的竞争，也限制了淘汰那些一成不变的大学的机会。

制度化的信任：中国政府能否想到并推行更高的透明度和程序公正性，使得整体的信任程度更高？

创新生态系统通过促进陌生人之间的信任、信息的自由流动、让创新者打破并改变现状来进化和扩张。这样的生态系统在下述环境中可能很难实现：(1) 法律的缺失阻碍了"陌生人"之间信任的建立；(2) 遵守、层级和质疑的缺乏不断被强化。创造力是创新的核心，担心质疑可能会带来负面影响（包括报复），会抑制创造力。最终，能够促进并培养制度化信任的变革可能会是衡量中国能否成为一个创新型国家的最重要的指标。

在结束时我们需要强调，我们不认为这些是可以追踪的唯一指标，或者说我们已经找到了所有最好的指标。我们希望能激励无论是在中国还是在其他地方的研究人员和政策制定者，提出其他有利于追踪中国面临创新挑战时的进步的指标。基于已有文献和这本书的贡献，这些指标能够有效地衡量中国经济的发展和中国在成为一个创新型国家的过程中采取的战略。尽管我们无法预测中国会采取哪种路径，但我们当然希望它可以克服面前的巨大挑战，成功地成为一个高收入国家。

参考文献

Brynjolfsson, E., & McAfee, A. 2014. *The Second Machine Age: Work, Progress, and Prosperity in a Time of Brilliant Technologies.* New York: W. W. Norton.

Kan, M. 2015. Foxconn's CEO Backpedals on Robot Takeover at Factories. Computerworld (June 26, 2015), http://www.computerworld.com/article/2941272/emerging-technology/foxconns-ceo-backpedals-on-robot-takeover-at-factories.html.

Leonard, M. 2012. China 3.0. European Council on Foreign Relations (ECFR). Available at http://www.ecfr.eu/publications/summary/china_3.0.

Morris, M. W., & Leung, K. 2010. Creativity East and West: Perspectives and Parallels. *Management and Organization Review* 6(3): 313-327.

World Bank & Development Research Center of the State Council, P. R. C. 2013. *China 2030: Building a Modern, Harmonious, and Creative Society.* Washington, D. C.: World Bank.